Michael North

Genuss und Glück des Lebens

Michael North

Genuss und Glück des Lebens

Kulturkonsum im Zeitalter der Aufklärung

2003
BÖHLAU VERLAG KÖLN WEIMAR WIEN

Bibliografische Information der Deutschen Bibliothek

Die Deutsche Bibliothek verzeichnet diese Publikation
in der Deutschen Nationalbibliografie;
detaillierte bibliografische Daten sind im Internet über
http://dnb.ddb.de abrufbar.

Umschlagabbildung:
Die Familie des Künstlers. Gemälde von Johann Anton Tischbein, 1779,
Museum für Hamburgische Geschichte

Ursulaplatz 1, D – 50668 Köln
Tel. (0221) 91 39 00, Fax (0221) 91 39 011
vertrieb@boehlau.de

Satz: Kniesche Mediendesign, Tönisvorst
Druck und Bindung: Druckhaus »Thomas Müntzer« GmbH,
Bad Langensalza
Gedruckt auf chlor- und säurefreiem Papier
Printed in Germany
ISBN 3-412-11003-5

Inhalt

Vorwort

Der Anlaß zu diesem Buch war ein von mir im Wintersemester 1999/2000 veranstaltetes Hauptseminar „Kultur und Konsum im Zeitalter der Aufklärung". Angeregt von der lebhaften Seminardebatte entstanden Seminar-, Magister- und Staatsexamensarbeiten zum Kulturkonsum im 18. Jahrhundert, die die Seminarthematik vertieften und gleichzeitig meine eigenen Interessen an „Kunstsammeln und Geschmack" ergänzten. So habe ich mich dann selbst in Gebiete wie Lektüre, Musikkultur, Theater und Oper mit viel Gewinn und Vergnügen eingearbeitet und dabei festgestellt, wie wenig die unterhaltsame Seite des Zeitalters der Aufklärung bisher beachtet wurde.

Aufgrund der Themenvielfalt war das Buch ein Gemeinschaftsunternehmen, das nur durch die tätige Mithilfe vieler realisiert werden konnte. Meine Historikerkollegen Prof. Dr. Georg Schmidt (Jena) und Prof. Dr. Wolfgang Weber (Augsburg) lasen und kommentierten das Manuskript ebenso gründlich wie Prof. Dr. Carsten Zelle (Bochum) und Prof. Dr. Walter Werbeck (Greifswald) aus der Perspektive der Literatur- und der Musikwissenschaft. Dafür sei ihnen herzlich gedankt.

Von den Greifswalder Mitarbeitern machte PD Dr. Martin Krieger wie immer viele wichtige Verbesserungsvorschläge. Corina Heß M.A. recherchierte Literatur zum Thema materielle Kultur, für das mich Jörg Driesner M.A. mit archivalischen Quellen versorgte. Ulfhardt Stoewer erwies sich als Experte für Friedrich Justin Bertuch und das „Journal des Luxus und der Moden". Dorothea Götze, Klara Deecke, Ingrid Gabel, Yvonne Schmidt, Barbara Westerbusch und Christian Teske bestellten – zumeist per Fernleihe – und kopierten die Literatur. Auch Susanne Friebe und die Mitarbeiter anderer Institute unterstützten uns bei der Literaturbeschaffung. Ohne ihre Mithilfe hätte ich das Buch niemals schreiben können. Vielen Dank!

Der größte Dank gebührt Doreen Wollbrecht und Robert Riemer M.A., die mit Engagement und großer Ausdauer die Hauptlast der Endproduktion des Buches trugen. Sie erstellten nicht nur die Textvorlage, Abbildungen, Grafiken und Karten, sondern überprüften auch die Zitate aus der Literatur des 18. Jahrhunderts und fertigten das Register an.

Gewidmet ist „Genuss und Glück des Lebens" unserer kleinen Tochter Constanze, die nach ihren Brüdern jetzt auch ihr „eigenes Buch" bekommt.

Greifswald, im April 2003 Michael North

Einleitung

Das 18. Jahrhundert – ein Zeitalter des Kulturkonsums

Das 18. Jahrhundert gilt gemeinhin als das Zeitalter der Aufklärung. Konstituierend für die Epoche waren nach dieser Vorstellung das Vordringen der Vernunft in die verschiedenen Lebensbereiche und damit der Aufschwung von Bildung und Wissenschaft in vielen europäischen Ländern. Basierend auf der Analyse von Texten wurde die Aufklärungsforschung daher eine Domäne von Theologie, Philosophie und Literaturwissenschaften. Ergänzend zu diesen Ansätzen konstruierte die Soziologie einen Strukturwandel der Öffentlichkeit, d. h. die Transformation einer bürgerlich-literarischen Teilöffentlichkeit in eine emanzipatorische, gesamtgesellschaftlich dominante bürgerlich-politische Öffentlichkeit.[1]

Angesichts einer solchen Perspektive, die Öffentlichkeit auf politische Publizität verkürzt, verwundert es nicht, daß Kunst und Unterhaltung in der Aufklärungsforschung bisher wenig Beachtung fanden und damit „Genuß und Glück des Lebens“ (Friedrich Justin Bertuch) weitgehend ausgeblendet wurden.[2] Dabei stellte gerade das 18. Jahrhundert einen Höhepunkt des aktiven und passiven Kulturgenusses an den Höfen und in den Städten dar. In keiner vorhergehenden Epoche gab es so viele Kenner und Liebhaber, die sich auf den Gebieten von Kunst und Musik übten. Einzelne Höfe oder Hofgesellschaften profilierten sich in der Pflege der Musen, indem sie bestimmte Künste vorrangig vor anderen geselligen Aktivitäten wie Jagden, Paraden, Bällen und Spielen betrieben. Dilettieren beim Dichten, Musizieren oder Zeichnen ging mit der Förderung von Hoftheater, Hofkapelle, Kunstsammlung und Gartenanlage einher. Auch wenn uns beim Blick auf „Kunstliebhaberei“, „Geselligkeit“ und „Mäzenatentum“ der Höfe der Weimarer Musenhof Anna Amalias als Paradebeispiel vor Augen steht, waren diese Phänomene keineswegs auf die Höfe im Alten Reich beschränkt.[3]

Überall in Europa betätigte man sich musisch und konsumierte gleichzeitig das wachsende kulturelle Angebot. Kunst-, Musik- oder Theaterliebhaber profitierten von einer Kommerzialisierung der Kultur. In einem allmählichen Prozeß trennte sich deren Vermarktung von der Produktion. Neue Kulturunternehmer eroberten das Feld: der Impressario bei Theater und Oper, der Verleger, der Buchhändler, der Kunstauktionator, der Graphikverleger, die Kunsthandlung oder die Leihbibliothek sind nur einige dieser Vermittlungsinstanzen, die im Verlaufe des 18. Jahrhunderts eigenes Gewicht erlangten, wenn sie nicht sogar zu Protagonisten eines neuen Dienstleistungszweiges wurden.

Als Folge der Kommerzialisierung von Kultur erweiterte sich das kulturelle Angebot. Neue Möglichkeiten des Kulturkonsums entstanden. Drei Aspekte sind dabei hervorzuheben:

1. Die große Breite und Variation des Angebots: Kultur konnte man sowohl direkt auf der Bühne, im Konzert und in der Ausstellung, aber auch indirekt in der Presse, im Journal, im Buch oder im Druck wahrnehmen und sogar per Katalog bestellen. Dadurch verwischten sich die Unterschiede zwischen „oben" und „unten" (Volkskultur) allmählich.
2. Die relativ leichte Zugänglichkeit: Im Kaffeehaus konnte man Zeitungen und Journale für den Preis eines Getränks lesen, der Besuch von Auktionshäusern und Kunsthandlungen war unentgeltlich. Gemälde gab es für weniger als zehn Gulden. Musikgärten wie „Vauxhall" in London kosteten bis 1792 nur einen Schilling. Allein Oper und Konzert waren teurer.
3. Die Identitätsbildung durch Kulturkonsum: Kulturkonsum vermittelte soziale Identität. Besuche des Theaters, des Konzerts und der Auktion dienten der Selbstdarstellung. Geschmack war eine gesellschaftliche Angelegenheit, und die Öffentlichkeit avancierte zum kulturellen Schiedsrichter in Sachen Geschmack bzw. wurde Teil einer kosmopolitischen Geschmackselite.[4]

Der Kulturkonsum konzentrierte sich zunächst in den großen europäischen Zentren London, Paris, Neapel, Amsterdam, Rom, Madrid, Lissabon, Wien und Hamburg, in denen es Theater, Konzerthäuser, Verleger und Kunsthändler und ein ausreichend wohlhabendes Publikum gab. Aber auch Städte mit weniger als 100.000 Einwohnern wie Edinburgh, Dublin, Stockholm, Kopenhagen, Bordeaux, Barcelona, Cadiz, Sevilla, Frankfurt, Dresden und Leipzig genossen ein blühendes kulturelles Leben. Im Laufe des 18. Jahrhunderts verbreitete sich der Kulturkonsum noch viel weiter, in Deutschland z. B. in die zahlreichen Residenz- und Universitätsstädte, wo sich die wachsende Zahl der Funktionseliten und Bildungsbürger in Kaffeehäusern und Lesegesellschaften traf, die Aufführungen der Theater- und Opernkompanien besuchte und gemeinsam in Liebhaberorchestern musizierte.

Es entstand eine europaweite kulturelle Identität, in der Stand und Nationalität oftmals zurücktraten bzw. verschiedene Elemente unterschiedlicher nationaler Kulturen eine Symbiose eingingen. Zentral war der Wunsch sowohl der aufgeklärten Aristokraten als auch der bürgerlichen Eliten, an den neuen kulturellen Entwicklungen zu partizipieren: „Geschmack wurde eines der Attribute dieser neuen Gruppe von Kulturkonsumenten, des ‚sociable man' bei Addison und Steele im ‚Spectator', des ‚honnête homme' bei Voltaire im ‚Le Mondain' und des Kosmopoliten, wie ihn Wieland im ‚Teutschen Merkur' beschrieb".[5] Der Kulturkonsument war gebildet, war Kenner und Liebhaber von Literatur, Musik und Kunst, und stellte diese Kennerschaft in Gesellschaft unter Beweis. So heißt es bei Kant: „In völliger Einsamkeit wird niemand sich sein Haus schmücken oder ausputzen; er wird es auch nicht gegen die Seinigen (Weib und Kinder), sondern nur gegen Fremde tun; um sich vorteilhaft zu zeigen."[6]

Vor diesem europäischen Hintergrund versuche ich, die für Deutschland noch wenig beachteten Elemente des Kulturkonsums sowie das im 18. Jahrhundert entstehende neue Marktsystem der Kultur erstmals zu analysieren. Dabei werden die Gegenstände des Konsums wie Buch und Reisen ebenso behandelt wie Mode, Wohnkultur und Gärten. Aber auch die Vermarktung und Rezeption von Kunst, Musik und Literatur sowie die Zentren des Konsums und Genusses finden Beachtung. Prozesse des Kulturtransfers von Westeuropa in die deutschen Territorien sind ebenfalls zu rekonstruieren, denn in Deutschland erschienen die neuen Kulturgüter nicht nur als materielle Realität sondern auch als literarisches Konstrukt in Journalen, Romanen und Briefen. So wurde die aktive musische Betätigung vor Ort von der Rezeption der Journale sowie dem Diskurs unter den Musenfreunden begleitet. Daher interessieren den Kulturhistoriker besonders die Fragen, wann, wo und wie diese Diskurse wirkmächtig wurden und den Kulturkonsum beeinflußten. In diesem Zusammenhang ist schließlich auch zu fragen, ob sich bestimmte Geschmackspräferenzen sozialen Gruppen zuordnen lassen und ob es in Deutschland eine vom Adel abgesetzte bürgerliche Kulturausübung gab, wie es der in den Kulturwissenschaften verbreitete Topos der „Verbürgerlichung“ von Kunst, Literatur und Musik suggeriert. Die Rolle des Kulturkonsums für einen deutschen und europäischen Identitätsbildungsprozeß steht als Leitgedanke über dem Buch.

Kapitel I

BUCH UND LEKTÜRE

> „[...] ich laß in Swift und blätterte [...] in den Göttingischen Anzeigen. Ich hätte gern noch im Swift gelesen, fürchtete mich aber mich zu sehr an diese Lecture zu gewöhnen."[1]
> „Heute sollte nun gewaltig scharf gearbeitet werden, aber der Morgen ging wieder vor die Hunde. Früh laß ich im Shandy und kam wieder ziemlich ins Faullenzen [...]."[2]
> „Ich laß bey dem frisiren im Moore und ward dabey ziemlich munter, nachher aber wieder etwas niedergeschlagen, als ich im Whylt blätterte. Ich bemerkte heute wieder, was ich schon so oft bemerkt habe, ungeachtet man schwören sollte, daß ich es nie bemerkt hätte, wie sehr mir dergleichen Lecture schadet."[3]

So äußerte sich Johann Anton Leisewitz, Landschaftssekretär und Schriftsteller, eine der „Leseratten" des 18. Jahrhunderts. Er dokumentierte nicht nur täglich seine Lektüre, sondern auch sein schlechtes Gewissen, da die Lektüre von anderen Tätigkeiten, ähnlich dem Fernsehkonsum heute, abhielt. Leisewitz las die deutschen und englischen philosophischen und moralischen Schriften, aber auch lateinische Klassiker und vor allem die englische Modelektüre seiner Zeit: Jonathan Swift, John Moores Reisebeschreibungen, Oliver Goldsmith' „The Vicar of Wakefield", Henry Fieldings „Tom Jones", John Gays „The Beggars Opera", James Thomsons „The Seasons" und Laurence Sternes „The Life and Opinions of Tristram Shandy". Hinzu kamen John Lockes „On Civil Government", David Humes „History of England" und Robert Whytts (nicht Whylt) „Sämmtliche zur praktischen Arzneykunst gehör. Schriften" (aus dem Englischen, Leipzig 1771). Den „Werther" las er mit seiner Gattin, die ihm daraus vortrug. So hatte Leisewitz 1779 laut seines eigenen Lektüreregisters 40 Bücher studiert, mittels Durchblättern fünf Werke „beynahe ganz durchgelesen", neun Bücher angefangen und in acht größeren Kompendienwerken ständig nachgeschlagen und daraus exzerpiert.[4]

Obgleich es enzyklopädische Leser unter der Gelehrtenwelt zu allen Zeiten gegeben haben mag, so sind doch die Lektüreobsessiven, die fast alles lasen, was ihnen vor die Augen kam, eine Erscheinung des 18. Jahrhunderts. Rolf Engelsing hat dafür den Ausdruck „Leserevolution“ geprägt und diese damit charakterisiert, daß sich die Leseweise von einer überwiegend geübten intensiven Wiederholungslektüre zum modernen extensiven Lesen wandelte.[5] Auch wenn dieses heute schon wieder der Vergangenheit angehört, und auch im 18. Jahrhundert nach Land und Stand unterschiedliche Lektürepraktiken nebeneinander existierten, hatte Lesen für viele einen neuen Stellenwert bekommen.[6] Es wurde zu einer Freizeitbeschäftigung, der man – anders als bei Schauspiel, Oper und Konzert – jederzeit zu Hause nachgehen konnte. Ein literarischer Markt entstand, der die traditionellen Formen der Buchproduktion sprengte. Neue Medien, neue Distributionsformen und neue Leseinstitutionen trugen der Nachfrage der Leser Rechnung und ermöglichten zugleich eine förmliche Leserevolution. Im folgenden sollen entsprechend die Medien, die Verlagsproduktion, der Buchbesitz und die Lektürevorlieben untersucht werden.

Medien

Charakteristisch für das 18. Jahrhundert war die zunehmende Komplexität der Medienlandschaft. Nicht nur das Buch öffnete sich neuen Themen und Leserschichten, sondern auch im Bereich der periodischen Schriften entstand eine Vielzahl neuer Gattungen. Neben Kalendern und Almanachen, die erstmals auch lektüreunerfahrene Kreise erreichten, wurden Zeitschriften für alle Wissenschaften und Wissensgebiete publiziert. Reisen, Kunst, Literatur, Mode, Musik, Theater und Theologie sind nur einige Schwerpunkte, denen oftmals kurzlebige Journale – oft mit einer weiblichen Zielgruppe – gewidmet wurden. Eine besondere Gattung war darüber hinaus das Intelligenzblatt.[7] Ursprünglich als Anzeigenblatt gedacht, entwickelte es sich weiter zum Medium der ökonomisch-gemeinnützigen Aufklärung und sogar zur Diskussionsplattform moralisch-sittlicher Fragen, die in der ersten Hälfte des 18. Jahrhunderts Gegenstand der Moralischen Wochenschriften gewesen waren. Die berühmteste dieser moralischen Wochenschriften, der „Hamburger Patriot", erreichte nach zeitgenössischen Spekulationen bereits in den 1720er Jahren Verkaufsziffern von bis zu 5.000.[8]

Eine derartige Auflage sollte in der zweiten Jahrhunderthälfte nur von wenigen Journalen übertroffen werden. So erreichte Schillers „Historischer Calender für Damen" in einzelnen Jahrgängen bis zu 10.000 Abonnenten, und Wielands „Teutscher Merkur" sowie Nicolais „Allgemeine Deutsche Bibliothek" wurden mit jeweils bis zu 2.500 Exemplaren subskribiert. Vergleichsweise viele Bestellungen (ca. 1.500) fand auch Bertuchs „Journal des Luxus und der Moden", während beim durchschnittlichen periodischen Medium Auflagen zwischen 500 und 700 Exemplaren als hoch eingeschätzt werden können, da viele Perodika mit weniger als 300 zahlenden Lesern auskommen mußten. Demzufolge überlebten viele Neugründungen ihr erstes Jahr nicht, und Erscheinungszeiträume von mehr als vier Jahren sind ein selten festzustellendes Indiz für eine kontinuierliche Lesernachfrage. Entsprechend übertrafen die langlebigen Journale ihre weniger erfolgreichen Konkurrenten im Hinblick auf Druckqualität und Ausstattung mit Kupferstichillustrationen.

Daneben darf der ungeheure Aufschwung der periodischen Tagespublizistik nicht vergessen werden, die um 1750 mehr als eine Million Zeitungsleser erreichte. Die politischen Ereignisse wie der Siebenjährige Krieg, die amerikanische Unabhängigkeitsbewegung oder die Französische Revolution steigerten den Zeitungskonsum scheinbar ins Unermeßliche, so daß Spitzenblätter wie der „Hamburgische unpartheyische Correspondent" am Ende des 18. Jahrhunderts Auflagen von bis zu 30.000 Exemplaren erreichten. In dieser Zeit dürften in Deutschland rund 200 Zeitungen mit einer Auflage von durchschnittlich je 300 Exemplaren jede Woche ca. drei Millionen Leser gefunden haben.[9]

Von der Expansion des literarischen Marktes profitierten nicht nur die Verleger, sondern auch eine wachsende Zahl von Autoren. So schätzt man, daß die Zahl der schriftstellerisch Tätigen zwischen 1755 und 1800 von 2.000 bis 3.000 auf ca. 10.000 anwuchs.[10] Auch wenn die prominenten Autoren oft in fürstlichen Diensten standen – Lessing als herzoglicher Bibliothekar, Klopstock als Stipendiat des dänischen Königs, Wieland als Prinzenerzieher, Goethe als Minister, Schiller als Geschichtsprofessor – wagten doch immer mehr die freie Existenz des Schriftstellers.[11] Oft waren es sogar ökonomische Nöte, die zur Betätigung auf dem literarischen Markt zwangen. So begründete Sophie von La Roche die Herausgabe der ersten deutschen Frauenzeitschrift „Pomona“ (1783) damit, daß sie nach der Entlassung ihres Mannes aus Trierer Diensten finanziell für ihre Söhne Carl und Wilhelm sorgen müsse.[12]

Ein anderes Beispiel ist Christian August Vulpius, der Bruder von Goethes späterer Frau Christiane. Bereits als Student hatte er 1782 an Reichhardts „Bibliothek der Romane“ sowie seit 1784 an der Zeitschrift „Olla Potrida“ mitgearbeitet. Zur gleichen Zeit erschienen seine „Abenteuer des Ritters Palmendos“, die als Vorstufe zu seinem später berühmten Roman „Rinaldo Rinaldini“ anzusehen sind. Christian Vulpius kam auf Empfehlung seines künftigen Schwagers erst allmählich in die Gewinnzone. Ab 1792 konnte er als freier Mitarbeiter für Goethes Weimarer Hoftheater arbeiten. Dort richtete er Stücke ein, übersetzte und schrieb neue Dialoge für Opern von Dittersdorf und Mozart. Die Honorare blieben aber dürftig, da eine Bearbeitung nur ein bis drei Taler, ein Operntext 13 Taler einbrachte. Erst als Bibliotheksregistrator und durch die Beförderung zum Bibliothekssekretär (1800) sowie zum Bibliothekar (1805) verbesserte sich seine finanzielle Lage.[13] Jedoch avancierte sein Räuberhauptmann „Rinaldo Rinaldini“ im 19. Jahrhundert zu einem der meistgelesenen Unterhaltungsromane. Gerade weil er nicht in das ästhetische Programm Goethes und Schillers paßte, überholte Vulpius die Klassiker bei weitem in der Lesergunst. Die Literaturgeschichte hat aber die Autoren der Leserevolution wie beispielsweise Vulpius nur selten wahrgenommen.[14] Auch in der wichtigsten Quelle der Buchproduktion, den Meßkatalogen, ist das Unterhaltungsschrifttum nicht vollständig repräsentiert.

Buchproduktion

Eine zentrale Quelle für die Buchproduktion des 18. Jahrhunderts stellen die Meßkataloge dar. Diese Neuerscheinungsverzeichnisse registrierten die auf den Messen in Leipzig und Frankfurt am Main überregional gehandelten Bücher und damit den größten Teil der Buchproduktion im deutschsprachigen Raum. Auch wenn die Bücher, die zwischen den Buchmessen erschienen, nicht Eingang in die Meßkataloge fanden, wurden und werden die Meßkataloge trotz dieser Überlieferungsmängel immer wieder herangezogen, um einerseits die Entwicklung der Buchproduktion zu schätzen und andererseits die prozentualen Veränderungen der Sachgebiete, zu denen publiziert wurde, zu rekonstruieren. In bezug auf die Buchproduktion variieren die Schätzungen. So zählt der Leipziger Meßkatalog 1700 ca. 980, ein Jahrhundert später aber bereits 4.000 Titel. Dies würde in den Anfangsjahrzehnten des 18. Jahrhunderts eine jährliche Produktion von 1.000 Titeln im deutschsprachigen Raum ergeben. Andere Schätzungen kommen auf 175.000 Titel zwischen 1700 und 1800 und damit auf eine Jahresproduktion von 1.750 Titeln. Folgt man dem Leipziger Meßkatalog, nahm die Zahl der Neuerscheinungen wie folgt zu:[15]

Neuerscheinungen nach dem Leipziger Meßkatalog, 1700–1800

Jahr	**Anzahl der Werke**
1700	978
1710	1.368
1720	979
1730	993
1740	1.326
1750	1.296
1760	1.198
1770	1.807
1780	2.642
1790	3.560
1800	4.012

Der große Sprung erfolgte in der Zeit zwischen 1760 und 1770; von da an ging es mit der Buchproduktion kontinuierlich aufwärts. Zeitgenossen sprechen in den 1780er und 1790er Jahren von 5.000 neuen Titeln jährlich. Solche Schätzungen finden in der Buchhändlerzeitschrift „Magazin des Buch- und Kunsthandels“ ihre Bestätigung. Laut Wittmann ergeben die Titular-Anzeigen neuer, in Deutschland zwischen den Frankfurter und Leipziger Messen herausgekommener Schriften und Bücher, die nicht schon im Meßkatalog eingerückt sind, für die Jahre 1780 bis 1782 insgesamt 7.846 Titel, während die Meßkataloge auf 8.354 Titel kommen.[16] Eine Gesamtproduktion von 15.000 Titeln in den genannten drei Jahren bzw. eine Jahresproduktion von 5.000 Titeln erscheint also durchaus realistisch.[17]

Signifikanter als bei den absoluten Neuerscheinungszahlen sind die Angaben der Meßkataloge bei der Betrachtung der Sachgebiete und ihrer relativen Veränderungen. Hierfür sind noch immer die Ergebnisse Rudolf Jentzschs auf der Basis der Leipziger Ostermeßkataloge der Jahre 1740, 1770 und 1800 heranzuziehen.[18]

Neuerscheinungen nach Sachgebieten, 1740–1800

Sachgebiet	**Zahl der Titel**			**Prozentualer Anteil an der Gesamtproduktion**		
	1740	1770	1800	1740	1770	1800
Theologie	291	280	348	38,5	24,5	13,6
Jurisprudenz	97	61	129	12,9	5,3	5,0
Geschichte/Geographie	85	110	272	11,3	9,6	10,6
Medizin	50	91	209	6,6	8,0	8,1
Philosophie	44	34	94	5,8	3,0	3,7
Schöne Künste und Wissenschaft	44	188	551	5,8	16,4	21,5
Allgemeine Gelehrsamkeit	40	52	37	5,3	4,5	1,4
Populär-moralische Schriften	25	39	119	3,3	3,4	4,6
Mathematik, Naturwissenschaft	25	71	183	3,3	6,2	7,1
Klassische Philologie	18	35	78	2,4	3,1	3,0
Staatswissenschaften	10	32	93	1,3	2,8	3,6
Landwirtschaft, Gewerbe usw.	8	60	221	1,1	5,2	8,6
Praktische Handbücher	7	16	53	0,9	1,4	2,1
Außerklassische Philologie	5	16	28	0,7	1,4	1,1
Erziehung und Unterricht	4	20	105	0,5	1,8	4,1
Populär-periodische Schriften	2	39	49	0,3	3,4	1,9
Insgesamt	**755**	**1.144**	**2.569**	**100**	**100**	**100**

Bei der Interpretation der Jentzschen Daten haben die Buchhistoriker immer wieder zwei verschiedene Sachgebietsgruppen hervorgehoben: eine veränderliche Gruppe und eine beharrende Gruppe.[19] Ohne zunächst hierauf einzugehen, können wir feststellen, daß in fast allen Fachgebieten von Stichjahr zu Stichjahr in absoluten Zahlen deutlich mehr Bücher publiziert wurden.[20] Was sich veränderte, waren die relativen Anteile der verschiedenen

Fachgebiete. Der Anteil der Gebiete Philologie, Philosophie und Geschichte/Geographie blieb konstant, während Theologie, Jurisprudenz und Allgemeine Gelehrsamkeit rückläufig waren. Dynamisch, aber mit höchst unterschiedlichen Wachstumsraten, entwickelten sich demgegenüber in erster Linie „Schöne Künste und Wissenschaft" sowie dahinter, mit größerem Abstand, Mathematik, Naturwissenschaften, Landwirtschaft, Gewerbe, Erziehung und Unterricht sowie populär-periodische Schriften. Um 1740 war der Buchmarkt immer noch vor allem auf den gelehrten Leser ausgerichtet, der Bücher aus den Bereichen Theologie, Jurisprudenz und Allgemeine Gelehrsamkeit nachfragte. Diese Gebiete wurden nach 1770 zunehmend von „Schönen Künsten", Natur- und praktischen Wissenschaften zurückgedrängt. Mit dieser Verschiebung ging ein Rückgang der in lateinischer Sprache verfaßten Literatur einher, die 1740 noch 28 % der registrierten Titel ausgemacht hatte. 1770 entfielen dagegen auf Latein nur noch 14 % der Titel, d. h. 86 % der erschienenen Bücher waren in deutscher Sprache verfaßt. Im Jahr 1800 ergab sich lediglich noch ein spärlicher Rest von 4 % lateinischer Titel.

Schauen wir uns die dynamische Gattung der „Schönen Künste und Wissenschaften" an, dann offenbart deren Zusammensetzung interessante Aufschlüsse über die Entwicklung auf dem Literaturmarkt. Besonders ins Auge fällt der Anstieg der Zahl der Romane im genannten Zeitraum, die zusammen mit der Rubrik „Dichtung" die stärksten Veränderungen aufweisen. So registrierte im Jahre 1800 der Ostermeßkatalog 300 neue Romane, 64 Schauspiele und 34 Gedichtbände. 1740 waren es nur 20 Romane, zwei Schauspiele und zehn Gedichtbände gewesen. Dabei wurden Romane vor allem im Norden des Reiches, einschließlich Leipzigs, produziert, während Süddeutschland beim Schauspiel eine größere Rolle einnahm. Dies spricht für eine intensivere Romanlektüre im Norden, kann aber auch durch die aggressiveren Vermarktungsstrategien der norddeutschen Buchhändler und Verleger verursacht gewesen sein, die für ihre Produkte erfolgreich einen größeren Marktanteil erkämpften.

Buchhandel

Auch der Buchhandel erfuhr im Laufe des 18. Jahrhunderts grundlegende Veränderungen, nämlich vor allem den Übergang vom Changehandel zum Nettohandel. Changehandel bedeutete Tauschhandel; er betraf den Großteil der Bücher, die Buch gegen Buch getauscht wurden. Daneben verkaufte man andere Druckerzeugnisse wie Flugschriften, Kalender und Gebetbücher als sog. Kontant-Artikel gegen Barzahlung. Der Tauschhandel bot sich an, weil er für den Buchhändler des 16. und 17. Jahrhunderts viele Vorteile hatte. Er verminderte den Bargeldbedarf ebenso wie die Höhe des notwendigen Betriebskapitals und vermied Wechselkursverluste und Umrechnungsprobleme der Währungen; ebenso wurde ermöglicht, Schuldverhältnisse durch den Austausch einiger Druckbogen bargeldlos ins Reine zu bringen. Denn das gedruckte Wort besaß noch keinen materiellen Eigenwert, es zählte nur der bedruckte Bogen Papier, der zu einem Einheitspreis von einem Pfennig pro Bogen gehandelt wurde – gleich welchen Inhalts er war. Autorenhonorare fielen angesichts der hohen Druck- und Papierkosten noch nicht ins Gewicht. Entsprechend tauschten die Buchhändler auf der Frankfurter und der Leipziger Messe ihre bedruckten Papierbögen im Verhältnis 1:1. In der Regel nahm man von jedem neuen Druckerzeugnis einem anderen Buchhändler vier bis sechs Exemplare, zum Teil aber auch größere Partien ab, die man seinerseits weitergab. Das System konnte funktionieren, weil zwei Voraussetzungen gegeben waren: eine enge Verflechtung der zahlreichen Buchhändler in Universitätsstädten, Residenzen und Handelszentren und eine relative Homogenität der gelehrten Leserschaft.

Als im Laufe des 18. Jahrhunderts vermehrt Unterhaltungsliteratur nachgefragt wurde, ergaben sich zunehmend Disparitäten zwischen dem – auf den Messen getauschten – norddeutschen und dem süddeutschen Bücherangebot. Das alte Changesystem brach daher zusammen. Den Stein ins Rollen brachte hierbei Philipp Erasmus Reich, Mitinhaber der Weidmannschen Verlagsbuchhandlung. Er hatte seinen Autoren mehrfach hohe Honorare gezahlt und sah sich deshalb veranlaßt, bei den Buchhändlern auf direkter Bestellung und Barkauf mit halbjährlicher Abrechung zu bestehen. Dieses Reichsche Modell, der Nettohandel, machte Schule. Aufgrund seiner Investitionen mußte sich der Nettohändler erstmals stärker an der Marktnachfrage, d. h. am Geschmack des Publikums, orientieren. Reich brachte aus diesem Grunde vermehrt Übersetzungen ausländischer Autoren heraus und versuchte, zugkräftige Autoren wie z. B. Wieland an seinen Verlag zu binden.[21]

In Süddeutschland, wo man sich dem Diktat des Nettohandels noch nicht beugen wollte, nutzte man – neben dem weiterbestehenden Changehandel – die Leipziger Buchhändler als Kommissionäre zur Buchauslieferung. Als Kompromiß zwischen Netto- und Kommissionshandel entstand schließlich der noch heute praktizierte Konditionshandel (die sog. Bedingtlieferung). Dabei sandten Verleger regelmäßig die Neuerscheinungen an Buchhändler, denen sie ein Drittel Rabatt einräumten. Konnte der Abnehmer die Bücher nicht binnen einer bestimmten Frist absetzten, durfte er sie als Remittenden zurückschicken. Erst danach wurde abgerechnet. Dem Verleger stand damit ein umfangreiches Vertriebsnetz für seine Neuerscheinungen zur Verfügung, während der Buchhändler/Sortimenter nun größere Bücherlager (Büchersortiment) der verschiedenen Verlage unterhielt, ohne dafür sofort bezahlen und Kapital für lange Zeit binden zu müssen. Dennoch wurde die Arbeitsteilung zwischen Verleger und Buchhändler/Sortimenter noch nicht überall praktiziert, und es kamen bis ins 19. Jahrhundert hinein vielfältige Übergangsformen beider Berufe vor.

So profitierten auch Verleger und Autoren von Ort zu Ort unterschiedlich von dem wachsenden Buchmarkt. Einige Beispiele mögen das illustrieren. Neben Reich und seinen süddeutschen Gegenspielern Franz Varrentrapp oder Thomas Edler von Trattner war der Berliner Christoph Friedrich Nicolai sicher der bedeutendste Verleger der Aufklärung. Gut vorbereitet durch eine Buchhandelslehre, ergriff Nicolai, als er 1758 nach dem plötzlichen Tod seines Bruders den väterlichen Verlag übernehmen mußte, die publizistischen Chancen seiner Zeit. So übte der „Propagandist der Aufklärung“ in seiner in zwölf Bänden erschienenen Beschreibung seiner Deutschlandreise aus dem Jahre 1781 eine schonungslose Kritik an den allerorten angetroffenen Zuständen. Seine in die Gattung der Reisebeschreibung verpackten Berichte spiegeln ein Überlegenheitsgefühl der protestantischen norddeutschen Aufklärung gegenüber dem katholischen Süddeutschland wider und wirken unter den Aufklärungsforschern bis heute nach.[22]

Als Romanautor setzte Nicolai die Satire als Mittel zur Aufklärung ein. So spricht er beispielsweise in seinem dreiteiligen Roman „Das Leben und die Meinungen des Herrn Magister Sebaldus Nothanker“, der in vier Auflagen 12.000 Exemplare erreichte, auch die Situation des Buchhandels an:

„Da ist mehr als Ein Verleger, der seinen Autoren aufträgt, was er zu brauchen denkt: Geschichten, Romane, Mordgeschichten, zuverläßige Nachrichten, von Dingen, die man nicht gesehen hat, Beweise von Dingen, die man nicht glaubt, Gedanken, von Sachen, die man nicht versteht. Ich kenne einen, der in seinem Hause an einem langen Tische zehn bis zwölf Autoren sitzen hat, und jedem sein Pensum fürs Tagelohn abzuarbeiten giebt. Ich läugne es nicht, denn warum sollte ich Armuth für Schande halten? ich habe auch an diesem langen Tische gesessen."[23]

Aber Nicolai kritisiert nicht nur, er analysiert auch die Ursachen dieser Entwicklung:

„Dieses gelehrte Völkchen von Lehrern und Lernenden, das etwa 20.000 Menschen stark ist, verachtet die übrigen 20 Millionen Menschen, die außer ihnen Deutsch reden, so herzlich, daß es sich nicht die Mühe nimmt, für sie zu schreiben; [...] Die zwanzig Millionen Ungelehrte vergelten den 20.000 Gelehrten Verachtung mit Vergessenheit: Sie wissen kaum, daß die Gelehrten in der Welt sind. Weil nun kein Gelehrter für Ungelehrte schreiben will, und dennoch die ungelehrte Welt so gut ihr Bedürfnis zu lesen hat, als die gelehrte, so bleibt das Amt für Ungelehrte zu schreiben, endlich den Verfassern der Inseln Felsenburg, den Postillenschreibern, und der moralischen Wochenblätter, deren Fähigkeiten den Fähigkeiten der Leser, die sie sich gewählt haben, viel genauer entsprechen, als die Fähigkeiten der größten Gelehrten ihren Lesern: die daher weit mehr gelesen werden als die größten Genien, die aber auch ihre Leser nicht um einen Daumen breit höher hinaufheben, die vielmehr sehr oft nicht wenig beytragen, daß das Licht der wahren Gelehrten sich nicht auf die Ungelehrten ausbreitet. Daher sind einige Städte bey uns so helle, und ganze Länder sind in der größten Finsterniß."[24]

Notwendig sei also eine Verbreitung gelehrter Erkenntnisse unter den bis dato noch Ungelehrten. Entsprechend überwiegen in seinem für 1787 dokumentierten Verlagsprogramm pädagogische Werke und Lehrbücher sowie die gelehrte Literatur vor der Belletristik. Von größerer Bedeutung waren aber die von Nicolai herausgegebenen Zeitschriften, wozu die unter Mitarbeit von Lessing, Mendelssohn und später von Abbt 1759–65 erschienenen „Briefe, die neueste Literatur betreffend" zählen. Am bekanntesten wurde jedoch seine andere Rezensionszeitschrift, die „Allgemeine deutsche Bibliothek". Nach dem Vorbild der englischen

„Monthly Review" konzipiert, hatte dieses Blatt die Aufgabe, der gelehrten Welt die deutschsprachigen Neuerscheinungen vorzustellen. In den 40 Jahren ihres Bestehens (1765–1805) sollen darin 80.000 Bücher rezensiert worden sein. Die Zeitschrift erfreute sich eines vergleichsweise großen Publikums und hatte in ihrer Blütezeit Absatzzahlen von 2.000 und mehr Exemplaren (Spitzenjahr 1777: 2.548). In den 1790er Jahren sanken die Verkaufszahlen (ähnlich wie beim „Teutschen Merkur", dessen Absatz sich zwischen 1774 und 1796 von 2.000 auf 1.000 halbierte).[25] Solange sie sich aber oberhalb der 1.000er Auflage befand, war die „Allgemeine deutsche Bibliothek" für Nicolai ein Geschäft, das im Jahr mehrere tausend Taler abwarf.

Finanziell nicht ganz so erfolgreich war Georg Joachim Göschen, der sich als Faktor und Kommissionär der Dessauer Gelehrtenbuchhandlung selbständig gemacht hatte und versuchte, sich als Verleger der Weimarer Autoren am Markt zu etablieren. So trafen sich in den 1780er Jahren seine Interessen – vermittelt durch Friedrich Justin Bertuch – mit denen Goethes. Goethe litt darunter, daß es zu dieser Zeit noch keine von ihm autorisierte Gesamtausgabe seiner Werke gab. Zwar brachten Verleger im In- und Ausland Nachdrucke auf den Markt, aber Goethe profitierte davon in keiner Weise. Er empörte sich über die permanente Nachdruckerei, gegen die auch Göschen kämpfte. Als Göschen 1786 den Druck einer achtbändigen Werkausgabe anbot, griff Goethe zu. Die Aussichten schienen vielversprechend. Goethe verlangte ein Honorar von 2.000 Talern; Göschen plante eine Auflage von 6.000 Stück zum Preis von je sechs Talern und 1.000 Subskribenten. Dennoch entwickelte sich das Projekt nicht erwartungsgemäß. Aufgrund seines Italienaufenthaltes bereitete Goethe weder die Bände für den Druck vor noch las er Korrektur. Als die ersten Bände dann 1787 erschienen, war Goethe zudem über die Aufmachung der Göschen-Ausgabe enttäuscht. Er stellte fest, „daß diese Bände eher einer ephemeren Zeitschrift als einem Buche ähnlich sehen, das doch einige Zeit dauren sollte".[26]

Die Bände erschienen langsam, und der Absatz verlief schleppend. Obwohl Göschen mehrfach im „Journal des Luxus und der Moden" und in der „Allgemeine Literatur-Zeitung" für die Subskription geworben hatte, waren bei einer Auflage von 4.000 nur 626 Exemplare subskribiert worden.[27] Entsprechend mußte sich Goethe 1791 von Göschen sagen lassen, daß seine Werke „nicht so kurrent" seien „als andere, an denen ein größer Publikum Geschmack findet".[28] Auch Goethes Verdienst fiel entsprechend schmal aus. Erfolgreicher war Göschen mit der Wieland-Gesamtausgabe, die bis 1802 in 42 Bänden erschien. Dennoch war Wieland, der immerhin ein Pauschalhonorar von 10.000 Talern und ein Darlehen von 3.000 Talern für den Ankauf des Landgutes Oßmannstedt erhalten hatte, mit dem Absatz nicht völlig zufrieden.[29] Goethe hingegen gelangte erst durch die nächste Werk-Ausgabe bei Unger in Berlin 1792 mit 5.400 Talern in die Gewinnzone, die er, nachdem er einmal die Verbindung mit Johann Friedrich von Cotta eingegangen war, niemals mehr verlassen sollte.

Cotta hatte 1787 die später nach ihm benannte Tübinger Buchhandlung gekauft, die Verlag und Sortiment gleichermaßen betrieb. Innerhalb kürzester Zeit richtete er sein Verlagsprogramm auf die zeitgenössische Literatur aus und machte den Verlag zu einer führenden Institution für Zeitschriften und die Produkte der Weimarer Klassik. 1794 hob Cotta zusammen mit Schiller, der seine wirtschaftliche Lage verbessern wollte, die literarische Monatschrift „Die Horen" aus der Taufe. Über Schiller kam Goethe in Kontakt mit dem Tübinger Verleger. Zunächst veröffentlichte Goethe dort seine kurzlebige Zeitschrift „Propyläen", 1805 kam es zu einer neuen zwölfbändigen Werkausgabe. Vorausgegangen waren harte Verhandlungen. Mit der zwölfbändigen Ausgabe (1806–1808) verdiente Goethe 10.000 Taler, wozu mit den „Wahlverwandtschaften" noch weitere 2.000 Taler kamen. Die letzte Ausgabe der Goetheschen Werke, die 1826–1830 in 40 Bänden wiederum bei Cotta erschien, brachte insgesamt 60.000 Taler. Zusammen mit anderen Honoraren soll Goethe auf diese Weise 130.839 Taler aus dem Hause Cotta erhalten haben.[30]

Daß Cotta solche Honorare anbieten und auch andere Autoren wie Herder, Wieland, Hölderlin, Jean Paul, Schelling, Fichte, Tieck und Hebel an sich binden konnte, ist ein Indiz für die finanziellen Ressourcen und Gewinnmöglichkeiten seines Verlagsimperiums. Hierzu trugen nicht zuletzt seine Zeitschriften und neuen Methoden in der Autorenanwerbung und in der Textproduktion durch Publikumsforen bei. Als frühindustrieller Unternehmer investierte er auch in andere Bereiche, wie in die Dampfschiffahrt an Rhein und Bodensee oder in die Leinenherstellung in Heilbronn.

Mit dieser Strategie traf er sich mit dem Kulturunternehmer Friedrich Justin Bertuch. Bertuch trug nicht nur als Schatullverwalter Herzog Carl Augusts zur kulturellen Blüte des Weimarer Staates bei, sondern baute ein vor allem auf Zeitschriften beruhendes Verlagsunternehmen, das Landes-Industrie-Comptoir, auf, dessen Sortiment um die gewerbliche Luxusproduktion erweitert wurde.[31] Dabei hatte Bertuch als kleiner Schriftsteller und Verleger angefangen. So arbeitete er zunächst an Wielands Merkur mit und war für dessen finanzielle Seite verantwortlich. Zusätzlich übersetzte er den „Don Quixote" und gab 1780–82 im Selbstverlag in Weimar ein spanisch-portugiesisches Literaturmagazin heraus. 1785 folgten die „Allgemeine Literatur-Zeitung" und 1786 das „Journal des Luxus und der Moden", das überaus erfolgreich wurde.[32] Zuvor hatte Frau Bertuch noch eine Seidenblumenfabrik gegründet, deren Mitarbeiterin Christiane Vulpius, Goethes spätere Lebensgefährtin und Ehefrau, werden sollte. Seine Verlegertätigkeit erweiterte Bertuch 1790 mit der Bücherreihe „Bilderbuch für Kinder", die den Kindern die natürliche Umwelt aufzeigte.

Abb. 1 Friedrich Justin Bertuch, Punktierstich von Carl August Schwerdgeburth, 1808.

Immer mehr Druckerzeugnisse wie die berühmten Sammlungen der Reisebeschreibungen („Bibliothek der Reisen") oder die Journale „London und Paris" bzw. „Allgemeine Geographische Ephemeriden" folgten.[33] Vor allem war Bertuch durch seine einmalige Verknüpfung von Marktorientierung und Literaturpolitik erfolgreich. Er paßte sich nicht sklavisch dem Zeitgeschmack an, konzentrierte sich aber auf Journale und Reihen, mit denen er geschäftliches und aufklärerisches Engagement verbinden konnte. Dagegen scheute er das Risiko im Bereich der schönen Literatur wie die Dichtungen der Weimarer Klassiker. Über seine Unternehmensstrategie und seinen Erfolg geben die von ihm gezahlten Honorare ebenso wie ein Einblick in die Rentabilität seiner Reihen Aufschluß. Zwar zahlte er keine Spitzenhonorare, wie Goethe sie mit 100 Talern pro Bogen von dem Berliner Verleger Johann Friedrich Vieweg für „Hermann und Dorothea" erhielt. Aber das 1782 mit Wieland für „Merkur"-Aufsätze vereinbarte Bogenhonorar von zehn Talern lag im oberen Bereich. Selbst für Rezensionen wurden in der „Allgemeinen Literatur-Zeitung" (1786) sieben Taler Honorar gezahlt. 1790 bot Bertuch bereits ein generelles Rezensionshonorar von 15 Talern. Sogar für wenig marktgängige wissenschaftliche Zeitschriften wie das „Journal von und für Rußland" versprach er ein Honorar von drei Talern pro Bogen. Allerdings kam dieses Periodikum trotz einer Werbekampagne nicht zustande.

Wie erfolgreich Bertuch kalkulierte, zeigen die Gewinne aus seinen realisierten Zeitschriften. Beim „Journal des Luxus und der Moden" machten sie zwischen 46 % und 74 % der Kosten aus, was den beiden Gesellschaftern, Bertuch und Kraus, jährlich zwischen 700 und 1.000 Taler einbrachte. Trotz vielfältiger Konkurrenz blieb gerade diese Zeitschrift, die nicht auf das Zentrum der Aufklärungsdebatte zielte, ein Renner.

Die Karte, die den Buchhandelsvertrieb des „Journals" im Jahre 1791 dokumentiert, zeigt bereits, daß das „Journal" im ganzen Reich und über seine Grenzen hinaus verbreitet war, obwohl hierbei der Weiterverkauf der Hefte nach Rußland, Großbritannien, die Niederlande oder Skandinavien nicht erfaßt ist.[34] Weimar, Berlin, Leipzig und Hamburg heben sich als Zentren des Vertriebs heraus, aber auch in vielen anderen Städten sind über 30 Empfänger registriert. Die weiteren Zeitschriften „London und Paris" und das „Bilderbuch für Kinder" waren ebenfalls auf dem Markt erfolgreich. Im Jahre 1807 wurden z. B. von den 1.325 aufgelegten Exemplaren der Zeitschrift „London und Paris" nicht weniger als 1.289 abgesetzt und die damit zur Kostendeckung notwendige Zahl von 700 weit überschritten. Alle Journale bis auf das „Han-

Empfängerorte des von Weimar aus versandten „Journal des Luxus und der Moden“ (1791)

delsmagazin“ arbeiteten kostendeckend, so daß sich Bertuchs Industrie-Comptoir trotz der Napoleonischen Herrschaft und eingeschränktem Buchhandelsvertrieb mit fast allen Verlagsartikeln in der Gewinnzone befand.[35]

Buchbesitz

Wir haben bisher die Zeitschriften- und Buchproduktion aus der Perspektive der Vermarktung behandelt. Wie aber reagierten potentielle Leser auf das neue Angebot bzw. wie fragten sie dieses nach? Systematisch ist die Lesergeschichte, sieht man einmal von Rolf Engelsings Bremer Fallstudie „Der Bürger als Leser“ ab,[36] noch nicht untersucht worden, obwohl vielfältiges Quellenmaterial dazu zur Verfügung stände. Hier sind zunächst die Verzeichnisse öffentlicher Bibliotheken zu nennen, die nicht nur die Buchbestände sondern in manchen Fällen auch den Leihverkehr und damit das Ausleihverhalten bestimmter Leser registrieren. Hinzu kommen die Versteigerungskataloge privater Bibliotheken sowie Nachlaßinventare, die den privaten Buchbesitz oder Nichtbesitz für ein breiteres Bevölkerungsspektrum dokumentieren.[37] Eindrücklich – aber nicht repräsentativ – sind ferner die autobiographischen Zeugnisse über Leseerlebnisse, während Mitgliederverzeichnisse von Lesegesellschaften und Kataloge von Leihbibliotheken wiederum eine größere Leserschicht erfassen. Hieraus ergeben sich erste Erkenntnisse zum Leser- und Leseverhalten im 18. Jahrhundert. Kernfrage ist dabei immer, ob der Besitzer seine Bücher auch gelesen hat, und ob er neben seinem eigenen Besitz auch auf andere Lektüreressourcen zurückgreifen konnte.

Beginnen wollen wir exemplarisch mit einer „öffentlichen" Bibliothek, der Herzog-August-Bibliothek in Wolfenbüttel, deren Benutzung durch die Ausleihbücher für die Jahre 1714–1799 dokumentiert ist.[38] Dabei änderte sich der Charakter der Bibliothek im Laufe des 18. Jahrhunderts. Die Herzog-August-Bibliothek war immer Gelehrtenbibliothek, deren Kostbarkeiten Besucher aus dem In- und Ausland anzogen. Daneben diente sie als Hofbibliothek, aus der sich Hofangehörige und Beamtenschaft für den dienstlichen Gebrauch wie zur Erbauung Bücher ausleihen konnten. Nach der Verlegung der Residenz nach Braunschweig 1754 wurde die Bibliothek den Wolfenbüttler Bürgern geöffnet, was einen Aufschwung der Ausleihen zur Folge hatte. In den 1780er und 1790er Jahren versuchte der Bibliotheksdirektor Ernst Theodor Langer jedoch, diesen Trend nach dem heute noch geltenden Motto „der Leser ist der Feind des Bibliothekars" wieder umzukehren, indem er das breitere Publikum durch verkürzte Öffnungszeiten und Ausleihverbote von der Bibliothek fernhielt. Trotz solcher Behinderungen entliehen im 18. Jahrhundert 1.648 Leser 21.848 Titel (in 31.485 Bänden) aus der Herzog-August-Bibliothek, wobei fast die Hälfte aller Entleiher während des liberalen Öffnungsreglements zwischen 1760 und 1780 Bücher aus der Bibliothek las.[39]

Differenziert man die Lektüre nach Sachgruppen, so standen die schöne Literatur und historische Werke vor Theologie, Geographie und Werken zur Antike an der Spitze der nachgefragten Literatur:[40]

Entliehene Bücher aus der Herzog-August-Bibliothek nach Fachgebieten (1714–1799)

Fachgebiet	**Anzahl**	**Prozent**
Schöne Literatur	4.385	20,1
Geschichte	4.336	19,8
Theologie	3.022	13,8
Antike	1.711	7,8
Geographie	1.489	6,8
Philosophie	955	4,4
Allgemeines	949	4,3
Jura	872	4,0
Staat und Politik	831	3,8
Naturwissenschaften	544	2,5
Militaria	493	2,3
Sprache	488	2,2
Kunstgeschichte	443	2,0
Sonstiges	1.328	6,2
Gesamt	**21.846**	100,0

Schöne Literatur wurde selbst von der dominierenden Leserschicht, den Hofbeamten, neben der historischen Literatur zunehmend ausgeliehen, während die weibliche Leserschar (13 % der Entleiher) ohnehin jene Lektüre bevorzugte.[41]

Ziehen wir zum Vergleich die zumeist in Form von Versteigerungskatalogen überlieferten Privatbibliotheken Hamburger Bürger im 18. und beginnenden 19. Jahrhundert heran. In der ersten Hälfte des 18. Jahrhunderts dominierte in Hamburg – wie auch in Bremen – unter den Gelehrten Fabricius, Richey und Reimarus der Typ der Gelehrten- und Arbeitsbibliothek.[42] Allein die Bibliothek des Ratsherrn und Dichters Barthold Heinrich Brockes besaß in größerem Umfang schöne Literatur sowie Bücher zu Kunst und Musik.[43]

In der zweiten Hälfte des 18. Jahrhunderts hingegen weisen die überlieferten Bibliotheken bereits größere Bestände an schöner Literatur auf. So besaß der Bürgermeister Jacob Albrecht von Sienen zahlreiche Werke der Literatur und Kunst sowie die klassischen Reisebeschreibungen seiner Zeit. Der Senatssyndicus Garlieb Sil-

Sachliche Gliederung von Hamburger Bibliotheken[44]

Anteil der Bücher je Sachgebiet am Gesamtbestand der jeweiligen Sammlung (in %)

Sachgebiet / Sammlung	Fabricius (1738–41)	Brockes (1747)	Richey (1761/62)	Reimarus (1769/70)	von Sienen (1804)	Sillem (1793)	Günther (1806)	Voght (1839)
Theologie	35,11	12,36	17,32	25,37	7,67	4,27	3,26	4,70
Philosophie	4,79	7,39	2,41	4,90	–	–	1,90	s. Jura
Jura, Politik, Ökonomie	6,98	16,31	11,38	8,73	3,55	25,60 (nur Jura)	26,57	16,85
Medizin	2,80	1,78	2,00	–	–	2,22 (incl. Chemie, Botanik)	–	–
Mathematik, Naturwissenschaften	6,30	7,64	3,87	8,41	14,15	5,87	3,57	7,45
Kunst, Musik	0,25	3,57	0,48	–	s. schöne Literatur	–	3,79	0,51
Geographie, Reisebeschreibungen, Geschichte	9,52	12,74	37,40	19,76	30,10	17,01	14,01	33,38
antike und moderne Philologie	20,74	11,46	9,44	14,25	–	8,47 (incl. hist. Hilfswissenschaften)	1,96	3,03
schöne Literatur	13,51	26,75	14,61	17,78	30,38 (incl. Kunst)	15,33	6,37	31,10
Diverse	–	–	–	–	–	–	35,47 (Hamburgensien)	0,69 (Hamburgensien)
Prozent des Gesamtbestandes	100	100	98,91	99,20	85,85	77,87	96,90	93,17

Die mit – gekennzeichneten Sachgebiete sind im Interesse der Vergleichbarkeit der Bibliotheken nicht eindeutig darstellbar.

lem war ebenfalls ein bedeutender Büchersammler. Neben juristischen Titeln, die er beruflich benötigte, besaß er auch Werke von Klopstock, Bürger, Brockes, Gellert, Hagedorn, Gleim, Moritz, Wieland etc. sowie Rousseaus „Emile" und zahlreiche Hamburgensien. Ebenfalls als Bücherwurm trat der Senator Johann Arnold Günther in Erscheinung, der schon als Junge sein erstes in einer Lotterie gewonnenes Geld in Bücher investiert hatte. Seine Bibliothek von gut 8.000 Bänden vermachte er der Hamburger Patriotischen Gesellschaft, während er einen kleineren Bestand schöner Literatur seiner Verwandtschaft vererbte. Insgesamt dominierten dabei wissenschaftliche Werke und Hamburgensien vor der Literatur und den schönen Künsten. Hervorzuheben ist das Gebiet der Staatswissenschaften, das sich sowohl aus seiner beruflichen Tätigkeit als auch aus seinem Reformengagement in der Patriotischen Gesellschaft erklärt, und welches sich vor allem in den policeywissenschaftlichen Veröffentlichungen sowie in den gesammelten Armenordnungen zahlreicher Länder, Städte und Gemeinden niederschlägt. Unter den Hamburger Kaufmannsbibliotheken ragt diejenige Caspar Voghts heraus. Voghts Bibliothek dokumentiert seine auch bei der Anlage des Musterguts Flottbek verwirklichten Interessen an Landwirtschaft, Gartenbau und Botanik. Darüber hinaus ließ er sich von schöner Literatur und Reisebeschreibungen unterhalten.[45]

Insgesamt zeigt dieser Überblick, daß in Hamburg am Ende des 18. Jahrhunderts die durch die Theologie geprägte Gelehrtenbibliothek der Vergangenheit angehörte und bei Funktionsträgern und Kaufleuten die schöne Literatur auf dem Vormarsch war, auch wenn diese bereits in der Bibliothek des Dichters Brockes eine größere Rolle gespielt hatte. Über die Lektüre der Kaufmannschaft insgesamt oder gar anderer Bevölkerungsschichten erhalten wir hierdurch jedoch keine Erkenntnisse. Für diese Frage bieten Nachlaßinventare Aufschlüsse, sofern sie den Bücherbesitz der Verstorbenen dokumentieren.

Walter Wittmann hat als erster die Frage nach dem Buchbesitz an Frankfurter Nachlaßinventare gestellt und ist zu folgenden Ergebnissen gekommen: Im Jahre 1700 wiesen von 50 untersuchten Kaufmannsnachlässen allein 36 (72 %) Bücher auf. 27 Kaufleute (54 %) hatten lediglich religiöse Bücher und nur sieben Kaufleute (14 %) verfügten über mehr als fünf Bücher mit weltlicher Thematik. 1750 waren hingegen von 107 untersuchten Inventaren nur

17 (16 %) ohne Bücher, aber rund die Hälfte (56 = 52,3 %) wies noch keine weltlichen Bücher auf. Immerhin besaßen schon 28 Kaufleute (26,2 %) mehr als fünf weltliche Bücher. Leider sind die Angaben für das Jahr 1800 nicht immer aussagekräftig, denn die Hälfte der 115 ausgewerteten Kaufmannsinventare verzeichnet keine Bücher. Dennoch war im Laufe des 18. Jahrhunderts das Interesse am Buch auch unter der Frankfurter Kaufmannschaft deutlich gewachsen, und eine Zweiteilung der Leserschaft kristallisierte sich heraus: Eine eher kleinbürgerliche Gruppe bevorzugte auch weiterhin die in der Familie tradierte religiöse Literatur, während die andere Hälfte die neuen weltlichen Themen favorisierte. Diese Tendenz setzte sich bis um 1800 – wenn auch auf schmalerer Basis – deutlich fort. Jetzt finden wir hier neben geographischen und historischen Werken die schöne Literatur eines Gellert und Wieland, Klopstock und Lessing; Goethe und Schiller sind dagegen nur in Ausnahmefällen vertreten. Bei den Handwerkerinventaren nennen um 1750 263 keine weltlichen Werke, 35 ein bis zwei weltliche Bücher und 31 drei und mehr weltliche Bücher.[46] Die Handwerkerlektüre war also weitgehend religiös geprägt, und dies sollte auch noch bis 1800 anhalten: in diesem Jahr verzeichnen 195 (65,2 %) Handwerkerinventare keine Bücher sowie 264 (88,3 %) keine weltlichen Themen. Wenn man las, dann wiederholt (intensives Lesen) dieselben Werke, die frühere Generationen bereits 1750 und davor gelesen hatten.[47] Versuchen wir, diese nackten Zahlen mit Leben zu füllen, und ziehen ein durchschnittliches Handwerkerinventar heran, so bietet der Nachlaß des 1777 verstorbenen Frankfurter Hufschmieds Augustin Geißemer eine aufschlußreiche Momentaufnahme. An Büchern besaß der durchaus mit einem gediegenen Hausrat ausgestattete Handwerker:

- „Münsters Cosmographie in fol.
- Meriansche Biebel
- Arnds Postillen
- Müllers Him[m]elskuß
- Arnoldts Postille
- Arndts wahres Christenthum
- Frankfurther groses Gesangbuch.“[48]

Damit befand sich Geißemer nicht nur in Frankfurt in guter Handwerkergesellschaft. Auch unter den Bürgern Tübingens und Speyers rangierten Johann Arndts „Vier Bücher vom wahren Christentum“ an erster Stelle der am meisten gelesenen geistlichen Schriftsteller, während Heinrich Müllers „Himmlischer Liebeskuß“ – neben den württembergischen Pietisten – ebenfalls unter den am weitesten verbreiteten geistlichen Autoren anzutreffen ist.[49] Auch bei dem Tübinger Ratspersonal (städtisches Personal), den Kaufleuten und den Handwerkern dominierte die Lektüre geistlicher Werke. Weltliche Bücher machten um die Mitte des 18. Jahrhunderts (1750–1760) erst 18 % der in den Nachlaßinventaren verzeichneten Bücher aus. Um 1800 (1800–1810) war ihr Anteil leicht auf 22 % angestiegen.[50] Einen ähnlich hohen Prozentsatz (80 %) geistlicher Werke konnte auch Etienne François für die Stadt Speyer (1780–1786) feststellen.[51]

Wenn wir die Tübinger Buchverteilung noch sozial aufschlüsseln, kommen wir zu folgenden Ergebnissen. Während sich 1750–1760 die beiden Bürgermeister insgesamt 258 Bücher teilten, hatte sich 1800–1810 der Bücherbesitz der vier Bürgermeister auf durchschnittlich 30 reduziert. Ebenfalls zurück ging der Besitz der Kaufleute, da jetzt auf sechs Kaufleute zusammen 163 Bücher entfielen (durchschnittlich 27 statt durchschnittlich 55 Bücher). Der Buchbesitz war in der Handwerkerschaft ebenfalls leicht rückläufig, wobei Schuhmacher, Bäcker, Schneider und Metzger die größte Bücherzahl aufwiesen.[52] Daneben ist aber noch die erhebliche Zahl von Inventaren zu erwähnen, die überhaupt keine Bücher verzeichnen: 11 % der Nachlässe 1750/1760 bzw. 22 % 1800/1810 waren buchlos. Die kontinuierlich steigende Buchproduktion schlug sich also nicht automatisch im Buchbesitz nieder. Dasselbe können wir auch für die Buchthemen und damit für die Rezeption der Aufklärung annehmen. Der Tübinger Bürger – Universitätsangehörige werden von Hildegard Neumann ausdrücklich ausgenommen – las in erster Linie zur religiösen Erbauung (wenn er überhaupt las und nicht nur besaß) und zwar die Bücher, die er von seinen Vorfahren geerbt hatte. Entsprechend tauchen die Literaten von Aufklärung, Sturm und Drang und Klassik nur ausnahmsweise in Tübingen auf. Am häufigsten (fünfzehnmal 1800/1810) ist noch Gellert vertreten; daneben werden Schubart (einmal), Schiller (fünfmal) sowie Goethes Gedichte (einmal) erwähnt.[53]

In noch größerem Umfange religiös dominiert (nur 1,5 % weltliche Titel) waren auch die Buchbestände, welche die Einwohner des proto-industriellen Gewerbeortes Laichingen auf der

Schwäbischen Alb ihr eigen nannten. Nahezu jeder Haushalt besaß hier Bücher, was auf eine ausnehmend hohe, durch den Pietismus stimulierte Literalität schließen läßt. Eine weitere Beobachtung erstaunt besonders: Während der Buchbesitz in Tübingen von durchschnittlich zehn auf sieben bis acht Bücher abnahm, wuchs er in Laichingen von elf (1748/1751) auf 13–14 Bücher (1781/1790).[54] Dieser Zuwachs war vielleicht auch der Hochkonjunktur des Leinengewerbes und damit der allgemeinen Prosperität des Ortes zu verdanken. Eine aufgeklärte bürgerliche Literalität ist allein bei Lehrern, Pfarrern, Chirurgen, Kaufleuten und dem Amtmann zu finden, deren Lesekultur durch die Lektüre weltlicher Werke (Gellert) und Fachbücher sowie durch einen bürgerlichen Lebensstil geprägt war.[55]

Darüber hinaus existierte in den genannten lutherisch bzw. pietistisch geprägten Regionen möglicherweise neben den erwähnten Büchern eine Menge von Druckerzeugnissen geringeren Umfangs und Werts, die nicht Eingang in die Inventare gefunden haben. Sie sind heranzuziehen, um das Bild vom Leseverhalten ihrer Besitzer ergänzen oder abrunden zu können.[56]

Lesegesellschaften und Leihbücherei

Wo finden wir aber in größerer Zahl die neuen Werke, die die intensiven „Gelehrten- oder Erbauungsleser“ zu extensiven Lesern (Engelsing) werden ließen? Einige der extensiven Leser sind sicher in den neuen Institutionen der Lesegesellschaften und Leihbüchereien anzutreffen. Gerade die Lesegesellschaften werden immer wieder als zentrale Institutionen der bürgerlichen Aufklärung in Anspruch genommen.[57] Man verweist dabei auf englische Vorbilder, die mit Hilfe der moralischen Wochenschriften auf dem Kontinent propagiert wurden. So schlossen sich in den 1750er Jahren mehrere Bremer Pastoren zum Bezug der englischen Wochenblätter zusammen, um auch die „Freizeit“ angenehm und nützlich zu gestalten.[58] Als erste Lesegesellschaft kann darüber hinaus der Stralsunder „Privatverein zum Studium der englischen Sprache und Literatur“ von 1750 angesehen werden. Zwischen 1770 und 1800 wurden weit über 400 solcher Gesellschaften gegründet.[59] Schwerpunkte lagen in Norddeutschland, Sachsen und Thüringen sowie im Rhein-Main-Gebiet.

Die Lesegesellschaft durchlief verschiedene Entwicklungsstadien, die beim gemeinschaftlichen Abonnement und der Lektüre im Umlaufverfahren begannen, mit dem Bezug fester Räume als Lesekabinett auch Konversationsmöglichkeiten boten und schließlich als ausgebildete Lesegesellschaft mit einem umfangreichen Dienstleistungsangebot für ihre Mitglieder aufwarteten.[60] Entsprechend weit reicht diese Institution in bezug auf Größe und Struktur von kleinen exklusiven Zirkeln bis zu großen, mitgliederstarken Gesellschaften. Adel, Klerus und Bürgertum in Gestalt der akademischen Berufe waren oft gemeinsam in einer Lesegesellschaft vertreten, so daß es hier zu einer Symbiose der Lektürepräferenzen kommen konnte. Ein Beispiel hierfür ist die Lesegesellschaft der Residenzstadt Bonn, der 49 Adlige, 25 Theologen, 65 Beamte sowie 19 Professoren und Gymnasiallehrer angehörten, die darüber hinaus noch der gemeinsame landesherrliche Dienst (Funktionseliten) verband.[61] Auch die Ludwigsburger Lesegesellschaft wies zwischen 1770 und 1796 einen hohen Adelsanteil auf, den wir auch für Trier und für die verschiedenen nebeneinander existierenden Lesegesellschaften der Residenzstadt Detmold feststellen können.[62]

Abb. 2 Abendgesellschaft (Tafelrunde) bei Herzogin Anna Amalia, Federzeichnung von Georg Melchior Kraus, aquarelliert, um 1795.

In Hamburg trafen sich die Gebildeten zu Leseabenden, in denen z. B. in verteilten Rollen „Nathan der Weise" deklamiert wurde. Daneben existierten zahlreiche Lesegesellschaften, von denen sich die 1790 gegründete „literarische Lesegesellschaft" durch eine größere Exklusivität abzusetzen suchte.[63] Einen regelrechten Gründungsboom an Lesegesellschaften erlebte Bremen, wo bis 1791 36 Lesegesellschaften entstanden. Die Mitgliederzahl schwankte zwischen 20 und 100, während Städte mit wenigen Lesegesellschaften auf höhere Zahlen kamen. Die Mainzer Gesellschaft z. B. hatte 1788 300 Mitglieder und sollte noch auf 452 Köpfe wachsen.

Viel interessanter als die Frage nach der Größe ist die nach der in den Gesellschaften zirkulierenden Literatur. Hierbei muß man sowohl im Hinblick auf die literarische Ausrichtung der Lesegesellschaft als auch auf die Überlieferungssituation differenzieren. So ist als ein erster Typ der Lesegesellschaft die auf die Lektüre populärer Stoffe – wie Ritter- und Räuberromane – spezialisierte Gesellschaft zu nennen, bei welcher der Übergang zur Leihbibliothek fließend war. Diesen Sachverhalt bestätigt beispielsweise eine Bemerkung der Delmenhorster Zeitschrift „Der geheime Ausrufer" (1808):

> „Aber wer will heutigen Tags noch eine Predigt anhören, noch weniger lesen? Ja, wenn es ein Rinaldo Rinaldini (von Vulpius) oder solch ein Ungethüm wäre, so ließe ich es passiren. Man komme nur mal in unsre Leihbibliotheken (die man beyher gesagt auch wohl Lesebibliotheken nennt) und frage nach so einem Räuber, Banditen oder Hexe, und man wird finden, daß das Buch entweder nicht zu Hause oder von dem vielen Wandern von einem zum andern [...] an Rücken und Ecken durchgeschabt ist. Andere nützliche Bücher stehen wie angenagelt und sind mit Staub bedeckt."[64]

Eine zweite Gruppe von Gesellschaften bevorzugte Zeitschriften und fremdsprachige Literatur. Da hier die Lektüre „auf Allgemeinbildung, moralische Aufklärung und politische Information" zielte,[65] sollte eine solche Gesellschaft im Idealfall Vergnügen und Nutzen miteinander verbinden und neben den neueren Reisebeschreibungen auch Zeitschriften wie den „Teutschen Merkur" oder Reichardts „Olla Potrida" (zu mehr sentimentaler Unterhaltung), Gedichtsammlungen, Schauspiele und Romane anbieten. Dabei wurden unter den Romanen „Tom Jones" (Fielding), „Humphrey Clinker" (Smollet) sowie „Der Roman meines Lebens“ (Knigge) oder „Sebaldus Nothanker“ (Nicolai) hervorgehoben. Sah auch die Realität vor Ort so aus? Zumindest gab es beim Verkauf der 177 Bände der Smidtschen Lesegesellschaft in Bremen Übereinstimmungen bei Zeitschriften, Reisebeschreibungen und Romanen, unter denen aber auch zwei Romane von Jean Paul erwähnt werden, die interessanterweise in Süddeutschland – legen wir Tübingen zugrunde – fehlten. Typisch war die große Zahl von Taschenbüchern und Almanachen, darunter mehrere Damenkalender.[66]

Bestätigt wird diese Tendenz durch die im Kurhannoverschen aus den 1790er Jahren überlieferten Lektürelisten. Diese mußten die Lesegesellschaften beim Ministerium in Hannover zur Genehmigung vorlegen, das die Verbreitung französischen Gedankenguts eindämmen wollte. Da auch kleine Städte der Aufforderung Hannovers folgten und das Material erhalten ist, sind wir über den Lektürehorizont selbst für Wunstorf an der Luthe oder Jork im Alten Land informiert. So besaß Wunstorf zwei Lesegesellschaften, deren Zeitschriftensortiment alle bedeutenden deutschen Zeitschriften aufwies. Nicht nur der „Teutsche Merkur“, Schlözers „Staatsanzeigen“ und die „Allgemeine Literatur-Zeitung“, sondern auch das „Journal des Luxus und der Moden“, „Olla Potrida“ sowie Nicolais „Allgemeine Deutsche Bibliothek“ wurden gehalten. Bei den Büchern standen Unterhaltung und Erbauung im Mittelpunkt des Leseinteresses, wovon Dramen, Romane, Memoiren und Schauermärchen zeugen; die „Klassiker“ hingegen fehlen völlig, allein Bürgers Gedichte sowie der „Anton Reiser“ von Karl Philipp Moritz, der u. a. in Braunschweig und Hannover spielt, sind vertreten.[67]

Dennoch zeigt die Untersuchung der Bücherverzeichnisse einiger weiterer kleiner Lesegesellschaften im Elbe-Weser-Raum, daß keine Lesegesellschaft in bezug auf Quantität und Qualität der Bestände mit einer anderen identisch war. Ihr Inhalt fluktuierte zwischen Bildungs- und Unterhaltungswert, denen sie in unterschiedlichem Maße Rechnung trugen. So offerierte die Lesegesellschaft des Konsistorialrates Watermeier in Stade 67 Werke aus den verschiedenen Wissens- und Unterhaltungsgebieten, wobei Roman, Drama und Lyrik rund ein Viertel der Titel ausmachten. Norddeutsche Schriftsteller wie Hölty, Moritz, Ebert und Büsch waren gut vertreten. Eine zweite kleinere Lesegesellschaft (24 Titel) wurde in Stade von F. Gerken, Pastor an St. Wilhadi, organisiert und auf Geographie, Geschichte und Naturgeschichte ausgerichtet. Religion spielte nur eine geringe Rolle; Romane und andere Gebiete der schönen Literatur fehlten völlig. Diese gab es dafür aber im Übermaß in Verden beim Kollaborator Lüning, von dessen 116 Titeln mehr als drei Viertel der Trivialliteratur angehörten.[68]

Insgesamt überwog bei den Betreibern der Gesellschaften – Pastoren, Schulmeister, Küster und Postverwalter – das Bildungsinteresse; eventuell kamen finanzielle Interessen hinzu. Allein in Verden ergeben sich von Umfang und Sortiment her Ähnlichkeiten mit der Leihbücherei.

Eine Abgrenzung zwischen Lesegesellschaft und Leihbücherei ist nicht immer leicht zu treffen. Hauptunterscheidungsmerkmal ist der Profitgedanke, der bei den Leihbüchereien im Vordergrund stand, aber bei den Lesegesellschaften allenfalls einen Nebeneffekt darstellte. Entsprechend verfügten die Leihbibliotheken immer über feste Räume, in denen oft mehrere tausend Bände aufgestellt waren. Derartige Sammlungen wurden bereits in den 1750er Jahren in Frankfurt am Main und Karlsruhe gegründet. Braunschweig, Göttingen, München, Königsberg, Prag und Wien folgten bis in die 1770er Jahre. Am Ende des 18. Jahrhunderts traf man Leihbibliotheken auch in fast allen kleinen Städten und Märkten an, während Großstädte wie Leipzig sogar neun dieser Institute aufwiesen. In Berlin gab es um 1811 27 Leihbibliotheken, von denen das „Museum“ Rudolf Werkmeisters mit 25.000 Bänden (1807) die bedeutendste war. Aber auch im nahegelegenen Oranienburg hatte der Postmeister 12.000 Bände und rund 100 Zeitungen für die Lesehungrigen auf Lager. Frankfurt zählte im ausgehenden 18. Jahrhundert immerhin 18 Leihbibliotheken, die sich wie die Fleischersche Kunsthandlung zu Dienstleistungszentren in Sachen Kultur entwickelten. In seinem 1795 eröffneten Haus bot Wilhelm Fleischer seinen Lesern drei nebeneinander liegende Leseräume, während ein vierter Raum der Konversation diente. Im Laufe der Zeit wurde ein eigener Saal für die Unterhaltung der Leser eingerichtet. Die Wände schmückten Gemälde, während Gipsabgüsse antiker Originale zur spezifischen Atmosphäre beitrugen. Für 1½ Carolin (ca. 17 Gulden) war ein Jahresabonnement für den Besuch der Kunsthandlung zu haben, später wurden für Nicht-Frankfurter auch Monatsabonnements angeboten. Journale und Zeitungen waren frei verfügbar, Neuerscheinungen wurden nach einer kurzen Ausstellungszeit in die Bibliothek eingeordnet und waren gegen Gebühr ausleihbar.[69]

Daneben wurde eine literarische Geselligkeit auch von „Kultur-Groupies" in der Provinz entfaltet. Einer dieser beflissenen Dilettanten war der Bremer Arzt Nicolaus Meyer, der in Jena und Weimar an literarischen Teetischen teilgenommen hatte. Er versuchte sich nicht nur als Stückeschreiber für das Liebhabertheater, sondern gründete auch mehrere Konversationszirkel in Bremen. In diesen unterhielt man sich über moderne Kunst und ergötzte sich an den laufenden Nachrichten aus Weimar, die Meyer von C. A. Vulpius bezog oder im Briefwechsel mit Goethe in Erfahrung brachte, dem er regelmäßig Bordeaux-Weine zukommen ließ. Außerdem veranstaltete Meyer in einem literarischen Verein „Casino"-Vorträge über die „schöne Literatur". Seine Beziehungen machte er sich 1803 als Badearzt in Lilienthal bei Bremen zunutze, indem er mit neuen Privatgesellschaften Lilienthal als Damenbad attraktiv machte.[70]

Insgesamt wurde also mehr gelesen – sowohl zur sinnvollen als auch überhaupt zur Gestaltung der Freizeit. Dennoch gab es noch immer große Inseln des Nichtlesens bzw. Inseln der Literalität im Meer des Nichtlesens, und auch die Inseln der Literalität folgten nicht unweigerlich der Aufklärung oder der schönen Literatur, geschweige denn, daß sie die Klassikerlektüre bevorzugt hätten. Jean Paul hat das literarische Publikum in Deutschland einschließlich der Mitglieder von Lesegesellschaften und der Kunden der Leihbüchereien auf höchstens 300.000 Personen geschätzt und wie folgt differenziert:

> „In Deutschland gibt es drei Publikum oder Publika: 1) das breite, fast ungebildete und ungelehrte der Lesebibliotheken – 2) das gelehrte, aus Professoren, Kandidaten, Studenten, Rezensenten bestehend – 3) das gebildete, das sich aus Weltleuten und Weibern von Erziehung, Künstlern und aus den höhern Klassen formt, bei denen wenigstens Umgang und Reisen bildet (Freilich kommunizieren oft die drei Kollegien)."[71]

Die Kommerzialisierung der Buchproduktion erfaßte also auch weiterhin eine sich leicht vergrößernde literate Minderheit und befriedigte in erste Linie deren Unterhaltungsbedürfnis. Die Aufklärer oder sogar die „Klassiker" wurden nur am Rande von „Weltleuten und Weibern von Erziehung" wahrgenommen. Entsprechend war Goethe wenig optimistisch, als er in einem Brief an Johann Friedrich Reichardt den Lesergeschmack wie folgt charakterisierte:

> „Die Deutschen sind im Durchschnitt rechtliche, biedere Menschen aber von Originalität, Erfindung, Charackter, Einheit, und Ausführung eines Kunstwercks haben sie nicht den mindesten Begriff. Das heißt mit Einem Worte sie haben keinen Geschmack. Versteht sich auch im Durchschnitt. Den rohren Theil hat man durch Abwechslung und Übertreiben, den gebildetern durch eine Art Honettetät zum Besten. Ritter, Räuber, Wohlthätige, Danckbare, ein redlicher biederer Tiers Etat, ein infamer Adel pp. und durchaus eine wohlsoutenirte Mittelmäßigkeit, aus der man nur allenfalls abwärts ins Platte, aufwärts in den Unsinn einige Schritte wagt, das sind nun schon zehen Jahre die Ingredienzien und der Charackter unsrer Romane und Schauspiele."[72]

Kapitel II

REISEN UND REISEKULTUR

> „In keinem Zeitalter der Welt wurde so viel gereist, als in dem unsrigen, wo das Reisen zu einer Art von Epidemie geworden ist [...] ja selbst der unbemittelte Gelehrte entfernt sich von seinem Pult, und macht zwar nicht lange Reisen, doch wenigstens Excursionen, oft in der Absicht seine zusammengerafften Bemerkungen der Welt mitzutheilen, und sich dadurch für die aufgewandten Kosten schadlos zu halten. Ob dieses häufige Reisen mehr Vortheile oder mehr Nachtheile erzeugt, ob der Patriotismus dadurch mehr gestärkt oder geschwächt wird, die wahren Kenntnisse mehr verbreitet oder verringert werden, wag ich nicht zu entscheiden."[1]

Mit diesen Worten kritisierte der „Teutsche Merkur" 1784 den Wandel des Reisens und der Reisekultur im 18. Jahrhundert. Aber schon vor dem Zeitalter der Aufklärung waren Menschen gereist. Man denke nur an die Pilger, die Vorläufer des modernen Massentourismus, von denen allein auf dem Jakobsweg nach Santiago de Compostela in manchen Jahren bis zu 500.000 unterwegs waren. Eine vergleichbare Reisefreude zeichnete Kaiser und Könige, Reformatoren und Humanisten aus. Kaufleute und Handwerker, Künstler und Studenten reisten ebenfalls nicht nur um des Broterwerbs oder des Lernens willen. Darüber hinaus entstand im 16. Jahrhundert mit der Grand Tour die adlige Bildungsreise, welche die jungen Adligen und Patriziersöhne mit den wichtigsten Persönlichkeiten sowie den politischen und kulturellen Zentren des zeitgenössischen Europa vertraut machen sollte.

Seit dem 18. Jahrhundert vollzog sich jedoch in der Wahrnehmung des Reisens eine grundlegende Veränderung, indem sich neue Reisende das Reisen als wesentliches Bildungselement zu eigen machten und ihren Bedürfnissen anpaßten. Dadurch wurde das Reisen im 18. Jahrhundert neu bewertet: Es war nicht länger Privileg bestimmter Gruppen, sondern eine Angelegenheit „aller" Menschen mit einem bestimmten Bildungsanspruch; das Reisen war oder sollte nicht nur fachspezifischer Bildung dienen oder ein reines Vergnügen sein, sondern der Schärfung des Verstandes und der Vermehrung der Erkenntnis, aber auch der Bildung des Herzens im allgemeinen dienen. Außerdem sollten in einer Zeit wachsender regionaler und nationaler Identität die Vaterlandsliebe und die Fähigkeit, Kraft und Können in den Dienst des Vaterlands zu stellen, gestärkt bzw. gefördert werden.

Entsprechend sah das 18. Jahrhundert eine Intensivierung dienstlicher Reisetätigkeit. Beamte reisten, wenn sie ein neues Dienstverhältnis antraten oder ihre Fachkenntnisse erweitern wollten. Professoren, Pastoren und Künstler unternahmen Besuchsreisen, um Kontakte zu pflegen oder neue Bekanntschaften zu machen. Diese neue Vielfalt beruflicher und privater Reisen dokumentiert exemplarisch das umfangreiche Reisepensum des fürstlichen Kapellmeisters und städtischen Beamten (Thomaskantors) Johann Sebastian Bach.

Bachs berufliche Reisen, 1703–1750[2]

Sangerhausen	1702 (Probespiel)
Arnstadt	1703 (Orgelprüfung)
Lübeck	1704/05 (Buxtehudes „Abendmusic“ etc.)
Langewiesen	1706 (Orgelprüfung)
Mühlhausen	1707 (Probespiel), 1709, 1710 (Gastspiele: Kantate zur Ratswahl)
Weimar	1708 (Orgelkonzert, Schloßkirche)
Traubach	1712 (Orgelprüfung)
Weißenfels	1713 (Gastspiel bei Hofe: BWV 208), 1725 (Gastspiel: BWV 249a), 1729 (Gastspiel), 1739 (Anlaß unbekannt, mit Anna Magdalena)
Halle	1713 (Probespiel), 1716 (Orgelprüfung), 1719 (gescheitertes Treffen mit Georg Friedrich Händel)
Erfurt	1716 (Orgelprüfung)
Gotha	1717 (Gastspiel: Passion)
Leipzig	1717 (Orgelprüfung, Paulinerkirche), 1723 (Kantoratsprobe)
Dresden	1717 (Wettbewerb mit Marchand), 1725, 1731 (Orgelkonzert in der Sophienkirche), 1733 (Überreichung der Missa BWV 232), 1736 (Orgelkonzert in der Liebfrauenkirche), 1738, 1741 (Anlaß unbekannt)
Karlsbad	1717, 1720 (mit Fürst Leopold und Mitgliedern der Köthener Hofkapelle)

Berlin	1719 (Cembalokauf), 1741, 1747 (Gastspiele bei Hofe: Clavier- und Orgelkonzerte)
Hamburg	1720 (Probespiel)
Schleiz	1721 (Gastspiel bei Hofe)
Zerbst	1722 (Gastspiel bei Hofe)
Gera	1724 (Orgelprüfung)
Köthen	1724, 1725 (Gastspiel mit Anna Magdalena), 1728 (Gastspiel), 1729 (Gastspiel bei der Trauerfeier für Fürst Leopold, mit Anna Magdalena und Wilhelm Friedemann)
unbekanntes Ziel	1729 (drei Wochen von Leipzig abwesend, vor 20. März), 1736 (zwei Wochen abwesend, nach 17. Juli)
Kassel	1732 (Orgelprüfung, in Begleitung von Anna Magdalena)
Altenburg	1739 (Orgelprüfung)
Naumburg	1746 (Orgelprüfung, Wenzelkirche)
Potsdam	1747 (Gastspiel bei Hofe: Clavierkonzert)

Die Reisezwecke waren mithin höchst unterschiedlich. Sie reichten von Konzerten und Orgelprüfungen als Sachverständiger über Probespiele und Auftritte mit der Hofkapelle, z. B. in Karlsbad, bis hin zum Cembalokauf in Berlin. Auch wenn sich Bachs Reisen auf Nord- und Mitteldeutschland konzentrierten, erweiterte er doch dabei seinen musikalischen, politischen, geographischen und kulturellen Horizont.[3]

Wie Bach reiste eine Vielzahl von Personen in amts- oder privaten Geschäften. Hinzu kamen die Bäderbesucher sowie die bereits aus früheren Zeiten bekannten, wandernden Handwerksgesellen und fahrenden Schausteller. Die großen Pilgerfahrten wurden dagegen zur Seltenheit, und die regionalen Wallfahrten glichen diesen Erfahrungsverlust nicht aus.

Die adlige Kavaliersreise wandelte sich ebenfalls im Laufe des 18. Jahrhunderts grundlegend. Sie diente nicht mehr in erster Linie der Einführung in die europäischen Fürstengesellschaften und der höfischen Erziehung, sondern der Ausbildung eines künftigen Herrschers oder Beamten, d. h. als Informationsreise politischer Funktionsträger. Gelehrte Erzieher wählten die Reiseroute so, daß der Zögling auch mit Wissenschaftlern, Künstlern und Unternehmern zusammentreffen und Verbindungen knüpfen konnte. Daneben wurden Berg- und Hüttenwerke, Zucht- und Arbeitshäuser sowie politische Institutionen besucht. So hielt sich der junge

Karl-August von Hardenberg mit seinem Begleiter Leutnant von Freytag 1772 am Reichskammergericht in Wetzlar, am Regensburger Reichstag, am Kaiserhof in Wien, an den Höfen von Berlin und Dresden sowie an den meisten deutschen Kurfürstenresidenzen auf.[4]

Wenn man in die Niederlande reiste, gehörte dazu die Visite der Generalstaaten in Den Haag (neben dem Besuch von Kunstkabinetten). Aber auch eine Teilnahme an der Sitzung des „Conseil General“, des obersten Organs der Genfer Republik, eröffnete künftigen Herrschern wie den Prinzen Ludwig Friedrich und Karl Günther von Schwarzburg-Rudolstadt 1789/90 einen Einblick in die politische Kultur Alteuropas.[5] Bei diesen Informationsreisen verwischten sich die Unterschiede zwischen adligen und bürgerlichen Reisemodellen, die lange Zeit von der Aufklärungs- wie von der historischen Reiseforschung hervorgehoben wurden.[6]

Mit der Intensivierung der Reisetätigkeit veränderte sich auch die Art des Reisens. Ein neuer Reisetyp entstand – die Inlandsreise bzw. die Reise in die deutsche „Provinz“. Sie spiegelt nicht nur ein wachsendes Bewußtsein für die Individualität regionaler Kulturlandschaften wider – wie sie z. B. in Justus Mösers „Geschichte Osnabrücks“ zum Ausdruck kommt –, sondern auch ein wissenschaftliches Interesse an der Region und ihrer wichtigsten Plätze, denen auch die politischen Funktionsträger Aufmerksamkeit schenkten. Hieraus ergab sich eine Vielzahl an Reisezielen, die in der Pluralität der Reisemotive ihre Entsprechung fand. Zwei Beispiele mögen das verdeutlichen.

Einer der neuen Reisenden war der Kameralist Johann Beckmann, der nach seinem Studium in Göttingen (1759–62) mehrere Reisen unternahm. Eine Reise führte ihn im Spätsommer des Jahres 1762 in das Braunschweigische, wo er sich neben einem Besuch bei seinem Onkel in Schöppenstedt auch Helmstedt, Wolfenbüttel und Braunschweig ansah. In sein Tagebuch trug er pedantisch nicht nur die Reiseroute mit Ankunfts- und Abreisezeiten, Ausgaben sowie die Mahlzeiten einschließlich der Zahl der verzehrten Butterstullen ein, sondern vermerkte auch die besichtigten Bibliotheken, Museen, Naturalienkabinette, Schlösser, Kirchen und Gewerbebetriebe. Außerdem schilderte er seine Reiseeindrücke. Im gleichen Jahr unternahm Beckmann eine weitere einmonatige Reise, auf der er Osnabrück, Utrecht, Narden, Rotterdam, Amsterdam, Leiden, Delft, Den Haag, Groningen, Emden, Oldenburg und Bremen besuchte. Sehenswürdigkeiten waren Kohlenbergwerke und Salinen sowie die klassischen Industrien der Niederlande, wie die Tonpfeiffenherstellung in Gouda, die Leidener Tuchmanufakturen und die Delfter Fayence. 1763 trat Beckmann seinen Dienst als Professor für Mathematik, Physik und Naturgeschichte am St. Peters-Gymnasium in St. Petersburg an, das er 1765 verließ. Von hier aus begab er sich nach Schweden und Dänemark, um sich schließlich bei Carl von Linné in Uppsala weiterzubilden. 1766 erhielt er einen Ruf auf eine Professur für Ökonomie in Göttingen, der er bis zu seinem Tode im Jahre 1811 treu blieb. Hier machte er sich einen Namen durch technologische und technikhistorische Publikationen, wie z. B. seine „Beyträge zur Geschichte der Erfindungen". Er trat aber auch als Rezensent von Reisebeschreibungen sowie als Autor einer entsprechenden Bibliographie hervor, in der er vor allem fremdsprachige Reisebeschreibungen außereuropäischer Gebiete vorstellte.[7] Das Reisen hatte also durchaus seiner Karriere gedient.

Der typische deutsche Bildungsreisende dürfte aber Johann Caspar Goethe gewesen sein, der am 30. Dezember 1739 als dreißigjähriger frisch promovierter Jurist eine Italienreise antrat. Zuvor hatte er sich jeweils für ein halbes Jahr am Reichstag zu Regensburg und beim Reichshofrat in Wien aufgehalten. Der spätere Rat Goethe absolvierte nun ein klassisches Reiseprogramm, für das er die Infrastruktur der Kavalierstour nutzen konnte. Vom winterlichen Wien aus begab er sich auf den Weg, um rechtzeitig zum Karneval nach Venedig zu kommen; von dort ging es über Bologna und Rimini nach Ancona und über den Apennin nach Rom. Schließlich stand Neapel auf dem Programm. Die Rückreise führte über Rom, Viterbo, Pisa und Lucca nach Florenz und wiederum nach Venedig. Weitere Stationen waren Verona, Mailand, Turin und Genua sowie – per Schiff – Marseille. Erst einige Jahre später arbeitete Goethe die Notizen unter Zuhilfenahme anderer Reiseberichte zu einer Reisebeschreibung unter dem Titel „Viaggio per l'Italia fatto nel anno MDCCXL" auf mehr als tausend Seiten aus. In dieser reflektierenden Bestandsaufnahme Italiens spielen persönliche Erlebnisse und Begegnungen eine besondere Rolle. Ein Lieblingsthema ist für den guten Lutheraner und aufgeklärten Skeptiker der Spott über Reliquien und Wunderglauben der Italiener, z. B. den in einer Flasche eingesperrten Geist Josephs. Andererseits hebt er die relative Offenheit der venezianischen Führungsschichten hervor, die auf ihn angesichts der Abschließung des Frankfurter Patriziats einen besonderen Eindruck gemacht haben muß. Der Stolz der Italiener auf ihre Vergangenheit wird ebenfalls erwähnt und den Zeitgenossen als vorbildlich hingestellt. Insgesamt nimmt der Vater des berühmten Goethe Italien aus einer kritisch-reflektierten Distanz wahr und ordnet die zahllosen Kuriositäten des Landes in sein in Deutschland geprägtes Weltbild ein. Auch wenn wir über die Rezeption dieses Reiseberichts durch die Öffentlichkeit nichts wissen, ist eines sicher: für Johann Caspar Goethe war die Bildungsreise nach Italien das Abenteuer seines Lebens, ein Ereignis, das auch die Italiensehnsucht seines Sohnes stimuliert haben muß.[8]

Am Beispiel unserer Protagonisten wird mithin deutlich: Reisen diente nicht mehr allein (wie zuvor auf der Grand Tour) dem Ideal der Persönlichkeitsbildung, sondern es galt für den gebildeten Bürger als Mittel der Welterfahrung und des Erwerbs von Menschenkenntnis und der Vorbereitung der eigenen Karriere. Denn das Reisen bot nach der viel zitierten Apodemik des Franz Posselt aus dem Jahre 1795 die Möglichkeit,

> „[...] die Kunst zu beobachten, die neuen Eindrücke und Vorstellungen mit dem Resultate der schon ehemals gehabten zu vergleichen, und darüber nachzudenken: so müssen Verstand, Urtheilskraft und Vernunft nothwendigerweise geübt, geschärft und vervollkommnet werden [...] Wer viel und lange gereiset ist, bekömmt daher durch die mannichfaltigen Gegenstände und Vergleichungen, die er zu sehen und zu machen Gelegenheit hatte, einen größeren Gesichtskreis und Maaßstab der Dinge [...]“.[9]

Außerdem sollte das Reisen im territorial zersplitterten Deutschland ohne eigentlichen politischen oder intellektuellen Mittelpunkt einen von der „Republique des lettres“ unabhängigen kommunikativen Zusammenhang – bzw. Zusammenhänge – konstituieren. Entsprechend bildete für viele Reisende das Reisen die Fortsetzung oder den Neubeginn eines Gesprächs. Der gut unterrichtete Reisende war ein gern gesehener Informationsträger und der Gedankenaustausch mit ihm noch authentischer als die Reiseliteratur, die ihren Schwerpunkt auf die Publizität der Informationen legte und Gattungsspezifika folgen mußte. Mit der Publikation wurden die Beobachtungen und Informationen des Reisenden öffentlich und verselbständigten sich im Meinungsbildungsprozeß.

Reisen und der Austausch mit Gleichgesinnten dienten schließlich auch der Selbstvergewisserung des Bildungsreisenden, unabhängig davon, ob dieser bürgerlicher oder adliger Herkunft war.

Eine wichtige Reisemöglichkeit bildete die Tätigkeit als „Prinzenerzieher" oder „Hauslehrer", die auch einen weniger Betuchten im adligen Schlepptau an einer Kavalierstour teilnehmen ließ. So reiste Johann Georg Keyßler zunächst mit den jungen Grafen Carl Maximilian und Christian Carl von Giech 1713 durch das Alte Reich, die Niederlande und Frankreich, wobei er die Zeit dazu nutzte, Bibliotheken zu besuchen und Wissenschaftler kennenzulernen. Ganz neue Reisemöglichkeiten eröffnete ihm dann die Hauslehrertätigkeit im Hause Bernstorff auf Gartow, wo er den Lebensweg der Brüder Andreas Gottlieb und Johann Hartwig Ernst drei Jahrzehnte lang prägte. Keyßler brachte seinen Zöglingen Geschichte, Staatskunst und Geographie bei und reiste mit ihnen durch Europa. Er beaufsichtigte auch das Studium seiner Schützlinge in Tübingen und begleitete Johann Hartwig Ernst Bernstorff, den späteren dänischen Außenminister, sowohl nach Kopenhagen als auch nach Regensburg, seiner ersten Stelle als holsteinischer Gesandter beim Immerwährenden Reichstag.[10]

Ebenfalls dänisch-königlicher Förderung verdankte Carsten Niebuhr seine Reisetätigkeit, die ihn nach Arabien und Indien führte. Im Zuge der Wissenschaftsförderung durch König Friedrich V. und den Außenminister Johann Hartwig Ernst Graf von Bernstorff rüstete Dänemark (1761) eine Orientexpedition aus, an der neben anderen Gelehrten der Göttinger Student Carsten Niebuhr als Kartograph teilnahm. Seine „Reisebeschreibung nach Arabien und andern umliegenden Ländern"[11] stellt ein eindrucksvolles Zeugnis für den Versuch dar, in aufgeklärter Manier enzyklopädisch und möglichst objektiv das gesehene Fremde wiederzugeben. Leider entwickelte sich dieses im Selbstverlag herausgebende Werk entgegen Niebuhrs Hoffnungen nicht zum Verkaufsschlager, was die Vermutung erhärtet, daß der ermüdende, wissenschaftliche Schreibstil unzeitgemäß war.[12] Erfolgreicher war hingegen der Vielschreiber Johann Georg Forster, der auf das Schreiben als Broterwerb dringend angewiesen war. Dieser hatte an Cooks zweiter Weltumsegelung teilgenommen und durch deren literarische Verarbeitung in Europa Furore gemacht. Forster war aber auch ein fleißiger und scharfsinniger Europareisender, der ähnlich wie Keyßler über Naturalienkabinette, Wunderkammern und Kunstsammlungen genau berichtete.[13]

Bedingungen des Reisens

Zu der Verbreitung der Bildungsreisen im 18. Jahrhundert trugen verschiedene Faktoren bei. Hierzu gehörte auch die Erhöhung der Sicherheit des Reisens. Das Zeitalter der großen Glaubenskriege in Europa hatte neben der Entwurzelung von Soldaten und Flüchtlingen auch einen Immobilitätseffekt mit sich gebracht: Während des Dreißigjährigen Krieges reiste man selten, um nicht in kriegerische Ereignisse verwickelt zu werden oder in die Hände von Marodeuren und Wegelagerern zu fallen. Dagegen gelang es den Territorialstaaten im 18. Jahrhundert, durch energische Maßnahmen gegen die Räuberbanden das Verkehrswesen sicherer zu machen und diese Gefährdung in Grenzen zu halten; übelbeleumdete Gegenden konnte der Reisende umgehen.[14] Die religiösen Vorbehalte gegen andere Konfessionen – die noch im 17. Jahrhundert etwa einen Romreisenden in protestantischen Ländern suspekt erscheinen ließen, fürchtete man doch, man werde als (Krypto-) Konvertit zurückkehren – befanden sich in Auflösung. Der aufgeklärte Geist duldete derartige Bedenken nicht.

Mindestens ebenso wichtig war der Ausbau der Fahrpost zu einem öffentlichen Verkehrsmittel. Dabei hatte sich die Periodizität des Fahrbetriebs sehr langsam entwickelt. Zwar waren bereits seit den 1620er Jahren periodische Personenfuhren von Düsseldorf in die Niederlande angeboten wurden, aber als erste Ordinari-Fahrpost kann die 1649 etablierte, vierzehntägig verkehrende Kutsche der Reichspost zwischen Frankfurt und Kassel gelten, der 1655 eine Fahrpostverbindung Braunschweig-Celle-Hamburg folgte, die sich angesichts der Widerstände der norddeutschen Territorien allerdings nicht lange halten konnte. In den 1660er Jahren wurde dann der brandenburgische Postkurs zwischen Kleve und Memel in eine Fahrpoststrecke umgewandelt. Eine Alternativstrecke boten Reichspost und sächsische Post auf der Route Aachen-Köln-Frankfurt-Leipzig und von dort aus mit der polnischen Post über Warschau nach Rußland. Im 18. Jahrhundert gelang es dann der Reichspost, durch Prozesse vor den Reichsgerichten, Aufkauf von Privilegien und bilaterale Vertragswerke eine periodische Fahrpost zu etablieren. Insbesondere Kaufleute und Manufakturunternehmer forderten die Einrichtung von Fahrpost-Coursen anstelle der ohne Pferdewechsel verkehrenden Landkutschen.[15] Die Einführung komfortablerer Kutschen, der Diligencen, und der Übergang zu täglich verkehrenden Kutschen, sog. Journalieren, veränderten die Reisekultur grundlegend.

Wichtig waren vor allem die Überwindung technischer Schwierigkeiten, die Optimierung der Strecken und die Erhöhung der Verkehrsfrequenz. Bedeutsame Strecken wurden wöchentlich, die allerwichtigsten, wie z. B. der Kurs Paris-Frankfurt-Dresden, mit täglich verkehrenden Postkutschen bedient, woraus sich schon die Anfänge einer Kundenorientierung ablesen lassen. Dennoch waren die Mängel, die sich aus der Topographie und vor allem aus dem Straßenzustand ergaben, kaum zu überwinden. So betrug die Normgeschwindigkeit der kursächsischen Postkutschen 1722 4,5 km pro Stunde und der preußischen 7,5 km, während die reale Fahrzeit der Reichspost auf eine Geschwindigkeit von drei bis vier Kilometern pro Stunde rekonstruiert werden kann. Zwar brachten die Verbesserung der Straßen und vor allem der Chausseebau eine Verkürzung der Fahrzeit, aber immer wieder kam es zu erheblichen Verspätungen[16]. Entsprechend klagte die Kaufmannschaft zahlreicher Städte über die Unzuverlässigkeit der Post. Auch die reisenden Zeitgenossen stimmten oft in das Lamento über die Postkutsche ein.

Der schlechte Straßenzustand, die Unbequemlichkeit der Postkutsche und die übermäßigen Stationsaufenthalte sind nur einige der immer wieder vernommenen Klagen. Demgegenüber wies der aufgeklärte Reisende gern auf die französischen Chausseen und die leichten, gefederten englischen „stage coaches“ hin.[17] Entsprechend war es erst das Schnellpostsystem, das das Reisen hinsichtlich der Geschwindigkeit und der Bequemlichkeit zu Beginn des 19. Jahrhunderts revolutionierte. Hierbei ging Preußen voran, dessen Straßensystem im späten 18. Jahrhundert noch dem Chausseenetz der süddeutschen Staaten unterlegen gewesen war. Motiv der preußischen Reformen war es, Personen ebenso schnell wie Briefe zu befördern. Dies geschah erstmals 1821 auf der Kunststraße zwischen Koblenz, Köln und Düsseldorf, wo jetzt Reisegeschwindigkeiten zwischen 12 und 13 km pro Stunde erreicht wurden. Hierzu trug auch die Verkürzung der Aufenthaltszeiten auf fünf Minuten beim Pferdewechsel und 30 Minuten für die Mahlzeiten bei. Eine tägliche Postkutschenverbindung zwischen Paris und Berlin (mit Anschluß nach St. Peterburg) war jetzt möglich.[18]

Erst das ganz Europa umspannende System der Fahrpost hat also die Intensität des Reisens ermöglicht, die in der zweiten Hälfte des 18. Jahrhunderts zu verzeichnen ist. Obwohl Reisen noch immer teuer war, wurde das Medium doch verstärkt genutzt. Wie verbreitet das Reisen mit der Post war, wird beispielsweise indirekt durch die Warnung des aufgeklärten Reisenden Friedrich Nicolai deutlich, der empfahl, nicht mit der ordinären Post, sondern mit der Extrapost zu reisen, um vor „lästigen" Mitreisenden verschont zu bleiben. Nicolai wählte damit die teuerste Reisemöglichkeit, das Reisen in der eigenen Kutsche auf der Infrastruktur der Post, und begründet dies so: „Auf einer großen Reise ist ein bequemer Reisewagen, was im menschlichen Leben eine bequeme Wohnung ist."[19] Damit waren das Einlassen auf eine fremde Umgebung und die Wahrnehmung des Fremden natürlich eingeschränkt. Zeitgenossen warfen Nicolai daher auch vor, er habe Berlin im Grunde nie verlassen. Während zahlreiche Schriftsteller, wie z. B. auch Herder auf seiner Italien-Reise, mit der Extrapost in den eigenen vier Wänden verblieben, suchten andere, wie Johann Casper Riesbeck, bewußt den Kontakt zu anderen Menschen „auf den öffentlichen, ordinären Fuhren, die mir der Gesellschaft wegen (und sollte sie auch nur aus Juden, Kapuzinern und alten Weibern bestehen) ausserordentlich lieb sind".[20] Dies bestätigt auch der Wolfgang Behringer, wenn er als Beispiel für das Reisen in Gesellschaft die Reisebekanntschaften des Theologen Abegg im Sommer 1798 nennt: „einen Jenenser und einen Gelehrten, der botanisierte" (3. August 1798, von Gotha über Eisennach nach Berka), „einen Juden, der sich als Opticus ausgab, 2 Apothekergesellen, die sich als zwei Studenten ankündigten". Auf der Strecke von Berka bis Hersfeld begleiteten ihn ein Husarenoffizier mit Frau und Zofe. Von Hersfeld nach Alsfeld genoß Abegg die Konversation mit einem hessischen Offizier. In Alsfeld stieg „die Köchin einer benachbarten Herrschaft ein", wenig später „ein schön geputztes Frauenzimmer, die die Försterin des Ortes war und auf dem nächsten Ort eine Visite machen wollte. Unaufhörlich plauderte die Person und die Köchin mit, und ich hatte mit dem Leutnant eine Herzenslust."[21] Hier geriet Fremdwahrnehmung buchstäblich zum hautnahen Kontakt.

Abb. 3 Engländer fahren mit der Extrapost in Deutschland, Radierung, zweite Hälfte des 18. Jahrhunderts.

Mit den veränderten Reisegewohnheiten und Reisebedürfnissen änderte sich auch das Dienstleistungsangebot der Wirtshäuser. Poststationen boten jetzt ebenso wie Gasthäuser in wachsendem Umfange Übernachtungsmöglichkeiten an. Darüber hinaus nahm die Zahl der deutschen Wirtshäuser um 1800 auf ca. 80.000 zu.[22] Von diesen hielt August Ludwig Schlözer (1795) die Mehrzahl für „kultiviert" oder „halbkultiviert", während „hochkultivierte" Gasthöfe nur in großen städtischen Zentren wie Frankfurt und Hamburg zu finden seien.[23] Dennoch klagten vor allem englische Reisende regelmäßig über den trostlosen Zustand der deutschen Gasthöfe. Auch in der Reiseliteratur finden sich Ratschläge an den Reisenden, sich selbst um größtmögliche Sauberkeit zu bemühen, was aufgrund der „notorischen Wasserscheu" des Menschen im 18. Jahrhundert vermutlich vergeblich gewesen sein dürfte. Auch die Mitführung eines eigenen Reisebettes zur Vermeidung des Ungeziefers in den Wirtshäusern wurde empfohlen, ein Rat, den z. B. Johann Wolfgang von Goethe regelmäßig befolgte.[24]

Reisen war natürlich auch ein ökonomischer Faktor. Es zog nicht nur Geld aus einem Territorium, wenn dessen Einwohner reisten, sondern es ließ im Gegenzug auch erhebliche Summen mit den Fremden zurück in das Land fließen. Nicht nur Gastwirte und Mietkutscher machten mit den Reisenden Gewinne, sondern auch Wagenbauer, Sattler und Schmiede erhielten durch die wachsende Reiselust Beschäftigung und Einkünfte. Darüber hinaus entwickelte sich eine eigene, gewerbefördernde Reisekultur, an der verschiedene Handwerksberufe teilhatten. Kisten und Koffer für das Gepäck wurden angefertigt. Man benötigte strapazierfähige und zugleich bequeme Kleidung, da sich die feinere städtische oftmals als ungeeignet erwies. Raumsparende Reiseutensilien, wie Reisebesteck und Reiseschreibzeug, waren ebenfalls von Nutzen. Auch Drucker und Verleger nebst ihren Autoren und Kartenstechern profitierten von der „Reisewelle": Karten und Reiseliteratur aller Art erlebten im 18. Jahrhundert eine regelrechte Konjunktur. Während sich beispielsweise die Buchproduktion zwischen 1770 und 1800 insgesamt verdoppelte, verfünffachte sich die Zahl der veröffentlichten Reisewerke. Diesem wachsenden Interesse eines entstehenden Bildungsbürgertums trugen einerseits Zeitschriften, die Reisebeschreibungen sowie auch kürzere Reisenotizen veröffentlichten, und andererseits Lesegesellschaften und Leihbüchereien, die Reiseliteratur ausliehen, Rechnung.

Reiseziele

Nicht nur die aktuelle Berichterstattung in Bertuchs „Journal des Luxus und der Moden" oder im „Journal London und Paris", sondern auch die mündlichen Berichte der heimgekehrten Reisenden sowie ihre Verschriftlichung in den Reiseberichten haben die Wahl der Reiseziele maßgeblich bestimmt. Sowohl für die Kavalierstour als auch für die Bildungsreise galt ein „Kanon" jener Städte und Sehenswürdigkeiten, deren Besuch für das Sozialprestige des Reisenden unerläßlich war.

So waren für die Kavalierstour des 17. Jahrhunderts Paris, Madrid, Rom, auch Venedig und Wien ein Muß. Mit dem Aufstieg Frankreichs zur kulturprägenden europäischen Macht im 17. Jahrhundert lautete die Maxime: „Ein Deutscher von edlem Geblüt/ soll anders seine Aufführung gut geheißen werden/ muß er vor allererst nach Paris eylen."[25] Diese Wertschätzung erklärt sich durch das Renommee der französischen Ritterakademien, der Ausbreitung des Französischen in Diplomatie, Wissenschaft und Literatur und dem Leitbild des französischen Absolutismus unter Ludwig XIV. Die kulturelle Ausstrahlung sowie das sich verdichtende Postkutschennetz zogen dann nach dem Siebenjährigen Krieg zunehmend Bildungsreisende so lange nach Frankreich, bis die Französische Revolution diesem Bildungstourismus ein Ende setzte. Dann aber trat der „Revolutionstourist" auf den Plan. Neben Frankreich wurde Italien mit Rom und Venedig weiterhin als Reiseziel propagiert, während Madrid seine Anziehungskraft verlor.

Dennoch gab es auch Vorbehalte gegenüber Frankreich. Vorsichtige Erzieher versuchten sogar, Ihre Schützlinge um den Sündenpfuhl Paris herumzuleiten. So empfahl und wünschte Johann Georg Keyßler „[...] daß, wenn ja der Teutschen übermässige Reise-Begierde ferner anhalten sollte, lieber Italien, als Franckreich, und insonderheit Paris, zu einem langen Aufenthalt junger Leute erwehlet würde."[26] In Paris lockten die Laster und wurden in speziellen „Rotlicht"-Führern beschrieben. In Italien dagegen faszinierten Altertum, Bildung oder Religion, obwohl Italien auch beim Laster – neben Klima und heilkräftigen Quellen – einiges zu bieten hatte. Neue Impulse erhielt der Italienaufenthalt durch Johann Joachim Winckelmanns „Herculanische Entdeckungen" (1762) und vor allem seine „Anmerkungen über die Geschichte der Kunst des Alterthums" (1767), die Neapel mit dem Vesuv und Herculaneum einen festen Platz im Reisekanon gaben. So wurde auch Italien im ausgehenden 18. Jahrhundert neu wahrgenommen, wofür Goethes Berichte 1786 aus Italien beispielhaft sind. Geprägt durch die Berichte, Bücher und Bilder seines Vaters erlitt er bei seiner Ankunft in einer „neuen Welt" einen regelrechten Kulturschock: „[...] denn es geht, man darf wohl sagen, ein neues Leben an, wenn man das Ganze mit Augen sieht, das man teilweise in- und auswendig kennt [...]; es ist alles wie ich mir's dachte, und alles neu."[27] So hatte sich ein Paradigmenwechsel zwischen den Italienreisen der beiden Goethes vollzogen. Nicht mehr die Wissensaneignung wie bei Caspar Goethe, sondern der persönliche Eindruck von Natur, Kunst und Menschen standen beim Sohn im Mittelpunkt. Den von Goethe vermittelten „therapeutischen" Wirkungen des Südens konnte sich auch die gerade abgedankte Fürstin Anna Amalia nicht entziehen, deren „Musenreise" (Herder) 1788 bis 1790 Klima, Kunst und Musik gewidmet war. Neben einem Pflichtprogramm der Kunstbesichtigungen versuchte sich

Anna Amalia, als Dilettantin vor Ort selbst zu verwirklichen. Sie nahm in Neapel Gitarrenunterricht, brachte Noten sowie mindestens ein Instrument mit nach Weimar und beförderte damit die neue Gitarrenmode, wie sie auch im „Journal des Luxus und der Moden" möglicherweise aufgrund der Begeisterung der Fürstin thematisiert wurde.[27]

Es gab aber auch neue Ziele. Anglophilie, sozialpolitische und emanzipatorische Interessen deutscher Bürger ließen England zu einem bedeutenden Reiseziel aufsteigen. Die Öffentlichkeit des politischen Lebens, die Individualität der Briten, die Landschaftsgärten, die faszinierende neue Warenwelt etc. zogen vor allem politisch interessierte deutsche Bildungsbürger, aber auch Wissenschaftler, Techniker, Landwirte und Gartenarchitekten an, während Wetter und Essen breitere Tourismusströme von der Insel abhielten.[28]

Abb. 4 Die Beatushöhle am Thunersee mit einer Reisegesellschaft, Gemälde von Caspar Wolf, 1776.

Dagegen avancierte die Schweiz in der zweiten Jahrhunderthälfte zum Reiseland aller Naturinteressierten. Hierbei standen nicht mehr das forscherische Interesse an einer bedrohlichen Natur, sondern die Naturbegeisterung und ihre romantische Verklärung im Mittelpunkt. Die literarische Entdeckung der Berglandschaft durch Albrecht von Hallers „Die Alpen" sowie die Idyllen Salomon Gessners setzten eine förmliche Schweizbegeisterung in Gang. Rousseaus Loblied auf das Wallis oder seine Begeisterung für die Genfer-See-Landschaft trugen zur Entstehung eines Philhelvetismus bei. Zwar hatten englische Reisende schon früher gern die Schweiz besucht, aber erst im ausgehenden 18. Jahrhundert wurde das Land immer mehr für den Tourismus erschlossen, als zum Genfer See und zum Rhônetal auch das Berner Oberland sowie der Vierwaldstätter See als Reiseziele hinzukamen. Der von den Reisenden verbreitete gute Ruf des Schweizer Gastgewerbes wie auch der Straßen- und Wegeverhältnisse haben dem Reiseland Schweiz bis heute ein hohes Ansehen verschafft.[29]

Reiseliteratur

Die Reiseliteratur war einer der Renner unter den im ausgehenden 18. Jahrhundert konsumierten Texten. Dies bestätigte einmal mehr Goethe in einem Brief an Cotta, in dem er Johann Christoph Sachses „Autobiographie eines reisenden Bediensteten" seinem Verleger anbot: „Ähnliche Bücher finden sich auf Bibliotheken und Lesegesellschaften sehr durchgelesen und vergriffen, und auch dieses Büchlein würde sich den Buchverleihern wohl rentieren."[30] Nicht ohne Grund entstanden um 1800 die großen Sammlungen der Reisebeschreibungen.[31] Dem breiten sozialen Spektrum ihres Publikums entsprechend ist ihre literarische wie thematische Spannweite groß, hatten die Verleger doch auf die höchst divergierenden Interessen und Kenntnisse der verschiedenen Leserschichten Rücksicht zu nehmen. Neben den Berichten über die frühen Entdeckungsfahrten und die zahlreichen Forschungsreisen des 18. und 19. Jahrhunderts, die wie Friedrich Justin Bertuchs „Neue Bibliothek der wichtigsten Reisebeschreibungen" immer wieder aufgelegt wurden,[32] spielten die Schilderungen von Reisen in europäische Länder eine bedeutende Rolle. In dem Maße, wie diese Länder bekannt wurden, differenzierten sich die Reiseberichte. Die Reiseerzählung mit literarischem Anspruch wurde immer wichtiger, während die Sachinformationen ausgegliedert wurden. Damit eroberte sich die Reiseliteratur neue Leserschichten, da sie nicht mehr in erster Linie der Information diente, sondern das Unterhaltungsbedürfnis bürgerlicher Leser befriedigte.

Der „Lehnstuhlreise", welche die unmittelbare Fremderfahrung ersetzte, trugen dann auch die Journale Rechnung, die zunehmend Reiseberichte publizierten.[33] Diese Darstellungen hatten meist einen essayistischen Charakter und konzentrierten sich auf ein Generalthema oder die Darstellung von Episoden, während sie auf Details oder weit ausholende Reflektionen verzichteten.[34]

Einen besonderen Stellenwert besaß die apodemische Literatur, die praktische Information für die Reise gab. Alle Apodemiken gehen auf Theodor Zwinger zurück, der mit seiner „Methodus apodemica" (1577) das Reisen methodisieren wollte, um der Planlosigkeit des Lebens fahrender Schüler zu abzuhelfen. Entsprechend finden sich auch in den späteren „Klugheitsregeln der älteren und neueren Zeit"[35] von Johann David Köhler Hinweise auf Zwingers „Methodus apodemica" und Heinrich von Ran(t)zaus „Methodum apodemicum".[36] Mit dem Aufschwung des Reisens im 18. Jahrhundert wurden immer wieder neue Apodemiken aus alten Nachrichten kompiliert und durch neue Informationen ergänzt. Genannt seien hier zumindest Johann Peter Willebrandts „Historische Berichte und practische Anmerkungen auf Reisen in Deutschland, in die Niederlande, in Frankreich, England, Dännemark, Böhmen und Ungarn" (1758).[37] Diese Kombination von Reisebeschreibung und Handbuch erlebte in elf Jahren acht Auflagen und Nachdrucke. Willebrandt äußert sich nicht nur zu Regierungsformen, Gesetzen, Münzen und Maßen, sondern beobachtet auch das sog. Volkstümliche und gibt darüber hinaus zahlreiche praktische Ratschläge, die vom Trinkgeld für den Postkutscher über die Reisefinanzierung durch Wechselbriefe bis hin zum intellektuellen Reiseerlebnis reichen:

„37) Unterrichtet euch genau, und so viel es möglich ist von den Landes Staatsverfassung, Handlung, Vortheilen und Fabriquen; solches aber kann nicht füglicher geschehen, als in den berühmtesten Coffeehäusern.

38) Lasset es nicht genug seyn, die öffentlichen Gebäude der Städte nur allein von aussen, wie reisende Handwerksburschen zu thun pflegen, anzusehen, sondern erkundiget euch auch nach den innerlichen Einrichtungen, insbesondere nach den Verfassungen der Werkstühle und Werkhäuser, Manufacturen, der Armen- Leih- Waysen- und Zuchthäuser.

39) Suchet an jedem Ort die Bekanntschaft der geschicktesten Gelehrten und der besten Künstler. Wenn es möglich ist, so trachtet

dahin, daß ihr an einem jeglichen Orte eine obrigkeitliche Person, einen Rechtsgelehrten, und verschiedene Kaufleute zu Bekannten erhaltet.

40) Besuchet so viel wie möglich, die Buchläden, weil man durch diesen Weg am leichtesten in die Bekanntschaft der Gelehrten kommet.

41) Findet ihr an den Sitten und Gewohnheiten dieser oder jener Völker etwas Vortheilhaftes: so vergeßet nicht, solches aufzuzeichnen, um künftig in eurem Vaterlande davon Gebrauch zu machen.

42) Zürnet mit keinem Wälschen, spielet mit keinem Franzosen, saufet mit keinem Deutschen."[38]

Abb. 5 Titelkupfer und Titelblatt der Apodemik „Die Vornehmsten Europäischen Reisen" von Peter Ambrosius Lehmann, Hamburg 1729.

Mit seinen Beobachtungen zum sog. Volkstümlichen gibt Willebrandt darüber hinaus wie auch andere Apodemiker Aufschlüsse über die Wahrnehmung seiner eigenen und fremder Mentalitäten:

„So sehr nun obgenannte Sachen von einander unterschieden sind: so sehr wechseln auch die Gemüths-Arten und mit solchen die Sitten und die Fähigkeiten der Deutschen ab. Ein Mecklenburger, ein Hollsteiner, ein Pommer, ein Braunschweiger, Hannoveraner, ein Hesse, Westphälinger, Schwabe und Oesterreicher ist in Betracht der Natur, und der Neigung von einem Brandenburger, Obersachsen, Schlesier und Franken, fast so sehr unterschieden, als der Franzose von dem Engelländer und Spanier, der Italiäner von dem Ungarn, der Polack von den Holländern, und der Grieche von den Schweitzern in seiner Natur und Denkungs-Art entfernet ist.“[39]

Stereotypen und Topoi spielten in diesem Kontext eine entscheidende Rolle. So brachte z. B. Gottlieb Friedrich Krebel einen weiteren Reisebestseller, nämlich Peter Ambrosius Lehmanns „Vornehmste Europäische Reisen“, immer wieder neu heraus und bereicherte das Werk durch abgrenzende Aussagen, die zur Formierung der eigenen Identität und vermutlich auch zur Steigerung des Verkaufserfolges eingesetzt wurden; der Fremdkontakt wird trotz aller Gefahren aber immer wieder als etwas Konstruktives zur Stärkung des Eigenen gewürdigt:

„Es wirft zwar unser Gegentheil ein, es brächten unsere Reisende aus Franckreich, Italien, Spanien u. öfters nichts anders wieder heim, als der Ausländer Laster z. B. der Frantzosen Leichtsinnigkeit, der Italiäner Ueppigkeit und Unzucht, der Spanier hinterlistige Nachstellungen u., närrische Sitten, unerträgliche Gebärden, überflüßige Titul, lächerliche Ceremonien, seltsame Kleidungen, eine affectirte Sprache, und den gäntzlichen Verlust der Teutschen und väterlichen Tugenden. Ich muß ihm hierinn zwar in etwas Recht geben, indem die Erfahrung oft mehr als zu viel bezeuget, daß die meisten reisen, ehe sie sich zu Hause mit einer guten Morale versehen, und recht geschickt sind, sich die Besichtigung fremder Lande zu Nutze zu machen: allein wegen des Mißbrauchs einer Sache ist nicht gleich derselben rechtmäßiger Gebrauch abzuschaffen.“[40]

Als ein weiterer inhaltlicher Schwerpunkt der Apodemiker ist der Bildungsaspekt zu erwähnen. So heißt es bei Franz Posselt:

„Die Absicht des gegenwärtigen Werkes ist keine andere, als jungen Leuten aus den gebildeten Ständen überhaupt, und angehenden Gelehrten und Künstlern insbesondere eine Anleitung zu geben, wie sie mit Nutzen reisen sollen. [...] Das bloße Reisen in verschiedene

> Länder, und das bloße gedankenlose Anschauen von Merkwürdigkeiten lehrt an und für sich nichts. Wenn der Reisende nicht weiß, worauf er sehen, und wornach er fragen soll; wenn er die Kunst zu sehen und zu hören, und über das Gesehene und Gehörte nachzudenken nicht besitzt: so kann er alle Länder der Erde durchreisen, ohne im geringsten weiser und besser, verständiger, einsichtsvoller und brauchbarer für die Welt zu werden. Zwar glauben manche junge Reisende, zumal diejenigen, die bloß aus Mode reisen, d. h. die nur reisen, um zu reisen, schon alles gethan zu haben, wenn sie in fremden Ländern alles besehen, was sich besehen läßt. Ihr einziges Verdienst ist daher, sagen zu können: das haben wir auch gesehen."[41]

Nicht das Reisen an sich, sondern allein die richtige Art zu reisen, trage zur Bildung bei. Viele junge Reisende hätten manchmal ein „sehr hohe[s] Lehrgeld" auf ihren Reisen bezahlen müssen, da sie auf vielen Gebieten, jedoch vor allem in der Kunst des Reisens selbst, unwissend gewesen seien.[42]

Für Posselt war der Umgang mit der Welt eine Art „Selbstbildung", die nicht von dem Zufall der Erziehung durch Eltern und Lehrer abhänge. Die Selbstbildung war frei und entsprach dem „Bestreben eines Menschen, seinen Verstand, sein Herz und seinen Geschmack immer mehr auszubilden"[43] und damit den in Aufklärung und Klassik propagierten Bildungsidealen.

Mit dem Reisen veränderte sich auch die Identität des Reisenden; die Aufklärungsforscher haben diesen Perspektivenwechsel bzw. die sich verändernde Selbstverortung als wesentlich neu hervorgehoben. Jedoch stand dieser Vorgang im augenfälligen Kontrast zu den jedem Reisenden empfohlenen gründlichen Vorbereitungen und der Versorgung mit Vorinformationen, die das spontane Einlassen auf die Welt minimierten. Dennoch gab es aber auch „unbekümmerte" Reisende. So folgte z. B. Joachim Christoph Friedrich Schulz nach Auskunft seiner „Reise eines Liefländers von Riga nach Warschau" (1795) nicht dem Rat der Reiseschriftsteller, sich mit der Landessprache in Litauen vertraut zu machen. Ihm reichte das Wort für „Pferd" sowie das schnelle Erlernen des Währungssystems („das rechte Geldzählen"). Diese Ignoranz korrespondiert mit seiner Einschätzung der Landeskultur und seiner Haltung gegenüber den „leibeigenen Völkern" in Livland, Kurland, Litauen und Rußland, in der er zahlreiche Klischees transportiert.

Zwar seien dort „Faulheit und Sorglosigkeit" und ein „träger Charakter" verbreitet, doch liege dies an den Herren der Leibeigenschaft, die bei einem höheren Arbeitseinsatz der Bevölkerung eben auch mehr forderten. „So fällt auf seinen Herrn nicht bloß seine Faulheit zurück, sondern auch seine verderbte Gemüthsart, die sich, wie alle Sklavencharaktere, in Heimtücke, Schadenfreude, List und Betrug zeigt."[44] Hier vermischte sich zweifellos Unbekümmertheit mit bereits vorhandenen Stereotypen.

In keiner vorherigen Epoche ist über das Reisen mehr reflektiert worden als in der zweiten Hälfte des 18. Jahrhunderts. Reisen galt grundsätzlich als positiv: Reisen erweitere die Perspektiven und Reisen bilde. Die Auseinandersetzung mit dem Fremden galt als gewinnbringend für die eigene Kultur und das eigene Land. Nur im Übermaß wurden Fremdkontakte ebenso wie die „Reisemode" karikiert. Auch verlor das Fremde zumindest in der apodemischen Literatur, die von vornherein möglichst viele Fremdheitserlebnisse zu antizipieren versuchte, das Bedrohliche. Darüber hinaus trug die Standardisierung des Reiseverhaltens – man konnte in der eigenen Extrapost ebenso reisen wie in der Package-Tour nach Italien – dazu bei, daß man oft nur das sah, was man sehen wollte bzw. sollte. Das Fremde wurde gebannt, zerlegt und auf diese Weise angeeignet. Damit kam die Faszination des Fremden immer weniger in der apodemischen Literatur, sondern allein im Reiseroman – eventuell auch in Reiseberichten – zum Tragen.

Mit dem Rückgang der apodemischen Literatur geriet dann gegen Ende des 18. Jahrhunderts der traditionelle Reisekanon in Auflösung. Befreit von den Zwängen enzyklopädischen Reisens, konnten und mußten die jungen Reisenden nicht länger erklären, warum und wohin sie reisten. Eine Vielzahl von Zielen bot sich an, die der mündige Reisende nach Zeit und Vermögen bereisen konnte.[45] Dies illustriert zum Abschluß nichts besser als das satirische Gedicht von Christian August Clodius aus dem Jahre 1780.[46]

Die Reise

So gehn Sie nach Paris, nach Rom und London? – „Ja."
Warum? „Mein seliger Papa,
Mein Oheim und mein Bruder waren da."
Die Herren kamen wohl gelehrt von ihren Reisen?
„O, ganz gewiß, sie fehlten keinen Schmauß;
Es ist in ganz Paris kein witzig Caffeehaus,
Das sie nicht auf der Charte weisen."
Sie wollen wohl nach Rom, dann nach Neapel gehn,

Das Grabmahl des Virgils, Horaz, Catull zu sehn,
Und alte Dichter zu verstehn? –
„Nein, Dichter sind nicht eben meine Sache.
„Die Clairon in Paris reitzt Ihre Neugier? „Nein"
So werden Sie ein Freund der Alterthümer seyn? –
„Noch weniger; in diesem Fache
Bin ich versäumt –" Gestehn Sie mir es nur,
Sie sind gewiß ein Kenner der Natur?
„Ich – der Natur? – ach nein!" – Lockt Sie die Kunst zu leben,
Der feine Ton der Sitten und der Welt,
Durch die man in Paris gefällt? –
„Mit Sitten hab ich mich noch niemals abgegeben."
So reisen Sie vielleicht aus stiller Politik,
Zum Vortheil unsrer Republik,
Um Mylord North und Saint Germain zu kennen?
„Die Herrn hör ich zum ersten male nennen."
Ihr Plan? „Sie scherzen, Freund" – Was braucht man einen Plan,
Da man von Post zu Post die Welt wohl finden kann?"
Was ich durch diese Fabel weise?
Ein deutsches Bild von mancher deutschen Reise.[47]

Kapitel III

Mode und Luxus

> „a la mode macht mir bang, weil der Teutschen undergang in der newen-sucht seinen anfang sucht. Dann, wasz haben will ein schein, musz nur a la mode sein.“[1]

Um die Mitte des 17. Jahrhunderts gelangte das Wort „Mode“ in Anlehnung an das französische „à la mode“ nach Deutschland. Dabei entwickelte sich das Wort vom ursprünglichen Gebrauch für die Kleidermode zur Bezeichnung des Lebensstils und allem, was zu ihm gehört. So entstand auch ein durchaus frankreichkritisches „à la mode“-Schrifttum.

Im beginnenden 18. Jahrhundert wurden dann schon erste „Compendien der gelanten Mode“ verfaßt, welche die Sitten der höheren Damenwelt enzyklopädisch zu erfassen suchten. Für andere Zeitgenossen, so notiert das Zedlersche Universallexikon, war Mode:

> „[...] überhaupt und nach seinem weitläufftigsten Verstande die Art, Weise, Gebrauch, Gewohnheit, Gattung, Gestalt, Manier, Façon oder Muster, besonders aber die gewöhnliche oder gebräuchliche Tracht und Manier in Kleidungen, Meublen, Kutschen und Zimmern, Gebäuden, Manufacturen, Schreib- und Red-Arten, Complimenten, Ceremonien und anderm Gepränge, Gastereyen und übrigen Lebens=Arten.“[2]

Auch wenn weitere Autoren wie Adelung in seinem Wörterbuch (1798) diese Auffassung bekräftigen und Mode als „die eingeführte Art des Verhaltens im gesellschaftlichen Leben, die Sitte, Gewohnheit, und in engerem Verstande die veränderliche Art der Kleidung [...]“ verstehen,[3] setzte sich doch im allgemeinen Sprachgebrauch vor allem die engere Bedeutung von Mode durch. Auch Friedrich Justin Bertuch, der Herausgeber des wahrscheinlich bedeutendsten damaligen Lifestyle-Journals, des „Journals des Luxus und der Moden“, versuchte, wacker dagegen anzukämpfen. Dieses Bestreben machte er 1794 auf besonders drastische Weise deutlich, indem er einen Artikel „Ueber Erfindung und Alter der Guillotine“ brachte und diesen wie folgt begründete:

> „Wir schreiben ja kein Damen-Journal oder ein Toilettenwerk, worinn man nichts als Nektar und Ambrosia sucht, und nur Wohlgerüche aus Elysium athmen will. Dieß sey Andern überlaßen. Nein, wir schreiben die Chronik des Geistes unser Zeit, in so fern er von der Mode beherrscht, geleitet und geformt wird; und aus diesem Standpuncte sieht man leicht, daß unser Feld der Beobachtungen sehr groß, und die Erscheinungen darauf höchst verschieden und abstechend sind.“[4]

Entsprechend sah das „Journal des Luxus und der Moden“ monatliche Nachrichten vor:

> „[...] von jeder neuen Mode und Erfindung, so wie sie in Frankreich, England, Teutschland und Italien erscheint, in welchem Zweige von Luxus es auch sey, [...] Unsere Gegenstände darinnen sind also 1) weibliche und männliche Kleidung; 2) Putz; 3) Schmuck; 4) Nippes; 5) Ammeublement, 6) alle Arten von Tisch- und Trinckgeschirre, als Silber, Porcellain, Gläser usw.; 7) Equipage, sowohl Wagen als Pferdezeug, und Livreen; 8) Häuser- und Zimmereinrichtung und Verzierung, 9) Gärten und Landhäuser.“[5]

Hinzu kamen Beiträge „aus dem gesellschaftlichen Leben“ sowie über Kunst und Literatur, die wir als Feuilleton bezeichnen können. Bertuch verband die Moden mit dem „Luxus“, dessen Begriff ebenfalls im 18. Jahrhundert eine Ausweitung erfuhr. So war Luxus im 18. Jahrhundert nicht mehr allein als Verschwendung, Prunksucht oder Aufwand negativ besetzt, sondern verschiedene Wissenschaftsdisziplinen behandelten ihn aus unterschiedlichen Perspektiven. Diese Widersprüchlichkeit hat kaum jemand besser formuliert als Friedrich Justin Bertuch selbst in der Einleitung zu seinem „Journal des Luxus und der Moden“:

> „Luxus sagt der Anhänger des physiokratischen Systems, ist die Pest der Staaten! Er verschwendet den reichen Ertrag zu unfruchtbaren Ausgaben; hindert die Reproduction; entnervt die physiokratischen Kräfte der Nation; lößt alles Gefühl für Moralität und Ehre auf; zerrüttet den Wohlstand der Familien, und liefert dem Staate Schaaren Bettler!
>
> Luxus, sagt der Finanzier und der Technolog, ist die reichste Quelle für den Staat; der allmächtige Hebel der Industrie, und das kräftigste Triebwerk der Circulation. Er verwischt alle Spuren der Barbarey in den Sitten; schafft Künste, Wissenschaften, Handel und Gewerbe;

vermehrt die Population und die Kräfte des Staates, und bewürkt Genuß und Glück des Lebens! – Wer von Beyden hat Unrecht? – Beyde, däucht uns, wenn sie unbedingt über diese wichtige Materie deklamieren. Der ganze Streit ruht auf einem unrichtigen oder wenigstens nicht rein genug bestimmten Begriffe vom Luxus."[6]

Neu für das 18. Jahrhundert war der Diskurs über die Mode überhaupt, der selbst neue Medien hervorbrachte. Die Anfänge lagen wie immer in Frankreich. Hier wurden mit Hilfe von Modepuppen (Anziehpuppen) sowie Holz- und Kupferstichen erstmals Modebilder verbreitet. Diese Bildfolgen waren ein neues Medium der Unterhaltung, das mit der „Gallerie des Modes" (1778–1787), einer Serie mit insgesamt etwa 420 farbigen Kupferstichen, seinen Höhepunkt erreichte.[7]

Dagegen war die Produktion von Modebüchern zunächst noch bescheiden. Erst in der zweiten Hälfte des 18. Jahrhunderts entwickelten sich entsprechende Bestseller wie Rétif de La Bretonnes „Monuments du costume", die zwischen 1774 und 1793 gut 15 Auflagen erfuhren.[8] Daneben sind die Modealmanache (Modekalender) zu erwähnen, deren erster 1774 erschien.[9] Auf dieser Ebene hatte die Mode aber bereits in Werken wie „Calandrier des Dames" von 1750 eine größere Rolle gespielt. Ähnliches gilt auch für die Journale, die in der Regel sehr kurzlebig waren.

Größere Bedeutung gewann allein die literarische Zeitschrift „Le Journal des Dames", die die Pariser Welt kritisch betrachtete und den Diskurs unter den Frauen verstärkte. Dieses Journal erreichte 1761 39 französische und 41 im Ausland gelegene Städte (von Cadiz bis St. Petersburg).[10] Mit diesem Journal wurden neue Leserschichten erschlossen, wobei das Thema Mode zentrale Bedeutung hatte. Entsprechend schossen neue Journale aus dem Boden, die sich auf die Mode im engeren Sinne konzentrierten und monatlich die Modeneuigkeiten beschrieben. So erschien der „Courier de la Mode ou le Journal du Goût" vom 1. Mai 1768 bis 1770 regelmäßig am ersten jeden Monats. In England wurden nahezu gleichzeitig das Journal „Macaroni and Theatrical Magazine or Monthly Register of the Fashions and Diversions of the Times" (London, 1772–1773) sowie „The Lady's Magazine" (1770–1825/32) veröffentlicht.

Zehn Jahre später kamen dann das „Cabinet des Modes" – das erste französische Modejournal (1785–1793), „das im Vorstellen der Mode seine Hauptaufgabe sieht und regelmäßig in Wort und Bild diese Aufgabe erfüllt" – sowie das Bertuchsche „Journal des Luxus und der Moden" (1786) auf den Markt.[11] Alle Journale stellten Mode und Geschmack in den größeren Kontext der Geschmacksbildung, in dem sie Kunst und Mode miteinander verbanden und damit die kulturelle Bedingtheit von Mode einmal mehr bestätigen. So heißt es beispielsweise in „The Lady's Magazine" von 1801:

> „Es gab zu allen Zeiten heftige Kritiker an der Aufmerksamkeit gegenüber der Kleidung, die aber auch seit jeher denkwürdige und berühmte Verteidiger hatte. In der Tat ist es bewiesen, daß die elegantesten und aufgeklärtesten Nationen genau diejenigen waren, die am meisten die Kunst der Kleidung kultivierten. Es scheint, als ob ein unabänderlicher Zusammenhang zwischen einem guten künstlerischen Geschmack und einem Geschmack für Kleidung bestände, insofern, daß der letztere gewissermaßen als Thermometer für den Grad des ersteren angesehen werden könnte."[12]

Auch wenn im „Cabinet des Modes" die Damenmode gegenüber der Herrenmode sowie Accessoires (Schuhspangen, Gürtel und Ringe) und Einrichtungsgegenstände überwiegen, werden die Bedürfnisse der weiblichen Leserschaft auch durch ein Feuilleton mit Sensationsgeschichten, gesellschaftskritischen Betrachtungen, Gedichten, Buch- und Theaterkritiken befriedigt. Daneben sind auch die Annoncen bestimmter Händler nicht zu vergessen, die fachmännisch kommentiert werden. Einen besonderen Stellenwert nehmen die Ratschläge zur Selbstinszenierung ein, wenn das Tragen der neuesten Moden in den Tuilerien, in den Gärten des Palais Royal, im Bois de Boulogne oder auf dem Champs-Elysées empfohlen wurde.[13] Hierzu gehörte ebenfalls der Ratschlag an den Herrn, seine linke Hand bis zur Hälfte in der vorn zugeknöpften Weste zu halten, eine Haltung, die vor allem Napoleon beherzigt und als Markenzeichen zur Selbstinszenierung eingesetzt hat. Wenn auch das „Cabinet" während der Jakobinerherrschaft 1793 sein Erscheinen einstellen mußte, verkörperte es doch den schnellen Wandel der Mode vor dem Hintergrund der gesellschaftlichen und politischen Transformation zwischen Rokoko und Empire.

In die Lücke, die das Verschwinden des „Cabinet" auf dem europäischen Markt hinterließ, stießen neue englische Journale wie der „Fashionable Court Guide" sowie die „Gallery of Fashion". Diese propagierten die englische Mode auf dem Kontinent und stilisierten London zur Modemetropole. Damit wurde aber kein neuer Trend kreiert, sondern dieser Ansatz trug einer schon länger im Aufwind befindlichen Geschmacksrichtung Rechnung. Vor allem die englische Herrenmode wurde in den 70er und 80er Jahren des 18. Jahrhunderts ebenso populär wie das Teetrinken und das Fahren in den neuen, gefederten englischen Kutschen. Über die Anglomanie der Franzosen berichtete 1768 der Schriftsteller Peter Helferich aus Paris:

> „Zum Theil sind wir durch die Anglomanie der heutigen Franzosen gerächt. Sie treffen überall auf wandelnde Riding-Coats, in deren Falten ein gebrechliches Wesen zappelt. [...] Sonderbar ist es, daß die Söhne der Freyheit sich knechtisch unter jede Mode bequemen, und daß der unterthänige Franzos immer eine Nationalverzierung anbringt. Er steckt in seinem Reitknechtshabit einen großen Blumenstrauß an die Brust, und hinter seinem Nacken schwillt der kleine englische Kadogan zur Größe eines Puddings. Wenn Miss ihren mit einer Rose geschmückten Chip-Hat auf die Mitte ihres braunlockigen Kopfs setzt, so hängt der Chapeau à l'angloise schief auf der gepuderten Französin, und die Rose wird zur Girlande."[14]

Nach Deutschland gelangte die materielle Realität in London und Paris als literarisches Konstrukt. Insbesondere außerhalb der großstädtischen Zentren wie Hamburg oder Frankfurt konstituierten Journale, Romane und Briefe die westeuropäische Konsumkultur. Wie auf anderen Gebieten der Kultur, bestand auch im Bereich der Mode in den deutschen Territorien ein Nachholbedarf in bezug auf Westeuropa. Entsprechend vermittelten die Journale in Wort und Bild die neue Kleidung und ermöglichten auch deren preiswertere Nachahmung. Die kolorierten Kupferstiche machten die Kostüme auch sinnlich wahrnehmbar und bildeten die Grundlage für eine handwerklich-technische Reproduktion. Dabei war man zwischen neuen englischen Trends und alten französischen Prägungen hin- und hergerissen. Während sich im (norddeutschen) Bildungsbürgertum eine Sehnsucht nach englischem Lifestyle entwickelte, prägte Paris weiterhin die aristokratische Eleganz. Selbst der neue „englische Stil" wurde über Paris auf dem Kontinent verbreitet und vermarktet. Dabei ging der kulturelle Riß durch die Familien: So heißt es im „Journal des Luxus und der Moden":

„Die Meklenborger sind, den übrigen Teutschen gleich, Nachahmer der Engländer und Franzosen; doch mit dem Unterschiede, daß die Männer ihre Tracht, ihren Hausrath, ihre Equipagen und Gärten nach englischem Geschmack anordnen, hingegen die geputzte Dame sich noch nach dem Eigensinn einer Pariser Modehändlerin richtet, die ihre verlegene Waare nach Norden schickt."[15]

Es wurden also Geschlechterrollen konstruiert, die man dann geschickt um nationale Stereotype – wie den anglo-französischen Dualismus – anreicherte, um die Leser bei der Stange zu halten: „Jedoch Frankreich ist es nicht allein, dessen Zauberstab wir zu fürchten haben. England und der vervollkommnete Kunstfleiß seiner Fabriken wird und muß uns nothwendig ebenso gefährlich werden."[16] Denn es war die neue englische Waren- bzw. Konsumkultur, die auch auf dem Kontinent immer attraktiver wurde:

„Die geschmackvolle Simplicität und Solidität, welche England allen seinen Fabrikwaaren zu geben gewußt hat, ist für uns Teutsche so ausserordentlich empfehlend und anlockend, daß das Wort Englisch, englische Waare, schon dermalen einen unwiderstehlichen Zauberreiz für uns hat, und beynahe ein Synonym der Vollkommenheit und Schönheit bey Werken des Kunstfleißes worden ist."[17]

Entsprechend berichtete Bertuch monatlich nicht nur von jeder neuen Mode und Erfindung aus dem Ausland, sondern auch über das gesellschaftliche Leben sowie über Kunst und Literatur. Diese ursprünglich von Bertuch nicht geplanten Besprechungen von Theateraufführungen, Konzerten sowie Buchrezensionen nahmen im Laufe der Zeit immer mehr Raum ein, so daß ihm im Titel (ab 1813 „Journal für Luxus, Mode und Gegenstände der Kunst", ab 1815 „Journal für Literatur, Kunst, Luxus und Mode") Rechnung getragen wurde.

An das „Journal" schloß sich als selbständige Werbebeilage das sog. „Intelligenzblatt" an, in dem Verleger, gewerbliche Produzenten und Kaufleute ihre Erzeugnisse annoncierten. Die Spannbreite reichte von englischen Teemaschinen und Gurkenschneidern über Editionen der Rostschen Kunsthandlung und neuen Musikalien (Noten) bis zu Tapeten, Flötenuhren und Ballonöfen. Das Luxussortiment ist durchaus mit dem englischen vergleichbar. Hier hatten die Luxusgewerbe im Bereich der Silberschmiede, Keramik, Glas, Uhren und Möbel so lange eine Führungsposition, bis im 18. Jahrhundert durch neue technische Möglichkeiten preiswertere standardisierte Imitate auf den Markt gebracht wurden: Teedosen aus Silberblech oder Messing statt aus massivem Silber und Wedgwoods Steingut statt Porzellan, die sich im Modezyklus schnell durchsetzten.[18] Ähnliches kann man für Bertuchs Angebot konstatieren, der sowohl „die schönen Wedgwoodschen sog. Cameo Buttons, finished in the Stile of antique Gems"[19] anbot, wie auch preiswertere Imitationen aus dem Lande Sachsen-Weimar. Diese Luxusprodukte konnten über Bertuchs Landes-Industrie-Comptoir, einem Verlagssystem mit Mustermesse, bezogen werden. Mit dem Studium des Journals und der Bestellung bei Bertuch partizipierte man also an der europäischen Warenwelt und der Konsumkultur.

Abb. 6 Moden des Jahres 1701 und 1801, Titelkupfer des „Journal des Luxus und der Moden", Januar 1801.

Das Lesen war der entscheidende Faktor für die Formierung der Konsumwünsche, und der literarische Diskurs darüber bezog bestimmte ästhetische Objekte in den persönlichen Lebensstil ein.

Entsprechend wurde das „Journal“ zur wichtigsten Stimme im kulturellen Leben des entstehenden Bürgertums mit Einfluß sowohl auf die traditionell frankophile Aristokratie, als auch vor allem auf die geschmacklich noch untrainierten Funktionseliten, und damit zu einer außerordentlichen Quelle für die Historiker.[20] Für die Bezieher war es mit einem Jahresabonnement zu vier Talern für zwölf Hefte auch erschwinglich. Daß das ganze auch ein ökonomischer Erfolg war, zeigen nicht nur die Subskribenten-Zahlen (1786: 1.488, 1799: 1.765) – die Zahl der Leser betrug dank der Lesegesellschaften und andere Gemeinschaftslektüre das Zehnfache –, sondern auch die Langlebigkeit dieses nicht weniger als 41 Jahre lang monatlich veröffentlichten Journals.

Mode- und Stilwandel im 18. Jahrhundert

Welchen Mode- und Stilwandel dokumentieren die genannten Journale im Laufe des 18. Jahrhunderts? Nirgendwo anschaulicher wird der Stilwandel dieses Jahrhunderts als in einem Titelkupfer des „Journals des Luxus und der Moden“, das im Jahre 1801 auf das Jahr 1701 zurückblickt.

Im Kommentar zu diesem Bild kann der Autor einen bemerkenswert schnellen Wechsel der Moden im vergangenen Jahrhundert konstatieren. Die höfischen Geschmackskonventionen wurden durch neue Marktkonventionen ersetzt. Eine Mode löste die andere ab. Dieser Prozeß setzte mit dem Tode Ludwigs XIV. (1715) ein, als Philipp II. von Orléans die Regentschaft für den noch unmündigen König übernahm. In dieser entsprechend als „Régence“ bezeichneten Modeperiode verließ der Adel den durch starke Konventionen geprägten Versailler Hof und machte seine Pariser Stadtpaläste, insbesondere deren Salons, gleichsam zu eigenen kleinen Höfen. Diese stattete man mit vielen dekorativen Einrichtungsgegenständen aus, zu denen eine Vielzahl von Chinoiserien, z. B. Wandbehänge mit chinesischen Motiven, zählten.[21] Die Damen trugen auch im Alltag Reifröcke, wie sie das berühmte Ladenschild des Kunsthändlers Gersaint dokumentiert.

Dies war in Hamburg nicht anders. So berichtet der „Curieuse Antiquarius“ 1712: „Das Frauenzimmer trägt unten sehr weit abstehende Röcke, als wenn ein Tonnen-Band darinnen wäre; wenn daher ein paar Weiber einander in einer engen Straße begegnen, so macht es ihnen soviel Verwirrung, als wenn zwey Wagen mit Heu gegeneinander führen."[22] In der Folgezeit hielt der Reifrock sich noch bis in die 1760er Jahre, war allerdings – ähnlich wie das französische Hofzeremoniell – immer weniger modebestimmend. Ein schlichterer Kleidertypus setzte sich durch, der sich den weiblichen Proportionen besser anpaßte und dem englischen Leitbild von Privatheit, Bequemlichkeit und Funktionalität Rechnung trug.

Auch die Männermode befand sich im 18. Jahrhundert auf dem Wege zur Schlichtheit. Die traditionelle Kombination aus Justaucorps, Weste und Culotten blieb zwar bestehen, aber der Justaucorps verlor seine abstehenden Schöße, die Ärmel wurden lang, und das Kleidungsstück paßte sich dem „frock", dem englischen Reitrock, an. Mit der Zeit verkürzte sich die Weste auf Hüfthöhe, während die Kniehosen, die Culotten, immer enger wurden.

Wie nah sich diese Entwicklung an die englische anlehnte bzw. von dieser bestimmt wurde, zeigt ein genauerer Blick auf letztere. Hier hatte sich schon in der ersten Hälfte des 18. Jahrhunderts der einfarbige Tuchrock, der „frock", gegenüber dem seidenen Justaucorps als Tageskleidung durchgesetzt. In den 1750er Jahren bekam dieser Frack unter Einfluß der Militärkleidung seine typische schmale Form. Darunter trug man eine enge Kniehose aus Tuch oder gelbem Wildleder. Dazu kam eine Weste – in England „new-market" genannt –, die meist aus weißem Piqué, manchmal aber auch aus farbiger Seide hergestellt war. In Deutschland trugen die Stürmer und Dränger blauen Frack, gelbe Weste und Kniehosen als sog. Wertherkostüm, um mit diesem Outfit ihre durch die Lektüre von Goethes „Leiden des jungen Werther" gewonnene Identität zu dokumentieren. Auf dem Kopf saß ein runder schwarzer Hut, aus dem sich der Zylinder entwickeln sollte. Die Emanzipation vom Hof wurde darüber hinaus durch den Stock, den man gegen den Degen tauschte, dokumentiert.

Die Engländerinnen selbst hatten Reifrock und Rokokofrisuren aufgegeben. Sie bevorzugten in der zweiten Jahrhunderthälfte ein besser den Körperformen angepaßtes Kleid, das als „robe à l'anglaise" überall Verbreitung fand. Als Konzession an den Geschmack setzten sich unterschiedlich geformte Gesäßpolster – „pads" – durch, über die der Rock in losen Falten fiel. Darüber hinaus wurden einzelne Innovationen aus der Männermode übernommen, wie z. B. die Jacke – „Caraco" –, die an den Frack erinnerte. Als Mantel trugen Mann und Frau den „Redingote“ (verballhornt aus dem Englischen: „Ridingcoat“). Auch die Damenfrisuren wurden lässiger und fielen in Form kleiner Locken breit und lose bis zu den Schultern herunter, so daß man darüber bequem große Stroh- und Filzhüte tragen konnte.

Dies war das Ideal, das auch in Bertuchs „Journal“ der deutschen Leserschaft vermittelt wurde. So finden sich bereits im ersten Jahrgang des „Journals“ kolorierte Tafeln über die neueste englische Herren- und Frauenmode, wobei es über die „Englische Damen-Tracht“ heißt:

> „Sie ist einem wohlgewachsenen Körper überaus vortheilhaft, zeigt eine schöne Taille, durch das unten enge und oben weite und etwas lockere Corset, in ihrer ganzen Grazie und hat überhaupt das edle prunklose Ansehen einer geschmackvollen Simplicität, und Wohlanständigkeit, welches die Reize des schönen Geschlechts so sehr erhöhet.“[23]

Auch in Deutschland hatten Autoren den Boden für die englische Mode bereitet. Justus Möser nahm in seinen „Patriotischen Phantasien“, die in den Osnabrücker Intelligenzblättern erschienen, mehrfach zum Thema Kleidung und Mode Stellung. So läßt er in einem „Schreiben an meinen Herrn Schwiegervater“ (1767) einen jungen Ehemann darüber berichten, wie er seine Frau überzeugt habe, die bisherige Mode gegen die Kleidung „à la grecque“ zu tauschen. Zu einem fußfreien Rock und schlichten schwarzen Schuhen trug sie eine Bauernmütze und kam damit dem Möserschen Ideal einfacher Kleidung für Edelfrauen und Bäuerinnen nahe.[24] Goethe verfeinerte das Ganze, indem er den ästhetischen Einklang von Kleidung („die Gestalt gewissermaßen noch hervorhebend“) und Körper pries. Er hatte einen derartigen netten Anblick in Italien genossen, als die spätere Lady Hamilton im Hause ihres Liebhabers Sir Hamilton in Neapel griechische Kleidung vorführte.

Dennoch läßt sich im „Journal des Luxus und der Moden“ beobachten, daß ausführlicher über die französische bzw. Pariser Mode berichtet wurde, obwohl die Sympathien dem englischen Stil wie der Kultur der Insel überhaupt gehörten. Dieser Sachverhalt äußerte sich beispielsweise in Bertuchs Plädoyer für bequeme und zweckmäßige Kinderkleidung, deren Erfolg das „Journal“

1798 konstatierte. So hatte das „Journal“ in aufklärerischer Absicht neue Kinderkleidung vorgestellt, denn ein „Kind muß auch in seiner Kleidung aussehen wie ein Kind, und nicht wie ein erwachsener Mann oder eine kleine Dame“.[25] Hierbei wirkten englische Vorbilder, aber auch neue Erziehungsideale. Entsprechend finden wir bei Bertuch auch Ratschläge zur Erziehung der Kinder, Hinweise auf kindgerechte Spiele und später eine eigene Kinderliteraturreihe.[26]

Abb. 7 Eine junge Dame en grande parure, „Journal des Luxus und der Moden“, Januar 1804.

Trotz der Sympathien für die britischen Inseln mußte Bertuch einen hartnäckigen Konkurrenzkampf zwischen englischer Funktionalität und französischer Eleganz und damit eine kulturelle Zweiteilung Deutschlands konstatieren:

> „Die Frankfurter und Leipziger Meßwaren sind jetzt wieder allenthalben in den Magazinen der Mode vertheilt, und gewähren eine Uebersicht des neu Erfundenen und Angekommenen in diesem Gebiete. Frankreich reicht uns die Linke über den Rhein und Main. Sein Sta-

pelplatz des eleganten Absatzes ist Frankfurt, Mainz u.s.w. Leipzig hingegen und andere nördliche Städte, wie Hamburg und Bremen, bereichern Mittel-Teutschland mit den englischen Produkten. Daher man auch sicher darauf rechnen kann, daß jener Theil Teutschlands geschmackvoller, eleganter, frivoler und anmutiger, dieser hingegen feiner, zierlicher, solider, aber auch nicht selten steifer und gezierter in seinen Modeartikeln besorgt ist.“[27]

Noch völlig in französischer Hand war angeblich Wien:

„Wien richtet sich in Sachen der Mode, im Ganzen genommen, noch immer nach Paris. Es giebt Damen und Modehändlerinnen, die sich periodisch Puppen und Zeichnungen aus Frankreich kommen lassen. Selten wachsen auf unsern einheimischen Boden neue Moden; und wenn es auch geschieht, so schwingen sie sich doch nicht zu dem Ansehn einer Parisischen empor.“

Entsprechend kritisch war die Einstellung des „Journals“ zu Wien, über das eher spöttisch berichtet wurde (z. B. über eine Tierhatz in Wien, die man als Wohltätigkeitsveranstaltung deklarierte). Bei aller Frankreich-Kritik mußte man aber auch festhalten, daß der englische Erfolg seine Schattenseiten hatte, wenn es um die Entwicklung einer eigenständigen deutschen Modetradition ging:

„Es ist auffallend wie anjezt England weit mehr als Frankreich in allen Mode-Waaren den Ton angiebt, und in Teutschland den Markt damit füllt. Daß Teutschland dabey gewinnt, zweifle ich mit Recht; denn die Englischen Mode-Waaren, sind als Mode-Waaren, eben so dem frivolen Wechsel der Mode unterworfen, dafür aber zu solid und zu theuer. Teutschland kann also leicht an England doppelt so zinßbar werden, als es an Frankreich war.“[28]

Darüber hinaus ergab sich in Deutschland eine gewisse englisch-französische Symbiose in der Kleidung, deren Beginn bereits vor der Französischen Revolution anzusetzen ist. So trug man im Negligé, d. h. im Alltag, „englisch“, bei der großen Toilette der „grande parure“ (z. B. am Hof) hingegen „französisch“. Dies änderte sich durch die Französische Revolution nur unwesentlich. Nach der Überwindung der höfischen Rokokomode setzte man auf die betonte Lässigkeit des englischen Stils, den man revolutionär oder militärisch dekorierte. Die Jakobinermütze wurde im

„Journal“ zum Damenhut, während man von Knöpfen „à la Bastille“, „à la Garde-bourgeoise“, „à la Nation“ oder „à la Tiers-état“ hörte.[29] Die französischen Herren stilisierten sich als Sansculotten militärisch; die Uniformen des Bürgermilitärs wie der Nationalgarde wurden auch im „Journal“ dem deutschen Leser vorgeführt. Mit der Zeit lösten indessen antike Attribute die militärischen ab. Ein Accessoire war hier der „Casque de Minerve“, ein helmartiger Damenhut, der auf der neuen flacheren, lockeren und ungepuderten Frisur getragen wurde.

Abb. 8 Fünf verschiedene Kopf-Aufsätze für Damen, von neuester Mode und Geschmack, „Journal des Luxus und der Moden“, Januar 1795.

Gleichsam als Couturier wirkte dabei der Maler Jacques Louis David, der mit seinen Kenntnissen der antiken Kostüme für eine republikanische Frauentracht Pate stand. Stilbildend wurden seine Porträts, insbesondere dasjenige der Madame Récamier, die in Modefragen tonangebend war. Mitte der 1790er Jahre setzten sich daher die antikisierenden Gewänder durch, die während Napoleons Kaisertum als Empiretracht bezeichnet werden sollten. Die „Chemise anglo-grecque“ („englisch-griechische Tracht“) mit der knapp unter der Brust ansetzenden Taille wurde immer offenherziger. Man zeigte immer mehr „Fleisch“, nicht nur nackte Arme und einen weit ausgeschnittenen Hals, sondern betonte diese noch durch Polster und fleischfarbene Trikots. Entsprechend blieben Karikaturen und bissige Kommentare über die „Französische garstige Nudität“ im „Journal“ nicht aus. Wenn es mit dem Dekolleté nicht so richtig klappte, wurde nachgeholfen:

> „Mit einem Worte, die Damen haben die Sitte, durch wächserne Anlagen ihren Armen Füllung und Rundung zu geben auf etwas noch Substantiellers angewandt, und sich statt der Busen, wenn die Natur die ihnen versagte, künstliche Stellvertreter von Wachs zugelegt, die so künstlich angepaßt und eingerichtet sind, daß Argus selbst mit allen seinen hundert Augen den kleinen, unschuldigen Betrug nicht erspäht haben würde, wenn nicht ein unbescheidener Plauderer, der die Erfindung bey den Busenfabrikanten ausgekundschaftet hatte, durch eine öffentlich Bekanntmachung zum Verräther geworden wäre.“[30]

Es gab aber auch positive Stimmen zur neuen leichten Kleidung, so von Caroline de la Motte Fouqué, die einerseits die Entadelung alter Landsitze durch neue Konsumgüter wie Papiertapeten, bemalte Glaslaternen und Roßhaarsofas (anstelle von Damast, Kronleuchter und Fauteuils) beklagte, andererseits die neue Beweglichkeit und das neue Körpergefühl der neuen leichten Formen hervorhob.[31] Dennoch zeigte sich das „Journal“ im Jahre 1805 erleichtert, als der Trend von der Durchsichtigkeit wieder zu schwereren Stoffen ging. Hier hatten die Kaiserkrönung Napoleons und insbesondere der Ornat der Kaiserin aus Samt und Seide mit Reminiszenzen gleich an mehrere historische Epochen nachhaltig gewirkt. Anleihen bei der Renaissance (Spitzenkragen) sowie die nach Napoleons Ägyptenfeldzug populäre Ägyptomanie (mehrfach abgebundene Ärmel à la Mameluck) setzten neue Akzente, die auch auf Deutschland ausstrahlten.

Die Propagierung eines nationalen Geschmackes

Zur gleichen Zeit verstärkten sich aber auch Bemühungen, sich vom französischen Modediktat abzugrenzen. Diese Bestrebungen waren nicht neu. Bereits im ersten Jahrgang des „Journals" hatte Bertuch für die Förderung der einheimischen Gewerbe, des Kunstfleißes und damit auch für die Ankurbelung des Konsums der einheimischen Eliten, insbesondere der Funktionseliten, plädiert.

So ließ Bertuch bereits in diesem ersten Jahrgang 1786 den Versuchsballon einer Nationaltracht steigen und stellte die Frage: „Ist eine teutsche Nationalbekleidung einzuführen nützlich und möglich?" Er machte sich dabei ältere Stereotypen und merkantilistische Auffassungen zu eigen, wonach das sklavische Nachahmen der Franzosen der Moral, den Finanzen und der Handelsbilanz abträglich sei, und hielt bestimmte Eigenschaften der Nationalkleidung für notwendig:

> „Es käme also nur auf zwey Puncte an:
> 1) Auf die Wahl der Kleidung, und
> 2) auf die Art, über dieselbe einig zu werden und sie einzuführen.
> Was den ersten Punct betrift, so glaube ich folgende Grundsätze annehmen zu dürfen: Die Kleidung muß seyn:
> a) wohlfeil;
> b) von Farben, die nicht leicht Schmutz annehmen, dauerhaft, leicht zu waschen, und von dem Eigensinne der Mode, weder erfunden, noch von demselben abhängig sind;
> c) für jedes Alter passend;
> d) vom Vornehmen wie vom Geringern, vom Reichen wie vom Armen, leicht anzuschaffen zu tragen;
> e) unserm Klima angemessen;
> f) nicht phantastisch;
> g) unseren Körper nicht entstellend;
> h) das Gepräge von Teutschheit tragend;
> i) in allen Jahreszeiten brauchbar [...].
> Es giebt leider! Leute, welche alle Dinge in das Lächerliche ziehen; es giebt Andre, die in allem etwas Gefährliches oder Hinterlistiges sehen; Es giebt endlich noch Andre, welche nicht gut finden, als was sie, oder irgend eine von den Partheyen, zu welchen sie gehören, gefunden oder vorgeschlagen haben – Das ist traurig, und von Diesen muß ich freylich erwarten, daß sie meinem Vorschlage, von irgend einer Seite, keine Gerechtigkeit werden wiederfahren lassen; Allein das beunruhigt mich nicht. Ich bin mir bewußt, aus guter, ehrlicher, patriotischteutscher Absicht, diesen Vorschlag zu thun; Ich gehöre zu keiner Parthey, habe mir das Ding selbst so ausgedacht, und würde mich herzlich freuen, ohne weiter Ehre davon zu haben, auch je meinen Namen nennen zu wollen, wenn die Sache gelingen sollte [...]."[32]

Als jedoch eine Leserin daraufhin eine „Weiber-Rebellion" ankündigte, wurde die Idee fallengelassen. Auch wenn die folgende Zuschrift möglicherweise fingiert oder bestellt wurde, um die weibliche Leserschaft für das „Journal" zu erwärmen bzw. mit ihr in einen Dialog zu treten, sind die Argumente dieser „fleißigen Leserin Friederike S*." durchaus ernst zunehmen:

> „[...] Ich glaube also bey einer einzuführenden teutschen National-Tracht würde nicht nur der vernünftige Hauptzweck, die Unterdrükkung des schädlichen Kleider Luxus (denn die National-Originalität und das Teutsche Gepräge sind doch wohl nur Nebenzwecke des Hrn. Verfassers) nicht erreicht werden, sondern auch sogar viel Nachtheil für Teutschland daraus erwachsen. Ein großer Theil teutscher Fabriken, deren Arbeiter jetzt alle ihr Brod durch die Mannigfaltigkeit der Fabrikate, Wahl und Geschmack der Käufer haben, würden auf einmal durch eine National-Kleidung, die nur einige wenige bestimmte Zeuche und Farben zuließen, außer Nahrung gesezt, und viele Tausend Fabrikanten würden mit einem Feder-Striche zu Bettlern gemacht, oder müßten sogleich aus ihrem Vaterlande auswandern; denn der Sammt-, Taft- oder Cotton-Weber kann kein Tuchmacher oder Wollen-Zeuch-Weber mehr werden. [...] Und endlich rechnet uns denn der feine Herr, der Teutschland eine ewige Uniform geben will, für gar keinen Theil der Nation, daß er uns arme Weiber so ganz unbefugt, vielleicht wieder in die Wülste und Köllerchen unserer Urälter-Mütter aus dem XVIten Jahrhunderte stecken, in ein ewiges schwarz, weiß und grau, wie die Kloster-Schwestern einkleidern, und uns alles Heyl und Trost rauben will. Bedenken Sie doch ums Himmelswillen, meine Herren, wo sollen wir denn noch Stoff zu Plaudern bey einer drey bis vierstündigen Kaffee-Visite, beym Thee-Tische, oder auf einer Promenade hernehmen, wenn's keine neuen Bänder, Hauben, Hüthe, Roben, und Fourreaux mehr giebt? Zweyerley risquiren Staat und unsere Männer sicher dabey; entweder wir werden gelehrt und disputiren über neue Werke und Seelen-Fakultäten unserer und anderer Männer, oder wir mischen uns in politische Händel, und kannegiesern; welches doch beydes bisher noch ungestöhrte Vorrechte der Männer waren. Also thun Sie was Sie können jenen Herren, der uns so despotisch an den Kragen will, von seinem schlimmen Vorhaben abzumahen, sonst prophezeyhe ich ihm sicher eine Weiber-Rebellion in Teutschland. Was ich dabey thun werde, können Sie rathen."[33]

Bertuch fand sich aber mit seinen Bemühungen um eine deutsche Nationaltracht in guter Gesellschaft. Bereits Justus Möser forderte die Einführung eines nationalen – nach Rängen – abgestuften Kleidungscodes, der das Bestreben der Zeitgenossen, Status durch Kleidung zu repräsentieren – und damit den um sich greifenden Kleiderluxus – konterkarieren sollte. Diese Idee fiel letztlich aber nur außerhalb Deutschlands auf fruchtbaren Boden. So schrieb 1791 die Dänische Akademie der Wissenschaften eine Preisaufgabe aus, in der es um die Einführung einer Nationaltracht ging. Die Einsender beriefen sich dabei auf das schwedisches Gesetz von 1778 sowie Kleidercodes in St. Petersburg und den baltischen Provinzen Rußlands.[34] Dennoch wurde offen und verdeckt deutsche Kleidermode propagiert, was im Bereich der Männermode durchaus nicht ohne Wirkung blieb. So wird beispielsweise ebenfalls im ersten Journaljahrgang der Abbildung eines französischen Reiters im „Cabinet des Modes" das Ideal eines deutschen Reiters gegenübergestellt, wenn auch bei letzterem einige englische Züge nicht zu verkennen sind.

> „Der dreyeckigte etwas militärisch aufgekrämpte Huth mit der schwarzen Schleife giebt ihm ein gewißes freyes und edles Air de Tête, so wie die gerad aufsteigende Vorderspitze deßelben die gerade perpendikulare Richtung des Körpers zu Pferde verschönert. Der Huth ist, herabgekrämpt, vollkommen rund und groß, deckt bey Regen die Schultern ganz für Näße, und kann, wenn vorn die Spitze beschädigt wird, leicht anders aufgesteift werden; so wie er auch, anders herumgesetzt, die Augen vor der Sonne schützt. [...] Der kurze, sogenannte Berliner Frack, der sich auf der Brust ein wenig übereinander schlägt, und da mit ein Paar Knöpfen zugeknöpft, unten aber etwas weit abgestochen ist, giebt der Figur mehr Brust, versteckt weder die Schenckel noch die Form des Pferdes, sichert vor dem Koth spritzen, und giebt überhaupt dem Reiter ein elegantes leichtes und adroites Ansehen. Der Frack ist wegen der weißen Unterkleider weiß gefüttert. Dieß und der schwarze Sammet-Kragen und dergleichen Aufschläge à la Marinière geben ihm etwas Uniformartiges, das dem Auge gefällt."[35]

Mit dieser Stilisierung konnte das „Journal" nahtlos an eine vorhergehende Modewelle anknüpfen, nämlich die Werther-Mode. Die Lektüre des „Werther" veränderte Manieren, Freizeitverhalten, Lesegewohnheiten und Kleidung der jüngeren Generation des Bildungsbürgertums. Entsprechend war die Werther-Mode (blauer Frack, gelbe Weste und Kniehosen) der erste Trend der deutschen Kultur des 18. Jahrhunderts, der von einem literarischen

Diskurs ausgelöst wurde und nicht von einem Hof, auch wenn Carl-August von Sachsen-Weimar den „Werther-Anzug" an seinem Hof populär machte. So begann – und das ist zentral für alle Journale – eine Modekultur, in der die materielle Kultur durchaus von der literarischen Fiktion in Gang gesetzt werden konnte. Durch den Werther-Anzug eigneten sich die jungen Leute eine eigene Identität an, so daß ein Auftritt in der Öffentlichkeit damit durchaus mit dem heutigen Tragen von Jeans bei festlichen Anlässen zu vergleichen ist. Begünstigt hat den Erfolg des Werther-Outfits aber nicht allein die Lektüre; auch die positiven Assoziationen zum englischen Landadel (Gentry) und zum preußischen Militär haben ihre Wirkung nicht verfehlt:

> „Der junge Berliner nach der Mode von der feinen, und bey weiten der größeren Klasse, trägt vom Morgen bis zum Abend Stiefeln, runden Hut, blauen Rock mit rothen Kragen, in sehr militärischem Geschmacke, und sehr oft schmutzige Wäsche. So gekleidet geht er in die Kollegien, unter die Linden, aufs Koffeehaus, zu Tische, wieder unter die Linden, ins Schauspiel, und sehr oft in Gesellschaften, denn er geht nur in Gesellschaften, wenn Eltern, Liebschaften oder andere Konvenienzen ihn hinbringen, und kann sich doch darum unmöglich umkleiden [...]."[36]

Die Propagierung eines nationalen Geschmacks war ein gängiges Charakteristikum vieler europäischer Modejournale, die oftmals klischeehaft auf andere europäische Nationen, insbesondere England und Frankreich, Bezug nahmen. Indem sie neue Trends aufspürten und geschmacksbildend wirkten, versuchten die Journale, eine Marktlücke zwischen Verkäufern, Produzenten und Händlern zu füllen.[37] Durch die Lektüre beispielsweise des „Journals des Luxus und der Moden" partizipierten die Leser in allen deutschen Territorien an der neuen europäischen Güterwelt.

Die Realität der Kleiderschränke

Das „Journal des Luxus und der Moden" eröffnet – das hatten wir gesehen – also interessante Einsichten in den Modediskurs an der Wende vom 18. zum 19. Jahrhundert. In welchem Maße hat sich dieser jedoch in der materiellen Überlieferung realisiert? Zuvor ist aber zu fragen, wie weit die Journale verbreitet waren und ob sie die neuen Trends in einem Modezyklus von fünf bis sieben Monaten in den europäischen Zentren umsetzten. Wir wissen zwar, daß das „Journal des Luxus und der Moden“ in großen Städten in mehreren hundert Exemplaren abonniert und auch in kleinen Residenzen zumeist über die Lesegesellschaften rezipiert wurde (vgl. Karte in Kapitel I). Die materielle Realität, die wir z. B. auf Grund von Nachlaßinventaren rekonstruieren können, stützt die Aussagen der Journale aber nur partiell. Dieser Befund kann zwar auch an der Überlieferungsdichte der Nachlaßinventare liegen, die für die entscheidende Phase des Wandels (Modernisierung der Kleidung) zwischen 1770 und 1790 bedauerlicherweise eher dünn ist.

Dennoch bestätigen einige Inventare die aus den Journalen bekannte Entwicklung. So hinterließ die Krämerwitwe Anna Plaehn 1772 in Hamburg neben zwei Contuches (Oberkleid) aus Seide bereits zwei aus Baumwolle.[38] Viel mehr noch sprechen die in den Münsteraner Inventaren am Ende des 18. Jahrhunderts genannten englischen Kleider für eine allmähliche Anpassung an den englischen Geschmack; auch die Bevorzugung von Baumwollstoffen bzw. Baumwollkleidern (möglicherweise sogar Chemisenkleidern) läßt diese Orientierung an der englischen Mode plausibel erscheinen.[39] Eine Bereitschaft zu qualitativen Veränderungen wird ebenso deutlich wie eine Zunahme und Differenzierung der in den Inventaren genannten Kleidungsstücke, Handschuhe, Hüte, Umhänge und anderen Accessoires, die jetzt in vielfältigen farblichen wie stofflichen Variationen vorkommen.[40]

Auch die neue Männermode können wir mindestens einmal, nämlich in Frankfurt bei dem 1795 verstorbenen jüdischen Kaufmann Friederich Maximilian Beer, nachweisen. Sein Nachlaß enthielt ein umfangreiches Kleidersortiment, zu dem nicht nur ein „Cotton Schlafrock“, ein seiden gelb geblümter Schlafrock (mit Taft gefüttert plus Weste), 14 Paar Unterhosen, 37 Oberhemden sowie unzählige baumwollene und seidene Strümpfe gehörten, sondern auch grüne wollene Reithosen, schwarze gewebte Hosen, schwarze Kaschmirhosen, schwarze Seidenhosen, melierte Tuchhosen, graue Kaschmirhosen sowie gestreifte Nanquinet-Hosen aus braun-gelbem Baumwollstoff nach chinesischem Vorbild. Unter den Röcken ragen ein grauer englischer Tuchrock, ein melierter Tuchfrack, ein wollener gestreifter Frack sowie ein blauer Rock mit gelben Knöpfen (im Stile der Werther-Mode) heraus.

Einmalig ist die Sammlung seiner 36 verschiedenen Westen, die von weißem Musselin bis zu weißer, farbig bordierter Seide reichen und ebenso in Kaschmir rot, gelb gestreift, grün gewürfelt bzw. halbseiden geblümt und schwarz gestreift vorhanden sind.[41] Mit diesem Outfit konnte er dem Ideal des „Londoner Buck" oder Stutzers aus dem „Journal" von 1791 ebenso wie der Werther-Mode ziemlich nahe kommen.

Abb. 9 Ein Londoner Buck, oder Stutzer, von neuester Form, Mode und Schnitt, „Journal des Luxus und der Moden", November 1791.

Hiermit widerlegt Beer das von den Journalen durchaus geschürte (Vor-)Urteil, daß unter der Modesucht allein die Frauen litten. Inwieweit Beer in dieser Hinsicht ein Einzelfall war oder ein solcher Kleiderluxus allgemein Verbreitung fand, müssen weitere Untersuchungen vor allem anhand von Nachlaßinventaren des beginnenden 19. Jahrhunderts zeigen.

Bertuchs Statement, „Die Mode wäre durchaus eine Weltbürgerin, [die] sich in kein Vaterland einschließen lasse und der ihr eingeborenen Neigung zum Widerspruch zu Folge, sich am liebsten mit Kontrebanden ausstaffire",[42] hat also durchaus seine Richtigkeit. So sprach ein deutsches Modejournal wie das „Journal des Luxus und der Moden" einerseits den Leser als Mitglied einer modemäßig vermeintlich verspäteten deutschen Nation an, andererseits maß es die deutschen Trends auf dem Gebiet der Mode an einer westeuropäischen (Mode-)Identität und würdigte so die Fortschritte der Deutschen. Englische und französische Entwicklungen wurden mit Hamburger, Mecklenburger, Berliner und Wiener Trends verglichen und damit adligen Funktionseliten und Bildungsbürgern verschiedene Identitätsangebote unterbreitet. Auf diese Weise schuf das „Journal des Luxus und der Moden" wie auch andere Journale einen virtuellen Marktplatz für den grenzenlosen Kulturkonsum.

Erst vor dem Hintergrund der Napoleonischen Besetzung und vor allem in der Publizistik der Befreiungskriege wurden hochgeschlossene dunkle Kleider zu Modellen einer „teutschen Nationaltracht" stilisiert und im Jahre 1814 im Überschwang nationaler Gefühle auch im „Journal" propagiert. Hierbei zog man eine direkte Linie zwischen den mit der französischen Mode eindringenden französischen Sitten und dem Untergang des Alten Reiches, da jene angeblich die deutschen Sitten und damit zugleich auch „die Stütze der Throne und Verfassungen untergraben" hätten.[43] Aus diesem Grunde schlug eine Münchnerin 1814 eine Kleiderreform zur „grösstmöglichen Vereinfachung der Kleidungstücke" und die Einführung einer „förmlichen Kleiderordnung für alle Classen" vor. Nationaltracht für alle deutschen Männer sollte ihrer Meinung nach die bayerische Landwehrkleidung werden, die bereits jetzt dort als Nationaltracht gelte.[44] Die Bavarisierung der Moden scheint sich aber – bis zum 20. Jahrhundert mit Lodenmatel und Dirndl – ebenso wenig durchgesetzt zu haben wie andere allzu patriotisch-eifernde Modeanregungen aus der Zeit um 1815.

Kapitel IV

Wohnkultur

> „[...] Ich habe drey Zimmer neben einander, die ich alle für mich brauche. Eines ist das sogenannte Visitenzimmer, das mittlere ein kleiner Saal und dem folgt meine Wohnstube, wobei eine mittlere Schlafstube ist. Mein Mann wohnt an der anderen Seite des Visitenzimmers."[1]

Dies schreibt die Göttinger Professorengattin Wilhelmine Heyne-Heeren, die 1796 schon kurz nach der Eheschließung einen Teil der gemeinsam Wohnung für sich in Beschlag genommen hatte. Hieraus ergab sich eine Trennung der weiblichen und der männlichen Wohnsphäre, die für den Wandel des Wohnens im 18. Jahrhundert charakteristisch werden sollte.[2] Wilhelmine Heyne-Heeren hatte sich dabei möglicherweise an Leonhard Christoph Sturm orientiert, der bereits 1721 in seiner „Vollständigen Anweisung alle Arten von Bürgerlichen Wohn-Häusern wohl anzugeben" vorgeschlagen hatte,

> „daß man die Austheilung der Zimmer auch in Bürger-Häusern / so vielmehr in vornehmen / also anstelle / daß der Mann aus seinen Zimmern in der Frauen Zimmer gelangen könne / ohne über die Theele [Diele] des Hauses zu gehen / da jedermann frey hin- und wieder gehet [...] Daß aber eben das gemeine Schlaff-Gemach unmittelbar zwischen beyden Zimmern liege / ist eben so nöthig nicht / noch weniger aber / daß es eben an der Mitte des Gebäudes liege / sintemahl diese Stelle gerne und am besten den Sählen eingeraumet wird. Die beste Eintheilung ist / wenn so wohl des mannes als der Frauen Gemach sein eigenes Schlaff-Zimmer hat / und zwischen beyden ein Saal lieget."[3]

Insgesamt ging der Trend von großräumigen zu differenzierten, kleinräumigen Wohnmustern mit der Stube als Mittelpunkt des Familienlebens, was sich auch in Wohnungseinrichtung und Wohnkultur widerspiegeln sollte.[4] Auch wenn die Zeitgenossen die Bau- und Wohnverhältnisse in den Kleinstädten Süddeutschlands wie in den alten Handelsstädten Norddeutschlands oftmals als rückständig oder altertümlich beurteilten und allein Residenz- und

Universitätsstädte von Reisenden als moderner angesehen wurden, fand auch in den traditionellen Zentren ein Wandel der Wohnform statt.

Neu war zumindest beim Wohnungsbau der städtischen Mittel- und Oberschichten der Übergang vom Groß- zum Kleinwohnraum. Dieser vollzog sich zwar ansatzweise schon im 17. Jahrhundert, als die niederdeutschen Hallen- bzw. Dielenhäuser mit ihrer einfachen Raumstruktur partiell untergliedert wurden, aber erst im 18. Jahrhundert baute man Speichergeschosse zu Wohnzwecken um und unterteilte sie durch weitere Kammern. Neben der Nutzung von Haupt- und Saalgeschossen in Kaufmannshäusern wurde mit der Durchfensterung der Fassaden mehr Licht in die Räume gebracht. Außerdem wurde die alte Diele durch den Einbau von Spezialräumen in ihrer Größe und Nutzungsvielfalt verändert. Entsprechend besaß derjenige, der es sich leisten konnte, mehr und mehr spezialisierte Räume, z. B. neben dem Wohnzimmer noch eine gute Stube, während Ärmere mit Stube und Küche bzw. nur einem einzigen Raum vorlieb nehmen mußten. Dem Bedürfnis nach einer Ausdifferenzierung der Wohnräume trugen dann auch die Neubauten von Mehrfamilien- und Mietshäusern mit großen Etagenwohnungen Rechnung.[5] Vielerorts, wie im Jahre 1797 in Stettin, fiel die Luxusmodernisierung der Häuser ins Auge:

> „[...] der Herr, die Madame, die Demoiselles Töchter, der junge Herr, die Diener, die Mädchen, jeder will jetzt seine eigene Stube haben; mit Kammern ist die Dienerschaft nicht zufrieden, im Winter muß das Zimmer geheitzt werden können, dazu kommen dann noch Putzstuben, Visitenzimmer, Eßsäle, Entreezimmer, und was für Namen die Stuben noch mehr haben mögen.“[6]

Wichtige Aussagen zur Wohnkultur verdanken wir – neben Reiseberichten und Selbstzeugnissen – den Nachlaßinventaren, welche die materielle Hinterlassenschaft eines Verstorbenen dokumentieren und im Falle von Vormundschaftsbestellungen, Erbteilungen und -streitigkeiten aktenkundig wurden.[7] Die Überlieferungsdichte ist im deutschen Raum uneinheitlich, noch heterogener ist aber der Bearbeitungsstand. Während in Großbritannien und den Niederlanden, aber auch in Spanien eine langjährige Tradition der Bearbeitung und damit auch der Rekonstruktion der materiellen

Kultur existiert,[8] verdanken wir in Deutschland ausschließlich wenigen Volkskundlern wie Ruth Mohrmann und Uwe Meiners gründliche Untersuchungen zur Wohnkultur niedersächsischer und westfälischer Städte.[9] Für Süddeutschland liegen dagegen nur einige Detailstudien vor, wobei große städtische Zentren bisher nicht bearbeitet wurden. Für das uns interessierende 18. Jahrhundert ist die Überlieferung ebenfalls uneinheitlich, da die überlieferten und bearbeiteten Inventare nicht gleichmäßig auf das gesamte Jahrhundert oder repräsentativ auf ein breites Spektrum sozialer Schichtung verteilt sind. Entsprechend müssen wir mit dem vorhandenen Material vorlieb nehmen, das durch einige neu bearbeitete Frankfurter und Hamburger Inventare – für beide Städte ist die Überlieferung sehr dünn – ergänzt wird.

Von besonderem Interesse sind zunächst die Inventare, die die Objekte raumweise registrieren und so ansatzweise die Rekonstruktion der Raumnutzung ermöglichen. Danach zeigte sich in Münster bei Handwerkerhäusern die Wohnküche als Wohn-, Arbeits- und Kochplatz, während sich die Dielenhäuser am Prinzipalmarkt trotz erheblich höheren Wohnstandards noch im 17. Jahrhundert durch eine multifunktionale Nutzung der Großräume auszeichneten. Der Übergang zu monofunktional genutzten Räumen kam in Westfalen (Lemgo) erst im 18. Jahrhundert mit eigenen Schlafkammern und weiteren Stuben zum Abschluß, wogegen in Braunschweig die Stube, die mit Möbeln, Textilien und anderen Dekorationselementen sowie Büchern und Spielzeug bereits im 17. Jahrhundert ausgestattet war, den Hauptaufenthaltsbereich der Familie darstellte.[10]

Dennoch erfolgte auch hier in bezug auf Raumausstattung und Nutzung im 18. Jahrhundert ein qualitativer Sprung. Bevor wir die neuen Trends – wie den Übergang von den Kastenmöbeln (Truhen) zu den Schrankmöbeln und die Ausdifferenzierung des Mobiliars – im Detail verfolgen, sollen einige weitere Beispiele die Raumnutzung im 18. Jahrhundert illustrieren.[11] In Osnabrück hatte sich wie auch in anderen westfälischen Städten die Oberschicht den Saal als Repräsentationsraum erhalten. So war dieser Raum beim Prokurator und Notar Cappel 1771 mit den neuen Kommoden, einem Nußbaum-Kleiderschrank, einem ebenso furnierten Spiegeltisch, samtbezogenen Stühlen und Sesseln, Spiegeln und Bildern ausgestattet. In diesem Raum wurde mit Eß- und Trinkgeschirr aus Porzellan und Silber ein aufwendiger Lebensstil gepflegt. Hingegen reichte es für den Fuhrmann Normann oder die Wachtmeisterswitwe Buschmann nur zu einer multifunktionalen Diele mit einfachem Mobiliar und Geschirr, obgleich Witwe Buschmann sich noch in eine mit Tisch, Spiegel und Bildern ausgestattete Stube zurückziehen konnte. Dagegen verfügte der Schneidermeister Landwehr über ein Haus mit zwei Stuben, Diele und zwei großen Kammern. Dabei war eine Stube Wohn- und Arbeitsraum, eine andere mit Bildern, Tischen, Schapp und Bett ausgestattet. Die Familie lebte wohl weitgehend auf der oberen Etage, auf der eine Kammer sechs lederbezogene Stühle, Teetisch, Lehnstuhl sowie mehrere Schapps aufwies. Hierfür sprechen auch Bibel, Postille, Wein- und Biergläser sowie Gipsbilder.

Noch weiter gegliedert war das Haus des wohlhabenden, aber letztlich fallierenden Weinhändlers Knille. Hier differenzierte das Inventar die zahlreichen Zimmer u. a. als Herrenzimmer, Kinderstube, Bedientenstube, Entree nach dem Garten sowie Saal und Billardzimmer (mit seidenen Tapeten). Möglicherweise hatte dieser Wohnluxus zum Konkurs des Weinhändlers beigetragen. Ohne derartige Konkurse wüßten wir allerdings vermutlich ebenso wenig über die Wohnkultur Knilles wie auch des Schneidermeisters Landwehr.[12]

Eine erhebliche Differenzierung der Wohnräume (bzw. der Häuser) zeigen auch die Frankfurter Nachlaßinventare, wogegen die Hamburger Inventare die nachgelassenen Gegenstände gewöhnlich nur nach ihrem Material und ihrer Funktion geordnet aufführen. Die Frankfurter Häuser und Wohnungen, die sowohl wohlhabende Handwerker als auch Akademiker und Kaufleute bewohnten, zeigen zahlreiche Stuben und Kammern. Zum Beispiel wies das Haus des Hofschmieds Augustin Geißemer auf der Zeil 1777 neben einem Boden und vier Kammern auch drei reichhaltig eingerichtete Stuben auf. In der ersten Stube befanden sich neben einem Armsessel (Nußbaum) u. a. vier Lehnsessel, ein Kaffeetisch, ein Ausziehtisch, eine Nußbaumkommode mit vielfältiger Aussteuer, ein Kinderkabinett (Schrank), eine Kiste mit Kinderspielzeug sowie in einem Glasschrank eine Teekanne aus Kupfer, Aufsätze aus Porzellan und zwei Stengelgläser. Die Stube in der ersten Etage enthielt Tischgeschirr, Kaffeekannen, Teepott, Schokoladeschalen, die wenigen Bücher (vgl. oben Kapitel I), Lehnstühle aus Eiche und Nußbaum, Sessel, Gemälde, einen zweitürigen Schrank aus Nußbaum (in dem vor allem Kleidung aufbewahrt wurde) sowie einen weiteren Schrank aus Tanne für die Bett- und Tischwäsche.[13]

Noch luxuriöser waren nach Aussage des Nachlaßinventars von 1775 die Wohnverhältnisse der Margaretha Barbara Tanner, Witwe des Dr. Ludwig Gottfried Tanner, im „de Grootischen Hauß" am Roßmarkt. Hier werden neben dem „Vorplatz" insgesamt 13 Räume erwähnt, wobei die „Wohnstube auf der Erde", die Stube „1 Stiege hoch" sowie das Schlafzimmer am großzügigsten ausgestattet waren. In der Wohnstube befanden sich u. a. ein Spiegel mit gläsernem Rahmen, eine Nußbaumkommode, ein Nußbaumtresor sowie sechs Rohrstühle mit blauen Kissen. Deutlich luxuriöser war die Einrichtung in der Stube im ersten Stock, die „1 nußbaumen Cabinet, mit 2 silbern Schildern und ein porcell. Aufsatz" zierte. In dem Kabinettschrank befanden sich die schweren silbernen Kaffeekessel, Kaffeekannen, Teemaschinen, Teepott und Leuchter, Zuckerdosen, Schalen sowie massive Silberbestecke (Messer, Löffel, Gabel), die beispielsweise im Geißemerschen Haushalt fehlten. Außerdem bewahrte man in diesem Raum Kleidungsstücke sowie in einer Kommode silbern eingefaßte Bücher, Manschetten und andere Dinge auf, während eine Nußbaumkommode mit Glasschrank farbige Porzellanteller und -schüsseln mit entsprechenden Teetassen, Schokoladebecher sowie mit Blumen bemalte Kaffeeschalen ausstellte. Im Schlafzimmer wurden die Preziosen aufgehoben und mit einem silbernen Nachttisch mit Spiegel (Silberrahmen), Leuchtern, Schachteln und anderen Büchsen Wohlhabendheit demonstriert.[14]

Dagegen setzte in einer kleinen Hansestadt wie Greifswald die Nennung einzelner Wohnräume relativ spät ein, was auch im 18. Jahrhundert für eine monofunktionale Nutzung der Wohnung spricht. Erst 1799 werden hier z. B. beim Ratsverwandten Pritz auf beiden Geschossen des Wohnhauses Dielen und Stuben und eine Kammer erwähnt.[15]

Mobiliar

Die in den Wohnungen vorhandenen Objekte unterscheiden die Erforscher der Sachkultur nach Sachgruppen. Im Mittelpunkt ihres Interesses steht dabei das Mobiliar, das gewöhnlich in Verwahr-, Sitz- und Tischmöbel unterteilt wird.

Seit dem Mittelalter waren Truhen und damit Kastenmöbel die wichtigsten Verwahrmöbel. Im Laufe der Frühen Neuzeit wurden dann allmählich die Truhen, Laden, Kasten und Kisten von Schrankmöbeln als Verwahrungsort ersetzt, wobei dieser Prozeß von Stadt zu Land und Region zu Region zeitlich unterschiedlich ablief.[16] Auch wenn Kasten in vielen Haushalten noch im 18. Jahrhundert überwogen, büßten sie – abgesehen von Koffern (Koffertruhen) – doch ihre Funktion als Einrichtungsgegenstand und ihren Platz in Wohnstube oder Stube ein, der nun von den verschiedenartigen Schrankmöbeln eingenommen wurde. In den Inventaren des 18. Jahrhunderts finden wir eine Vielzahl verschiedener Schapps und anderer Schranktypen, die nach Holzart, Dekor und Funktion unterschieden wurden. Während Mohrmann in den braunschweigischen Städten des 18. Jahrhunderts vor allem „tannene" Kleider- und Leinzeugschränke antraf[17] und in Hamburg trotz der schlechten Überlieferung zahlreiche Eichen-, Nußbaum- und „feuern angestrichene" Schränke hinzukamen, waren die Schrankvariationen in den wohlhabenderen Frankfurter Haushalten äußerst reichhaltig. Die Inventare registrieren zwischen 9 und 18 verschiedene Schränke, die nicht nur nach dem Material (Tanne, Eiche, Nußbaum, Pappe), sondern auch nach der Funktion (Kleider-, Bett-, Bücher-, Küchen-, Fliegen-, Victualien-, Milch-, Eck- und Hängeschränke), der Zahl der Türen oder dem Stil (altfränkisch) differenziert wurden. Daneben finden wir Schrankmöbel dekorativen Charakters wie Kabinette, Anrichten, Tresore (anrichtenartige Schränke), und zahlreiche Schränke mit Porzellanaufsätzen.

Das moderne Verwahrmöbel, das im 18. Jahrhundert neu auftauchte, war die Kommode, die sich aufgrund ihrer Schubladen sowohl für die Verwahrung von Silber und Aussteuer, mit Glasaufsatz aber auch als dekorative Vitrine eignete. Nußbaumkommoden dieser Art sind im Land Braunschweig erstmals für die 1730er Jahre im Umkreis des fürstlichen Hofes, beim Wolfenbüttler Geheimen Rat und Vizekanzler Alexander, beim französischen Cavalier Carl Ludwig Devaux, dem Bildhauer Anton Detlef Jenner sowie bei der Witwe des Wolfenbüttler Bürgerhauptmanns Bruns belegt und spiegeln möglicherweise höfischen Einfluß wider.[18] Ähnliches trifft auf den 1737 konfiszierten Frankfurter Hausstand des ehemaligen Württemberger Hoffaktors Joseph Süß Oppenheimer zu, der eine Kommode aus Nußbaum, eine aus Tanne sowie zwei schwarz gebeizte Kommoden sein eigen nannte.[19]

Abb. 10 Kommode, norddeutsche oder skandinavische Arbeit, um 1760.

In den meisten Inventaren tauchen Kommoden allerdings erst (wenn überhaupt) in der zweiten Jahrhunderthälfte auf. Dabei demonstrierte der Haushalt Dr. Tanner 1775 mit vier Nußbaumkommoden, darunter eine mit Glasschrank, sowie drei weiteren Kommoden Geschmack und Reichtum. Aber auch der Frankfurter Bankier Gogel und der Lederhändler Mergenbaum nannten nach Aussage der Inventare bereits um die Jahrhundertmitte schon je eine Kommode ihr eigen. In Hamburg dagegen enthielt von den beiden für die 1770er Jahre dokumentierten Wohnungen allein der Haushalt des Kaufmanns Rötter (1774) eine Schreibkommode,[20] während eine Kommode in Münster erstmals 1784 beim wohlhabenden Kramer Jansen, hingegen häufiger im Lande Braunschweig belegt ist.[21] Selbst im archaischen Nürtingen verfügte der Buchhändler Jenisch, dessen Frau 1783 im Kindbett gestorben war, neben dem altertümlichen „Trisur" über einen neuen Glaskasten sowie eine „Commod", während der Kaufmann Fehleisen im gleichen Jahr sogar drei Kommoden sowie eine Schreibkommode besaß.[22] Schrankmöbel bestimmten am Ende des 18. Jahrhunderts die Wertehierarchie, für die im 17. Jahrhundert noch

Betten ausschlaggebend gewesen waren. Im 19. Jahrhundert sollten dann Sofamöbel die prestigeträchtigsten Einrichtungsgegenstände werden.

Aber auch im 18. Jahrhundert hatte es bei den Sitzmöbeln Veränderungen gegeben. Hierbei ging der Trend von den harten Stühlen und Bänken zu Sesseln und anderen Polstermöbeln. Zwar sind die Unterschiede zwischen Stühlen und Sessel in den Inventaren oftmals nicht genau zu erfassen, wenn beispielsweise lediglich von Lehnstühlen die Rede ist. Aber in der zweiten Hälfte des 18. Jahrhunderts nahm die Zahl der registrierten Sessel stark zu. Gleichzeitig tauchten Stühle zunehmend in Ensembles zu sechs Stühlen auf, z. B. beim Kaufmann Rötter in Hamburg (1774) sechs Stühle aus Buche mit grünen Plüscheinlagen, sechs Stühle aus Buche mit blauen Plüscheinlagen sowie sechs mit Juchten bezogene Stühle aus Buche.[23] Natürlich kommen auch Stühle aus Nußbaum, Eiche und Rohr vor, ebenso wie im Lande Braunschweig zehn englische Stühle (1732) bzw. „12 st. Stühle von eschenholz auf engelsche arth".[24] Ähnlich groß ist die Variation der Sessel, von denen z. B. im Haushalt von Dr. Tanner in Frankfurt zwei Armsessel aus Nußbaum mit Moccad, vier Lehnsessel aus Nußbaum mit gelbem Leinüberzug, ein Lehnsessel mit blauem raschenem Überzug sowie zwei weitere Nußbaumlehnsessel zum Wohlbefinden beitrugen. Außerdem folgte man mit sechs verschiedenfarbig bezogenen Tabourets, kleinen gepolsterten Hockern (ohne Lehne), dem „dernier cris" der Wohneleganz.

Als Novitäten kamen gegen Ende des 18. Jahrhunderts mehrsitzige Ruhemöbel wie Kanapee, Sofa, Chaiselongue oder Ottomane auf, die die lederbezogenen Ruhebänke allmählich ersetzten. In Wolfenbüttel ist 1789 zunächst „ein nußbaum Kanapee mit rohr geflochten" belegt, dem ein Jahr später „ein sofa mit 2 großen matrazzen und 2 kißen von grünem wollen zeuge" sowie „ein schlaf-sopha mit grünseidener matrazze" folgen.[25] Allgemein wurden diese Polstermöbel erst im beginnenden 19. Jahrhundert zur Standardausstattung der mittleren Oberschicht. Dies erklärt möglicherweise das Fehlen entsprechender Möbel in den Hamburger bzw. Frankfurter Inventaren, da diese die Endjahrzehnte des 18. Jahrhunderts nur sehr lückenhaft dokumentieren, obwohl sich hinter einer für Hamburg 1776 belegten „Ruhe-Banck, mit grüner Sarse beschlagen"[26] durchaus eine Ottomane verbergen könnte. In

Greifswald finden wir ein Kanapee erstmals 1776 in der Aussteuer der Sophia Ulerica Harder, sowie drei Sofas, einen Divan und zwei Ruhebettstellen im Inventar des Bürgermeisters Odebrecht 1821.[27] Für Nürtingen konnte Meiners beim Kaufmann Fink 1796 ein Sofa und sechs gepolsterte Sessel sowie beim Ratsherrn und Forstbeamten Preu in Weißenburg 1798 ein Kanapee mit 12 Sesseln nachweisen,[28] wogegen das Sofa in Münster erst nach 1810 Eingang in die Haushalte fand.[29]

Abb. 11 Garnitur aus Kanapee, zwei Fauteuils und Tisch mit Marmorplatte, um 1750.

Auch das Tischmobiliar erlebte im 18. Jahrhundert eine starke Vermehrung, die mit einer außergewöhnlichen Differenzierung einherging. Neben dem Trend vom traditionellen rechteckigen Tischmöbel zum modernen ovalen Tisch[30] sind die Vielzahl neuer Tische der Ausdruck einer sich verändernden Wohnkultur. Hierzu gehören nicht nur die neuen Kaffee- und Teetische, die Spieltische bzw. die einfüßigen, als Leuchtertische fungierenden Gueridons, sondern auch eine Vielzahl von Auszieh-, Zuleg-, Klapp-, Schank-, Pult-, Schreib- und Glastischen, die alle mit verschiedener Oberfläche geliefert werden konnten. So finden wir um die Jahrhundertmitte im Hause Gogel in Frankfurt neben zahlreichen Tischen mit den sich im 18. Jahrhundert verbreitenden Wachstuchüberzügen auch einen Tisch mit Wollteppichüberzug, lackierte Kaffeetische (nebst einem mit Wachstuch), einen angestrichenen Bettisch (Nachttisch), einen lackierten Holländertisch, einen mit Leder bezogenen L'ombre-Tisch aus Nußbaum für das L'ombre-Spiel, zwei Gueridons sowie drei Schreibtische aus Nußbaum.[31]

Auch in Greifswald nahm die Zahl und Variation der Tischmöbel im Laufe des 18. Jahrhunderts zu, wobei in den reichhaltigen Nachlässen bereits eine große Zahl verschiedener Tische festzustellen ist. So hatte der Magister Zienssen 1777 bereits 14 verschiedene Tische, darunter vier Teetische und erstmals auch einen platzsparenden Klapptisch in Benutzung.[32] Hieraus wird deutlich, daß der Wandel des Mobiliars mit der Einführung neuer Möbel sowie der Variation bekannter Möbel im 18. Jahrhundert bisher nicht gekannte Ausmaße erreichte. Dies war nicht nur das Ergebnis einer zunehmend differenzierten Sprache in den Inventaren. Obwohl diese oft noch zu unpräzise ist, um einzelne Erzeugnisse bestimmten Herstellern zuzuschreiben, können wir dennoch zwei Innovationsphasen im 18. Jahrhundert konstatieren: die 1730er und die 1770er Jahre. In beiden Phasen tauchte zunächst im Umkreis des Hofbeamtentums und später in Kaufleute-, Handwerker- und Akademikerhaushalten neues Mobiliar auf, welches Ausdruck einer neuen Wohnkultur ist bzw. diese erst begründet.[33] In welchem Maße diese auch von anderen Einrichtungsgegenständen und Accessoires geprägt wurde, soll uns im folgenden interessieren.

Tafel- und Tischgeschirr

Tafel- und Tischgeschirr nahmen neben Repräsentationsobjekten wie Leuchtern und Spiegeln einen wichtigen Platz in der Wohnkultur ein; sie sind darüber hinaus ein Indiz für deren soziale Differenzierung. Protagonisten neuer Wohnmuster hoben sich auch bei Tafel- und Tischgeschirr von den übrigen Haushalten ab. Mohrmann hat jene im Lande Braunschweig vor allem unter der höheren Beamtenschaft ausgemacht, wobei die Nähe zum Hof möglicherweise erste Ausstattungsimpulse gegeben hat. Dies läßt an Norbert Elias' Thesen „über den Prozeß der Zivilisation" denken, der diesen vor allem an den Tischsitten und dem Gebrauch von Löffel, Gabel oder Serviette erkennen wollte.[34] So setzte z. B. der Wolfenbüttler Geheime Rat und Vizekanzler Alexander, der bereits 1735 mit zwei Kommoden aufgefallen war, auch beim Tafelsilber neue Akzente. Nicht mehr silbernes Trinkgeschirr aus Kannen, Bechern, Pokalen wie noch im 17. Jahrhundert, sondern Leuchter, Präsentierteller, Kaffee- und Pastetentöpfe, Suppenschalen, Salzfässer, Zuckerdosen sowie ein aus Messern, Gabeln, Löffeln, Potage- und Kaffeelöffeln bestehendes Besteck für zwölf Personen wiesen den Weg einer künftigen Tischkultur.[35]

Aber auch der Gandersheimer Amtsschreiber Johann Conrad Pini hatte sich nach Ausweis seines Nachlasses von 1742 einen größeren Bestand an Silbergeschirr leisten können. Zwar fehlten silberne Messer und Gabeln beim Eßbesteck, aber statt dessen verfügte er neben entsprechenden Tisch-, Kinder- und Potagelöffeln über sieben silberne Schalen. Außerdem nutzte er zahlreiches Zinngeschirr, da sich weder Porzellan noch Steingut in größerem Umfang als Alternative anboten. Dies war im ausgehenden 18. Jahrhundert beim Geheimen Justizrat von Alvensleben anders, der 1784 in Wolfenbüttel ein höchst differenziertes Sortiment an Kaffee-, Tee- und Tischgeschirr in Dresdner, Zerbster und japanischem Porzellan sowie in Fayence und englischem Steinzeug hinterließ. Andere Beamte verfügten zahlenmäßig über weniger Porzellan im Haushalt, was sie mit Zinn-, aber auch mit Silbergeschirr kompensierten.[36]

Unter den akademischen Berufen reichten nur einige Vertreter des Advokatenstandes, wie der Wolfenbüttler Meibom 1789, an die genannten Braunschweigischen Beamten heran. Meibom besaß nicht nur ein Ensemble aus silbernem Kaffeetopf, Milchtopf und Zuckerdose, sondern auch ein reichhaltiges Kaffee- und Teegeschirr aus Dresdner, Fürstenberger und japanischem Porzellan „nebst 4 chocoladen-bechern". Dieser Standard wurde selbst in der ersten Hälfte des 19. Jahrhunderts von der Mehrheit der Braunschweiger Advokaten nicht erreicht, die auch in bezug auf Messer und Gabel den Offiziershaushalten hinterher hinkten.[37]

Auch in Frankfurt trennte sich im Hinblick auf die Tischkultur die Spreu vom Weizen. Gediegenes Silberbesteck und Geschirr wiesen allein die Haushalte Dr. Tanner und Mergenbaum auf, während das Ehepaar Gogel um die Jahrhundertmitte noch mit einer Grundausstattung ausgekommen war. Überaus luxuriös war das

Silbersortiment im Nachlaß der Witwe Tanner (1775), die an Silber u. a. 21 Zuckerlöffel, 1 Vorlegelöffel, 6 Suppenlöffel, 14 Messer, 13 Gabeln, 1 Tortenkelle, 7 Salzkannen, 1 Senfkännchen, 5 Teekannen, 2 Kaffeekannen, 1 Milchkanne, 2 Zuckerschalen, 2 Schwenkkumben, 4 Präsentierteller und 2 Teemaschinen gehortet hatte. Die erwähnten Kannen waren ebenso wie Tassen, Becher, Teller und Schüsseln noch mehrfach in verschiedenen Porzellanvarianten vorhanden.[38] Nicht ganz so reichhaltig in bezug auf das Silber, aber dennoch durchaus eindrucksvoll erscheint die 15 Jahre jüngere Hinterlassenschaft Daniel Mergenbaums. 13 Messer, 12 Gabeln, 13 Löffel, Zulegmesser und -gabel, 7 dreiteilige Bestecke, 1 Zange, 6 vergoldete Becher, 1 Teekanne, 1 Kaffeekanne, 1 Milchkanne, 1 Zuckerschale und 1 Spühlkumben waren aus Silber, während der restliche Geschirrbedarf weitgehend aus Zinn, aber auch aus Messing und Porzellan gedeckt wurde.[39] Im Hause Gogel dagegen versuchte man, die Tischkultur mit 13 Bestecken mit elfenbeinernen Griffen, 15 Löffeln, 2 Teelöffeln, 1 Vorlegelöffel, 1 „Seyhlöffel" (Sieblöffel), 1 Zange, 1 Zuckerschale und 2 Präsentiertellern (alle aus Silber) sowie einem reichhaltigen Geschirrsortiment aus Porzellan zu verfeinern.[40] Daß rund 25 Jahre später ein großes Handwerkerhaus auf der Zeil trotz einer Nußbaumkommode im Mobiliar mit sehr viel weniger Tischkultur auskam, zeigt der Nachlaß des Hufschmieds Geißemer (1777). Hier bestand der größte Teil des Bestecks und Geschirrs aus Zinn: 15 Löffel, 3 Vorlegelöffel, 1 Teekanne, 1 Senfkanne, 3 Kaffeekannen, 2 Milchkannen, 23 Schüsseln, 8 Suppenkumben, 2 Teepötte, 18 Teller und 13 Suppenteller. Allein 13 Schokoladeschalen und 12 Stengelgläser weisen auf Trinkgenüsse hin, während die übrigen kulturellen Bedürfnisse, wie der Buchbesitz belegt, bescheiden gewesen sein dürften.[41]

Auch in Hamburg weisen allein die Inventare der Witwe Plaehn und des Kaufmanns Rötter auf Ansätze einer Tischkultur schon in den 1770er Jahren hin. Auch wenn das Geschirr, von Zinn abgesehen, schon zu einem erheblichen Teil aus Porzellan und Steingut bestand, lassen sechs Speiselöffel aus Silber, drei aus Zinn, fünf Teelöffel aus Silber, sowie Zuckerschale und Zuckerzange aus Silber vermuten, daß der Gebrauch von Messer und Gabel im Hause Plaehn noch ungewohnt war, man das Teetrinken aber schon kultivierte – 7 Teetassen aus Porzellan waren neben reichen Teevorräten vorhanden.[42] Rötter hatte dagegen schon

22 Teetassen aus Porzellan und 24 Weingläser aufzuweisen, zu denen neben einer Grundausstattung an Geschirr 15 Messer, darunter 8 in schwarzen Scheiden, 12 silberne Speiselöffel, 8 silberne Teelöffel, einige Holzlöffel und 1 Gabel kamen. Auch hier hielt sich die Eßkultur demnach noch in Grenzen.[43] Bei den Gesellschaften auf den Hamburger Landhäusern und allgemein gegen Ende des 18. Jahrhunderts war das möglicherweise anders, belegen können wir dies jedoch nicht.

In Kleinstädten wie Lemgo oder Greifswald kamen Messer und Gabel ebenfalls in den 1760er bzw. 1770er Jahren in Gebrauch. Zuvor hatte man auch hier flüssige und breiige Speisen mit Löffel zu sich genommen, feste Nahrungen mit Hilfe der Finger genossen oder auf ein Messer gespießt. Seit dieser Zeit nahm zumindest in Greifswald die Anzahl der Messer und Gabeln stetig zu, die in gleicher Anzahl zusammen als Bestecke erwähnt werden. Auch in den wohlhabenderen Greifswalder Haushalten waren diese hauptsächlich aus Eisen, obwohl man gleichzeitig oftmals über ein reichhaltiges Silberlöffelsortiment verfügte.[44]

Wohnungsschmuck

Allgemein ist ein Neuerungsschub bei Wand- und Wohnungsschmuck in der zweiten Hälfte des 18. Jahrhunderts zu beobachten. Bilder, Spiegel, Uhren, aber auch Gardinen, Rouleaus, Gipsfiguren und Schrankaufsätze lassen auf eine persönliche Gestaltung der Wohnatmosphäre schließen, die auch als Aufwertung der Privatheit (Familienleben) zu verstehen ist. Ein neues Element im 18. Jahrhundert stellten vor allem Spiegel dar, die im 17. Jahrhundert noch als Rarität galten und einem selbst im beginnenden 18. Jahrhundert außerhalb der Höfe und der großen Städte noch selten begegneten. So wird im bayrischen Weilheim 1715 ein „mit einem grünen Vorhängel" bedeckter Spiegel erwähnt. Auch Mohrmann kann im Braunschweigischen nur einen größeren Bestand an Spiegeln bei einem Kaufmann für das Jahr 1736 nachweisen.[45] Erst in der zweiten Jahrhunderthälfte scheint die Selbstbespiegelung – möglicherweise begünstigt durch den Vertrieb von Hand- und Wandspiegeln durch Hausierer – alltäglich geworden zu sein.[46] So finden wir in den Häusern Rötter und Plaehn in Hamburg in den 1770er Jahren je zwei Spiegel mit Gold- und Glasrahmen sowie einen weiteren mit Nußbaumrahmen bei Anna Plaehn.[47] Deutlich reichhaltiger war das Frankfurter Spiegelsortiment, das mit neun verschiedenen Spiegeln (goldener, silberner, gläserner, schwarzer, brauner, Nußbaum-Rahmen) im Hause Dr. Tanner eine geschmackvolle Ausstattung deutlich werden ließ. Aber auch die zehn Spiegel des Hoffaktors Oppenheimer (1737) bzw. die acht des Dr. Caspar Sparr am Ende des 17. Jahrhunderts ließen keine Wünsche offen.[48]

Komplementär zu den Spiegeln (oder vice versa) wurden die Wände mit Bildern geschmückt. Die Breite der Ausstattung reichte von einigen wenigen Kupferstichen bis hin zu wertvollen Sammlungen von über 100 Gemälden.[49] Dabei kamen Gemälde nicht erst als Phänomen des 18. Jahrhunderts auf. Bereits im ausgehenden 17. Jahrhundert – in Hamburg sogar schon um die Mitte des Jahrhunderts – wurden in den Nachlässen größere Gemäldebestände verzeichnet. So befanden sich im Frankfurter Haushalt Dr. Sparr 1696 bei der Wiederverheiratung der Witwe rund 60 Gemälde, von denen aber nur zwei Porträts und eine religiöse Historie „Samariterin mit Christus" als solche beschrieben sind.[50] Genauer spezifiziert wird dagegen ein Teil der Oppenheimerschen Raumdekoration, die weitgehend aus Porträts bestand:

„1. Portrait Ihrer Durchl. der Hertzogin zu Würtenberg
1. dito des bischoffen von Bamberg
1. dito des Churfürsten von Cölln
1. dito der Churfürst von Pfaltz
1. dito der Landgraf von Darmstadt
1. dito der Erbprintz von Darmstadt
1. dito eines alten Mannes brustbild
1. dito die Frau vorstellende
1. dito des Süßen Portrait
6. Stück landschafften mit vergülten Rahmen
1. stück die historie Abraham und Isaacs
1. Nachtstück
P.N: die übrige hierbey befindlich gewesene kleine Gemählde sind schon in einem der schwartzen Commodgen am 15. h. transportiret worden [...]
2. Portraits, 1. alter Mann und dito Frau, fein gemahlt."[51]

Dagegen hatte der Bankier Gogel eine größere Sammlung aller Genres aufzuweisen, die auf mehrere Räume verteilt war. Insbesondere die Tatsache, daß hier erstmals in Frankfurt – und überhaupt überaus selten in Deutschland – dokumentiert ist, welche Gemälde in welchen Räumen hingen, macht das Gogelsche Inventar zu einer außerordentlich wertvollen Quelle für Kunst- und Kulturhistoriker. Danach hingen die eher kleinformatigen zahlreichen Landschaften und Stilleben vor allem in den unteren Räumen. Die Familienporträts dagegen zierten zusammen mit allegorischen Motiven, religiösen Historien, Schlachtengemälden und Genreszenen (die wir in jedem Raum finden) die große Wohnstube.

„In dem Zimmer daneben [neben der kleinen Wohnstube]
An Gemälden
So nicht woll abzunehmen gewesen, jedoch mit Nummer marquirt worden.
1.) ein See-Stück
2.) S. Franciscus mit der H. Maria
3.) S. Johannes in der Wüste
4.) 1. Landschaft
5.) 1. Alt Gemälde
6. 7. 8. Et 9.) 4 Rudera und Architectur Stücke
10.) der unglaubige Thomas gros
11.) 1. Küchen-Stück, gros
12.) 1. Landschaft
13.) 1. Landschaft
14.) 1. Viehstück
15.) 1. Küchenstück
16.) 1. Obststück
17.) 1. Blumenstück
18.) 1. Küchenstück
19.) 1. d. Nachtstück
20.) 1. dito
21.) 1. Landschäftgen
22. 23. 24.) 3. detti
25.) Ein Gemäuer die Vergangenheit Vorstellend
26.) 1. Viehstück
27.) 1. Landschäftgen
28.) 1. Landschaft
29.) 1. dito
30.) 1. Seestück
31.) 1. altes Gemäuer
32.) 1. Landschaft mit dito
33.) 1. Mann mit 1. Flöte

34.) Creuzigung Christi
35.) 1. Hundstückgen
36. 37.) 2. Landschäftgen
38.) 1. Küchenstück
39.) 1. Bauernstück
40. et 41.) 2. Gänsrupfen
42.) 1. Bauernstück
43.) 1. dito mit metallisirter Rahme
44. und 45.) 2. Landschäftgen
46.) 1. Küchenstück
47.) 1. klein Viehstück
48.) die Bekehrung Pauli
49.) 1. Wasserstück
[…]
<u>Unten in der Contoir-Stube</u>
1. große Schilderey, Adams und Eva vorstellend
1. dito Schilderey die Gebuhrt Christi
1. d. die Hager
1. d. Viehstück
[…]
<u>In dem obsignirten hintern Camin</u> […]
1. grose Schilderey, den guldenen Regen Vorstellend
1. Stück, die Sterblichkeit Vorstellend
1. Küchenstück
1. Nachtstück
2. Portraits, das eine einen Mahler Vorstellend
3. Landschaften
1. Küchen und Obststück
1. Blumenstück. 1. d. Kleines
1. d. Wasserstück
1. Landschaft
1. alter Manns Kopf
1. d. Weiber Kopf
Noch 1. Manns Kopf
1. d. Eremit
4. kleine Baumstückgen
1. d. den Brand Troja Vorstellend mit 1. Glas
1. Landschäftgen mit dito
2. d. etwas größer
3. kleine schlechte detti
[…]
1. altes Gemählde, die Sterblichkeit Vorstellend
[…]

In der obsignirten grosen Stube
9. Famillen-Portraits, worunter ein Lebens grös
1. Schilderey, eine Bauren-Hochzeit Vorstellend
2. d. Holländische Gebäude Vorstellend
1. d. Cupido als Vulcanus
2. Bataillen-Stücke
1. Viehstück
1. d. Antiques die Creuzigung Christi
3. Obststücke
1. Brabands Baurenstückgen
1. Stück die Taufe Johannis
1. Nacht-Bataille-Stück
1. See-Sturm
1. Ovid. Stück mit dem Michas
2. Stücke, Adam und Eva Vorstell.
1. Gesellschaft mit Music
2. Landschaften
6. kleine detti".[52]

Leider werden die Gemälde nicht bestimmten Malern zugeschrieben. Dies sollte sich 1782 bei der Versteigerung der inzwischen auf fast 400 Gemälde angewachsenen Sammlung ändern, als vor allem niederländische Maler sowie die lokalen Meister Christian Georg Schütz (21 Werke) und Johann Conrad Seekatz (20 Werke) herausgehoben werden. Auf der Auktion kaufte Henriette Amalie von Anhalt-Dessau allein 43 Gemälde, darunter für neun Gulden einen „Ölberg" von Johann Melchior Roos, der sich noch heute in der Anhaltischen Gemäldegalerie in Dessau befindet.[53]

Gewöhnlich kann es aber schon fast als Wunder gelten, wenn sich der Inventarisierer Zeit nahm, die Gemälde näher zu betrachten und vielleicht einzuordnen. Entsprechend müssen wir uns in den meisten anderen Haushalten mit „diverse[n] Schildereyen" begnügen, soweit sie nicht Familienporträts darstellten. So sind in Hamburg aus dem 17. Jahrhundert nur die Sammlung des in Othmarschen bei Hamburg lebenden Johann Outgertsen mit zahlreichen Malern, wie Rembrandt, Van Dyck, van Goyen, Molijn und Ruysdael bzw. die 20 Gemälde des ebenfalls im niederländischen Handel tätigen Hamburger Seidenhändlers Hans Heinrich Simons näher beschrieben.[54]

Im Braunschweigischen lassen immerhin die wenigen überlieferten Bilderbestände eine genauere Rekonstruktion der Bildmotive zu. Während sich die einzige größere Sammlung im 17. Jahrhundert, die eines Braunschweiger Bürgermeisters von 1686, vor allem durch religiöse Historien und antike Mythologien – neben einigen Landschaften – auszeichnete, werden in zwei der überlieferten Haushalte der 1730er Jahre überwiegend Landschaften erwähnt. Hinzu kamen Alabaster- und Gipsbilder sowie gerahmte Kalender, die wir auch aus Frankfurt kennen.[55] In Frankfurt schmückten darüber hinaus zahlreiche Kupferstiche, Figuren aus Gips und Porzellan sowie porzellanene (Schrank-)Aufsätze die Wohnräume. In Hamburg kamen noch Alabasterfiguren hinzu, während die Aufsätze meist aus Steingut waren.

Prestigeobjekte in den Haushalten des 18. Jahrhunderts stellten – neben Spiegeln und Leuchtern unterschiedlicher Qualität – die verschiedenen Uhren dar. Außer Sanduhren und Stundengläsern finden wir hier Tisch-, Stand- und Wanduhren, die häufig aus Frankreich oder aus England stammten. So sind in Wolfenbüttel 1784 eine Wanduhr mit einem emaillierten Ziffernblatt von Julien le Roy (1686–1759) in einem sauber gearbeiteten Gehäuse aus Schildpatt (mit vergoldeter Messinggravur) sowie in Gandersheim 1787 eine goldene Uhr von Simon Decharmes erwähnt.[56] Beide Uhrmacher, der letztere war in London tätig, zählten zu den führenden Vertretern ihres Gewerbes. In Frankfurt besaß Familie Gogel eine Tischuhr in Nußbaum, eine Wanduhr, eine Hausuhr sowie eine vergoldete Uhr, während den Haushalt Dr. Tanner eine Tischuhr mit schwarzem Gehäuse, eine gold-emaillierte Uhr sowie eine Uhr mit goldenem Gehäuse zierten, ohne daß jedoch die Hersteller genannt sind.[57] Markennamen scheinen sich erst in der zweiten Hälfte des 18. Jahrhunderts durchzusetzen oder zumindest so augenfällig zu werden, daß sie von den Inventarisierern erkannt wurden. So ist auch in Hamburg – abgesehen von einer silbernen Taschenuhr – nur im Haushalt der Anna Plaehn eine englische Dielenuhr von Joseph Herring (1767–1804, Mitglied der Londoner Clockmaker's Company) bezeugt.[58]

Behaglichkeit in den Wohnungen verbreitete die textile Wohnungskleidung. Neben den Tapeten, über die man nur selten in den Nachlaßinventaren etwas erfährt, gehörten vor allem Gardinen, Teppiche, Tischdecken und Kissen dazu. Zwar hören wir beim Osnabrücker Weinhändler Knille von den seidenen Tapeten des Billardzimmers, dem mit Damast verkleideten Saal sowie von zwei mit Stuck und Wachstuchtapeten dekorierten Zimmern,[59] in der Regel werden jedoch nur die mobilen Gardinen – dann aber in allen Variationen – erwähnt. Neben den Farben gelb, weiß, grün, blau und rot kamen Leinen, Taft, Kattun, Rasche, Sarse, Wolle, Samt und Mousseline als Materialien vor. Ähnlich reichhaltig war das Sortiment der Tischwäsche. Hier werden in Frankfurt – neben den in großer Zahl vorhandenen einfachen Tischtüchern – Tischteppiche aus Plüsch, Rasche, Wolle, Seide und Halbseide in verschiedenen Farben sowie Gueridon-, Kinder- und Kaffeetischtücher aus Kattun, Damast und blau-weißem Leinen unterschieden. Etwas weniger üppig in bezug auf Tischwäsche waren die Tische in den überlieferten Hamburger Haushalten gedeckt. Aber auch hier differenzierte man zwischen „Tischlacken" und Tischdecken aus Leinen, Drillich, Damast, Wolle und Halbseide in verschiedenen Farben ebenso wie bei den Servietten. Letztere waren aber in Hamburg in geringerer Zahl als in Frankfurt vorhanden – hier besaßen die Haushalte Dr. Tanner, Gogel und Dr. Schedel (1737) Hunderte von Servietten.

Wir könnten die Raumausstattung noch weiter differenzieren, aber es dürfte ohnehin deutlich geworden sein, daß der Wohlhabende die Qual der Wahl hatte, mit welchem Tuch oder Teppich er seine Tische decken sollte. Mehr Tische verlangten eine größere Anzahl an Tischtüchern, während die aufkommenden Polstermöbel eine Abstimmung mit Farbe und Material der Gardinen empfahlen. Wer dabei die Trends der neuen Wohnkultur setzte, ist nicht genau auszumachen. Jedoch hat sich gezeigt, daß im braunschweigischen Bereich Hof und Hofbeamtenschaft eine gewisse Pionierfunktion zukam. Ob dies in den großen Städten auch der Fall war, ist zu bezweifeln. In einer Messestadt wie Frankfurt dürfte eher der Handel – Frankfurt entwickelte sich im 18. Jahrhundert zum Markt für Luxusgüter (für fürstliche Residenzen) – die Verbreitung der entsprechenden Muster angeregt haben. Inwieweit dies in Hamburg ebenso zutraf, ist nicht zu erkennen, da uns die wenigen Inventare des 18. Jahrhunderts eine andere soziale Schicht als in Frankfurt dokumentieren.

Besaßen die Journale ebenfalls eine Vorbildfunktion für die Verbreitung neuer Einrichtungsmuster? Diese Frage können wir nicht genau beantworten, da sich der Diskurs der Journale in der Realität der Haushalte nur schwer nachweisen läßt. In der Regel sind die Zuschreibungen der Haushaltsobjekte zu ungenau, als daß wir dahinter bestimmte Marken und Objekte erkennen können. So findet man auch die neuen vom „Journal des Luxus und der Moden" propagierten Konsumgüter nur in Einzelfällen bzw. allgemein in den Inventaren wieder. Selbst wenn ein „englischer" Stuhl, ein „englisches" Kanapee und später ein „englischer" Ofenschirm im ersten Heft des „Journals des Luxus und der Moden" 1786 besprochen werden und in Wolfenbüttler Inventaren des ausgehenden 18. Jahrhunderts gleichfalls englische Stühle auftauchen, muß es sich dabei weder um die gleichen Objekte noch um Importe aus England oder Kopien nach englischen Vorlagen gehandelt haben. „Englisch" ist hier als Stilbezeichnung zu verstehen und auch „französisch" oder „türkisch" werden verwendet, um Novitäten einprägsam einzuführen. So könnte unter den Sesseln der Inventare durchaus ein „englischer Armstuhl für chinesisch dekorirte Zimmer in Garten- und Landhäusern" gewesen sein.

Bertuch jedoch stellt diese neuen „englischen" Möbel, die „der sehr geschickte englische Ebeniste, Herr Holzhauer jun. allerhier zu Weimar" gefertigt hat, am Beispiel des neu eingerichteten grünen Salons des Wittumspalais' der Anna Amalia vor und führt damit sowohl die Aufgeschlossenheit der Herzogin für neue Wohnströmungen als auch die Attraktivität dieser Strömungen deutlich vor Augen. Holzhauer arbeitete zusammen mit seinem Bruder auch an der Einrichtung von Goethes Gartenhaus, was möglicherweise weitere Kunden an ihn band. Dennoch sind vom Journal inspirierte englische Möbel selbst in den Weimarer Privathaushalten allenfalls in Ausnahmefällen anzutreffen. Eine dieser Ausnahmen bildet eine englische Chiffoniere, eine Wäschetruhe bzw. ein Handarbeitstisch, von der es im Journal 1797 heißt:

> „Im Zimmer einer eleganten Dame sind kleine niedliche Behältnisse, die zugleich als Ziermeubeln dienen und leicht fortbewegt werden können, eine sehr wünschenswerte und willkommene Sache [...]. Die verschlossene Tischplatte [...] hebt sich in Charnieren auf, um Arbeitssachen und andere Kleinigkeiten, die man schnell aus der Hand zu legen wünscht, in den darunter befindlichen Sack von grünem Taft verwahren zu können."[60]

Dieses Möbelstück befand sich im Hause der Hofbeamten Franz und Karl Kirms, die im kulturellen Leben Weimars eine nicht unbedeutende Rolle spielten. So war die Ehefrau von Franz Kirms,

Caroline Krackow, vor ihrer Hochzeit Erzieherin der Töchter der Großherzogin Maria Pawlowna gewesen. Der Einfluß des Hofes und der Funktionseliten auf die Verbreitung von Einrichtungsnovitäten ist auch im ausgehenden 18. Jahrhundert in kleinen Residenzstädten nicht gering zu schätzen. Aber auch in einer Stadt wie Frankfurt machte sich der Adel aus den umliegenden Territorien als Käufer von Einrichtungsgegenständen bemerkbar. Hierbei dürften die Güter der Luxusproduktion durchaus städtischen Haushalten kommuniziert worden sein, obwohl wir die Erzeugnisse nicht in den Nachlässen nachweisen können. Als Beispiel sei hierbei auf die Werkstatt Abraham und David Roentgens in Neuwied verwiesen, die als „Cabinetmaker" nach Londoner Vorbild ihren Schreinerbetrieb in eine Manufaktur umwandelten, um Serienmöbel aus vorgefertigten Teilen in unterschiedlich reicher Ausstattung zu produzieren. Folgten die frühen Roentgen-Möbel noch schlichten englischen Vorbildern, so verselbständigten sich die Ausfertigungen in den 1760er Jahren hin zu Pultschreibtischen und Kommoden mit Schnittdekor, Parkettierung oder Blumenmarketerie (Furnierornamente). Hinzu kamen für die fürstlichen Auftraggeber, etwa den Trierer Kurfürsten Johann Philipp von Walderdorff, Prunkschreibtische mit Intarsien sowie Gemälde in Holz. David Roentgen weitete das Unternehmen und die Palette der Produkte deutlich aus. Nachdem man mit einer Möbellotterie auf dem Hamburger Markt Fuß gefaßt hatte, wurden ebenfalls Niederlassungen in Paris, St. Petersburg und Berlin eröffnet. Obwohl der Markt für Luxusmöbel dieser Art mit der Französischen Revolution weitgehend zusammenbrach, gelten die Schreibtische und Kabinettschränke durch die Symbiose englischer, französischer, niederländischer und deutscher Einflüsse bis heute „als Maßstab der Vollkommenheit in der Möbelkunst".[61] Selbst Goethe hat noch 1807 in seiner Novelle „Neue Melusine" das beschriebene Märchenschloß mit einem „künstlichen Schreibtisch von Roentgen, wo mit einem Zuge viele Federn und Ressorts in Bewegung kommen, Pult und Schreibzeug, Brief- und Geldfächer sich auf einmal oder kurz hintereinander entwickeln", verglichen.[62] Dennoch dürften Roentgen-Möbel für die zeitgenössische Wohnkultur nur eine Episode dargestellt haben, denn der neue Trend ging hin zu Einfachheit und Gemütlichkeit, wie wir ihn schon ansatzweise in den Nachlaßinventaren des 18. Jahrhunderts, in voller Ausprägung aber erst im Biedermeier wahrnehmen können.

Kapitel V

Gärten und Landhäuser

> „Gärten sind Plätze, auf welchen der Mensch alle Vortheile des Landlebens, alle Annehmlichkeiten der Jahreszeiten mit Bequemlichkeit, mit Ruhe genießen kann. Soviel Vortheile und Ergötzungen die Natur ihrem empfindsamen Freunde aufbewahret, soviel kann er in dem Umfang eines ausgebreiteten, wohl angelegten Gartens finden. Ja, diese Vortheile und Ergötzungen erhöhen und vervielfältigen sich hier in eben dem Grade, in welchem Vernunft und Geschmack bemühet sind, einen Garten durch die Reize der Cultur über eine sich selbst überlassene Gegend zu erheben."[1]

Im Laufe des 18. Jahrhunderts erfuhren mit dem Wandel des Naturgefühls auch der Garten und die Landschaft eine Umbewertung. Diese wird allgemein mit dem Landschaftsgarten in Verbindung gebracht, der die barocken geometrisch-mathematischen Gartenanlagen ablöste. Erst mit dem „Englischen Garten", so die Gartenhistoriker, habe sich die freie Landschaft mit ihren Naturschönheiten wie Hügeln, Tälern, Wiesen, Bächen und Bäumen durchsetzen können. Zur Begründung dieser Auffassung wird die Entwicklung der fürstlichen Gärten seit dem ausgehenden 17. Jahrhundert angeführt. Vorbild für die Gartenanlagen war Versailles und die dort von André Le Nôtre vorgenommene Zähmung und Rationalisierung der Natur nach ästhetischen Gesichtspunkten. Beispiele in Deutschland sind die Gärten Max Emanuels von Bayern in München-Schleißheim und München-Nymphenburg. Ersterer wurde nach der Rückkehr des Kurfürsten von der Statthalterschaft in Brüssel im beginnenden 18. Jahrhundert in Angriff genommen, aber aufgrund der Verwicklungen in dem Spanischen Erbfolgekrieg erst von 1715 an realisiert. Nahezu gleichzeitig wurde für Nymphenburg ein neuer Gartenplan ausgearbeitet, der nach neuestem französischem Geschmack die Parklandschaft geometrisch gliederte. Hier finden wir die typische barocke Dreiteilung in ein Gartenparterre, eine Boskettzone sowie ein Waldgelände, das sternförmig durch Alleen unterteilt wurde.

Weitere Barockgärten wurden in Berlin-Charlottenburg, Kassel-Karlsberg (später Wilhelmshöhe), Hannover-Herrenhausen,

Dresden und von Clemens August, dem Sohn Max Emanuels, in Augustusburg bei Brühl errichtet.[2] Im Zeitalter des Rokoko geriet das französische Gartenschema in Auflösung. Zwar wurde der französische Gartenstil, insbesondere dessen Theoretiker Dézallier d'Argenvilles, in den 1730er Jahren noch intensiv in Deutschland rezipiert, aber eine Sehnsucht nach kleinen und intimen Gartenräumen bewirkte zusammen mit dem Bedürfnis nach Unterhaltung und Amüsement in der Natur eine Lockerung der Formen. Die Grundrisse der Rokokogärten waren asymmetrisch und kleinteilig. Geschwungene und geschlängelte Wege ersetzten die Barockalleen und machten die Anlagen weniger überschaubar. Sanssouci bei Potsdam als ein Paradebeispiel für den Rokokogarten zeigt deutlich die aufgelockerte Anlage. Brunnen, Quellen und Fontänen – aber auch exotische Pavillons und Teehäuser – waren ein neues Element in der Gartenkunst, die versuchte, sich verschiedene Welten anzueignen. Hinzu kamen Gewächshäuser, Obstbäume und andere Pflanzen sowie zahlreiche Blumenbeete, die je nach Jahreszeit bepflanzt wurden. Vergleichbare Rokokogärten finden sich in Veitshöchheim, Schwetzingen und Stuttgart-Solitude. Einige dieser Anlagen wurden schon bald wieder verändert und im Hinblick auf den Landschaftsgarten weiter aufgelockert und umgestaltet.

Wörlitz bei Dessau setzte Maßstäbe für den Landschaftsgarten. Fürst Leopold III., der in den 1760er Jahren als Prinz in Begleitung seines Architekten Friedrich Wilhelm von Erdmannsdorff auf zwei Englandreisen die wichtigsten Gartenanlagen auf der Insel besucht hatte, machte aus der Not (der Gefährdung durch Elbhochwasser) eine Tugend und gestaltete die Elb- bzw. Gartenlandschaft völlig um. Angeregt durch englische Ideen und eigene Vorstellungen entstand eine neue Symbiose aus Seen, Kanälen und Wäldern, die dem Wanderer durch die Parklandschaft bestimmte Assoziationen oder Gefühle vermitteln sollte. Gleichzeitig sollten Garten und Ökonomie, Wirtschaftlichkeit und Landschaftskunst miteinander vereinigt werden, wozu neben Kulturpflanzen, Obstbäumen, Feldern und Weiden zahlreiche Denkmäler und antike bzw. historische Gebäude in die Anlage implantiert wurden. So erinnerte das Gotische Haus mit seinen Sammlungen an die Geschichte des Heiligen Römischen Reiches. Gleichzeitig weideten Rinder und Schafe davor und symbolisierten so die Musterökonomie des „Hortus Oeconomicus" wie die Verbindung des „Nützlichen mit dem Schönen und Bildenden".[3]

Die großen fürstlichen Gartenanlagen in München, Potsdam und Wörlitz prägten also das Bild der Gartenkunst im 18. Jahrhundert. Hierbei wird die private Gartennutzung jedoch nahezu ausgeblendet, die bereits seit dem ausgehenden 17. Jahrhundert regelrechte Blüten trieb. Nicht nur den Sommer verbrachte man in den Gärten außerhalb der Stadt, sondern auch innerhalb der Städte entwickelten sich die Gärten zu Lust- und Investitionsobjekten, für die man keine Ausgaben scheute. Blumensamen wurden gekauft, verkauft, getauscht und verschenkt, und darüber entspann sich eine intensive Korrespondenz. „Kunstgärtnereien" zogen auf größeren Ländereien Samen, Pflanzen und Bäume, die sie den Gartenliebhabern verkauften.

Private Gartenliebe und fürstliche Umgestaltung

Gärten kannte man bereits im Mittelalter; man nutzte sie als Gemüse-, Obst- und Kräutergärten. In Hamburg z. B. ist für das 15. Jahrhundert eine steigende Nachfrage nach Gartenland zu konstatieren, von der die Stadt durch erhöhte Pachteinnahmen profitierte. Seit der zweiten Hälfte des 16. Jahrhunderts begannen dann Bürger, außerhalb der Stadtumwallung Gärten anzulegen, um zumindest im Sommer dem Mief und der Enge der Innenstadt zu entfliehen. Neue Möglichkeiten eröffnete im 17. Jahrhundert die Umwallung der Hamburger Neustadt, die viele zusätzliche Gartenflächen bot. Darüber hinaus setzte sich die Tendenz fort, Gärten bzw. Landsitze außerhalb der Stadtmauern anzulegen. Hierbei taten sich vor allem englische und niederländische Kaufleute hervor, die sich an der Elbe niedergelassen hatten. Auf diese Weise veränderten sich Siedlungs- und Sozialstruktur im Hamburger Umland, z. B. in Billwerder, Hamm und Horn. Wenn im 18. Jahrhundert im Sommer 60 Gärten in Hamm und Horn von Hamburger Bürgern bewohnt wurden, eröffnete das Möglichkeiten einer saisonalen Dienstleistungsstruktur (Gärtner, Kutscher, Hausbedienstete), die wir sonst erst aus den Badeorten des 19. Jahrhunderts kennen. Unter den Gartenbesitzern waren alle Berufsgruppen vertreten, wobei nach Aussage des Hamburger Gartenalmanachs von 1792 Kaufleute und Ratsmitglieder dominierten. Aber auch Wein- und Gewürzhändler, Makler, Diplomaten, Zuckerfabrikanten, Juristen, Bankiers, Pastoren, Berufsgärtner und andere Handwerker waren vertreten.[4]

Beschreibungen des Aussehens der Gärten sind dagegen in erster Linie für die Gärten der Hamburger Oberschicht überliefert. So soll sich nach einem Bericht im Garten des Ratsherren Caspar Anckelmann ein mit Gemälden und Skulpturen ausgeschmücktes Lusthaus befunden haben, von dem es heißt: „Die rarsten Pflanzen und Fruchtbäume von der Welt in merklicher Anzahl und was hier zu Lande in der Erden nicht wohl überwintern mag, das stand in Kasten und Töpfen rund herum 400–500 Stücke, sodaß hier nichts fehlte, daran Aug' und Geruch sich ergözen mag."[5]

In einem Apothekerbuch von 1716 finden sich dann bereits Abbildungen der Gärten der Bürgermeister Lucas von Bostel und Peter Lütkens. Ersterer hatte seinen Garten in Borgfelde in drei rechteckige Abschnitte gegliedert; zwei davon waren mit rechteckigen Beeten, Bäumen und Teichen versehen, ein dritter, der Ziergarten, war in vier Quadrate mit je einem Baum in der Mitte unterteilt.

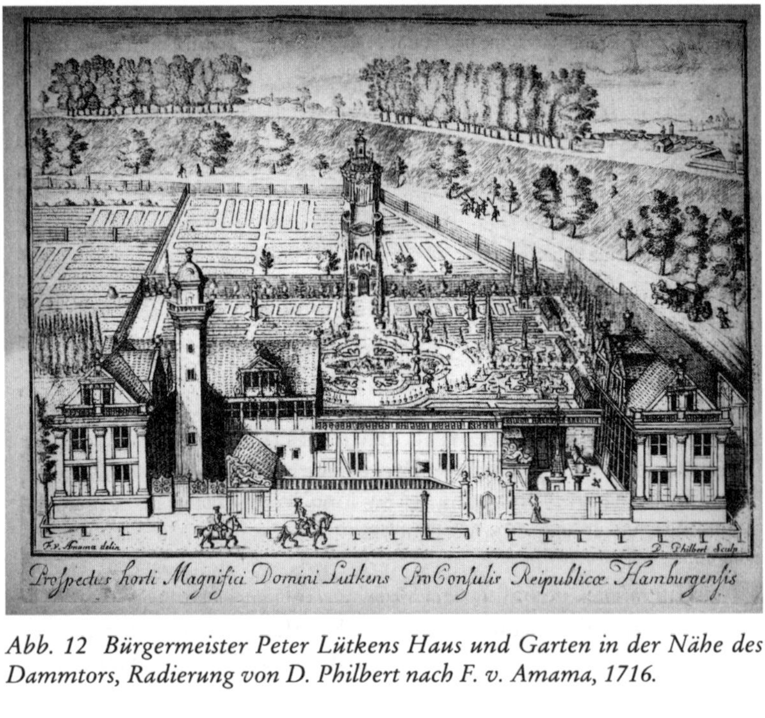

Abb. 12 Bürgermeister Peter Lütkens Haus und Garten in der Nähe des Dammtors, Radierung von D. Philbert nach F. v. Amama, 1716.

Peter Lütkens Anwesen an der Dammtorstraße zeigte hinter den Wohngebäuden einen reich geschmückten Garten, der von einer Vierpaßanlage mit Springbrunnen dominiert wurde. Um sie herum gruppierten sich die meist rechteckigen Beete und weitere Anlagen, die durch Statuen und Pyramiden ornamentiert wurden. An den Ziergarten schloß sich ein einfach strukturierter Nutzgarten an. Eine solche Anlage, die Zier- und Nutzgarten verband, war das Ideal, wie es auch 1721 von Barthold Heinrich Brockes in seinem „Irdischen Vergnügen in Gott" besungen wurde:

„[...] Ein heller Glanz/ ein mehr als güld'ner Schein/
Nam Luft und Land bezaubernd ein/
Und reizte mich/ da Wald und Feld so schön/
Der Gärten Pracht und Anmuht anzusehn;
In welchen die Natur sich mit der Kunst verbindet/
Wo Fleiß/ wo Nutz und Lust sich stets verschwistert findet;
Woselbst wir in der Menschen Werken
Zugleich die wirkende Natur/
Und in derselbigen die helle Spur
Von unsers Schöpfers Macht und, Gegenwart bemerken."[6]

Der Barockgarten ordnete die Natur, deren Mannigfaltigkeit – wie Brockes an anderer Stelle dichtete – die Sinne so verwirre, daß sie „nichts förmliches zusammenbrachten".[7] Dabei unterlagen die Hamburger bürgerlichen Gärten vielfältigen Einflüssen. Oftmals folgten sie in der Häufung zahlreicher Einzelelemente auf engem Raum niederländischen Vorbildern, die sie auch durch die Wasserlage der Landsitze an Alster und Bille imitierten. Für axiale Gliederungen nach dem Muster der französischen Barockgärten waren die meisten Bürgergärten zu klein. Entsprechende Typen bzw. Gartenanlagen sind aber auf den umliegenden Adelssitzen, wie z. B. auf Bendix von Ahlefeldts Gut Jersbek oder im Wandsbeker Schloßgarten Heinrich Carl Schimmelmanns, anzutreffen.

Daneben muß aber auch die private Blumenliebhaberei erwähnt werden. Die Kommunikation über und mit Hilfe von Pflanzen eröffnete soziale Kontakte, was selbst von einem etablierten Hamburger Musikdirektor wie Georg Philipp Telemann genutzt wurde. So kam er mit Johann Friedrich Armand von Uffenbach am 27. August 1742 über seine „Unersättlichkeit in Hyazinthen und Tulpen, meinen Geiz nach Ranunkel und besonders Anemonen" ins Gespräch und bot folgende Blumen an:

„Anemone
Amaranthus, chrystatus, tricolor globosus. [Fuchsschwanz-Arten]
Alcea Theophrasti [Eibisch]
Astrantia nigra [Strenze]
Auricula muris etc. [Aurikel?]
Antirrhinum [Löwenmäulchen]
Aster atticus, autumnalis etc.
Aster foemina. S. Conyza cerulea. [Berufkraut]
Amaranthus caudatus. [Fuchsschwanz]
Panicum major & minor. [Hirse]
Aster chinensis.
Balsamina. [Springkraut]
Bellis. [Maßliebchen]
Campanula piramidalis, utricae folio, flore coeruleo. [Glockenblumen]
Cariophillus, barbatus. [Bartnelke]
Cyanus. [Kornblume]
Campanula urticae foli, flore albo
Calendula. [Ringelblume]
Chrysantemum. [Margherite]
Colchicum. [Herbstzeitlose]
Conv. minor. S. Convolvulus peregrinus. [Winde]
Campanula minima, fl. Coer.
Crocus.
Corona imperialis. [Kaiserkrone]
Consolida regia. [Rittersporn]
Flos Africanus major & minor, versicolr, S. tricolor.
Flos Adonis. [Adonisröschen]
Flos cardinalis.
Flos poeticus.
Fraxinella. [Diptam]
Geranium pictum, atrum, flore coccineo. [Storchschnabel, Geranie oder Pelargonie]
Galéga. [Geißraute]
Geraneum magnum, maximo-flore.
Hedisarum, clypeatum, rubr. et. alb. [Süßklee]
Hesperis odorata. [Nachtviole].“[8]

Telemann kannte Uffenbach bereits aus seinen Frankfurter Jahren. Damals hatten sie gemeinsam die Erbacher Residenz im Odenwald besucht und der Dilletant Uffenbach eine Kantate „Auf den Hoch-Gräfl. Erbachischen Schloß-Garten und das Gewächs-Hauß bey einem Besuch daselbsten“ aus Melodien von Georg Friedrich

Händel kompiliert. Uffenbach war jedoch nicht der einzige Blumenkorrespondent des Hamburger Musikdirektors. Nicht nur der Dresdner Konzertmeister Johann Georg Pisendel schickte seinem Freund Telemann die gewünschten „Erdgewächse", auch der Berliner Kapellmeister Karl Heinrich Graun ließ ihm Blumen zukommen. Telemann teilte diese Liebe ferner mit dem Ludwigsluster Hofkapellmeister Johann Wilhelm Hertel, der 1787 eine „Kurze Geschichte der Nelken" veröffentlichte.[9]

Im ausgehenden 18. Jahrhundert setzte sich bei englischen Kaufleuten ebenso wie bei den Hamburgern der „Landschaftsgarten" durch. Nicht nur das Elbufer zwischen Altona und Blankenese wurde mit derartigen Parks überzogen, auch die traditionellen Gärten in Horn und Hamm wurden neu strukturiert und umgestaltet. Architekten wie Johann August Arens und Joseph Jacques Ramée entwarfen klassizistische Landschaftsgärten wie diejenigen von Caspar Voght in Flottbek, von Johannes Schuback in Billwerder, Georg Heinrich Sievekings Landsitz in Neumühlen oder Baurs Park in Blankenese. Insbesondere der Altonaer Kaufmann Georg Friedrich Baur ließ zu Beginn des 19. Jahrhunderts einen romantischen Park mit Tempeln, chinesischer Pagode, künstlicher Turmruine, Grotten, Orangerien, Palmen- und Treibhäusern errichten.

Einen anderen Gartentyp verkörperte das bereits genannte Mustergut von Caspar Voght in Flottbek – nämlich denjenigen der „ornamental farm", einer bewußt geschaffenen Symbiose von Gutsbetrieb und Garten, wie wir sie auch in Wörlitz kennengelernt haben. „Die schönen Bäume, die liebliche Abwechslung von Hügel und Thal, die mannigfaltigen Baumgruppen, die so verschiedenen Land und Strom, An- und Aussichten suche ich zu benutzen, um auf denen, durch die mit solchem Fleiß bestellten Felder geführten Wege, eine Reihe wechselnder, in ihrem Charakter von einander verschiedener Landschaften dem Auge des Wandelnden der Reihe nach darzustellen", schrieb Voght an seinen Nachbesitzer Martin Johann Jenisch, der dem Jenisch-Park seinen Namen gab.[10] Mustergut und Jenisch-Park gehen maßgeblich auf die Planungen des Schotten James Booth zurück, dessen Baumschulen in der Folgezeit viele Landschaftsgärten versorgen sollten. Die Gärtnerei war nämlich, wie wir auch aus anderen Städten wissen und noch genauer sehen werden, ein einträgliches Geschäft oder teures Vergnügen, abhängig von der Perspektive, aus der man es betrachtete. Daher leisteten sich in anderen Städten vor allem die Wohlhabenderen diesen Luxus.

In Nürnberg belegt das Grundbuch von 1680 mehr als 350 Gärten außerhalb der Stadtmauer. Die meisten gingen bereits auf das 15. Jahrhundert zurück, erfuhren aber während des 17. und 18. Jahrhunderts ihre künstlerische Ausgestaltung. Vor allem nach dem Dreißigjährigen Krieg arrondierten Nürnberger Patrizier ihre Gärten durch den Erwerb benachbarter Grundstücke. Von ihnen ist der Garten der Familie Peller, der 1619 für 2.500 Gulden gekauft worden war, sogar durch einen Kupferstich Jacob Sandrarts dokumentiert. Er zeigt ein symmetrisch angeordnetes, in Zier-, Obst- und Gemüsegarten gegliedertes Gartenareal. Die Grundstruktur wurde durch drei Wegachsen bestimmt, die als Laubengänge bzw. Pavillons ausgestaltet waren. Der Pellersche Garten spiegelt ebenso wie andere Nürnberger Anlagen die Handschrift des Stadtbaumeisters und Gartentheoretikers Joseph Furttenbach wider, auf den später noch zurückzukommen ist. Besitzer dieser Anlagen waren die patrizischen Geschlechter der Imhoff, Haller, Kreß, Pömer oder Tuch, aber auch wohlhabendere Vertreter der freien Berufe, welche die Gärten in der Regel nur im Sommer aufsuchten, dann aber auch zeitweise dort wohnten. Bedienstete, Pächter oder Mieter pflegten die Gärten, die im 18. Jahrhundert die neuen französischen Elemente bzw. Formen des Barockgartens rezipierten. Dies gelang freilich allein auf größeren Flächen außerhalb der Städte, obgleich die „Neigung zur Gärtnerey [...] nicht nur bei Großen und Reichen, sondern auch bey anderen Personen von allen Ständen und Ordnungen zur herrschenden Leidenschaft“ geworden war.[11]

Leipzig erlebte im 18. Jahrhundert einen Bauboom, der auch vor der Stadtbefestigung nicht halt machte. Der Stadtgraben wurde trockengelegt; die Wälle wurden 1702/03 mit Bäumen und Ziersträuchern bepflanzt. Barockgärten ersetzten nun die Vorstadtviertel, die weiter nach draußen wanderten. Unter den Bürgergärten ragten die Apelschen und Boseschen Gärten heraus. Die beiden Lustgärten der Familie Bose, die gutnachbarlichen Kontakt zur Familie des Thomaskantors Bach unterhielt, folgten dem französischen Stil. Die Gesamtanlage war auf das Lusthaus ausgerichtet, das aus dem Obergeschoß den Blick auf ein terrassenartiges Gartenparterre bot. Bereits für 1691 ist eine Orangerie erwähnt und im Stich belegt. Übertroffen wurden die Boseschen Gärten ebenso wie der Stieglitz'sche und der Krumbhaarische Garten nur noch von dem Apelschen Anwesen. Den vor dem Thomastor liegenden Garten, dessen Existenz bereits im 17. Jahrhundert nachgewiesen ist, hatte Andreas Dietrich Apel von seinem Schwiegervater geerbt und 1701/1702 mit Hilfe benachbarter Grundstücke erweitert. Neben zahlreichen Wohn- und Wirtschaftsgebäuden bestand der Garten aus einem mehrfach gegliederten Gartenparterre mit Zierbeeten, Boskettzone und einer Fontäne. Fächerförmige Alleen, die gerade in das Umland führten, machten die Weite der zudem durch Kanäle mit Gondeln versehenen Anlage aus. Statuen der antiken Götter aus der Hand des Dresdner Bildhauers Balthasar Permoser gaben dem Ganzen ein höfisches Gepräge, das schließlich 1714 durch die Anwesenheit des Königs August des Starken geadelt wurde.[12] Aber auch einzelne Privatleute, wie die Frau des Thomaskantors, Anna Magdalena Bach, betätigten sich als „Liebhaberin von der Gärtnerey“, so daß man ihr mit einer Sendung gelber Nelkenpflanzen eine große Freude machen konnte.[13]

Frankfurter Familien frönten ebenfalls der Gartenlust, wofür sich sowohl das südliche Mainufer in Sachsenhausen als auch Bockenheim anboten. Goethes Großvater, der Stadtschultheiß Textor, hatte anläßlich der Taufe des kleinen Wolfgang in seinem Garten am Bockenheimer Tor einen Birnbaum gepflanzt; auch Goethes Vater baute im Garten Obst und Gemüse sowie im Weinberg Wein und Spargel an. Zu Beginn des 19. Jahrhunderts zeigten Frau Ajas „Garten-Ausgaben“, wie intensiv sie den Garten bewirtschaftete. 1804 wurden „schöne Spargel, Sauerkirschen, Bohnen, Birnen, Pfirsiche, Äpfel gelbe, rote, kleine weiße“ geerntet. Ein Jahr später wurden Johannisbeeren, Mirabellen, Äpfel erwähnt, wozu noch Klosterbirnen und Zwetschgen zum Einmachen kamen. Im Jahre 1807 warf der im Vorjahr mit 19 Karren Mist gedüngte Garten auch noch Erdbeeren, Gurken und Quitten ab. Goethes Mutter genoß vor allem die Sommertage in den Gärten der Freunde. Führende Frankfurter Familien, wie die d'Orville, Bethmann, Stock oder Moritz, besaßen Landhäuser mit Tempeln und Grotten nach dem Vorbild englischer Parks. So schreibt Catharina Elisabeth Goethe in einem Brief an ihre Schwiegertochter Christiane am 21. Juni 1798:

„Alles ist in den Landhäusern oder in den Bädern – Ich bin auch sehr oft auf dem Land bey guten Freunden [...] den gantzen Sonntag bin ich vor dem Bockenheimer Thor in Senator Stocks Garten – in der

Woche vorm Allerheiligen Thor bey Madam Fingerling – dann über Sachsenhaußen auf einem prächtigen Gut bey Herrn Kellner, und so habe ich 3 bis 4 Orte, wo es mir sehr wohl behagt. Sie sehen hieraus, daß die Großmutter sich des Lebens noch immer freut."[14]

Welche Investitionen diese Gärten darstellten, zeigt eine entsprechende Schätzung aus einem Frankfurter Nachlaßstreit. Rebecca von Klettenberg stritt sich mit ihrem Stiefbruder, dem Senator Heinrich Bernard von Barckhaus, 1738–1741 um das väterliche Erbe (des Tuchhändlers und Schöffen Heinrich Barckhaus). Dazu wurden neben einem Auszug aus dem Handelsbuch auch die Immobilienkäufe dokumentiert. So hatten die Eltern 1686 „1 Morgen Weingarten an der Pfingstweide, 2 Baumgärten vor dem Allerheiligentor sowie 1 Garten vor dem Allerheiligentor in der Hanauer Straße" gekauft. Letzterer wurde taxiert, so daß wir erstmals die Werte beurteilen können, die in einem Garten vergraben und verpflanzt wurden. Die Gesamtsumme von 59.075,-- Gulden setzt sich wie folgt zusammen:[15]

66 Orange	3.000,--
13 Lauri [Lorbeer]	450,--
15 Merlgens [Marienblümchen ?]	80,--
121 Taxis	5.445,--
10 dito Kugeln	600,--
Indianisch Gewächs	2.500,--
1 große Aloe	500,--
6 kleinere dito à 100 fl	600,--
an propren Zwiebel Gewächs, weilen man solches, wegen Abblühung nicht höher taxieren wollen als	4.000,--
an Spalier und Frantz-Obst-Bäum	7.000,--
der Wein Garten so circa 1 Morgen in sich hält	1.200,--
der Irrgarten	1.500,--
die 2 Haupt Gänge mit der Puschage [Pushcase ?]	5.000,--
die Allée wo der Löb und Bär	2.000,--
die runde Allee	3.000,--
die Lust Patern [Bilderzug-beet]	2.200,--
die Mist-Bethe	1.100,--
Der Gemüß-Garten	8.000,--
Der Weyher mit Stein gefast	3.000,--
Der Spring-Brunn	8.000,--
	fl. 59.075,--

Am teuersten kamen dabei die 66 Orangenbäume, die 121 Taxusbäume sowie die Obstbäume, die aber noch von dem Springbrunnen mit 8.000,-- Gulden übertroffen wurden.

Im benachbarten Darmstadt versammelte die Landgräfin Caroline in den 1770er Jahren einen Kreis von „Empfindsamen" um sich, der sich Literatur und Musik unter freien Himmel hingab. Zu ihm gehörten unter anderem Matthias Claudius, Johann Heinrich Merck sowie Caroline Flacksland, die spätere Frau Herders. Die Parkvergnügungen dieser Gruppe könnten ähnlich wie auf dem Bild des Hofmalers Johann Christian Fiedler abgelaufen sein, das Musik, Tontaubenschießen, Kartenspiel und Picknick in der freien Natur gleichermaßen illustriert.

Abb. 13 Darmstädter Gesellschaft im Freien, Gemälde von Johann Christian Fiedler und Christian Georg Schütz d. Ä., um 1750.

Als die Landgräfin Caroline 1766 in Darmstadt den Herrengarten in einen englischen Garten umgestaltete, folgten ihr nur zwei weitere Protagonisten: der Freiherr von Riedesel auf seinem Landgut und der Minister und Reichspublizist Karl Friedrich von Moser. Der Mosersche Garten, der in den 1770er Jahren angelegt wurde, war mit fremden Bäumen bepflanzt sowie mit Ruinen, Einsiedelei und einem Teich dekoriert. Das Landhaus stand auf einer Anhöhe und ermöglichte einen Überblick über die Landschaft, die Johann Heinrich Merck wie folgt beschrieb:

> „Von da [Landhaus] wandelt man durch schlängelnde Gänge von ausländischen Hölzern, deren eine große Verschiedenheit ist. […] Weiter abwärts rechter Hand trifft man auf einen Teich in unregelmäßiger Form. Wendet man sich nun abwärts, so stößt man auf die Ruinen einer gotischen Kirche. Hinter den Ruinen ist eine Pflanzung von allerley Arten feiner Nadelhölzer angelegt. Niedriger liegt ein kleines Eremitenhäuschen, das auf russische Art aus ganzen Stämmen erbauet und mit Stroh gedeckt ist.“[16]

1780/81 fiel Moser am Hof in Ungnade und mußte seinen Garten verkaufen.[17] Heute heißt der Mosersche Garten Prinz Emil Garten nach dem Käufer, der ihn später erwarb, und auch der von Merck erwähnte Teich ist seit 1987 wieder angelegt.

Auch im Umfeld der Weimarer Residenz versuchte man, mit Hilfe der Gartenkunst ein natürliches Landleben in den Alltag zu integrieren. Dabei war das Vorbild des Wörlitzer Gartenreiches, das Carl August und Goethe 1767 besucht hatten, ausschlaggebend. Man begann damit, aus der „kalten Küche“, dem Steilhang der Ilm und dem barocken „Stern“, einem Garten mit sternförmig angelegtem Wegesystem, einen englischen Garten zu errichten. In den 1780er Jahren kamen der Schießhausgarten (Garten der Weimarer Büchsenschützen), der Rothäuser Garten (Gelände am rechten Ilmufer) sowie der Welsche Garten, ein ehemaliger Lustgarten mit Lauben, Brunnen und einer Orangerie, hinzu. Aus einer Vielzahl barocker Gärten und neu angekaufter Fluren entstand so ein englischer Garten, der ein landschaftliches Ganzes werden sollte. Da Goethe sich aus der Gartenplanung zurückgezogen hatte und Karl August, der die weitere Planung vorangetrieben hatte, ständig auf Reisen war, wurde Friedrich Justin Bertuch die Verantwortung für die Gartenplanung übertragen. Bertuch besorgte die „Details in den Parkanlagen“ wie das Aufstellen der „Drei Säulen“, die Anpflanzung einheimischer und auch sog. „Englischer Hölzer“, den Bau des „Römischen Hauses“ etc. Goethe übernahm ab 1792 dann vor allem die künstlerische Beratung für die Ausstattung des Römischen Hauses, während Bertuch die Außenanlagen konzipierte, aber 1796 die Verantwortung für den Park aufgab. Dabei ist nicht zu übersehen, daß Bertuch als Gartenpublizist und Verleger und vor allem als Bewirtschafter eines eigenen großen Gartens herausragt. Hinter seinem 1780 bis 1782 erbauten Wohnhaus, das sich zur Straße hin als Stadtvilla präsentierte, entstand ein englischer Garten, der auch der Hausrückseite das Gepräge eines englischen Landhauses gab. Durch einen Gartensaal ging man über eine Terrasse in den tiefer gelegenen Garten, der nach neuen englischen Vorbildern strukturiert war. Lustgebüsche, ein Teich mit Entenhaus sowie Grotten, Statuen und ein neues Gartenmobiliar sorgten für eine Wohnatmosphäre, während Obstbaumwiesen, Gewächshäuser und Gemüseländereien dem ökonomischen Zweck dienten. Dabei erstreckte sich Bertuchs Gartenkunst auf verschiedene Bereiche. Hierzu gehörten das Sammeln und Kultivieren neuer Pflanzen (u. a. aus England) im Treib- und Glashaus ebenso wie der Handel und die Verbreitung von Blumenzwiebeln, die er aus London, Haarlem oder Dresden bezog. Die Blumenzwiebeln ließ er in Treibhäusern vortreiben, um dann selbst im Winter Blumenarrangements in speziellen Jardinieren aufstellen zu können. Anläßlich des Geburtstages der Großherzogin Maria Pawlowna (1817) konnte er dann vielfältige Iris, Primeln, Hyazinthen, Rosen und andere Pflanzen liefern und damit erhebliche Einnahmen erwirtschaften. Ökonomisch einträglich war der Garten ebenfalls durch Verpachtungen sowie durch den Verkauf von Obst und Gemüse. Hierbei experimentierte Bertuch auch mit neuen Gemüsesorten wie Broccoli, Artischocken, Kohl und Rettich bzw. Kartoffeln. Darüber hinaus unterhielt er eine Obstbaumplantage bei Denstedt, auf der Äpfel, Birnen, Pflaumen, Kirschen, Pfirsiche und Aprikosen angebaut wurden.[18]

Das Wörlitzer Gartenreich strahlte aber auch auf andere Weimarer Größen aus. Goethe freute sich darüber, „ein liebes Gärtgen vorm Thore an der Ilm schönen Wiesen in einem Thale“ zu haben, mit „ein altes Häusgen drinne, das ich mir repariren lasse“.[19] Der Herzog hatte Goethe das baufällige Haus geschenkt, der es neu einrichtete. Abendeinladungen ließen auch Goethes Freunde den Zauber der Landschaft erspüren, wobei sich unmittelbar Assoziationen zur niederländischen Malerei einstellten:

„Wir speiseten in einer gar holden kleinen Einsideley [...] Wir tranken auf deine und Frau Aja's und Freund Bölling, des Kornhändlers, Gesundheit eine Flasche Johannisberger 60er aus, und wie wir nun aufgestanden waren und die Thüre öfneten, siehe, da stellte sich uns, durch geheime Anstalt des Archi-Magus, ein Anblik dar, der mehr einer realisierten dichterischen vision als einer Naturscene ähnlich sah. Das ganze Ufer der Ilm, ganz in Rembrands Geschmack, beleuchtet – ein wunderbares Zaubergemisch von Hell und Dunkel, das im Ganzen einen Effect machte der über allen Ausdruk geht. Die Herzogin war davon entzükt wie wir alle. Als wir die kleine Treppe der Einsiedley herabstiegen und zwischen Felsenstücken und Buschwerken längs der Ilm gegen die Brücke, die diesen Platz mit einer Ecke des Sterns verbindet, hingiengen, zerfiel die ganz vision nach und nach in eine Menge kleiner Rembrandtischen Nachtstücke die man ewig hätte vor sich sehn mögen, und die nun durch die dazwischen herumwandelnden Personen ein Leben und ein Wunderbares bekamen, das für meine Poetische Wenigkeit gar was herrliches war. Ich hätte Göthen vor Liebe fressen mögen.“[20]

So berichtet Wieland 1778 in einem Brief an seinen Freund Johann Heinrich Merck. Wieland strebte seinerseits ebenfalls auf das Land. Zunächst kaufte er einen Garten vor der Stadt, dem ebendort ein großes Haus folgte. 1797 kam dann ein Landgut in Oßmannstedt hinzu, das einen Schloßgarten, Wiesen und 40 Hektar Ackerland umfaßte. Zwar war der Lustgarten verwahrlost und Wieland konnte die Mittel für die Restaurierung nicht aufbringen, dennoch genossen er und seine elfköpfige Familie das Landleben auf dem Gut bis zum Jahre 1803.

Einige Jahre länger durfte der Goethe-Freund Johann Friedrich Reichardt dem Ideal des Landlebens frönen. Nach Wörlitzer Vorbild legte er 1792 auf rund zwei Hektar in Giebichenstein bei Halle „Reichardts Garten“ an, der in einen Tal- und einen Berggarten gegliedert war. Auch Reichardt diente ein geräumiger Gartensaal mit Glastür zum Garten dazu, die Natur ins Haus zu lassen und mit dieser Anlage Giebichenstein zum Mittelpunkt für Künstler, Gelehrte und Politiker zu machen. Damit konnte er zumindest einen Teil des Prestiges, das er durch die Entlassung als Hofkapellmeister in Berlin (aufgrund seiner Sympathien für die Französische Revolution) verloren hatte, kompensieren. Der Ruhm Giebichensteins wuchs durch die verschiedenen Aufenthalte Goethes mit Christiane Vulpius so lange weiter, bis die Anlage 1806 dem Durchzug französischer Truppen zum Opfer fiel.[21]

Auch Berlin erlebte im letzten Drittel des 18. Jahrhunderts einen regelrechten Gartenboom. Während Friedrich Nicolai in der ersten Auflage seiner Beschreibung der Königlichen Residenzstädte Berlin und Potsdam (1769) allein vom botanischen Garten der Realschule und dem königlichen und akademischen botanischen Garten zu berichten weiß und darüber hinaus bemerkt, daß der von dem Großen Kurfürsten angelegte Lustgarten von seinem Enkel Friedrich Wilhelm I. zerstört und zu einem Paradeplatz umfunktioniert worden sei, kann er in der Auflage von 1786 von zahlreichen Gärten und Gärtnern erzählen, die sich auf Blumen-, Gemüse- (insbesondere Spargel) und Obstbaumzucht spezialisiert hätten.[22] Dabei ordnet Nicolai seine Beschreibung sowohl topographisch nach Stadtteilen und Straßen als auch nach den in den Gärten angepflanzten Gewächsen bzw. Angeboten der Gärtner. Unter den Gartenbesitzern fallen die bekannten Berliner Kaufleute und Bankiers ebenso ins Auge wie die Funktionseliten. Einige Gartenbeispiele seien genannt:

„I. In Berlin an sich selbst.

- „der Itzigsche Garten, worinn verschiedene Springbrunnen befindlich sind",
- „der Garten des Hrn. Kriegsrath Beyer, worinn eine schöne Flor von Nelken und Ranunkeln befindlich ist",
- „der Garten des Hrn. O. K. R. Büsching. In demselben ist dessen erste 1777 verstorbene Gattin, geb. Dilthey begraben. Auf der Grabstelle derselben ist ein Blumenbeet, worauf den ganzen Sommer Blümlein Vergiß mein nicht blühen. An der Wand des Wohnhauses über dem Blumenbeete, ist auf einer marmornen Tafel eine Inschrift",
- „der Ephraimsche Garten, dessen Hintertheil gränzt an den gräflich Reußischen Garten, die reizendste Partie desselben ist eine von den schattigten Spaziergängen umgebene Wiese. Hier stehen auch sechs, zehn bis zwölf Fuß hohe Statuen nach Schlüters Erfindung, welche auf die Brustgeländer, auf dem Dache des Schlosses, haben fallen gesetzt werden. Es sind: Merkur, Juno, Bacchus, Flora, Leda und Venus. Noch ist in einem Gebüsche ein artiges Kabinet, welches von einem einzigen Platanusbaum, dessen Zweige sich sehr weit ausbreiten, beschattet wird",
- „der Garten Sr. Excellenz des Staatsministers Freyherrn von Zedlitz. Er ist nach engländischem Geschmacke neuangelegt. In demselben ist ein Vogelhaus, mit einem Springbrunnen, auch ein großes und schön angelegtes Orangeriehaus, ferner ein Treibhaus für Ananus u.s.w.",

- „der Garten des Bankiers Hrn. Holzeckers. Er ist treflich unterhalten. Es sind darinn schöne Blumenfloren, und trefliche Treibhäuser zu Wein, Pfirsichen und andern Gewächsen die besondere Kultur erfordern“,[23]

II. In Kölln.

- „Der große und schöne Splittgerbersche Garten. Er ist etwas schmal, aber sehr lang, da er bis in die Köllnische Grosstadt geht. Er hat sehr reizende Partien; dazu gehört besonders ein offnes Lusthaus, vor dem Wusterhausischen Wehr, wo das Rauschen des Wassers eine angenehme Wirkung macht, und ein ovales chinesisches Lusthaus, auf einer kleinen und hohen Bäumen bewachsenen Anhöhe“,
- „Der überaus schöne und große Daniel Itzigsche Garten. Die Verbesserungen und meist ganz neue Anlage sind von dem königl. Gärtner Herrn Seibert in Potsdam angegeben worden. Er enthält ausser Hecken, Bogengängen und schattigten Plantagen zum Vergnügen, auch einige tausend schöne Fruchtbäume von den besten Sorten. In demselben ist ein Gartentheater unter freyem Himmel. Desgleichen stehen darinn verschiedene Statuen von Knöfler in Dresden“,

IV. Auf der Dorotheen= oder Neustadt.

- „Der Cesarische Garten, wegen einer dem königl. Sänger Herrn Concialini gehörigen vortreflichen Blumenflor von Ranunkeln, Tulpen, Nelken und anderen Arten von Blumen. Der Graviussche Garten. In demselben ist ein grottierter Saal, ein von Le Gesy gebautes rundes Gartenhaus, und ein angenehmes Vogelhaus, worinn eine Abtheilung blos für Nachtigallen ist“,

Auf der Friedrichsstadt.

- „der Herr Hofprediger Reinhard an der Parochialkirche und sein Vorgänger, der verstorbene Hofprediger Scharden, waren diejenigen, welchen die Blumenfreunde die Erzeugung schöner Tulpen aus Saamen, und die Anweisung wie ihre Fortpflanzung mit Nutzen anwendbar sey, in hießigen Gegenden zu verdanken haben [...] und seitdem sind in folgenden Gärten viele und ausnehmend schöne Tulpen aus hiesigen Saamen gezogen worden [...].“[24]

Diese Beispiele dokumentieren eindrucksvoll die reiche Berliner Gartenkultur, die nicht nur in der Gartenanlage, sondern auch in der Blumenvielfalt ihren Ausdruck fand. So zeigen die weiteren Zusammenstellungen Nicolais über die verschiedenen Blumensorten in den Gärten mit englischen Aurikeln, Tulpen, Hyazinthen, Ranunkeln, Nelken und Rosen ein vielfältiges Angebot, das von den Berliner Kunstgärtnern geliefert werden konnte. In den Gärten der letzteren werden darüber hinaus noch Anemonen, Terzetten, Iris anglika und Iris persika, Fritularien und andere Topfgewächse erwähnt.[25]

Es waren aber nicht nur die Groß- und die Residenzstädte, die durch zahlreiche Gärten sowie besondere Anlagen auf sich aufmerksam machten. Auch die kleine Reichsstadt Wetzlar wies zahlreiche Gärten auf, deren Besitzer meist am Reichskammergericht tätig waren. Einem ihrer Assessoren, Friedrich Wilhelm von Ulmenstein, verdanken wir eine topographische Beschreibung Wetzlars, in der auch die Gartenanlagen aufgeführt werden. Der bedeutendste Garten geht auf den Kammerrichter Graf Ambrosius Franz von Virmont zurück. In den 1770er Jahren erwarb diesen der Assessor Hermann Franz von Papius, der ihn erweiterte und mit einem elegant ausgestatteten Landhaus versah. Der Besitz von Gärten war aber nicht nur auf die Kammergerichtsbediensteten beschränkt. So leistete sich der italienischstämmige Kaufmann Gabriel Spinola einen Lustgarten vor dem Häusertor, dem die Gärten des Kaufmanns und Ratsschöffen Johann Peter Schneider sowie des Scholasters des Wetzlarer Kollegiatsstifts, Johann Georg Langsdorff, folgten.[26]

Gartentheorie und Publizistik

Wenn man sich über Garten und Gartenanlage informieren wollte, hatte man im 18. Jahrhundert viele Möglichkeiten. Ein Jahrhundert zuvor war die Auswahl noch deutlich geringer. Entsprechend nahm im 17. Jahrhundert die Architekturtheorie Joseph Furttenbachs mit ihren zahlreichen Gartenbeschreibungen und -entwürfen eine zentrale Stelle ein. Joseph Furttenbach war Stadtbaumeister und Ratsherr in Ulm, wo er zahlreiche öffentliche Bauten entwarf. In seinen Schriften „Architectura civilis“, „Architectura universalis“, „Architectura recreationis“ und „Architectura privata“[27] vermittelte er vor allem die italienische Gartenkunst nach Deutschland und stellte diese gleichberechtigt neben die Architektur. Dabei propagierte er nicht allein große Lustgärten mit „Renbahn/oder Tumelplatz“ für den Adel außerhalb der Stadt, sondern auch mit Mauer eingefriedete Gärten in den Städten für die Bürger bzw. die Öffentlichkeit. Furttenbachs Entwürfe sind durch die Kreuzform des Gartenparterres geprägt, wodurch sich eine systematische Vierteilung der Anlage durch Wege, Laubengänge oder durch ein zentrales Wasserbecken ergibt. Real dürfte allein die aus der Vogelperspektive geschaffene Abbildung des eigenen Gartens an seinem Ulmer Wohnhaus sein. Dieser besticht durch üppige Blumenbeete, wobei der Blumenreichtum durch die publizierte Pflanzenliste mit mehr als 100 Tulpen bestätigt wird. Darüber hinaus empfiehlt er als Frühjahrsblumen Kaiserkrone, Türkenbunde, Narzisse Hyazinthe, Iris, Schachblume, Anemone, Krokus und Milchstern. Neben diesen Zierbeeten sollte jeder Garten noch über Nutz- und Baumgärten verfügen, die gegebenenfalls bei kleineren städtischen Grundstücken auch als Küchen- oder Pomeranzengarten ausgeführt werden könnten. Entsprechend schlägt er auch Feigen-, Granatäpfel-, Pomeranzen-, Zitrus- und Limonenbäume vor. Sein besonderes Augenmerk gilt außerdem Grotten- und Muschelwerk sowie Wasserspielen, die ihn in bzw. an italienischen Gärten fasziniert haben müssen.[28]

Der französische Stil, der die von Furttenbach propagierte italienische Gartenkunst, aber auch niederländische Einflüsse in Nordwestdeutschland im 18. Jahrhundert ablösen sollte, wurde auf verschiedenen Wegen kommuniziert. Entwürfe der in Versailles von André Le Nôtre ausgeführten formalen Gärten aus Frankreich gelangten über dessen Schüler in das Reich. Simon Godeau entwarf beispielsweise Charlottenburg, während Dominique Girard den Schleißheimer Garten plante. Ähnlich wichtig war die französische Gartenliteratur, wie Dézallier d'Argenvilles „La Théorie et la Pratique du Jardinage" (1709), deren erste deutsche Ausgabe 1731 in der Übersetzung des Salzburger Gartenbaumeisters Franz Anton Danreitter unter dem Titel „Die Gärtnerey, so wohl in ihrer Theorie oder Betrachtung als Praxi oder Übung: allwo von denen schönen Gärten, welche man nur insgemein die Lust- und Zierd-Gärten zu nennen pflegt [...]" erschien.[29] Le Nôtre und die französische Gartengestaltung wurde aber auch von Christian Cay Lorenz Hirschfeld, Professor für Philosophie und Schöne Wissenschaften an der Universität Kiel, intensiv rezipiert, der aber unter Berufung auf englische Autoren wie William Chambers, Thomas Wathley, Joseph Addison und Henry Home der Gartenkunst in Deutschland neue Wege weisen sollte. Seine „Theorie der Gartenkunst", 1779–1785 in fünf Bänden erschienen, wurde zum Standardwerk, das den Gebildeten zum Thema Garten mitreden ließ. Diejenigen, die sich das teure Werk nicht leisten konnten, waren auf die preiswertere einbändige Ausgabe von 1775 angewiesen. Sie konnten aber auch mit dem Artikel „Garten" in Krünitz' „Oeconomischer Enzyclopädie", der von Hirschfeld abgekupfert war,[30] oder der periodischen Gartenliteratur aus dem Hause Bertuch vorliebnehmen.

Bis in das 18. Jahrhundert hinein wurden Gärten als schön angesehen, wenn sie regelmäßig nach dem Muster der Architektur angelegt waren. Mit Hirschfeld trat eine neue Generation an, für die diese kunstvollen Gärten obsolet geworden und durch neue Formen zu ersetzen waren, die sich der freien Landschaft öffneten bzw. sich gar nicht mehr von dieser unterschieden. Der Legitimation solcher Bemühungen diente die Theorie der Gartenkunst, die Hirschfeld auch als Teil von Sulzers „Allgemeiner Theorie der Schönen Künste" verstand. Sulzer hatte nämlich die Gartenkunst mit der Begründung in den Rang der schönen Künste erhoben, sie stamme unmittelbar von der Natur ab,

> „die selbst vollkommenste Gärtnerin ist. So wie also die zeichnenden Künste die von der Natur gebildeten schönen Formen zum Behuf der Kunst nachahmen, so macht es auch die Gartenkunst, die mit Geschmack und Überlegung jede Schönheit der leblosen Natur nachahmt und das, was sie einzeln findet, mit Geschmack in einem Lustgarten vereinigt."[31]

In seiner Theorie geht es Hirschfeld darum, die Wirkungen von Naturschönheit und Mannigfaltigkeit der Landschaft systematisch zu untersuchen. Landschaften beständen aus vielen „miteinander verbundenen Gegenden", von denen jede wieder eine eigene Prägung aufweise. Entsprechend wirkten „angenehme", „muntere" und „heitere" anders als „lachende" oder „reizende", „romantische" oder „bezaubernde" Gegenden.[32] Landschaft sei also ein ästhetisches Naturphänomen, das sich „durch die Verbindung mehrerer Gegenden von unterschiedlichem Wirkungscharakter" konstituiere.[33] Dabei sei es gleich, ob die Landschaften von der Natur oder vom Menschen angelegt wären. Hügel und fließende Bäche erzeugten ein Gefühl der Heiterkeit, während ein Wald durchaus feierliche Größe herrufen könne. Damit hatte Hirschfeld eine Methode zur Erfassung der Ästhetik der Landschaft und damit der Gartenkunst wie auch anderer Künste entwickelt. Die auf diese Weise gewonnenen Regeln konnte jeder Gärtner oder Künstler – wenn er sie kannte – umsetzen und damit bestimmte ästhetische Wirkungen erzeugen. Entsprechend sollte ein Gartenkünstler mit seinen Anlagen möglichst viele ästhetische Reize der Landschaften auslösen:

> „Der Garten soll also auf die Einbildungskraft und auf das Empfindungsvermögen vortheilhaft einwürken; und dieses soll der Gartenkünstler mittelst der Gegenstände veranstalten, die ihm eigenthümlich zugehören. [...] Er muß daher zuförderst solche Gegenstände der schönen Natur sammeln und auswählen, die eine vorzügliche Kraft haben, die angegebenen Wirkungen hervorzubringen; er muß diesen Gegenständen eine solche Ausbildung geben, und sie in eine solche Verbindung und Anordnung bringen, daß dadurch der Eindruck verstärket werde."[34]

Um den Gartenkünstlern landschaftliche Vorbilder zu geben, beschreibt Hirschfeld im zweiten Band dann auch bestimmte landschaftliche Lagen, wie den in der holsteinischen Schweiz gelegenen Kellersee:

> „Diese Aussicht auf eine so ausgebreitete und freye Wasserfläche zwischen Anhöhen und Waldungen macht das Hauptstück dieser Lage aus. Die Klarheit des Wassers, worin sich der halbe Himmel zu spiegeln scheint, und die Schönheit der Wälder umher [...] verbreiten von allen Seiten eine ungemeine Heiterkeit."[35]

Das Landschaftserlebnis war also das Ideal, dem jeder Gärtner und Gartenbesitzer nachstreben sollte. Dabei sah Hirschfeld durchaus, daß der gesellschaftliche Stand des Besitzers, aber auch sein Portemonnaie sowie beabsichtigte persönliche Stimmungen auf die Gartenanlage Einfluß ausüben konnten. Trotz dieser Einschätzung wurde Hirschfeld neben anfänglich begeisterter Zustimmung auch vorgeworfen, daß sein Werk zu allgemein und zu umfassend sei und sich daher nicht zur praktischen Verwirklichung eigne. Diese Kritik mag ebenso berechtigt sein wie die an der übermäßigen Stilisierung der englischen Gärten; sie geht aber in dem Maße fehl, indem der Gartenfreund aus einer Vielzahl periodischer Gartenliteratur schöpfen konnte.

Ein gutes Beispiel ist wieder einmal Friedrich Justin Bertuch, der ab 1804 mit dem „Allgemeinen Teutschen Garten-Magazin" das wichtigste Periodikum dieses Fachgebiets herausgab. Im ersten Band meinte Bertuch zwar, sich von Hirschfeld absetzen zu müssen, indem er die Anfänge des Landschaftsgartens von England nach China verlegte – wofür er auf französische und englische Vorbilder zurückgreifen konnte –, aber schon zuvor hatte er der Rezeption englischer Autoren bzw. Gartenschriftsteller in seinem Verlag größeren Raum eingeräumt. So war Humphry Reptons „Sketches and Hints on Landscape Gardening" bereits zwei Jahre nach seinem Erscheinen 1796 im „Journal des Luxus und der Moden" besprochen worden. Auch seine „Empfehlung der Goldweide für Englische Gärten" im Gartenmagazin von 1811 zeigt, daß die Hirschfeldsche Ästhetik noch nachwirkte:

> „Die Trauerweide, Thränenweide, Babylonische Weide (Salix babylonica) ist bekanntlich ein sehr characteristischer und beinahe unentbehrlicher Baum für Landschaftsgärten im Englischen Stile, um entweder ein Monument, dem Andenken eines geliebten Todten geweiht, damit zu beschatten; oder sonst irgend einen der süßen Melancholie und dem ernsten Nachdenken heiligen Platz damit zu bezeichnen. Am Rande eines schönen Wasserspiegels bilden oft drei Trauerweiden, welche ihre langen grünen Haare in der Silberfluth, die ein sanfter Zephyr kräuselt, waschen, eine sehr schöne malerische Gruppe. Oder sie verstecken gleichsam, in einen grünen Mantel gehüllt, die Figur einer badenden Najade, und bilden so eine liebliche Idylle."[36]

Daneben informierte das „Garten-Magazin" seine Leser nicht nur über die thüringischen Gärten, wenn z. B. der Wintergarten oder die Orangerie in Meiningen oder das Römische Haus in Weimar beschrieben wurden, sondern machte sie über alle Gartennovitäten, derer es habhaft werden konnte, in Bild und Text vertraut.[37] Noch stärker an der Gartenpraxis orientiert waren die Bücher zu Gartenthemen, die im Hause Bertuch verlegt wurden:

- Bartell, Ed.: Über die malerische Anlage und Verbesserung kleiner geschmackvoller Landhäuser oder sogenannter englischer Cottages, 1805.
- Batsch, A. J. G. C.: Botanik für Frauenzimmer und Pflanzenliebhaber, welche keine Gelehrten sind. 1795, 2. Aufl. 1798, 3. Aufl. 1804, 4. Aufl. 1818.
- Butret, C.: Gründlicher Unterricht vom Schnitte der Fruchtbäume und anderen Verrichtungen, die Bezug auf ihre Pflege haben. Aus dem Französischen von J. V. Sickler, 1797.
- Garten-Memorandum für Liebhaber, welche ihren Gartenbau entweder selbst besorgen, oder doch richtig übersehen und leiten

wollen. Hrsg. von F. J. Bertuch und J. V. Sickler, Verlag der Hof-Buchhandlung auf das Jahr 1809 aus der Zweigbuchhandlung Rudolstadt.
- Reichert, Joh. Fried.: Hortus Reichertianus, oder vollständiger Catalog für Handelsgärtner und Liebhaber der Gärtnerei, 1804, 2. Auflage 1807.
- Rudolphi, Joh. Chr.: Nelkentheorie oder eine in systematischer Ordnung nach der Natur gemalte Nelkentabelle. Meißen 1787, 2. Aufl. 1799.“[38]

Hinzu kam die pomologische Zeitschrift der „Teutsche Obstgärtner“, die 1804 im „Garten-Magazin“ aufging und die Obstkultur in Deutschland befördern sollte. Um den didaktischen Wert des „Obstgärtners“ zu steigern, wurden alle dort beschriebenen Früchte in Wachs nachgebildet und als Pomologisches Cabinett in 26 Holzkästen über das „Landes-Industrie-Comptoir“ vertrieben.[39]

Leben auf den Gärten – Landhäuser

Zum Abschluß dieses Kapitels soll uns das Leben „auf den Gärten“ interessieren, dem wir schon einmal am Beispiel der Sommervergnügungen von Goethes Mutter in Frankfurt begegnet sind. Wir können Ansätze dieses Landhauslebens auch in Berlin feststellen, wo im ausgehenden 18. Jahrhundert am Südrand des Tiergartens erste Villen entstanden. So besaßen – wie wir bereits in der Beschreibung der Gärten festgestellt haben – Bankiers und Funktionsträger Lust- bzw. Sommerhäuser in den Gärten, die man den Sommer über bewohnte. Um 1800 gingen dann einige Berliner dazu über, ganzjährig in festen Häusern in den Gärten zu wohnen. Zu diesem Zweck baute der junge Architekt Friedrich Gilly 1799 für den Geheimen Kriegsrat und Obersalzinspektor für die Kurmark, Johann Gottfried Mölter, ein Landhaus, während Carl Gotthard Langhans für den Direktor des Berliner National-Theaters, August Wilhelm Iffland, in der Nachbarschaft eine Villa errichtete.[40]

Berichtet wird über die Lebens- und Freizeitgestaltung in Gärten und Landhäusern vor allem in Selbstzeugnissen. Hierbei nahm, wenn wir den Hamburger Domherr Friedrich Johann Lorenz Meyer wörtlich nehmen dürfen, Hamburg eine Sonderstellung ein:

> „Ich kenne keine andere Stadt, die mit Vorstädten von Gärten und Gartendörfern so rings umgeben ist, worin jedes Haus eine große Familie und Stadthaushaltung faßt, manche Gebäude mit Geschmack, die meisten mit mehr oder weniger Aufwand errichtet und möbliert sind.“[41]

Meyer beschreibt dabei nur den Höhepunkt einer Entwicklung, die im 17. Jahrhundert begonnen hatte und mit der französischen Besetzung zu Ende gehen sollte. Waren die Gartenhäuser in der Neustadt zunächst noch Lusthäuser gewesen, die man vorübergehend bei Sonne, Regen oder Kälte aufsuchen konnte, so wurden erst mit der Verlagerung der Gärten nach Billwerder, Hamm und Horn feste Landhäuser errichtet. Da die Gärten jetzt weiter von der Stadt entfernt waren, machte man sie bewohnbar. So konnten die Hamburger das Wochenende dort verbringen und gegebenenfalls die Familien auch im Sommer die Woche über auf den Gärten leben, während die Männer in der Stadt arbeiteten. Die Raumaufteilung der Lusthäuser mit einem Festsaal im ersten Stock mit Blick auf die Gartenanlage wurden zunächst noch beibehalten und die Nutzräume im Parterre in Schlafräume verwandelt. Hinzu kam ein Gartensaal mit Veranda oder Terrasse, der den Übergang vom Haus in den Garten bildete. So verlagerten sich die Festivitäten allmählich in das Erdgeschoß, während sich die Familie zunehmend im Obergeschoß aufhielt.[42]

Viele Landhäuser gingen auf Bauernhäuser zurück, wie z. B. das in 1930er Jahren abgerissene Landhaus Newman. Erst gegen Ende des 18. Jahrhunderts machten bedeutendere Architekten mit ihren Landhausgestaltungen auf sich aufmerksam – etwa Christian Friedrich Hansen, Johann August Arens und Axel Bundsen. Seinen ersten bedeutenden Bau gestaltete C. F. Hansen für den Kaufmann und Reeder Caesar IV. Godeffroy in den Jahren 1789–92. Diese im heutigen Hirschpark gelegene Villa stellt wie viele andere Bauten Hansens und seiner Zeitgenossen eine Variation des alten Gartenpavillons, nur in ganz anderen Dimensionen, dar. Die Parklandschaft und die Lage auf dem Geestrücken oberhalb der Elbe bildeten die optimalen Voraussetzungen für Hansens Entwürfe und Bauten, von denen sowohl das Landhaus für den englischen Kaufmann John Blacker, dem Vorsitzenden des „English Court“, auf dem Krähenberg in Hamburg, als auch das Landhaus Peter Godeffroys (dem jüngeren Bruder Caesars) zu erwähnen sind. Jedoch war der Bau von Landhäusern nicht, wie die heutige Denkmalüberlieferung suggerieren könnte, auf die Elbvororte begrenzt.[43] Neben Hansens Bautätigkeit in Schleswig-Holstein errichtete J. A. Arens für zahlreiche Auftraggeber Landhäuser in Harvestehude und Hamm, die aber fast alle der Räumung des Vorfeldes durch die französischen Besatzungstruppen 1813/14 zum Opfer gefallen sind.[44]

Die meisten Zeugnisse für das Landhausleben stammen aus der Zeit vor der französischen Besatzung. In den Berichten werden die Muse des Landhausaufenthaltes wie die Geselligkeit in den Gärten beschrieben. Der bereits erwähnte Landhausbesitzer Georg Heinrich Sieveking hob den Aufenthalt auf dem Lande hervor, weil er sich dort „aus dem niedrigen Erdgewühle, aus dem Kaufmanns- und Geldgetriebe herausreißen und in eine menschlichere Region versetzen“ könne. Das Verweilen im Garten bot einen Ausgleich zu Beruf und Alltag in der Stadt und spiegelt daher das entstehende Freizeitverhalten wider. Auch erhoffte man sich Erholung und Heilung für Ehefrauen und kranke Angehörige. So zog die Familie Ferdinand Benekes nach Auskunft seines Tagebuchs z. B. im Juni 1823 wegen der Gesundheit der Kinder und seiner kränkelnden Schwester Regina sowie zur Erholung der ermüdeten Hausfrau auf das Land. Die Benekes hatten wie viele andere in Flottbek ein Landhaus gemietet, das mit der Großfamilie eng belegt wurde. Die Männer fuhren in der Regel nur an den Wochenenden oder an den Abenden der Werktage auf das Land.[45]

Bereits als Junggeselle hatte Ferdinand Beneke einen großen Teil seiner Freizeit auf den Gärten der Hamburger Gesellschaft verbracht. Insbesondere im Juni 1797 ließ er sich dazu entweder von Freunden abholen oder er ritt selbst „nach Kirchenpauers Garten“ in Hamm oder zu anderen Gärten. Seine Schwester Regina verbrachte viel Zeit bei den Amsincks in Moorfleeth. So verging der Sommer für die Geschwister Beneke und ihre Freunde mit geselligen Treffen auf den Gärten; selbst die Predigt am Sonntag wurde deshalb manchmal ausgelassen. Die Säkularisierung des Sonntags schritt also voran. Gleichzeitig nahmen die Landhäuser Saloncharakter an, wenn eine Gastgeberin wie Johanna Margaretha Sieveking in Neumühlen zum Frühstück oder zum Tee lud.[46]

Mit dem Aufschwung des Gartenlebens griff eine zunehmende Ungezwungenheit im gesellschaftlichen Umgang um sich. Hatte man um die Mitte des 18. Jahrhunderts noch die Feste auf den

Landhäusern in großer Toilette mit Reifrock, Degen und Perücke absolviert, so wurde im ausgehenden 18. Jahrhundert zunehmend weniger auf Etikette geachtet, wie Senator Hudtwalcker berichtet:

> „Noch vor 18 Jahren [d. h. 1779] hatten wir Schmausereien auf unseren Gärten, wo wir in brennender Hitze mit städtischem Prunk beladen, Chapeaubas und Degen hinfuhren, um drei Stunden am Tisch zu schwitzen und drei Stunden nachher am Spieltisch den Schweiß abzutrocknen. Sie sind verschwunden und lächerlich geworden – ohne irgendeine Verabredung, bloß durch befolgtes Beispiel, durch Aufklärung, durch besseren Geschmack."[47]

Ferner setzte sich mit dem englischen Landschaftsgarten auch die englische Mode im Garten durch, so daß Frack oder Tuchrock den unpraktischen Justaucorps ersetzten. Die Damen ließen den Reifrock im Schrank und bevorzugten Baumwollstoffe und die lose herunterfallenden englischen Röcke (siehe auch Kapitel III). Landhausmode und Kleidungsmoden beeinflußten sich also gegenseitig, und selbst in der bildenden Kunst kann man Verbindungen zwischen dem englischen Garten und der Vorliebe für Landschaftsmalerei, z. B. im kunsttheoretischen Werk von Christian Ludwig von Hagedorn, feststellen.[48]

Kapitel VI

Kunst und Geschmack

> „Mein Vater hatte den Grundsatz, den er öfters und sogar leidenschaftlich aussprach, daß man die lebenden Meister beschäftigen und weniger auf die abgeschiedenen wenden solle, bei deren Schätzung sehr viel Vorurteil mit unterlaufe. [...] Nach diesen Grundsätzen beschäftigte er mehrere Jahre hindurch die sämtlichen Frankfurter Künstler: den Maler Hirt, welcher Eichen- und Buchenwälder und andere sogenannte ländliche Gegenden sehr wohl mit Vieh zu staffieren wußte; desgleichen Trautmann, der sich den Rembrandt zum Muster genommen und es in eingeschlossenen Lichtern und Widerscheinen, nicht weniger in effektvollen Feuersbrünsten weit gebracht hatte, so daß er einstens aufgefordert wurde, einen Pendant zu einem Rembrandtischen Bilde zu malen; ferner Schütz, der auf dem Wege des Sachtleben die Rheingegenden fleißig bearbeitete; nicht weniger Junkkern, der Blumen- und Fruchtstücke, Stilleben und ruhig beschäftigte Personen nach dem Vorgang der Niederländer sehr reinlich ausführte.“[1]

Selten ist die Rezeption der niederländischen Malerei in den Nachbarländern besser beschrieben worden als in diesem Zitat aus Goethes „Dichtung und Wahrheit“. In Frankfurt, Hamburg, Paris und London verbreiteten einheimische Maler die „niederländische Mode“, indem sie die Motive niederländischer Maler adaptierten. Außerdem spielten die Einfuhr niederländischer Gemälde und ihr Ankauf durch einheimische Sammler sowie die Immigration niederländischer Künstler eine wichtige Rolle. Hierbei fiel die Begeisterung für Niederländer oftmals mit einem Aufschwung des Kunsthandels zusammen. Wie alle Errungenschaften des Goldenen Zeitalters der Niederlande erbte England von der Niederländischen Republik auch den Kunstmarkt mit seinen Institutionen. Da eine eigenständige künstlerische Tradition der Malerei im England des 17. Jahrhunderts nicht existierte, profitierte England von der Immigration niederländischer Maler sowie vom Import niederländischer Gemälde. Aus den Warenversteigerungen der Handelskompanien entwickelte sich zwischen 1689 und 1692 ein regelrechter Kunstauktionsboom, in dem über 30.000 Gemälde umgeschlagen wurden – so viele sind zumindest in den Auktionskatalogen erwähnt.[2] Im beginnenden 18. Jahrhundert ließen sich dann auch Flamen und Franzosen wie J. F. Nollekens, Joseph van Aken und Pieter Angellis in London nieder, die im niederländischen Stil malten und, wie im Falle van Akens, auch zum Sammler und Händler avancierten. Pieter Angellis, der als gebürtiger Franzose in Antwerpen ausgebildet worden war, und Joseph van Aken entwickelten die derben Szenen („drolls") der Genremalerei weiter zum englischen „Conversation Piece", einem eleganten Gruppenporträt.[3] In der zeitgenössischen englischen Kunsttheorie stießen die Niederländer zunächst noch auf wenig Gegenliebe, denn die Aristokraten mit ihrem „klassischen" Geschmack bestimmten die Nachfrage auf dem Kunstmarkt.

Ab 1745 – vielleicht im Zusammenhang mit der Intensivierung des holländisch-englischen Handels infolge des Österreichischen Erbfolgekrieges – wuchs dagegen das Interesse an niederländischer Malerei erneut. Die Einfuhr und das Angebot an „Holländern" übertrafen die italienischen Bilder, die darüber hinaus deutlich teurer waren. In dieser Zeit bildete sich in London ein Kreis aus Kennern niederländischer Kunst, der aus Kaufleuten der City, Mitgliedern der Gentry und einigen Maler-Kunsthändlern bestand. Der Kopf dieser Gruppe war Arthur Pond, der seinen Freunden das Sammeln von Rembrandt-Zeichnungen und Radierungen schmackhaft machte.[4] In der zweiten Hälfte des 18. Jahrhunderts erfuhr dann auch in England die niederländische Genre-Malerei eine ästhetische Aufwertung, als sich die Sammler zunehmend auf ihr eigenes Auge und nicht länger auf die künstlich festgelegten Hierarchien der Sujets verließen. Damit wuchs zugleich das Interesse an der zeitgenössischen Malerei, die den Weg für die englische Landschaftsmalerei im Stile Gainsboroughs ebnete.

Auch in Frankreich wurden um die Mitte des 18. Jahrhunderts niederländische Gemälde zunehmend populär. Bis dahin stand die niederländische Malerei hier außerhalb der tradierten Geschmacksrichtung des „grand goût". Denn nach der französischen Kunsttheorie rangierte die Historie – da sie den Menschen in seinem Handeln zeigte – an der Spitze der Hierarchie der Genres, während die Niederländer die „sujets bas", die „niedrigen Sujets", bevorzugten. Erst Roger de Piles, der dem französischen Publikum Rubens empfahl und auch Rembrandt unter den großen Künstlern gelten ließ, wertete in seinem „Cours de peinture par principes" (1708) zu Beginn des 18. Jahrhunderts nicht nur die holländische Malerei, sondern auch das Sujet der Landschaft auf. In größerem Maße auf dem Kunstmarkt umgesetzt wurde diese Idee aber erst von Edme-François Gersaint, der als Händler von Luxuswaren und Gemälden neben Rubens die Genremalerei des gebürtigen Flamen Watteau propagierte und damit auch die niederländische Genremalerei popularisierte.[5] Diese wachsende Vorliebe für die niederländische Malerei fiel mit einem enormen Aufschwung des Kunstmarktes zusammen. Zwischen 1750 und 1779 fanden 581 öffentliche Versteigerungen in Paris statt, die einen gewaltigen Bilderumsatz bewirkten und Paris – neben Amsterdam und Den Haag – zum wichtigsten Markt für „Niederländer" machten. So kamen in den Spitzenjahren 1776 und 1777 mit den berühmten Sammlungen „Blondel de Gagny", „Prince de Conti" und „Randon de Boisset" zahlreiche niederländische Bilder auf den Markt. Neben den Niederländern wurde die französische Gegenwartsmalerei immer mehr geschätzt, während Italiener „out" waren.[6]

Seit dem ausgehenden 17. Jahrhundert erwarben auch die deutschen Fürstenhöfe entweder durch Aufträge oder Ankäufe in größerer Zahl niederländische Gemälde. Während die Sammlungen in Berlin bzw. Potsdam, Dresden oder Wien, aber auch in Düsseldorf oder Bonn neben Italienern und Franzosen ebenfalls beachtliche niederländische Bestände aufwiesen, standen die niederländischen Gemälde bei den neuen Sammlungen des 18. Jahrhunderts in Kassel, Karlsruhe und Schwerin im Mittelpunkt des Interesses. Die Schweriner Sammlung geht auf Herzog Christian Ludwig II. von Mecklenburg-Schwerin zurück, der die niederländische Kunst auf zwei Kavaliersreisen nach Holland schätzen gelernt hatte. Aus Amsterdamer und Haager Auktionen sowie über die Vermittlung Hamburger Kunsthändler erwarb er Leidener Feinmaler und andere Kabinettstücke, die erstmals 1792 katalogisiert wurden.[7] Auf die großen Formate war dagegen die Kasseler Sammlung Landgraf Wilhelms VIII. konzentriert. Wilhelm hatte bereits als Gouverneur der Grenzfestungen Maastricht und Breda Kontakte zum niederländischen Kunsthandel geknüpft und ein Gemäldekabinett angelegt. Dieses trachtete er, insbesondere nach seinem Regierungsantritt 1751, zur Universalsammlung auszubauen. Bereits in den 1730er Jahren wurden auf Amsterdamer Auktionen mehrere Rubens, z. B. die „Flucht nach Ägypten", erworben, und 1750 gelang der Ankauf der Delfter Sammlung Valerius Rövers mit 64 Meisterwerken, darunter acht Rembrandts. Zur Abrundung der Sammlung kamen bis 1756 noch einige großformatige Italiener hinzu.[8]

Drei Jahre später begann der Aufbau eines „Mahlerey-Cabinet“ durch die Markgräfin Karoline Luise von Baden in Karlsruhe. Bereits zu Anfang stellte die Markgräfin eine Liste der Maler und Themen auf, die in ihrem Kabinett vertreten sein sollten. Abgesehen von drei deutschen Künstlern – Mignon, Roos und Rottenhammer – waren dies ausschließlich niederländische und flämische Meister. In verhältnismäßig kurzer Zeit gelang es Karoline Luise dann auch, ihre Vorstellungen durch Käufe bei den Versteigerungen berühmter Sammlungen in Paris, aber auch im Haag, in die Tat umzusetzen. Es entstand eine individuelle Lehrsammlung von 205 Gemälden in vier Räumen, die dicht auf dicht gehängt wurden.[9]

Mit den neuen Niederländersammlungen kam auch in Deutschland die Gattungshierarchie ins Wanken. Hatten in den Sammlungen von Berlin bzw. Potsdam, Dresden, Wien, Düsseldorf, aber auch in Mannheim, Salzdahlum oder Schleißheim zahlenmäßig noch immer die Historien an der Spitze gestanden, machte ihr Anteil in Kassel nur noch ein Viertel aus, während in Schwerin und Karlsruhe Landschaften, Genreszenen und Porträts überwogen.[10] Dies war in den bürgerlichen Sammlungen des 18. Jahrhunderts, sofern sich ihre Zusammensetzung in Frankfurt und Hamburg aufgrund von Auktionskatalogen erschließen läßt, noch viel ausgeprägter der Fall.[11]

Die erste Sammlung, die wir rekonstruieren können, ist die des Barons Jacob von Häckel, der nicht nur selbst eine bedeutende Kunstsammlung aufbaute, sondern als Connaisseur auch Wilhelm VIII. von Hessen-Kassel sowie Karoline Luise von Baden beim Aufbau ihrer Kunstsammlungen beriet. Aufgrund des Auktionskatalogs von 1762 – die Auktion fand zwei Jahre später statt und war das gesellschaftliche Ereignis in Frankfurt – ergibt sich folgendes Bild der Sammlung: Landschaften und vor allem Genrebilder dominierten vor Historien, Porträts und Stilleben. Ziemlich stark waren ferner die sog. Tierstücke vertreten, die im Laufe des 18. Jahrhunderts zusammen mit Jagd- und Tierstilleben modern wurden.

Gemäldegattungen in Frankfurter Sammlungen, 1762–1829 (in %)[12]

Gattung	Häckel 1762	Bernus 1780	Berberich 1784	Kaller 1790	Prehn 1829	Morgenstern
Historien	14	25	13	19	20	22
Landschaften	23	35	26	42	44	35
Stilleben	9	12	13	6	2	1
Genre	26	11	28	17	9	22
Porträts	15	13	10	7	17	17
Tiere	9	3	7	7	6	1
Andere	4	1	3	2	2	2

In der Folgezeit nahmen die Landschaften in den Frankfurter Sammlungen deutlich zu. Zu nennen wären die Sammlungen des Bankiers Bernus, des Reichshofrats Berberich oder der Sammler und Händler Kaller und Michael, die zwischen 1781 und 1790 versteigert wurden.

Abb. 14 Das Gemäldekabinett des Johann Valentin Prehn, Aquarell von Carl Morgenstern, 1829.

Für das ausgehende 18. und beginnende 19. Jahrhundert stehen mit den Sammlungen des Konditormeisters Johann Valentin Prehn und des Malers Friedrich Morgenstern weitere Kollektionen zur Verfügung. Diese sind nicht allein in Auktionskatalogen dokumentiert, sondern haben großenteils in natura im Historischen Museum in Frankfurt überlebt. Die Prehnsche Sammlung ist die einzige Mittelschichtsammlung, die wir für diese Zeit in Frankfurt rekonstruieren können. Prehn sammelte Quantität statt Qualität und kaufte Originale wie Kopien, wobei er in seinem Geschmack sowohl durch gedruckte Sammlungskataloge als auch durch seine Sammlerkollegen beeinflußt wurde. In seiner Sammlung rangierten Landschaften deutlich vor Historien, danach kamen Porträts und Genre.

Mindestens ebenso interessant ist das Kabinett, das der Maler Johann Friedrich Morgenstern in den ersten beiden Jahrzehnten des 19. Jahrhunderts zusammengemalt hat. Morgenstern, ein bekannter Frankfurter Maler und Restaurator, schreinerte drei Triptychen und füllte diese mit Gemälden Frankfurter Sammlungen, die er kopierte, wenn sie sich zur Restaurierung in seiner Werkstatt befanden. So stellt das Morgenstern-Kabinett einen repräsentativen Querschnitt durch das obere Segment der Frankfurter Sammlungen um 1800 dar. Landschaften dominierten über Historien und Genredarstellungen.

Insgesamt wird also für Frankfurt deutlich: Je weiter man in die zweite Hälfte des 18. Jahrhunderts vordringt, desto mehr überwiegen Landschaften und desto geringer wird die Bedeutung von Historien und Stilleben. Dies entspricht ziemlich genau der Zusammensetzung holländischer Sammlungen des späten 17. Jahrhunderts.

Beziehen wir zum Vergleich eine weitere Stadt in unsere Betrachtung mit ein, so denken wir unweigerlich an Hamburg. Anfänge der Sammlungstätigkeit kann man einerseits bereits für das 17. Jahrhundert rekonstruieren, als sich der kulturelle Austausch zwischen den Niederlanden und der Elbmetropole intensivierte. Nicht nur Hamburger Kaufmannssöhne studierten in Leiden oder unternahmen Bildungsreisen in die Niederlande, sondern auch Hamburger Maler erfuhren dort ihre Ausbildung. Darüber hinaus ließen sich Niederländer mit ihren Kunstsammlungen an der Elbe nieder. Ein Beispiel ist Johann Outgertsen (Outgers), der 1644 seine Sammlung von 68 Gemälden der besten niederländischen und flämischen Maler seinen Gläubigern übertrug.[13] Als einer der bedeutendsten muß Jacob de le Boe Sylvius erwähnt werden, dessen Bruder in Leiden ein Mäzen der Feinmaler Gerrit Dou und Frans van Mieris gewesen war. Jacob erbte die brüderliche Sammlung und transferierte sie vermutlich nach Hamburg, denn Joachim von Sandrart berichtet von Jacob de le Boe Sylvius als Hamburger Kunstliebhaber und verweist in diesem Zusammenhang auf die brüderliche Sammlung. Auch ein zweiter früher Sammler, der Arzt Anthon Verborcht, stammte aus den Niederlanden. Seine Kollektion kam 1731 unter den Hammer; der Auktionskatalog ist leider nicht erhalten. Es ist aber zu vermuten, daß sich auch andere Hamburger Sammler auf dieser Auktion bedienten.[14]

Auch wenn es sich bei den zahlreichen Hamburger Auktionen zumeist um anonyme Versteigerungen von Gemälden handelte, können wir für das 18. Jahrhundert fünf größere Sammlungen feststellen, die bis auf eine Ausnahme Hamburger Sammlerpersönlichkeiten zuzuordnen sind. Es handelt sich dabei um den Ratsherrn und Dichter Barthold Heinrich Brockes, den Maler Balthasar Denner, den Sammler Heinrich Thielcke und den französischstämmigen Hamburger Bürger Pierre Laporterie, deren Sammlungen 1747, 1749, 1782 und 1793 versteigert wurden. Für das letztgenannte Jahr ist eine weitere anonyme Auktion bezeugt, bei der es sich mit großer Wahrscheinlichkeit ebenfalls um eine Hamburger Sammlung handelte.[15] Wenn wir uns mit diesem Wissen die auswertbaren Hamburger Sammlungen ansehen und diese nach Sujets aufschlüsseln, erhalten wir interessante Einblicke in die Sammlungskultur der Elbestadt.

Gemäldegattungen in Hamburger Sammlungen, 1747–1793 (in %)[16]

Gattung	Brockes 1747	Denner 1749	Thielcke 1782	Laporterie 1793	Anonym 1793
Historien	20	9	17	30	13
Landschaften	30	45	27	33	42
Stilleben	18	13	5	4	8
Genre	7	9	23	20	13
Porträts	20	22	24	12	21
Tiere	3	2	2	1	2
Andere	2	0	2	0	1

In Hamburg war wie in den Niederlanden und in Frankfurt die Landschaft auf dem Vormarsch, aber der Abstand zu den Historien war nicht immer so groß wie in Delft und Amsterdam. Dabei unterschieden sich die Hamburger Sammlungen durchaus voneinander. Während in Brockes' „klein Cabinett von Gemälden" die Landschaften mit 30 % dominieren und Historien, Stilleben und Porträts ziemlich gleichauf dahinter rangieren, ist der Unterschied in der Dennerschen Sammlung viel stärker ausgeprägt, was vielleicht mit der Verkaufsorientierung des Malers und Händlers Denner zusammenhängt. Seine Entsprechung findet die Dennersche Sammlungsstruktur in der anonymen Hamburger Sammlung, die 1793 versteigert wurde, wogegen die Kollektionen Thielcke und Laporterie noch vergleichsweise traditionell zusammengesetzt sind. Hier spielen die Historien – insbesondere bei Laporterie – noch eine größere Rolle, auch die Genreszenen sind verhältnismäßig stark repräsentiert, was aber auch aus Überlieferungslücken des Katalogs resultieren kann.[17] Dennoch stützen sie nicht die von Niels von Holst verbreitete These, daß in den Hamburger Sammlungen die Genremalerei und niederländische Meister vorherrschend waren.[18]

In welchem Maße wurden die beobachteten Sammlungstrends durch Gemäldeimporte aus den Niederlanden beeinflußt? Zur Beantwortung dieser Frage müssen die genannten Sammlungen in Hinblick auf ihre nationale Zusammensetzung untersucht werden.

Herkunft von Gemälden/Malern in Frankfurter Sammlungen 1762–1820 (in %)[19]

Herkunft	**Häckel**	**Bernus**	**Berberich**	**Kaller/ Mich.**	**Prehn**	**Morgenstern**
Niederländisch	13	17	15	27	13	54
Flämisch	12	16	11	13	9	8
Deutsch	35	26	18	27	41	21
Italienisch	8	8	4	5	2	12
Französisch	2	1	2	2	2	4
Übrige/ Unbekannte	30	32	50	26	33	1

Hierbei zeigt sich, daß – abgesehen von Morgensterns Kabinett, welches einen Querschnitt durch das obere Sammlungssegment darstellte – niederländische Gemälde nie mehr als ein Drittel der Frankfurter Sammlungen ausmachten. Deutsche, zumeist Frankfurter Maler, dominierten, wobei anonyme Gemälde ebenfalls eine große Rolle spielten. Ähnliches gilt auch für Hamburg.

Herkunft von Gemälden in Hamburger Sammlungen, 1747–1793 (in %)

Gattung	Brockes	Denner	Thielcke	Laporterie	Anonym
Niederländisch	14	45	19	38	32
Flämisch	6	7	10	10	12
Deutsch	35	31	24	19	35
Italienisch	3	8	2	13	4
Französisch	1	1	1	7	1
Übrige/ Unbekannt	41	8	44	13	16

In der Hansestadt standen in den Sammlungen Denner und Laporterie niederländische Maler zahlenmäßig an der Spitze, wogegen in den übrigen Sammlungen einheimische deutsche Maler dominierten. Hinzu kam in den Sammlungen Brockes und Thielcke eine große Zahl anonymer Bilder, die wir vermutlich der lokalen Kunstproduktion zuschreiben können. Der große Anteil der Niederländer in der Sammlung Denner (neben seinen eigenen Werken) erklärt sich durch enge persönliche Kontakte nach Holland – Denner arbeitete zeitweilig in Amsterdam –, was sich auch in der Sammlungsstruktur mit dem hohen Anteil an Landschaften ausdrückt. Bei Laporterie ist dagegen ein gewisser klassischer Sammlungscharakter zu beobachten. Hierzu gehören ein größerer Anteil italienischer Maler, aber auch Flamen und italienisierende Deutsche, wie Anton Raphael Mengs und Johann Heinrich Roos.

Vermarktung und Kennerschaft

Die in der Sammlerwelt vorherrschenden Geschmackstrends sind schwierig zu erfassen. Geschmacksbildend und einflußreich waren jedenfalls Händler, Maler, Connaisseurs und Publizisten, insbesondere wenn Maler als Kunsthändler wirkten oder Connaisseurs das Sammeln mit publizistischer Tätigkeit und Kunsthandel verbanden.

Wie in den Niederlanden des 17. Jahrhunderts schuf der expandierende deutsche Kunstmarkt im 18. Jahrhundert die neue Profession des Kunsthändlers, als sich Kaufleute und Maler auf diesen Handel spezialisierten. Schnell erfolgte eine weitere Spezialisierung, als sich internationale Händler auf die Versorgung der Höfe und potenter Privatsammler verlegten sowie lokale Kunsthändler in Frankfurt und Hamburg die städtischen Sammlungen, aber auch die benachbarten Höfe versorgten. Hierbei wurden Auktionen immer wichtiger für den Kunstumschlag.

Auktionskataloge in Deutschland bis 1800[20]

	Gesamt	Berlin	Frankfurt	Hamburg	Köln	Leipzig	Sonstige
Gesamt	298	12	40	140	9	27	70
bis 1750	27	-	2	11	1	1	12
1751–1760	9	-	-	6	-	2	1
1761–1770	32	4	10	9	4	1	4
1771–1780	61	3	7	37	-	-	14
1781–1790	82	2	14	34	1	11	20
1791–1800	87	3	7	43	3	12	19

Der zeitliche Schwerpunkt der Auktionstätigkeit lag zwischen 1770 und 1800. Vor dieser Zeit fanden Gemäldeauktionen – mit Ausnahme Hamburgs – nur vereinzelt statt. In der Hansestadt hatte die Auktionstradition bereits im ausgehenden 17. Jahrhundert begonnen, obwohl meistens Bücher versteigert wurden. Insgesamt war Hamburg mit 140 Auktionen der führende Kunstmarkt des Reiches, dem Frankfurt, Leipzig und Köln folgten. Da die durchschnittliche Zahl der pro Auktion versteigerten Bilder in Frankfurt aber höher als in Hamburg lag, kamen im 18. Jahrhundert nach Aussage der Kataloge insgesamt 17.895 Gemälde in Hamburg sowie 10.153 Gemälde in Frankfurt unter den Hammer.[21]

Hamburg, Anno 1787

CATALOGUS
einer auserlesenen Sammlung
Italienischer, Niederländischer und
Französischer
Cabinet-Mahlereyen,
so
aus einer hiesigen bekannten Verlassenschaft,
auch theils aus der Fremde entstehen,
sollen sämmtlich
am Sonnabend, den 6ten October a. c.
auf dem hiesigen Börsen-Saal
öffentlich an die Meistbietende verkauft werden,
durch die Makler
P. Texier und M. Bostelmann,
bey welchen die Designation bereits abzufordern. Auch sind besagte Gemählde
den Tag vor der Verkaufung, als den 5ten October, am benannten Orte
gefälligst zu besehen.

Gedruckt bey Dieterich Anton Harmsen.

Abb. 15 Titelseite eines Hamburger Auktionskatalogs, 6. Oktober 1787.

Hamburgs günstige Lage für den Transithandel zog neben fremden Kaufleuten auch prominente Kunsthändler wie Gerhard Morell an. Dieser vermittelte den genannten Sammlungen in Hessen-Kassel und Mecklenburg-Schwerin Gemälde aus niederländischen Auktionen, bot sie aber auch privaten Sammlern an. Später wurde er Galerieinspektor der dänischen Kunstsammlung in Kopenhagen, für die er mehr als 200 Meisterwerke erwarb. Bei seinen Angeboten ordnete er die Gemälde „kunsthistorisch" ein und leistete damit einen wichtigen Beitrag zur Kennerschaft, so z. B. in einem Brief an den Mecklenburger Hof:

> „Ich muß gestehen der Weenix ist gut allein ich ruhfe Ehrw. Hochfürstl. Durchl. erfahrene Augen zu Zeugen wie weit mein v. Alst dieses so wohl als den v: Alst welchen Ehrw. Hochfürstl. Durchl. schon besitzen, in Fleiß, Schönheit, Composition Verstand und guter Conservirung übertrifft, dieses Stück hat das Glück gehabt, nie in den Kunst Händen solcher Leute zu gerathen, die durch putzen, reiben, corrigiren und retouchiren den Meister in den Meistern selbst unkentlich machen, dieses stück ist kein Zweifels=Knoten, es bedeutet nicht, sondern ist von dem berühmtesten Stilleben Mahler v Alst, und zwar seine beste Geburth [...]."[22]

Dem Hamburger Kunstmarkt kam die liberale Auktionsgesetzgebung zugute, die nach dem Vorbild der Warenauktionen den Maklern eine besondere Stellung einräumte. Entsprechend trugen Makler wie Packischefsky, Bostelmann und Texier zum Umschlag importierter Gemälde in Hamburg bei. Auch Hamburger Privatsammlungen wurden mit Hilfe von Auktionen recycelt, wobei die Französische Revolution (1789) das Bilderangebot aus französischen Sammlungen stark vermehrte.

Frankfurt profitierte dagegen von der Messe und dem kontinuierlichen Zufluß von auswärtigen Erzeugnissen. Es überrascht daher nicht, daß hier der Maler Justus Juncker zusammen mit dem Händler Johann Christian Kaller eine Serie von Auktionen, in denen importierte Gemälde unter den Hammer kamen, organisierte. Ein weiteres Beispiel ist der Sammler und Händler Johann Baptist Ehrenreich, der z. B. Karoline Luise von Baden über die bevorstehenden Auktionen informierte, ihr den Auktionskatalog zuschickte und die in Frage kommenden Gemälde je nach Qualität mit ein bis drei Sternen markierte. Leider ist nur noch der Brief Ehrenreichs, aber nicht mehr der beigelegte Katalog in Karlsruhe vorhanden. Auf einer anderen Auktion kaufte Ehrenreich für Karoline Luise von Baden Gemälde von Brouwer, Saftleven und Brekelenkamp (für 375 Taler 8 Kreuzer). Ebenfalls Beziehungen zum Badischen Hof unterhielt der Frankfurter Wachsbossierer und Händler Christian Benjamin Rauschner, der 1765 dem Karlsruher Hof Gemälde anbot sowie eine große Auktion aus Holland importierter Bilder veranstaltete.[23]

Ein gutes Beispiel für die Aktivitäten auf dem Frankfurter Kunstmarkt ist die Sammlungstätigkeit der Henriette Amalie von Anhalt-Dessau. Henriette Amalie, die aufgrund eines unstandesgemäßen Liebesverhältnisses mit Kinderfolge am Dessauer Hof in Ungnade gefallen war, richtete in den 1770er und 1780er Jahren eine Residenz in Bockenheim ein und ersteigerte dazu regelmäßig Bilder auf Frankfurter Auktionen. Erstmals ist sie als Käuferin bei der Auktion des Frankfurter Weinhändlers Georg Wilhelm Bögner (1778) erwähnt, auf der sie 93 Gemälde erwarb. Vier Jahre später kaufte sie 44 Gemälde aus der Sammlung Johann Noë Gogels, darunter Werke von Pieter Potter und Caspar Netscher. 1784 ersteigerte sie in einer Auktion des Frankfurter Maler-Händlers Johann Andreas Benjamin Nothnagel Gemälde von Cornelis van Poelenburgh und Gerard Hoet. Auch bei der Zerschlagung der

Sammlung Berberich beteiligte sich Henriette Amalie, ebenso wie auf der Auktion der Sammlung des Mainzer Domprobstes Hugo Franz Karl Graf von Eltz (1785).[24]

Auktionen und Auktionskataloge beförderten die Kunstkennerschaft. So beschrieb Christian Benjamin Rauschner in seinem Auktionskatalog 1765 nicht nur die zum Verkauf kommenden Gemälde, sondern versuchte auch, jedes Bild in das Œuvre des Malers, manchmal sogar in die Kunstgeschichte, einzuordnen. Als Beispiel sei die Nummer 22, eine Landschaft von Paul Bril, angeführt, zu der es heißt:

> „Die Colorit des Meisters Landschaften sind bekannt, daß sie viel ins Grüne fallen; diese Manier stehet seinem Pinsel wohl an, und verbindet sich gut mit einander. Tennier hat die Estavage gemacht und wohl plaisirt; man wird wohl von Paul Brill wenig fleißigere Landschaften finden, als gegenwärtige ist."[25]

Ähnliches gilt für die Nummer 102, ein Stilleben von Jan Weenix:

> „Ein Hase an einem Hacken hangend, ein Feld=Hun auch hangend, ein marmorner Tisch, worauf ein Haasen=Garn, eine grün=sammetene Jagd=Tasche, und zwei Blau-Specht liegen; Ferner hanget oben eine Falcken=Haube, eine Wachtel=Pfeiffe und ein hörnern Jagd=Horn an einer seidenen Schnur mit Quasten. Ich will keinen alten, noch neuen Mahler zu nahe treten, danach bin ich so frey, und frage, bey Ansicht dieses Bildes, einen jeden Kenner, ob von diesem Fleiß, Natur, und alles vom Geist des Menschen, seiner Hand und Pinzel dependiret, noch ein dergleichen Gemählde zu finden seye. Hamilton will viel sagen, aber diesem Weninx darf er nicht zu nahe hangen, sonsten übergehet ihn das Auge eines Kenners."[26]

Es gibt zahlreiche derartige Beiträge zur Kunstkennerschaft. Dabei wurde im Laufe der Zeit in den Katalogen immer stärker differenziert. Beispielsweise heißt es über die „Rembrandts" in der 1782 versteigerten Sammlung Thielcke:

> „Ohnfehlbar Rembrand. Ein alter Greis, welcher eine Stunden=Uhr in beyden Händen hält, und mit aufhabender Brille eine bedachtsame Mine verräth, exellent gemahlt, auf Leinwand" [318], „Im Gusto von Rembrand. Ein historisches Manns=Portrait, auf Leinwand" [156], „Aus der Schule von Rembrand. Ein sitzender Gelehrter, der in einem Buch lieset, auf Leinw." [147], „So schön wie Rembrand. Eines Ge-

> lehrten Portrait mit zwey Händen, geistreich gemahlt, auf Holz" [52] oder L. Bramer: „Ein vortrefliches Gemälhde, die Verehrung Christi vorstellend, so schön wie Rembrand, auf Holz" [86].[27]

Kein Rembrandt wird als Original bezeichnet, und die vorgenommenen Differenzierungen sprechen einerseits für eine sich allmählich entwickelnde Kunstkennerschaft; andererseits sind jene auch als Marketingstrategien zu interpretieren, indem der Auktionator oder der Katalogverfasser mit einem Angebot möglichst vieler „Rembrandts" die Sammlernachfrage nach seinem Stil zu befriedigen suchte.

Die Auktionskataloge zirkulierten unter Sammlern, Kennern und Händlern und wurden bald selbst zu Sammlungsobjekten. Wie wir aus den Briefen Christian Ludwigs von Hagedorn wissen, erhielten die Sammler Kataloge von den Händlern, korrespondierten über anstehende Auktionen, erstellten Listen der Wunschobjekte mit Bezug auf die Schätzpreise und erteilten schriftliche Aufträge (sog. Commissionen). In einem Brief an seinen Bruder Friedrich vom April 1741 schreibt beispielsweise Hagedorn:

> „Aus deinem Commissions-Billet ersehe ich, daß du auf einen van der Velde und David Teniers indistincte Commission bis auf 16 Duc. gegeben. In meinem Pompilio aber hatte ich restrictive: Vieh-Stück und Landschaft zu beyden hinzugesetzt. Dergleichen hat Adrian van der Veld gemahlt; wenn ich also einen Willem van der Veld bekäme, so zwar auch wohl das Geld werth, so bekäme ich Schiffs- und See-Stücke, wohin ich eben nicht inclinire. Hingegen, wenn ich für 16 Ducaten so einen Tenierschen 6- und 4-zolligen Petit Soldat bekäme, würde ich nicht profitiert haben, weil solch' ein klein Stück keine weitere Composition hat. Also habe ich mich auf Landschafften und Viehstücke als meine HauptCollection eingeschränckt, denn auf ein Sacrifice d'Abraham von D. Teniers darf ich mir wohl keine Rechnung machen. Doch wäre mir ein sehr gutgemahltes reich componiertes BauernStück [...] nicht weniger angenehm als eine Landschaft."[28]

Am Ende des 18. Jahrhunderts entwickelte sich außerdem eine neue Vermittlungsinstitution für Kunst, die sog. Kunsthandlung. Sie kombinierte Produktion, Publikation und Verkauf von Graphik mit der Auktion von Gemälden und manchmal auch antiquarischer Bücher. Als Beispiel kann die Rostsche Kunsthandlung in Leipzig genannt werden, die 1783 ihre erste Auktion von Zeichnungen, Kupferstichen, Bildern und Büchern veranstaltete. Der Prototyp der Kunsthandlung war aber sicher das Verlagshaus Prestel. Das Malerehepaar Prestel hatte sich auf die druckgraphische Vervielfältigung zunächst von Handzeichnungen, später von Gemälden spezialisiert und zum Beispiel niederländische Landschaften in prachtvollen Faksimiledrucken veröffentlicht. Andere Verleger, wie Johann Friedrich Frauenholz in Nürnberg, publizierten Radierungen, die Ferdinand und Wilhelm Kobell nach niederländischen Landschaften (von Nicolaes Berchem, Philips Wouwerman, Jan Both, Adriaen van de Velde, Jacob Ruysdael) geschaffen hatten. Reproduktionen, die sich gegen Ende des 18. Jahrhunderts stark verbilligten, können also als Medium der Geschmacksbildung nicht hoch genug geschätzt werden. Noch größer war das Angebot der „Kunsthandlung Dominik Artaria", die 1793 in Mannheim ihre Türen öffnete. Hier konnten potentielle Sammler in den Ausstellungsräumen Gemälde, Kupferstiche, Radierungen, Skulpturen sowie Gipsabgüsse klassischer Statuen bzw. Porträts von Fürsten bewundern und erwerben. Mit diesen Erzeugnissen unterschied sich Artaria nur wenig von dem, was Friedrich Justin Bertuch in seinem „Journal des Luxus und der Moden" bzw. seinem Weimarer „Landes-Industrie-Comptoir" offerierte und womit jener die Nachfrage der Weimartouristen nach kulturellen Devotionalien der Weimarer Heroen befriedigte.[29]

Im Hinblick auf die Geschmacksbildung waren die Maler selbst ebenso einflußreich wie die Händler. Sie organisierten Auktionen und vermittelten Geschmackstrends durch Verkauf von Gemälden und Kopien geschätzter Meister, wenn sie nicht selbst im gewünschten Stil malten. Für Hagedorn übernahm beispielsweise der Wiener Maler Joseph Orient die künstlerische Rundumversorgung. Er verkaufte nicht nur eigene Landschaften an den Sammler, sondern auch Landschaften von Pieter Mulier und ein Taubennest von David König als ein „Compagnon" zu einem Jan Fyt. Außerdem beriet Orient Hagedorn beim Aufbau seiner Sammlung. Letzterer schickte ihm beispielsweise eine Liste gewünschter Gemälde, die ersterer dann kommentierte.[30]

In Frankfurt gab es nicht nur Maler, wie Jacob Marell, Georg Flegel und Johannes Lingelbach, die einige Jahre in den Niederlanden verbracht hatten und so zum Geschmackstransfer beitrugen, sondern auch im 18. Jahrhundert die sog. Hollandisten: Johann Georg Trautmann, Friedrich Wilhelm Hirt, Christian Georg

Schütz, Wilhelm Tischbein, Johann Conrad Seekatz und Justus Juncker. Letzterer organisierte die genannten Auktionen des Jahres 1763 zusammen mit dem Kaufmann Kaller. Alle Maler erhielten Aufträge von Baron von Häckel, der Gemälde und auch Tischbein persönlich als Hofmaler nach Kassel vermittelte. Ein weiterer Auftraggeber für die Frankfurter Maler war Johann Caspar Goethe, Goethes Vater, der die Bildankäufe sorgfältig in seinem „Liber domesticus“ vermerkte:

„1758–1763	17 Gemälde von Seekatz,
1759–1763	5 Gemälde von Trautmann,
1753–1764	6 Gemälde von Juncker,
1756–1768	4 Gemälde von Schütz etc.“[31]

Aufgrund der Aufträge von Häckel, Goethe und anderen Sammlern überwogen in Frankfurter Sammlungen Landschaften im niederländischen Stil von Schütz, Hirt und Trautmann (insbesondere Nachtstücke), wogegen Justus Juncker und der Darmstädter Hofmaler Seekatz Stilleben und Genreszenen lieferten. Andere Maler wie der Fuldaer Hofmaler Johann Andreas Herrlein malten und verkauften zeitweilig Bilder im niederländischen Stil in Frankfurt.

Ähnlich war die Situation in Hamburg, wo Franz Werner Tamm Stilleben malte, Joachim Luhns Genrestücke und Johann Georg Stuhr Historien und Landschaften. Am erfolgreichsten war hier Balthasar Denner, der in seiner Werkstatt verschiedene niederländische Sujets fertigte, seine Reputation aber Porträtaufträgen für die Höfe von Holstein-Gottorp, Dänemark, Braunschweig-Wolfenbüttel und Mecklenburg-Schwerin verdankte, von zeitweiligen Aufenthalten in Amsterdam und London ganz zu schweigen. Gleichermaßen erfolgreich war Denner im Auktions- und Lotteriegeschäft, wovon die erhalten gebliebenen Kataloge in der Denner-Akte im Schweriner Staatsarchiv Zeugnis ablegen.[32]

Als Geschmacksvermittler müssen die Connaisseurs gelten. Sie besuchten, wie z. B. Hagedorn, wichtige fürstliche und private Sammlungen im In- und Ausland (Niederlande) und kommunizierten deren Inhalte einem größeren Publikum. Außerdem berieten sie wie Baron von Häckel als Kunstexperten auch Fürsten beim Aufbau ihrer Sammlungen. 1759 schickte Häckel beispielsweise eine Auswahl seiner Gemälde an Karoline Luise von Baden. Diese suchte sich davon zwei Stilleben von Rachel Ruysch aus und bedankte sich mit ihrem Porträt, worauf Häckel wiederum mit einem Mieris-Porträt antwortete. Außerdem verbreitete Häkkel Geschmackstrends durch seine Aufträge an Frankfurter Maler.[33] Die Auktion der Häckelschen Sammlung war ein gesellschaftliches Ereignis, von dem Goethe wie folgt berichtet:

> „Ich erinnere mich seiner nur dunkel als eines freundlichen, wohlgebildeten Mannes; desto deutlicher aber seiner Auktion, der ich vom Anfang bis zu Ende beiwohnte, und teils auf Befehl meines Vaters, teils aus eigenem Antrieb manches erstand, was sich noch unter meinen Sammlungen befindet."[34]

Und an anderer Stelle heißt es zu der Auktionsatmosphäre:

> „Ich hatte mir schon früher bei Gemäldeliebhabern, besonders aber auf Auktionen, denen ich fleißig beiwohnte, den Ruhm erworben, daß ich gleich zu sagen wisse, was irgendein historisches Bild vorstelle, es sei nun aus der biblischen oder Profangeschichte oder aus der Mythologie genommen; und wenn ich auch den Sinn der allegorischen Bilder nicht immer traf, so war doch selten jemand gegenwärtig, der es besser verstand als ich. So hatte ich auch öfters die Künstler vermocht, diesen oder jenen Gegenstand vorzustellen, und solcher Vorteile bediente ich mich gegenwärtig mit Lust und Liebe."[35]

Nicht so prominent wie Häckel, aber ähnlich einflußreich war Goethes Schulfreund Heinrich Sebastian Hüsgen, der nicht nur regelmäßig auf Auktionen bot, sondern auch über prominente Frankfurter Sammler und Sammlungen publizierte. In seiner ersten Publikation „Verrätherische Briefe von Historie und Kunst" schrieb Hüsgen über Frankfurt und Umgebung und die Rolle, die Künstler und Gelehrte bei der Bildung der Gesellschaft spielten. Vor diesem Hintergrund informierte er sowohl über Frankfurter Sammlungen als auch über seine eigenen Sammelmotive. Nach Hüsgen trugen Sammeln und Liebhaberei zur Bildung des Geistes, zur Bewunderung der Schöpfung und zur Erhaltung eines gesunden Körpers bei.[36]

Mehr Einfluß auf die Geschmacksbildung hatte Hüsgens zweites Buch „Nachrichten von Frankfurter Künstlern und Kunst-Sachen", ein Künstlerlexikon, das einen Überblick über die Frankfurter Sammlungen gab.[37] Indem er die Meisterwerke holländischer und deutscher Künstler in bestimmten Frankfurter Sammlungen hervorhob, setzte er Standards für spätere Sammler. Seine eigene Sammlung, die 1808 versteigert wurde, bestand aus Antiquitäten, Zeichnungen, Drucken, Kuriositäten wie einer Haarlocke Dürers und aus rund 100 Ölgemälden. Dabei überwogen wie auch in den anderen Sammlungen Landschaften vor Historien und Genrebildern, und bei den Malern – wie im Morgenstern-Kabinett – die Niederländer. Darüber hinaus war Hüsgen seit den 1780er Jahren als Publizist und Promoter des Prestel-Verlags erfolgreich.

Geschmack

Wir haben bisher den Begriff „Geschmack“ im modernen Sinne gebraucht. Er wurde im 18. Jahrhundert zunächst allein im Kontext der literarischen Produktion zur Verbesserung von „Poetik“ und „Rhetorik“ anstelle von „gusto“ bzw. „bon gôut“ in die deutsche Sprache eingeführt. In den Auktionskatalogen der 1760er bis 1780er Jahre erscheint „gusto“ bzw. „Geschmack“ und bezeichnet in der Regel die Manier oder den Stil eines Malers bzw. einer Schule. Allein Friedrich Hagedorn gebrauchte den Geschmacksbegriff für die Bildende Kunst und zielte damit auf die Aufklärung und den künstlerischen Fortschritt der Maler, Sammler und Kenner. So führt Hagedorn den Geschmacksbegriff in einem Kapitel „Grundsätze zur Bildung des Geschmacks des nachahmenden Künstlers“ ein. Zur „Befestigung des Geschmacks in der Mahlerey“ sollte der Künstler seine Hand üben, der Sammler seine Erfahrung steigern, der Kenner sein Auge schulen sowie der Gelehrte „die Erfahrungen eines geübten Auges“ mit der „Empfindung des mahlerischen Schönen“ verbinden. Dabei war der Kenner, der sich vom „großen Haufen“ der Liebhaber und Sammler, aber auch vom „bloßen Gelehrten“ abhob, das Ideal Hagedorns.[38]

Einen Schritt weiter ging dann Immanuel Kant, bei dem es heißt: „Geschmack [...] ist also ein Vermögen der gesellschaftlichen Beurteilung äußerer Gegenstände in der Einbildungskraft“, und an anderer Stelle: „In völliger Einsamkeit wird niemand sich sein Haus schmücken oder ausputzen; er wird es auch nicht gegen die Seinigen (Weib und Kinder), sondern nur gegen Fremde tun; um sich vorteilhaft zu zeigen“,[39] d. h., Kunstkennerschaft und Geschmack waren soziale Phänomene und entstanden damit in Kommunikationsprozessen.

Welche Gemälde und Maler setzten die Geschmacksstandards in den Sammlungen des 18. Jahrhunderts? Was in den Sammlungen dieser Zeit modern war, zeigt eine Liste Karoline Luises von Baden aus dem Jahre 1759/60. Informiert durch Reisen nach Paris und in die Niederlande, Galeriebesuche, Sammlungskataloge und die zeitgenössische Literatur – wie Jean Baptiste Descamps „La vie des peintres flamands, allemands et hollandois" –,[40] aber auch durch Gespräche mit Händlern, Malern und Connaisseurs verschaffte sich Karoline Luise genaue Vorstellungen darüber, was sie in ihrer Sammlung haben wollte. Neben den Deutschen Mignon, Roos und Rottenhammer waren allein Niederländer und Flamen erwünscht: An der Spitze Rubens, van Dyck und Rembrandt; dahinter die repräsentativen Maler für jedes Sujet: Brouwer, Ostade und Teniers für Bauerngenres; Bril, van der Neer, Berchem und Saftleven für Landschaften; de Heem, Jan van Huysum und Rachel Ruysh für Stilleben; Terborch, Metsu, Dou, Frans und Willem Mieris, Netscher und van der Werff für Genre. Später erwähnte Karoline Luise ebenfalls noch Dujardin, v. d. Heyden, Poelenburgh, Slingeland und Schalcken. Es gelang ihr in den nächsten Jahren dann auch tatsächlich, die gewünschten Maler und Sujets zu erwerben. Dabei betrachtete sie ihre Sammlung, wie sie selbst sagte, „nur wie ein Literat seine Bibliothek, nämlich als Mittel zur Belehrung", d. h. als private Akademie, in der sie die Geheimnisse der Kunst zu entdecken suchte, indem sie die Meisterwerke kopierte.[41]

Letzteres scheint für zahlreiche Sammler charakteristisch gewesen zu sein. Auch Christian Ludwig von Hagedorn versuchte, seine Kennerschaft durch eigene Zeichnungen und Radierungen unter Beweis zu stellen. Seine Mittel und Ambitionen waren aber bescheidener als die der Badenerin. In seiner Korrespondenz nennt er zwar (wie Karoline Luise) als Wunschmaler Teniers, A. van de Velde, Wouwerman, Berchem, Mignon, Ostade, A. van der Neer, Terborch, Mieris, Brueghel, van der Werff, Dou, Rembrandt und Rubens. Aber in seine Sammlung gelangten davon nur A. van de Velde, Berchem, Terborch, Willem und Frans Mieris sowie andere nicht ganz so prominente Flamen und Holländer.

Besser sortiert mit den Modemalern war die Hüsgensche Sammlung. Hier sah man nicht nur zwei Mieris-Porträts, Genres von Brouwer, ein Stilleben von de Heem, eine Historie von Schalken sowie Landschaften von Saftleven, Poelenburgh, van der Neer und Adriaen van de Velde. In seinen Büchern hatte Hüsgen gerade Gemälde dieser Meister in Frankfurter Sammlungen hervorgehoben, z. B. bei Gogel, Ettling oder Chandelle, die auch über Rembrandts, Rubens und van Dycks verfügten.

Auch die Sammler des aufstrebenden Kunstzentrums Berlin folgten diesem Trend. Hier hatten zunächst die Kaufleute-Bankiers Johann Gottlieb Stein, Johann Georg Eimbke sowie der Unternehmer Johann Ernst Gotzkowsky Akzente mit ihren großen Privatsammlungen gesetzt, die sie zum Teil mit Hilfe von Kriegsgewinnen aus dem Siebenjährigen Krieg finanziert hatten. So verwundert es nicht, daß die Genannten ihre Sammlungen in der Folge durch Nachkriegskonkurse einbüßten. Gotzkowskys Sammlung, mit der der Unternehmer für einen Teil der preußischen Kriegsschulden eingestanden hatte, wurde so zum Grundstock der Petersburger Eremitage. In der Folgezeit wurden jedoch neue Sammlungen aufgebaut, die wir mit Hilfe von Friedrich Nicolais „Beschreibung der Königlichen Residenzstädte Berlin und Potsdam" erschließen können. Die Sammler – die Zahl der Sammlungen stieg von 18 (1769) auf 41 (1786) – waren sowohl unter den Hof- und Staatsbeamten als auch unter den Kaufleuten und Bankiers (Daum, Schickler, Schulze, Ephraim, Itzig und Meyer Warburg) zu finden. Aber auch der erste königliche Sänger Concialini sowie der Künstler Nikolaus Daniel Chodowiecki gehörten hinzu. Was man sammelte, waren vor allem Rubens, Poelenburgh, Rembrandt, Wouwerman, Berchem, Teniers und Mieris.[42]

Dagegen sah die in den Auktionskatalogen dokumentierte Frankfurter Realität etwas anders aus. In diesem Zusammenhang stellt sich die Frage nach den Preisen der Kunstwerke und ihrer Bedeutung für den Markt und die Geschmacksbildung. Auch wenn wir darüber noch sehr wenig wissen, ist festzustellen, daß die Preise im Hinblick auf die Marktsegmente stark differierten. Während im obersten Marktsegment, dem der Meisterwerke, die Preise zählten und ein Mann wie Hagedorn klagte, daß er sich manches gewünschte Gemälde nicht leisten konnte, gab es im mittleren Marktsegment immer preiswerte Alternativen: Gemälde in der „Holländermode" von lokalen Meistern oder Kopien anonymer Maler. Die Mehrheit der versteigerten Bilder kostete denn auch weniger als zehn Gulden. Entsprechend günstig kaufte Henriette Amalie auf dem Frankfurter Kunstmarkt ein. Für die meisten ihrer Käufe bezahlte sie weniger als 20, oft weniger als zehn

Gulden. Selbst bedeutende Werke wie Jan van Goyens „Landschaft mit einem Wirtshaus“ und Samuel van der Heckens „Vier Elemente in paradiesischer Landschaft“ wurden 1784 für nur sechs bzw. zehn Gulden erworben. Das teuerste Bild war Balthasar Denners „Alte Frau mit Kopftuch“, das zusammen mit seinem Gegenstück 717 Gulden kostete. Auch ein „Gemäldepaar mit badenden Nymphen“ von Poelenburgh war mit 200 Gulden ähnlich teuer wie die Gemälde „Schlafender Drehleierspieler“ des Leidener Feinmalers Willem van Mieris mit 108 Gulden und die „Junge Frau zwischen jungem und altem Freier“ von Caspar Netscher mit 131 Gulden.[43]

Von den Modemalern kamen allein Melchior Roos mit seinen Hirtenlandschaften, Rottenhammer mit seinen religiösen Historien, sowie Brouwer, Ostade und Teniers mit Bauerngenres häufiger in Frankfurter Sammlungen vor. Gleichermaßen vertreten in den Sammlungen Bernus, Berberich, Häckel, Kaller und Michael waren auch van Dyck, Rubens und Rembrandt, während Landschaften von Berchem oder Wouwerman nur in wenigen Sammlungen anzutreffen waren. In den Frankfurter Sammlungen finden sich an ihrer Stelle Landschaften von Schütz „nach Wouwerman“.

Es gab also eine kleine Anzahl von Meisterstücken, beschrieben von Hüsgen, restauriert von Morgenstern, die die Geschmacksstandards in Frankfurt setzten. Aber es war die lokale Kunstproduktion im niederländischen Stil, d. h. die Gemälde von Schütz, Juncker oder Trautmann, die die Holländermode unter Frankfurter Sammlern verbreiteten. Und so war es kein Wunder, daß sich auch Goethe bei seinem Galeriebesuch in Dresden zu den Niederländern hingezogen fühlte: „So nahm ich den Wert der italienischen Meister mehr auf Treu und Glauben an, als daß ich mir eine Einsicht in denselben hätte anmaßen können.“[44]

Eine zentrale Rolle bildeten bei diesem Geschmacksbildungsprozeß Sammler und Connaisseurs wie Baron von Häckel oder Johann Caspar Goethe, die nicht nur importierte Gemälde sammelten, sondern auch die Themen niederländischer Malerei durch Aufträge an die lokale Malerschaft vermittelten. Im späten 18. und im frühen 19. Jahrhundert wirkten dann zunehmend Radierungen, die sich in der Anschaffung verbilligten, geschmacksbildend.[45] Dabei ist bemerkenswert, daß wir weder ständische noch soziale oder lokale Geschmackspräferenzen feststellen können. Bürgerliche und aristokratische Sammler bevorzugten spätestens in der zweiten Hälfte des 18. Jahrhunderts überall in Europa die niederländische Malerei „im Original" oder in lokalen Variationen. Einblicke in die Sammlungen von Kassel, Karlsruhe oder Schwerin zeigen ebenso wie die Käufe Henriette Amalies auf dem Frankfurter Kunstmarkt, daß höfische Geschmackskonventionen nicht länger zählten und die Aristokraten denselben Markteinflüssen unterlagen wie bürgerliche Sammler. Der Adel konnte sich daher allein in der Qualität der Meisterwerke von letzteren abheben, oder indem er größere Kennerschaft als der bürgerliche Sammler oder Liebhaber bewies. Unabhängig davon existierte eine große Nachfrage nach künstlerischer Bildung der Öffentlichkeit und der Verfeinerung der Kunstfertigkeit in den deutschen Territorien. Diese Aufgabe wurde von staatlichen Institutionen wie der Berliner Akademie der Künste wahrgenommen, die sich als wesentliche Aufgabe den „Geschmack im Publikum zu bilden: das heißt, zu läutern und zu erweitern, zu nähren und zu pflegen" gestellt hatte.[46] In die gleiche Richtung gehen die Weimarer Überlegungen Goethes und seines Malerfreundes Johann Heinrich Meyer, die mit Hilfe eines Preisausschreibens künstlerische Darstellungen zu Themen der antiken Mythologie anzuregen versuchten.[47]

Kapitel VII

MUSIKKULTUR

> „Seit vielen Jahren ist ein so starker Zudrang von Virtuosen nach Hamburg; es werden so viele in den hiesigen Zeitungen angepriesen, so viele Concerte angekündigt, man lieset so viel von der Musicliebhaberey hieselbst, daß es kein Wunder wäre, wenn ganze Capellen und Opern den Wanderstab ergriffen und hieher zögen, um ein solches Publicum von Musicfreunden, zumal ein so reiches, so luxuriöses, zu unterhalten."[1]

Wenn ein Musikliebhaber heute an das 18. Jahrhundert denkt, verbindet er damit die Kantaten und Oratorien Bachs und Händels sowie die Symphonien Haydns und Mozarts. Beim genaueren Hinhören wird er sich zudem eines Übergangsprozesses bewußt, der von der Vorliebe für Vokalmusik und Oper im Zeitalter der Aufklärung zur zunehmenden Verbreitung der Instrumentalmusik führte. Dieser Vormarsch der Instrumentalmusik stand im Zusammenhang mit einer veränderten Bedeutung der Musik in Kultur und Gesellschaft. Mit Symphonien eröffnete man Konzerte und Opernaufführungen, benutzte sie aber auch – ebenso wie Instrumentalkonzerte – als Pausenfüller in Theatern. Sonaten für Tasteninstrumente sowie Streichtrios und -quartette waren für den häuslichen Musikgebrauch bestimmt, sei es für den dilettierenden Adel oder die Bürgertöchter.

Musik wurde aber auch Gegenstand des gesellschaftlichen Diskurses. Sie wurde nicht nur ausgeübt bzw. mehr oder weniger professionell aufgeführt, sondern auch studiert, analysiert und kritisiert. Zusammen mit Rezensionen und Berichten von Aufführungen entstand eine musikalische Öffentlichkeit, die in Journalen und Intelligenzblättern beworben wurde. Gleichzeitig nahm die Musikproduktion kommerzielle Züge an. Hieran hatten Komponisten, Instrumentalisten, Verleger, Herausgeber, Autoren und Rezensenten einen Anteil, der desto größer ausfiel, je mehr Funktionen ein Protagonist in einer Person vereinigte.

Abb. 16 Kammermusik im Hause des Malers, Gemälde von Balthasar Denner, um 1730.

Das Konzert

Das wichtigste neue Phänomen der Musikkultur des 18. Jahrhunderts war die Entwicklung des Konzerts zu einem eigenständigen Veranstaltungstyp, die mit der Professionalisierung seiner Protagonisten einher ging. Als Vorformen des öffentlichen Konzerts können einerseits die geistlichen Abendmusiken, wie sie z. B. in der Lübecker Marienkirche durchgeführt wurden, oder andererseits die Veranstaltungen der „Collegia musica" angesehen werden. Letztere entwickelten sich neben den Konzerten bei Hofe in der zweiten Hälfte des 17. Jahrhunderts als private Initiative musikalischer Liebhaber, aber auch in kirchlichen oder städtischen Diensten stehender Komponisten. So wurde das von Matthias Weckmann und Christoph Bernhard geleitete Hamburger Collegium musicum von Hamburger Kaufleuten getragen, die neuere italienische Instrumentalmusik hören und spielen wollten. In den 1720er Jahren kamen öffentliche Konzerte unter Georg Philipp Telemann hinzu. Auch die Frankfurter Konzerttradition ist mit dem Namen Telemanns verbunden, der hier – bis zu seinem Weggang nach Hamburg – als städtischer Musikdirektor mit den Berufsmusikern der Stadt und Liebhabern halböffentliche Konzerte veranstaltet hatte.

In Leipzig existierten neben dem städtisch-besoldeten Stadtpfeifer-Kollegium zwei Collegia musica, deren Mitglieder nicht nur zu Tanz, Unterhaltung, Serenaden, Geburtstagen und Festen aufspielten, sondern auch die Gottesdienste der verschiedenen Kirchen musikalisch untermalten. Ein Collegium, das Telemann 1701 noch in seiner Studentenzeit gegründet hatte, spielte seit 1718 unter Leitung von Georg Balthasar Schott und Johann Sebastian Bach (seit 1729) auf professionellem Niveau. Seit 1723 fanden regelmäßige Aufführungen im Kaffeehaus Gottfried Zimmermanns statt. Das für das größte und berühmteste Kaffeehaus in Leipzig genutzte Palais an der Katharinenstraße bot in seinem Saal größeren Ensembles (mit Trompeten und Pauken) sowie bis zu einhundertfünfzig Zuhörern Platz. Hier veranstaltete Zimmermann wöchentlich zweistündige Konzerte, die im Sommer als Freiluftkonzerte in den Kaffeegarten verlegt wurden. In den Konzerten führte das Collegium zahlreiche Vokal- und Instrumentalwerke auf, wozu auch Concerti grossi von Händel und Locatelli sowie italienische Solokantaten von Porpora und Scarlatti zählten. Bach selbst steuerte neben Ouvertüren und Instrumentalkonzerten auch seine „moralischen" Kantaten bei, von denen die sog. „Kaffeekantate" nicht nur den Kaffeegenuß, sondern auch den Aufführungsort ironisierte. Hinzu kamen Sonderkonzerte, z. B. anläßlich der Thronbesteigung Friedrich Augusts von Sachsen als König August III. von Polen. Dabei erhielt Bach nicht nur Honorare für die Komposition, sondern verdiente auch an der Veröffentlichung des Kantatentextes. So wurden für Aufführungen im Hause bzw. Garten Zimmermanns zwischen 150 und 200 Exemplare der Libretti aufgelegt, was gleichzeitig einen Anhaltspunkt für die Größe des Publikums gibt. Bei Freiluftkonzerten in Anwesenheit des Königs auf dem Markt konnten sogar zwischen 600 und 700 Exemplare an den Mann gebracht werden.[2]

Das zweite, zumeist aus Studenten bestehende Collegium ging auf Johann Friedrich Fasch zurück und trat zu Bachs Zeiten unter der Leitung Johann Gottlieb Görners in Ennoch Richters Kaffeehaus auf.[3] Von 1743 an lief ein neues, durch 16 Leipziger Adlige und Kaufleute gegründetes Liebhaberensemble, das Große Konzert, den Collegia den Rang ab. Die Mitglieder hatten 20 Taler im Jahr zu zahlen, was die Exklusivität des Orchesters unterstreicht. Es stand unter der Leitung von Carl Gotthelf Gerlach, der Bach als Leiter des o. g. Collegiums nachgefolgt war. Die Konzerte, die zunächst in Privaträumen, später im Saal eines Gasthauses stattfanden, wurden regelmäßig von zwei- bis dreihundert Zuhörern besucht. Nach dem Tode Gerlachs 1761 (dessen umfangreiche Musikbibliothek vom Drucker Gottlob Immanuel Breitkopf übernommen wurde) und dem Ende des Siebenjährigen Krieges belebte der Thomaskantor Johann Adam Hiller diese Institution als Abonnementskonzert erneut. Die überlieferten Programmzettel dokumentieren die Breite des Programms. So wurden beispielsweise im Konzert am 17. Dezember 1772 folgende Werke aufgeführt:[4]

Concert.
Donnerstags, den 17. December 1772.
(In den drey Schwanen.)

Part. I
SINFONIA del Sgr. Vanmaldere.
ARIA del Sg. Naumann, (Sgra. Schroeter).
CONCERTO per il Violino, (Sgr. Hertel).

Part. II
SINFONIA del Sgr. Ditters.
ARIA del Sgr. Sacchini, (Sgra. Schroeter).

PARTITA.

Hierbei waren die fürstlichen Hofkapellmeister Johann Gottlieb Naumann (Dresden), Johann Wilhelm Hertel (Ludwigslust), Carl Ditters von Dittersdorf (Johannisburg beim Breslauer Fürstbischof) ebenso vertreten wie der Brüsseler Pierre van Maldere und der Italiener Antonio Sacchini. Wie man sich ein solches Konzert vorzustellen hat, zeigt auch der Brief des Berliner Hofkapellmeisters Johann Friedrich Reichardt über einen Leipzigbesuch des Jahres 1774:

„1. Nun noch ein Wort von dem berühmten großen Concert. Dieses ist ein wahrer Beweis davon, wie wenig man in den Werken der Kunst dem Urtheile derjenigen Leute trauen muß, die selbst keine theoretische Kenntniß der Kunst, oder auch oft nicht einmal ein feines Gefühl und glückliche Organa besitzen: überhaupt, wie wenig man dem allgemeinem Rufe trauen muß. Ein feiner und scharfsinniger französischer Schriftsteller bemerkt daher sehr richtig, wie alle in der Ferne so sehr gewünschte Vergnügungen in der Nähe unendlich verlieren.

2. Es werden in diesem Concerte Symphonien gespielt, Arien gesungen – die beste Zierde des Concerts, die Madem. Schröter ihm giebt – und auf verschiedenen Instrumenten Concerte gespielt. Wenn diese aber nun auch noch so gut gewählt und ausgeführt werden, so ist die Begleitung doch immer schlecht.
3. Die Symphonien, die oft wiederholt werden, hört man zuweilen gut ausführen. Man sieht also daraus, daß die andern Sachen auch würden besser ausgeführt werden können, wenn häufigere Proben gehalten würden, wogegen dann aber die eingebildete Vollkommenheit der Herren ein starkes Hinderniß ist.

[...]

7. Das ist das große Concert, bey dem unser Hiller Direktor ist. Ich wünsche diesem braven, verdienstvollen Manne ein vortheilhafteres Glück an einem Orte, wo man seine Verdienste besser erkennte und belohnte."[5]

Der professionelle Hofkapellmeister, dessen Sympathien für die Französische Revolution ihn später sein Amt kosten sollten, beobachtete das Zusammenspiel von Laien und Professionellen also kritisch. Allein die große Sängerin Corona Schröter, die er selbst früher begleitet hatte, und sein ehemaliger Lehrer Johann Adam Hiller kommen gut weg, werden von ihm sogar bedauert.[6]

1775 war in Leipzig eine neue „Musikübende Gesellschaft" an die Öffentlichkeit getreten, aus der sich vier Jahre später das „Interessante Concert für Musikliebhaber in Leipzig" entwickelte. Dieses führte im Thomäischen Haus am Markt Symphonien von Haydn, Dittersdorf und Stamitz, aber auch Instrumentalkonzerte sowie Vokalmusik von Hasse, Graun, Johann Christian Bach und anderen auf. 1780 stellte die Stadt den Musikliebhabern das zwischenzeitlich als Stadtbibliothek genutzte Messehaus der Tuchmacher und Wollhändler zur Verfügung, das nach Umbau und Bestuhlung 1781 als Konzerthaus eröffnet wurde. Während das Orchester am Kopfende des Saales stehend musizierte, saßen sich die Zuhörer in längs angeordneten Sitzreihen gegenüber. Das Orchester bestand „außer dem Herrn Musikdirektor aus 27 Personen, in folgender Ordnung:

2 Primi Violini, oder Vorspieler bey der 1sten und 1ten Violin.

3 Violini concertanti.	1 Violoncello rip.
1 Violoncello	2 Violoni rip.
1 Flauto - -	1 Flauto rip.
1 Oboe - -	1 Oboe rip.
8 Violini ripieni.	2 Corni rip.
2 Violi rip.	2 Fagotti rip.“[7]

Im Eröffnungskonzert am 25. November wurden folgende Werke gegeben: im ersten Teil eine Symphonie von Joseph Schmitt, eine Hymne an die Musik von Reichardt, ein Violinkonzert und ein Streichquartett; im zweiten Teil eine Symphonie von Johann Christian Bach, eine Arie von Antonio Sacchini sowie eine Symphonie von Ernst Wilhelm Wolff. Für das Jahresabonnement vorgesehen waren 24 Konzerte, die Donnerstags von 17–19 Uhr stattfanden und in denen auch auswärtige Künstler – wie 1789 der Kapellmeister Mozart – mit eigenen Werken auftraten. Das Jahresabonnement kostete für den männlichen Leipziger zehn Taler, dessen Angehörige und Hofmeister freien Eintritt hatten. Einzelbilletts konnten Messegäste und andere Reisende für zwölf Groschen erwerben. Damit war in Leipzig ein kommerzieller Musikbetrieb Wirklichkeit worden, wie wir ihn sonst nur aus England

Abb. 17 Gewandhaus, Umrißstich, Anfang des 19. Jahrhunderts.

mit seinen am Publikumsinteresse ausgerichteten Konzertgärten und -sälen kennen.

Im Kontrast zu England war in vielen deutschen Städten das Konzertwesen noch entwicklungsfähig. Zwar dürften die Ausführenden bei Hofe oftmals professioneller gewesen sein, sofern die Hofkapellen nicht fürstlichen Sparmaßnahmen zum Opfer fielen bzw. einzelne Instrumentalisten, wie z. B. in der Weimarer Hofkapelle Bachs, wegrationalisiert wurden. Das städtische Publikum scheint sich aber in seinem Unterhaltungsbedürfnis nur wenig vom Adel unterschieden zu haben, zumal sich in den Konzerten gleichermaßen „Herren und Damen, sowohl Adeliche, graduierte, als auch honette bürgerliche Personen“ trafen, wie es 1787 in einem Konzertbericht aus Nordhausen heißt.[8]

Gleichzeitig sind die Impulse der Hofkultur auch noch am Ende des 18. Jahrhunderts nicht gering zu schätzen. So wurden nicht nur die Hofkonzerte auch für ein nichthöfisches Publikum geöffnet, sondern auch kulturelle Verluste – wie durch den Umzug des Mannheimer Hofes, der Oper und des Orchesters nach München 1778 oder die Auflösung der Kasseler Hofkapelle 1786 – durch die Belebung des Liebhabersektors partiell kompensiert.

Über die Kasseler Verhältnisse – wie auch über die meisten anderen Zentren des deutschen Musiklebens – berichtete seit dem Januar 1786 Cramers „Magazin der Musik“, das am 21. März 1787 die Winterkonzertsaison Revue passieren läßt:

> „Ohnerachtet der Catastrophe, die die Tonkunst bey uns durch die Abdankung der Hofcapelle erlitten hat, erhält sie sich doch noch immer auf eine ganz unerwartete Art, und die Liebhaberey scheint sogar dabey gewonnen zu haben. Die philarmonische Gesellschaft hat diesen Winter durch, nicht nur ihr gewöhnliches Concert zur allgemeinen Zufriedenheit fortsetzen können; sondern die Anzahl der gesellschaftlichen Mitglieder hat sich dreyfach vermehrt. Ein großer Trost ist es für die hiesigen Dilettanten, daß unser vortreflicher Geiger, Hr. Braun der jüng., wieder in würkliche Dienste des Landgrafen genommen worden ist, und wir also darauf rechnen können, wenigstens diesen Virtuosen zu behalten. [...] Die Musik, welche diesen Winter über aufgeführt wurde, war meist von den besten Meistern; die Symphonien größtentheils von Haydn, oft auch von Pleyel, Ditters, Zimmermann, Rosetti, und dgl. Die Claviersachen von Mozart, Kozeluch, oder Haydn; die Arien von Sacchini, Paesiello, Naumann, Piccini und Gretry. Für den bevorstehenden Charfreitage ist das Stabat mater von

Pergolesi bestimmt, welches dieses mal die beiden Fräulein d'Aubigny singen werden."[9]

Schon hieraus wird deutlich, daß im Konzertleben höfisch-professionelle mit bürgerlich-dilettantischen, aber auch adlig-amateurhaften Elementen eine Symbiose eingingen. Es entstand also nicht unvermittelt ein kommerzieller Musikbetrieb eines mündig gewordenen Bürgertums, wie Arnold Hauser in seiner „Sozialgeschichte der Kunst und Literatur"[10] behauptet und auch noch Peter Schleuning mit einem Titel wie „Der Bürger erhebt sich" suggeriert.

Berichte aus deutschen Städten zeigen, wie Adel, Funktionseliten, Akademiker und Kaufleute ebenso gemeinsam im Liebhaberorchester spielten, wie sie sich in einer Lesegesellschaft trafen. Dabei war der Aristokratisierungsgrad der musikalischen Liebhaber in einer Residenz wie Mannheim natürlich deutlich höher als in einer kleinen Universitätsstadt wie Greifswald.

So spielten 1778/79 im Mannheimer Liebhaber-Konzert:

„Violine: Se. Exz. Baron von Venningen, Baron v. Dalberg [der Domherr, Bruder des Intendanten], Baron v. Gemmingen, Herr v. Hetzendorff, Herr Goes und Hofkammerregistrator Heckmann, Konzertmeister Fränzl als Kapellmeister und dessen Sohn Ferdinand Fränzl. Bratsche: Herr Goetz, der Musikstecher und Musikverleger [Johann Michael Götz, der eine ausgedehnte Verlagstätigkeit entwickelte]. Horn: Herr Ziwny. Violoncello: Regierungsrat v. Weiler, Hofkammersekretär Heckmann, Hofkammerkanzlist Baumann. Kontrabaß: Sekretär im Medizinalkollegium Weber. Flöte: Baron v. Gaugreben, Kapitän von Penzel [Benzel-Sternau], Abbé von Stengel [Franz Joseph von Stengel, Coadjutor von Freising, Probst von St. Andreas in Köln], Sartori [der Theaterkassier]."[11]

In Greifswald, dessen Liebhaberkonzert von „dem unlängst verstorbenen akademischen Amtshauptmann, Hrn von Platen" ins Leben gerufen worden war, trafen sich 1786 die „Hobby-Musiker" beim Kaufmann und Weinhändler Wilhelmi:

„Bei Weinhändler und Kaufmann Wilhelmi findet ein Konzert statt, dessen Orchester ‚aus lauter Liebhabern' besteht: Solche waren im letzten Winter bey der Violine: Hr. Kaufmann Brunstein; Hr. Candidat Quistorp; Hr. Candidat Fischer, der jüngere; Bey der zweyten

Violine: Hr. Kaufmann Biel; Hr. Wilcken, Hr. Rehfeld, beide Studiosi. Bey der Bratsche: Hr. Advocat Brunstein; Hr. Magister Finelius. Beym Flügel: Hr. Director Rehfeld; Hr. Doctor von Aeminga; Hr. Advocat Graue. Beym Violoncell: Hr. Fechtmeister Willich; Hr. Candidat Fischer, der altere. Beym Contrabaß: Hr. Hube. Bey der Flöte: Hr. Professor Otto; Hr. Registrator Dittmer; Hr. Secretair Rehfeld; Hr. Advocat Odenbrecht, der jüngere."[12]

In Offenbach dagegen war aus den Dilettantenkonzerten sogar eine Professionalisierung des Konzertlebens erwachsen. Hier hatte der Schnupftabaksfabrikant Peter Bernard als Geigenvirtuose und Kunstliebhaber zwei Liebhaberorchester gegründet, die regelmäßig im Bernardschen Herrenhaus am Mainufer konzertierten. Kein geringer als Anton André aus dem Hause des Offenbacher Musikverlegers Johann André komponierte für das Ensemble, das aufgrund seines Niveaus sogar zu Gastspielen in das benachbarte Frankfurt verpflichtet wurde und 1795 mit dem Geiger Ferdinand Fränzl aus Mannheim einen eigenen Musikdirektor erhielt.[13]

Konzerte waren natürlich ein Kostenfaktor, da Saalmiete, Noten und Aushilfsmusiker bezahlt werden mußten. Deshalb wurden diese Veranstaltungen in der Regel in der Zeitung zur Subskription ausgeschrieben. Musikliebhaber subskribierten so bei der Musikgesellschaft oder einem Konzertunternehmer ein Abonnement für eine Saison, im allgemeinen die Wintersaison, und zahlten dafür zwischen vier und zwölf Talern. Der Preis verstand sich als „Chapeau", für den der Mann bezahlte und eine oder zwei weibliche Personen kostenlos mitbringen konnte. Städte wie Oldenburg und Rostock rangierten in der unteren Preiskategorie von vier Talern, während die Musikfreunde in Halle acht Taler und in Leipzig und Berlin zehn bis zwölf Taler zu bezahlen hatten. Bei mehr als 200 Subskribenten und durch den Einzelverkauf von Konzertkarten standen die Leipziger Gewandhauskonzerte auf einer soliden finanziellen Basis. So konnten bereits in der ersten Saison 1781/82 Überschüsse erwirtschaftet werden, die Raum für die weitere Entwicklung des Konzertlebens boten. Bei 50 bis 60 Abonnenten in Oldenburg oder Rostock blieben die Möglichkeiten entsprechend bescheidener.[14]

Aber auch in Leipzig war bei 50.000 Einwohnern die Zahl der Konzertbesucher – selbst wenn wir die Abonnenten mit drei multiziplieren – verhältnismäßig gering. Dies könnte zwar an den Eintrittspreisen gelegen haben. Dennoch ist zu bedenken, daß sich auch die Mitgliedsbeiträge für Lesegesellschaften auf der gleichen Höhe (zwischen drei und zwölf Talern) bewegten und daß sich weitaus mehr als 200 Personen in Leipzig nach Sicherung des Existenzminimums von 100 bis 150 Talern pro Jahr ein Konzertabonnement hätten leisten können. Ökonomische oder materielle Faktoren spielten also auch eine Rolle, aber vermutlich nicht die entscheidende. So wurde beispielsweise in vielen Städten durch das Abonnement eine bestimmte Exklusivität vermittelt und auch bewahrt. Fremde mußten sich oft durch einen abonnierten Freund einführen lassen und konnten nicht jederzeit ein Konzertbillett erwerben. Der Markt hatte sich also anders als in England nicht völlig durchgesetzt, was auch das Fehlen bedeutender Musikunternehmergestalten vom Schlage Johann Christian Bachs und Carl Friedrich Abels erklärt. Außerdem war die Musiknachfrage selbst in großen Städten schnell durch die umfangreiche Marktproduktion von „Komponisten und Solisten“ übersättigt, zumal das Konzertleben mit anderen Attraktionen des neuen kulturellen Angebots zu konkurrieren hatte. Diese Sachlage wird in einem Bericht aus Hamburg, der Kulturhauptstadt Norddeutschlands, in „Cramers Magazin“ deutlich.

> „[...] Alle Virtuosen, die hieher kommen, denken, man wird sie mit offenen Armen aufnehmen, gleich Concerte und was noch besser ist, Geld und Geschenke für sie bereit haben, und sie mit Beyfall und Belohnung überhäuft von hier reisen lassen. So lassen es die posaunenden Zeitungsartikel erwarten, und vor allem dem ist gerade das Gegentheil! Musicgönner giebts hier keinen einzigen; Beschützer der schönen Künste keinen einzigen; Liebhaber der Music genug, aber gerade eben nicht unter dem reichen Theile der Einwohner. Kaufleute haben mehr zu thun, als brodlose Künste zu erwärmen. Gelehrte leben meistens selbst von der Ehre ihrer Kunst. Damen singen und spielen zum Theil ganz artig (einige sehr gut) aber bis zur Beschützerinn erhebt sich keine, und wenige würdens können, wenn sie wollten. Es sind einige Concerte hier, aber nicht öffentliche, nicht von solcher Bedeutung, wie in Berlin, Leipzig oder zu Wien; auch erhalten sie sich mühsam durch Subscription, die nie so hoch steigt, daß nur mittelmäßige Sängerinnen oder Sänger dabey gehalten werden können. Die besten und frequentesten Concerte hatte ehemals der große Bach, und nach ihm Hr. M. Ebeling in der Handlungsacademie, aber diese sind aufgegeben worden, indem man es nachtheilig für das Institut auslegte,

daß es seine Eleves in feiner Gesellschaft und mit guter Music alle Wochen ein paar Stunden unterhielt. Bach giebt sich zur Ruhe, und führt längst keine Musiken mehr im Concertsaale auf. Dazu kommt, daß im Sommer alles was beau monde heißt, auf den Gärten lebt, im Winter aber der Clubs, Assemblées, Lotteries, Piqueniques, Bälle und Schmausereyen so viele und festgesezte sind, daß ein Concert nur mit unsäglicher Mühe einige freye Stunden ausfindig macht, wo es sich einschleichen kann. Am Sonntage dürfen keine seyn; das ist wieder die Orthodoxie. Drey, vier Tage sind Posttage, wo kein Kaufmann, Commis oder Handlungsbedienter jemals Zeit hat an Concerte zu denken. Die übrigen Tage sind Comödien; also bleibt nur der Sonnabendabend, wo alles sich von großen Schmausen, Spielverlusten und Geschäften erholt, und zu neuen vorbereitet. Was ist da großes für die arme Music zu hoffen?«[15]

So war der Hamburger, der gerade erst seine Freizeit entdeckt hatte, in dieser zwischen privater Vergnügung zu Hause, im Kaffeehaus, Club oder größeren Gesellschaften und kulturellem Konsum im Theater und Konzert hin- und hergerissen.

Auch in Bremen rivalisierten im Jahre 1791 Theater und verschiedene Konzertveranstaltungen miteinander, so daß ein Kulturbeflissener nur den Donnerstag abend frei hatte:

„Montags	Adolf Freiherr v. Knigges [oberster hannoverscher Verwaltungsbeamter] Gesellschaftstheater
Dienstags	Hesses [Handlungsgehilfe] Liebhaberkonzert auf der Domschule
Mittwochs	Dr. Schuttes [Rechtsanwalt] Privatkonzert, alternierend mit Dr. Müllers [Lehrer am Lycaeum, Gründer des Privat-Erziehungsinstituts] Übungs- bzw. Familienkonzert
Donnertags	–
Freitags	Öffentliches Winterkonzert im Börsensaal
Samstags	Alternierende Hauskonzerte bei Knigge und Dr. Iken [Sekretär] sowie sog. Insurgentenkonzerte der [singenden] musikausübenden ‚Frauenzimmer‘
Sonntags	Musik in den Gottesdiensten.“[16]

Ähnlich war die Situation in Berlin, das drei öffentliche musikalische Konzerte kannte. Hinzu kamen noch die Konzerte durchreisender Virtuosen sowie in der Fastenzeit Reichardts „Concert spirituel“, das immer dienstags stattfand.

Wir haben es also hier mit einer Übersättigung des Marktes zu tun, während andernorts die Exklusivität des Konzertbetriebs hochgehalten wurde. So verwundert es nicht, daß bereits im ersten Jahrzehnt des 19. Jahrhunderts über ausbleibende Hörer bei den Konzerten geklagt wurde. Diese Beobachtung steht in eigentümlichem Widerspruch zum Aufschwung der Musikpublizistik, der auch im beginnenden 19. Jahrhundert ungebrochen anhielt. Letzterer kann vielleicht als Ausdruck eines Rückzugs des Musikkonsums in die private Sphäre gedeutet werden und soll im folgenden untersucht werden.

Noten und Verlage

Der größte Teil musikalischer Publikationstätigkeit entfiel natürlich auf den Notenverlag, mit dem sowohl Komponisten als auch Verleger eine wachsende Kenner- und Liebhaberschar erreichten. Da die Zahl der publizierten Musikstücke nicht mehr zu überblikken war, entwickelte sich in der zweiten Hälfte des 18. Jahrhunderts ein umfangreiches Rezensions- und Anzeigenwesen. Dieses suchte sich als Medium zunächst die gelehrten Zeitschriften, bis spezielle Musikzeitschriften auf den Markt kamen. Am Ende des Jahrhunderts wurden die Musikinteressierten dann auch über Modejournale und Intelligenzblätter mit den Ereignissen des Musiklebens sowie den musikalischen Neuerscheinungen vertraut gemacht. Sowohl bei den Notenveröffentlichungen als auch bei den Zeitschriften spielten Pränumeration und Subskription eine große Rolle.

Wie bei Verlagsproduktion und Buchhandel bildete Leipzig im Musikverlagswesen das Zentrum des Reiches. Der Drucker Bernhard Christoph Breitkopf, der schon in den 1730er Jahren die meisten Texte von Bachs weltlichen Kantaten gedruckt hatte, verfeinerte um die Mitte des Jahrhunderts den Typennotendruck in einem solchen Maße, daß eine massenhafte Notenproduktion möglich wurde. Sein Sohn Gottlob Immanuel, der 1761 die Gerlachsche Musikbibliothek erwoben hatte, veröffentliche ab 1762 regelmäßige Musikkataloge, die einen Überblick über das aktuelle Angebot auf dem Musikalienmarkt boten.

Durch den Eintritt Gottfried Christoph Härtels als Geschäftspartner und die Einführung der Lithographie für den Notendruck wurde die Produktivität zusätzlich erhöht. Hinzu kamen am Ende des Jahrhunderts die Herausgabe der „Allgemeinen musikalischen Zeitung“ sowie von Werkausgaben berühmter Komponisten. Weitere Firmen entstanden in der zweiten Hälfte des 18. Jahrhunderts: Schott in Mainz (1779), Simrock in Bonn (1793), André in Offenbach (1774), Götz in Mannheim (1773), Boßler in Speyer (1780), Amon in Heilbronn (1791), Nägeli in Zürich (1794), Gombart in Augsburg (1794, zuvor 1789 in Basel), Falter in München (1796), Leuckart in Breslau (1782), Günther & Böhme in Hamburg (1795, von 1799 an Böhme allein), Johann Peter Spehr in Braunschweig (1791), Hummel in Berlin (1770) und Rellstab ebenfalls in Berlin (1784). Zu erwähnen wäre außerdem noch das von Franz Anton Hoffmeister und Ambrosius Kühnel gegründete Leipziger „Bureau de Musique“, das nicht nur mit Breitkopf und Härtel konkurrierte, sondern auch sein Angebot für populäre Musik erweiterte. Dem Beispiel Hoffmeisters folgte Rudolph Werckmeister mit dem aber nur kurzlebigen „Bureau de Musique“ in Oranienburg (1802).[17]

Der Verkauf der Verlagserzeugnisse geschah mit Hilfe des Pränumerationssystems. Nach der öffentlichen Ankündigung des Werkes mit Aufforderung zu Pränumeration bzw. Subskription brachten Agenten, Musikalien- und Buchhandlungen die Notenausgabe unter die Musikliebhaber. Dabei wurde der ermäßigte Kaufpreis durch die Pränumeranden im voraus bezahlt, bei der Subskription nach Erhalt der Noten. Verlage und Komponisten analysierten in der Regel vorsichtig die Nachfrage auf dem Notenmarkt, wobei dann neue Ausgaben quasi als Versuchsballon auf den Markt geworfen wurden.

Als Agenten für die Verlage arbeiteten Musiker und Komponisten, die möglichst viele Pränumeranden oder Subskribenten gewinnen sollten. Die Gewinne der Agenten bestanden entweder in Freiexemplaren, die sie selbst verkaufen konnten, oder in einer prozentualen Provision. So betrieb Johann Sebastian Bach neben dem Verleih und Verkauf von Musikinstrumenten einen Buch- und Musikalienhandel. Dabei hatte er nicht nur seine eigenen Kompositionen, wie z. B. die Bände der Klavierübung, sondern auch Kompositionen und Publikationen seiner Söhne, Schüler und Kollegen im Angebot. 1729 wurde in Zeitungsannoncen angekündigt, daß neue musikalische Publikationen wie Johann David Heinichens „Der Gerneral-Baß in der Composition“ und Johann Gottfried Walthers „Musicalisches Lexicon“ in Kommission u. a. bei Johann Sebastian Bach in Leipzig sowie bei Johann Mattheson in Hamburg und Christoph Graupner in Darmstadt erhältlich seien. Auch die Titelblätter anderer Werke zierte der Hinweis, daß die Ausgaben nicht nur beim Komponisten, sondern auch bei Johann Sebastian Bach in Leipzig erworben werden könnten.[18]

Sein Sohn Carl Philipp Emanuel hat dann auf dem Gebiet des musikalischen Marketings neue Wege beschritten. Er war wahrscheinlich der in Deutschland am meisten geschätzte und erfolgreichste Komponist des ausgehenden 18. Jahrhunderts und achtete bei seinen Kompositionen sehr darauf, daß sie sich auch verkauften. Ein Beispiel dafür sind seine sechs Sammlungen von Klaviermusik „für Kenner und Liebhaber“, die er zwar bei Breitkopf drucken ließ, aber im Eigenverlag 1779–1787 vermarktete. In seinem Musikangebot wendete er sich an Kenner und Liebhaber gleichermaßen. Deshalb nahm er nach einer ersten, reinen Sonatensammlung in die zweite und dritte Ausgabe neben Sonaten auch Rondos auf, um die Sammlungen auch für Liebhaber interessant zu machen.

Sehen wir uns die Pränumerandenzahlen an, dann wird deutlich, daß diese nach einem guten Beginn mit 519 Pränumeranden („meine Sonaten gehen ab wie warme Semlen“) bereits ein Jahr später auf 330 zurückgingen. Möglicherweise wegen der Rondos nahmen die Kenner von der Bestellung Abstand, während die Liebhaber durchaus im freien Verkauf diese Noten gekauft haben dürften. Um dem Rückzug der Kenner entgegenzuwirken, komponierte Bach für die vierte Sammlung zwei freie Phantasien, womit er die Zahl der Musikstücke auf sieben erhöhte und die Pränumerandenzahl auf 388 emportreiben konnte. Mit der fünften und der sechsten Sammlung, die Sonaten, Rondos und Phantasien vereinigten, traf er aber den Kennergeschmack weniger gut, so daß sich die Pränumerandenzahl auf rund 300 einpendelte.[19] Aber auch diese 300 brachten dem Komponisten schon Gewinn.

Im ausgehenden 18. und beginnenden 19. Jahrhundert verlagerte sich die Marktforschung dann immer mehr auf die Verleger, die zunehmend auf die Wünsche der Liebhaber eingingen. Verlage nahmen einerseits direkten Kontakt zu den Liebhabern auf und machten sich andererseits die Hinweise ihrer Geschäftspartner, z. B. auf den Messen, zu eigen. Vor allem die Wünsche der Liebhaber, die diese direkt an die Verlage äußerten, geben bis heute einen anschaulichen Einblick in die Musikliebhaberei. So schreibt Kantor Weber aus Sangerhausen 1810 an das Bureau de Musique in Leipzig:

> „Da ich zu meiner Unterhaltung viel Werth auf neue Guitarremusicalien setze, wobey ich weniger den Gesang als besonders Clavier auch wohl mit Gesang auch mehrere Streichinstrumente z. B. Violine, Viola, Cello, auch Flöte schätze, und von d. H. Breitk & Härtel, zeither meinen Wünschen gemas nicht genügsam versorgt worden bin, so wende ich mich an Sie, mit der Anfrage, ob Sie so gefellig seyn und [...] von Zeit zu Zeit solche Sachen zur Auswahl an mich übersenden wollen?"[20]

Das Leipziger Bureau ließ sich von professionellen Musikern und Geschäftspartnern aus allen Teilen Deutschlands berichten und bat z. B. den Komponisten Johann Franz Xaver Sterkel in Regensburg darum, „jene Gegenden und Kanäle zu bemerken, wo Ihre Lieder am besten zu verbreiten und zu debitiren sind [...]".[21] Besonders wichtig waren die Informationen, die der Wiener Buchhalter des Bureaus, Caspar Joseph Eberl, nach Leipzig über den Musikgeschmack der Wiener berichtete: „Haydn, Mozart, Hoffmeister, Kreutzer, Frenzl, Gyrowetz etc. [...] so wohl für Clavier mit und ohne begleitung, auf die Violin, Flauten, Guitar, und so auch für weitere Instrumente [...]".[22] Die Gitarre avancierte in dieser Zeit, wie aus dem obigen Beispiel zu ersehen ist, zum Modeinstrument, deren Rolle in der Musik auch in Bertuchs „Journal des Luxus und der Moden" thematisiert wird.[23]

Für den Verkaufserfolg eines Werkes entscheidend oder maßgeblich war das Renommee eines Komponisten, das sich deutlich von der heutigen Wahrnehmung unterscheiden konnte. Eine Serenade von Leonhard von Call oder Klaviervariationen von Joseph Gelinek und vor allem die Klaviermusik Kozeluchs und Pleyels konnten sich einer größeren Liebhaberschar – besonders unter den Damen – erfreuen als beispielsweise eine vergleichbare Ausgabe Beethovens.[24] Auch lokale Vorlieben sind spürbar, wenn der Regensburger Johann Franz Xaver Sterkel zugeben muß, daß „nicht alles, was im südlichen Deutschland gefällt, [...] auch das Glück hatte, im Nördlichen zu gefallen".[25] Die Norddeutschen hatten schon immer etwas gegen die „süddeutsche Klimperei". Dennoch konnten sie den Vormarsch der Süddeutschen nicht verhindern.

Legen wir die Verlagsproduktion zugrunde, können wir um 1800 mit Axel Beer folgende Rangfolge der Komponisten in Deutschland rekonstruieren:

1. Wolfgang Amadeus Mozart
2. Ludwig v. Beethoven
3. Joseph Haydn
4. Daniel Gottlieb Steibelts
5. Ignaz Pleyel
6. Franz Krommer
7. Leonhard von Call
8. Franz Anton Hoffmeister
9. Adalbert Gyrowetz
10. Johann Baptist Vanhal.[26]

Spätestens im zweiten Jahrzehnt des 19. Jahrhunderts änderten sich die Präferenzen einmal mehr. Während das „Journal für Literatur, Kunst, Luxus und Mode" (wie es jetzt hieß) 1823 resignierend feststellen mußte, daß die „Leipziger musicalische Zeitung schon seit einer langen Reihe von Jahren die Beurtheilung, ja selbst die Anzeigung der Beethoven'schen Werke versäumt" hat,[27] zeigte ein Brief der Wiener Firma Artaria 1824 den neuen Trend in Wien auf: „So hat die Neigung für Spohr, Weber, Onslow, Ries, Field sogar für Beethoven abgenommen und Rossini, Hummel, Mayseder, Moscheles, C. Czerny sind jetzt die Tonhelden des Tages in Wien."[28] Dieser Tatsache hatten die Verlage Rechnung zu tragen, die damit „für Musik-Liebhaber immer mehr und mehr" sorgten.[29]

Eine Rekonstruktion der Verlagsproduktion in Bezug auf Gattungen und Instrumente muß mit der Tatsache unterschiedlicher regionaler Tendenzen leben. So verlegten André, Breitkopf und Härtel durchaus Symphonien und Instrumentalmusik für Liebhaber- und Abonnementskonzerte, während die fürstlichen Hofkapellen in Süddeutschland und Österreich sich ihre Orchesterwerke selbst schrieben. Dennoch ist im 19. Jahrhundert ein starker Rückgang der Symphonien in den Verlagskatalogen zu konstatieren, da diese immer weniger Abnehmer fanden. Kammermusik ging noch zu Beginn des 19. Jahrhunderts, wurde aber zunehmend durch die Dominanz der Klaviermusik verdrängt. Aber auch deren Rezeption zeigte regionale Unterschiede. So machte die Klaviermusik in der Zeit zwischen 1801 und 1810 bei den Leipziger Verlegern fast 40 % ihrer Produktion aus, während bei André,

Schott und Simrock der Anteil unter 25 % blieb. Hinzu kam bei der Klaviermusik ein Wandel des Geschmacks zugunsten von Tänzen, Phantasien, Rondos und Potpourris, der auf Kosten von Klaviersonaten ging. Der Anteil der Vokalmusik schwankte zwischen 10 % bei André und 40 % bei Götz, wobei Lieder und Liedersammlungen bevorzugt wurden. Dagegen wurden die bei André, Breitkopf und Härtel, dem „Bureau de Musique" und Simrock verlegten Werkausgaben, die für die Rezeption der Komponisten zumindest in Fachkreisen eine Rolle gespielt hatten, zum Auslaufmodell. Wenn die Klassiker auch im 19. Jahrhundert noch präsent sein sollten, dann vor allem in Klavier-Potpourris (aus beliebten Opern) und anderen Arrangements, aber natürlich auch auf der Opernbühne oder bei Oratorienaufführungen.[30]

Musikalische Zeitschriften

Auch die Rezeption der Musik in den verschiedenen Zeitschriften spiegelte einen Wandel im Publikum wider. Abgesehen von vereinzelten musikalischen Zeitschriften, wie dem „Critischen Musicus", wurde Musik zunächst nur in gelehrten Zeitschriften und politischen Zeitungen wahrgenommen. Als Beispiele seien hier die „Allgemeine deutsche Bibliothek", der „Teutsche Merkur", der „Altonaische gelehrte Mercurius", die „Göttingische[n] Anzeigen" oder die „Gelehrte[n] Zeitungen" aus Frankfurt, Jena, Leipzig, Kiel etc., die „Berlinische[n] Nachrichten", die „Berlinische privilegirte Zeitung", der „Hamburgische Correspondent" sowie die „Hamburgische neue Zeitung" genannt. In den 1780er Jahren kamen dann die zum Teil kurzlebigen musikalischen Zeitschriften, wie das „Musikalische Kunstmagazin", das „Magazin der Musik", der „Musikalische Almanach", die „Musikalische Bibliothek" und schließlich als erste Fachzeitschrift die „Allgemeine musikalische Zeitung" (1789) hinzu. Ebenfalls in den 1780er Jahren nahmen dann auch Modejournale, wie z. B. das berühmte „Journal des Luxus und der Moden", Berichte über musikalische Ereignisse auf und druckten Anzeigen musikalischer Neuerscheinungen. Letzteres fand dann in großem Stil auch in den zahlreichen aus dem Boden schießenden Intelligenzblättern statt.

Beginnen wir aber bei den gelehrten- und politischen Zeitschriften. Hier fällt auf, daß – wie bei der Zeitschriftenproduktion allgemein – auch musikalische Rezensionen allein in Nord- und Mitteldeutschland publiziert wurden. Wenn man sich die chronologische Folge ansieht, wurden nach den Erkenntnissen Morrows in den neugegründeten musikalischen Zeitschriften in den 1760er Jahren 145, in den 1770er Jahren 331 sowie in den 1780er Jahren 501 musikalische Rezensionen veröffentlicht. Zwischen 1790 und 1798 kamen weitere 387 Rezensionen hinzu. Was die Gattungen betrifft, standen Solosonaten für Klavier bzw. Tasteninstrumente an der Spitze, vor Sonaten mit Klavierbegleitung und Klavierkonzerten, während Symphonien und Streichquartette nur selten besprochen wurden. Auch wenn wir heute beim ausgehenden 18. Jahrhundert an Streichquartett und Symphonie als typische musikalische Vertreter denken, sahen das die Zeitgenossen offenbar anders.[31]

Dabei wurden in den Rezensionen sowohl die Zielgruppe der Liebhaber und ihre musikalische Betätigung angesprochen als auch ästhetische Maßstäbe für die zu besprechende Literatur gesetzt. Wenn wir uns die Rezensionen inhaltlich ansehen, fallen bestimmte Schwerpunkte auf. Einer bezieht sich auf die verschiedenen nationalen Musikstile und versucht, mit deren Charakterisierung eine deutsche musikalische Identität zu stiften. Nur langsam emanzipierte sich die deutsche Musik von den italienischen und französischen Vorbildern, indem sie Elemente aus beiden Stilrichtungen aufnahm. Manchen Rezensenten ging dieser Abnabelungsprozeß nicht schnell genug. Als die Popularität und die Verbreitung italienischer Instrumentalmusik und Opern um die Mitte des 18. Jahrhunderts ihren Höhepunkt erreichten, fragte ein Rezensent in der Besprechung der Klavierausgabe der Symphonien Baldassare Galuppis, „Warum liefert uns doch Herr Breitkopf nicht lauter solche Werke rechtschaffner geschickter Deutschen, und will der Welt lieber die Mißgeburten seichter Italiäner aufdringen“.[32] Der „Hamburgische Correspondent“ dagegen sah durchaus die Möglichkeit des Lernens im Bereich des Melodischen, als er Johann Friedrich Reichardt 1773 riet: „[...] wenn er den Italienern einen guten Gesang ablernet, ohne den alle Musik nichts werth ist und welchen wir noch in einigen seiner Ausarbeitungen vermissen [...] so wird seine Reise für ihn und die Musik vortheilhaft seyn.“[33]

Allein Luigi Boccherini gefiel: „[...] sehr wenige Italiäner wird man finden, die so reich an ernsthaften, edlen Gedanke wären, und ihre Stücke so gut bearbeiten.“[34] In Abgrenzung von den Italienern formte sich zumindest unter den Rezensenten eine deutsche musikalische Identität, von der zunächst nur gesagt werden konnte, daß sie anders als die italienische Musik war. So werden die Sonaten für Violine und Violoncello des „bedeutenden" Johann Schwanberger – den heute keiner mehr kennt – 1767/1768 wie folgt besprochen:

> „Auch itzo, da er nun Italien gesehen hat, erkennen wir immer noch an ihm einen von den Deutschen, die sich zwar in alle musikalischen Trachten, wie man sie nur verlangt, einkleiden, aber doch nicht alles Gründliche in ihrem Wissen verleugnen können."[35] [...] „Sie sind nicht so gebunden und fugenartig, wie die vortrefflichen Trios des seel. Kapellmeister Grauns; sie sind aber auch nicht so einfach und leer wie die meisten italiänischen Trios."[36]

Aber auch von Süddeutschland grenzte sich der „gute" – norddeutsch geprägte – Geschmack ab. So wurde noch zu Beginn der 1780er Jahre Carl Joseph Birnbachs „Concert pour le Clavessin" „richtig" eingeordnet:

> „Scheint aus den Gegenden des Rheins, oder dem südlichern Deutschland zu kommen; und das ist leider genug gesagt. Alle das dortherige Geklimper kennt man den Augenblick an den einförmigen Figuren, den alltäglichen Modulationen, abgedroschnen Harfenbässen, beständigem Auf= und Herunterrennen der diatonischen Scala, und solchen Kunststücklein [...]."[37]

Auch die Musik des Wieners Georg Christoph Wagenseil wurde aufgrund des italienischen Einflusses diffamiert – aber das waren bereits Rückzugsgefechte. Nachdem sich mit Carl Philipp Emanuel Bach ein deutsches musikalisches Denkmal etabliert hatte, an dem die Zeitgenossen gemessen wurden, erlag auch Norddeutschland in den 1780er Jahren dem Siegeszug der Wiener Leopold Kozeluch und Johann Baptist Vanhal. Das Bedürfnis des Publikums nach dieser Art von Musik war so stark, daß in Hamburg sogar ein Pseudo-Vanhal einige Zeit Furore machen konnte. Dagegen regierte in der deutschen Provinz noch immer der alte Geschmack. Als der Flötensolist Friedrich Ludwig Dulon zur gleichen Zeit Pommern bereiste, stellte er fest:

> „[...] daß man in Greifswalde die alte Musik über alles schätzte. Graun, Hasse, die Bachs, die Bendas, Quantz und mehrere dieser Art

waren dort gänge und gebe; hingegen Symphonien von Vanhall oder sonst etwas, worin das letzte Stück einem Rondo nur ähnlich sahe, fand man ungenießbar."[38]

Aus dieser Einschätzung spricht aber auch der Stolz auf die musikalische Tradition in Deutschland, dem „Vaterland der Claviere". Von den zeitgenössischen Komponisten nahmen die Rezensenten neben dem „Heros" Carl Philipp Emanuel Bach auch Joseph Haydn in den musikalischen Olymp auf. So bemerkte Reichardt 1782 in einer Besprechung von den sechs Haydn-Symphonien (Opus 18) sowie den sechs Streichquartetten (Opus 19): „Wenn wir auch nur einen Haydn und einen C. Ph. E. Bach hätten, so könnten wir Deutsche schon kühn behaupten, daß wir eine eigne Manier haben und unsre Instrumentalmusik die interessanteste von allen ist."[39] Dabei wurden Haydn und vor allem Bach den Kennern und Liebhabern auch zur Geschmacksbildung empfohlen, wobei durchaus schon das edle Vergnügen und die angenehme Unterhaltung beim Musikhören bzw. Ausüben in Betracht gezogen wurden. So hieß es bereits bei einer Besprechung der Bachschen Cembalo-Konzerte 1773:

> „Kurz, es ist nichts an diesen Concerten vergessen, was Kennern so wohl als Liebhabern zu einem edlen Vergnügen, und einer angenehmen Unterhaltung gereichen, und dabey ihren Geschmack bey anständiger Richtigkeit erhalten, vor Fallen in die Sümpfe der musikalischen Trivialität bewahren, im Gegentheile vielmehr ihn noch verfeinern kann."[40]

Dennoch blieb die Diskrepanz zwischen Kennern und Liebhabern bestehen, denn den Imitatoren des Hamburger Bach, die „Stücke allerley Art für Kenner und Liebhaber des Claviers und Gesanges" auf den Markt brachten, gelang die Brücke zwischen beiden Zielgruppen nicht:

> „Für Liebhaber sind diese Stücke recht gut, für Kenner aber möchten sie wohl nicht befriedigend seyn. Mehrere neuere Componisten haben sich, seit Bach seine Sonaten für Kenner und Liebhaber herausgegeben hat, der ähnlichen Aufschrift: für Kenner bedient, ohne vielleicht zu bedenken oder einzusehen, daß Bach etwas damit sagen wollte, was er nur leisten konnte, was folglich ein anderer, der den Kennern nicht eben solche ausgesuchte musikalische Seltenheiten liefern kann, eigentlich nicht nachsagen muß".[41]

So äußerte sich einer der einflußreichsten Musikkritiker des ausgehenden 18. Jahrhunderts, Johann Nicolaus Forkel, in seinem „Musikalischen Almanach". Entsprechend sah es Forkel auch weiterhin als seine Aufgabe an, die Liebhaber zu wahren Kennern auszubilden. Hierzu sollte dann vor allem die Fähigkeit zur Unterscheidung der Kunstwerke nach „ihrem Range" gehören.[42]

Dem weiblichen Geschlecht wurde die Kennerschaft von vornherein nicht zugetraut. Statt dessen wurde ihren Wünschen in der Verlagsproduktion und in den Besprechungen unter den Attributen „Anfänger", „Frauenzimmer" und „Liebhaber" zunehmend Rechnung getragen. Daß hier der Markt der Zukunft lag, sollte sowohl in den musikalischen Zeitungen als auch in allgemeinen Journalen und Intelligenzblättern zum Ausdruck kommen.

So ist am Ende des Jahrhunderts ein deutlicher Rückgang der Rezensionen in den wissenschaftlichen Journalen zu bemerken. Die wachsende Produktion populärer Gattungen machte diese auch immer weniger notwendig. Die neuen Werke wurden in Hans Adolf Freiherr von Eschstruths „Musikalischer Bibliothek" oder Carl Friedrich Cramers „Magazin der Musik" in der Regel nur noch in wenigen Besprechungen und dafür vermehrt in kurzen Anzeigen den Musikkonsumenten nahegebracht und geschickt mit einem musikalischen Almanach, Biographien sowie Anekdoten und Einfällen gemischt.[43] Ähnlich verfuhr seit 1798 die „Allgemeine musikalische Zeitung", die sich mit ausführlichen Besprechungen an die Kenner und mit kurzen Annotationen an die Liebhaber wandte.

In den 1780er Jahren wurden dann auch die Modejournale wie das „Journal des Luxus und der Moden" auf die Musikliebhaber aufmerksam. Neben allgemeinen Betrachtungen, z. B. „Ueber Mode in Musik, und die neuesten Favorit-Stücke in einzelnen teutschen Provinzen" oder „Ueber die neueste Favorit-Musik in großen Concerten, sonderlich in Rücksicht auf Damen-Gunst, in Clavier-Liebhaberey",[44] brachte das „Journal" regelmäßig Berichte von den deutschen Bühnen. Korrespondenten lieferten Nachrichten aus Hamburg, Mannheim, Kassel, Zweibrücken, Berlin, Schwerin, Dresden sowie aus Wien und Paris. Dabei standen aber Schauspiel und vor allem die Oper im Mittelpunkt. In den 1790er Jahren wurde dann zunehmend auch über das Konzertleben berichtet, z. B. über Klavierkonzerte der Gebrüder Pixis in Kassel (später in Weimar und Leipzig), über den bereits erwähnten Flötisten Friedrich Ludwig Dulon sowie über das Konzert des Wiener Kapellmeisters Joseph Wölfl in Leipzig. Die Gewandhauskonzerte waren natürlich präsent, aber auch die deutsche Provinz kam durch Betrachtungen über die Wintersaison in Würzburg oder Oldenburg in den Blick. Besonders gern lasen die Abonnenten des „Journals" etwas über die Konzerte der berühmten Sängerin Gertrud Elisabeth Mara, z. B. 1803 über ihre Auftritte in Weimar, Dresden und Bad Lauchstädt. Ihre noch im gleichen Jahr stattfindenden Konzerte in Ostpreußen wurden dann von der Leipziger „Zeitung für die elegante Welt" gemeldet.[45]

Für ein breiteres Publikum mindestens ebenso wichtig waren die 1795 zum ersten Mal im „Journal" angebotenen „neuerschienen Musikalien", die direkt über den Verleger des „Journals" bezogen werden konnten und – was der Vorteil war – von den Abonnenten gleichzeitig mit der Lieferung des „Journals" portofrei bis Leipzig, Frankfurt am Main oder Nürnberg bestellt werden konnten:

„1) Clavier- und Fortepianomusik
– Bihler. Variations p. Clav. Oboe et Bass. Op. IV., Offenbach, bey Andree 3 fl.
– Hoffmann, Marsch aus der Zauberflöte mit Variationen. Op. II., Ebendas. 30 fl.
– C. H. Kunze, VI Anglaises et VI Allemandes p. Clav. 4me Cahier, Heilbronn, bey Ammon. 30 kr.
– Beczwarzowsky. Concert en Rondeau Op. II. Offenbach, bey Andree. 2 fl.
– Förster. Quartett. P. Clav. Viol. Alt. et. Bass. Op. VIII Livr. 1 Ebendas. 1 fl 45 krz.
[...]
– B. de Dalberg. Sonate a 4 mains, in C dur. Ebendas. 1 fl 30 kr.
– Kuhn. Petites pieces. Op. VIII. Ebendas. 1 fl 30 kr.
– Kyrmayr. VI Airs varies. Mannheim, bey Götz; jede zu 20 kr. nehmlich No 7. Der Vogelfänger bin ich etc. No. 8. Menuet aus Don Juan. No. 9. Du feines Täubchen. No 10. Bey Männern welche Liebe fühlen. No 11. Seyd uns zum zweyten Mal willkommen. No 12. Dort vergiß etc. aus Figaro.
2) Violin-Musik
– P. Wranizky. VI Quart. à 2 Viol. Alt et Bass. Op. XXX. Offenbach, bey Andree. 6 fl.
– Gyrowez. III Quartett. Op XIX. Ebendas. 2 fl 45.

- Luchesi. VI Duos. à 2 Vio. Augsburg, bey Gombart. 3 fl 30 kr.
- Distler. VI Quartett. à Viol. Alt. et. Bass. Op. II. Ebendas. 5 fl. 30 kr.

[...]

4) Flöten-Musik
- Monzani. VI Trios. À 2 Flutes et Bass. Augsburg, bey Gombart.
- Ditters. Hieronymus Knicker für 2 Flöten und Baß. Arrangiert von Ehrenfried. Maynz, bey Schott. 3 fl.

[...]

6) Sinfonien
- P. Winter. Sinf. In D. Livr. 1. Offenbach, bey Andree. 2 fl."

Interessanterweise mischte Bertuch diese Annoncen mit Berichten und zum Teil auch Besprechungen, worin das merkantile Interesse deutlich wird.[46]

Einen anderen Weg beschritten die Intelligenzblätter, die neben kurzer Information – von Ort zu Ort in unterschiedlichem Maße – als Anzeigenblatt für Kauf- und Verkaufsinserate dienten. So hat kürzlich Josef Mančal den „Augsburger Intelligenz-Zettel" unter dem Blickwinkel der Musik und des Musikmarktes untersucht und dabei vor allem zwei wesentliche Informationsbereiche beobachtet, zum einen die Inserate für Musikalien und Musikinstrumente und zum anderen die „Nota der ankommenden und durchgehenden Passagiers". Letztere waren zur persönlichen und geschäftlichen Kontaktaufnahme gedacht und können als Beleg für die berufliche Mobilität von Musikern wie für das wachsende Reisen im dienstlichen Auftrag im 18. Jahrhundert gesehen werden.[47] Im Zeitraum 1747 bis 1799 sind mehr als 760 Sänger und Sängerinnen, Musiker, Virtuosen, Konzert- und Kapellmeister, Musik-, Kapell-, Opern- und Theaterdirektoren und Komponisten durch Augsburg gereist, worunter sich die großen wie die kleinen Namen befanden.[48]

Allein die Dienstorte der Kapellmeister – Berlin, Dresden, Eichstätt, Mannheim, München, Oettingen-Wallerstein, Regensburg, Salzburg, Stuttgart, Wien, Kopenhagen und St. Petersburg – deuten die geographische Reichweite dieses künstlerischen Transfers an, an dem der Augsburger direkt oder indirekt im Intelligenzblatt teilnehmen konnte. Im Anzeigenteil ging es dann vor allem um Musikalien, aber auch um Konzertinserate wie die des Augsburger Stadttrompeters und Konzertunternehmers Gottfried Val[l]entin.[49]

Der Musikliebhaber konnte sich vor der Überflutung mit musikalischen Anzeigen kaum noch retten. Zwar wurde er im 18. Jahrhundert nicht in einem heutigen Ausmaß tatsächlich mit Musik berieselt, aber doch ständig – zumindest publizistisch – mit Musik konfrontiert. Dadurch, daß Musikstücke immer weniger für bestimmte Aufführungsanlässe und -orte komponiert bzw. in Auftrag gegeben wurden, wandelte sich ihre Funktion von der Einwegmusik, die allenfalls im Parodieverfahren recycelt wurde, zur Mehrwegmusik, die auf einem anonymen Musikmarkt bestehen mußte. Der Komponist wußte nicht mehr, für welches Orchester, welchen Solisten oder Dilettanten er schrieb. Entsprechend mußte er einerseits einen Publikums- oder Modegeschmack befriedigen, andererseits seine Originalität zum Markenprodukt machen und gleichzeitig auf eine wohlwollende Rezeption „in der Presse“ hoffen. Dies gelang wenigen so gut wie dem „ersten Classiker der [...] Tonkunst“, Carl Philipp Emanuel Bach.[50] Jedoch hielt der wachsende und immer weniger überschaubare Markt auch für die anderen Komponisten genügend Nischen bereit. Hier fanden vor allem die noch immer zahlreichen deutschen Hofkapellmeister und Kantoren, wie die überlieferten Konzertprogramme zeigen, nebenamtlich ein reiches Betätigungsfeld. Ihre Werke strahlten wie die unten abgebildete Komponistensonne über die territorialen Grenzen hinaus deutschland- und oft sogar europaweit aus.

Abb. 18 Komponisten-Sonne, Stich nach Zeichnung von August Friedrich Christoph Kollmann, Allgemeine Musikalische Zeitung, Oktober 1799.

Kapitel VIII

Theater und Oper

„Außer dem Dichternamen Schiller bewirkte bei uns noch derjenige von Goethe und Lessing unfehlbar ein leeres Haus".[1]

Dieses sarkastische Bonmot des Schauspielers und Theaterdirektors Friedrich Ludwig Schmidt charakterisiert einprägsam die Rolle des Theaters im 18. und beginnenden 19. Jahrhundert. Das Theater war das spannendste Unterhaltungsmedium in dieser Zeit und ist in seiner Bedeutung nur mit dem heutigen Kino zu vergleichen. Dabei beschränkte es sich nicht auf das Schauspiel, sondern unterhielt mit Oper und Ballett ein wachsendes Publikum. Diesen Tatbestand übersehen häufig Literatur- und Musikwissenschaftler, wenn sie sich Schauspiel und Oper als künstlerische Gattungen aneignen und damit die historische Einheit dieses Unterhaltungsangebots disziplinär zerstören. Dennoch soll auch in diesem Kapitel das Sprechtheater im Mittelpunkt stehen.

Ein weiterer Topos der Theaterhistoriographie ist die teleologische Interpretation der Theatergeschichte als linearer Fortschritt von den Wandertruppen zum Hof- bzw. Nationaltheater und von der einfachen Unterhaltung zu erzieherischen Aufgaben für das Menschengeschlecht.[2] Zwar ist die große Dichte des Drei-Sparten-Theaterangebots in Deutschland als Fortschritt anzusehen, der heute in der kulturellen Sparpolitik nachhaltig bedroht ist, aber auch das Unterhaltungsbedürfnis des Publikums und die Kommerzialisierung des kulturellen Angebotes dürfen als Humus der deutschen Theaterlandschaft nicht unterschätzt werden.

Mit der Kommerzialisierung des Theaterangebots gingen eine Professionalisierung und Spezialisierung der Protagonisten einher, die gleichermaßen Schauspieler, Sänger, Autoren, Verleger und Theaterdirektoren betrafen. Schon im ausgehenden 17. Jahrhundert hatte ein Professionalisierungsprozeß im deutschen Theaterwesen eingesetzt. Berufskomödianten, die gleichermaßen Sänger- wie Schauspieleraufgaben übernahmen, eroberten die höfischen und öffentlichen Bühnen und verdrängten allmählich Schüler- und Laiendarsteller. Was zunächst noch fehlte, waren „stehende" Bühnen, die ein seßhaftes und damit kontinuierliches Theaterleben ermöglichten. Die Voraussetzungen hierfür wurden von den Höfen mit der Einrichtung fester Hoftheater ebenso geschaffen wie durch Errichtung städtischer Bühnen durch die Schauspielprinzipale. Auch wenn damit der Weg zur längerfristigen Bindung von Schauspielern und Schauspieltruppen an einen Ort frei war, bedeutete dies jedoch noch nicht, daß Gastspiele oder -auftritte an anderen Orten der Vergangenheit angehörten. Auch nach der Etablierung der Hoftheater mit festen Ensembles überwogen die Wandertruppen noch quantitativ im deutschsprachigen Theater. Denn es war für eine Schauspieltruppe oftmals finanziell vorteilhafter, mit einem begrenzten Repertoire durch die Lande zu ziehen, als ein lokales Publikum – in Konkurrenz mit anderen Truppen – ständig mit Neuinszenierungen bei der Stange halten zu müssen. So unternahmen selbst an einem Ort etablierte Ensembles Gastspielreisen in andere Hof- oder städtische Theater.

Gleichzeitig erweiterten die Hoftheater ihr kulturelles Angebot. Hatte das Theater am Hof lange Zeit ausschließlich der Repräsentation und dem Divertissement des Hofes gedient, so ließ man jetzt die Öffentlichkeit zunehmend an dessen kulturellen Segnungen teilhaben. Dazu subventionierten die Höfe ihre Theater, die aber gleichzeitig von den Theaterunternehmern privatwirtschaftlich betrieben wurden. Erst die Idee eines erzieherischen Zielen folgenden Nationaltheaters setzte eine permanente Finanzierung durch die Obrigkeit voraus. Daneben gründeten Theaterprinzipale wie Konrad Ernst Ackermann Komödienhäuser in Königsberg (1754/55) und am Gänsemarkt in Hamburg (1765), während die Schauspielhäuser in Leipzig (1766), Nürnberg (1800/01), Frankfurt und Würzburg (1803/04) von privaten Geschäftsleuten errichtet wurden.

Mit dem Engagement der Höfe und der Zulassung der Öffentlichkeit wandelten sich Repertoire und Organisation der Bühnen. Anstelle temporärer, dem Geschmack des Fürsten folgender Gastspiele wurden Spielzeit (Anzahl der Spieltage) und Repertoire deutlich erweitert. Als Beispiel mag Berlin dienen, dessen kulturelles Leben um die Mitte des 18. Jahrhunderts durch das Königliche Opernhaus mit den italienischen Opern Grauns und Hasses und der Verachtung des Königs für deutsche Stücke geprägt war. Bedeutende italienische Sänger und Tänzer gastierten in Berlin, während sich deutsche Kompanien gegen die französischen und italienischen Ensembles nicht behaupten konnten. 1765 eröffnete Franz Schuch ein 700 Plätze umfassendes Privattheater in der Behrenstraße, in dem in der Folgezeit auch die Truppen der Prinzipale Carl Theophil Döbbelin und Gottfried Heinrich Koch mit einem breitgefächerten deutschsprachigen Repertoire auftraten. Insbesondere das Döbbelinsche Ensemble bestand aus fast 80 Schauspielern, Schauspieler-Sängern und Schauspieler-Tänzern, mit denen es Schauspiele, Operetten, Singspiele, Ballette und sogar Opern aufführte. Es wurde so zum Kern des 1786 am Gendarmenmarkt eröffneten Königlichen Nationaltheaters, das neben den Dramen Shakespeares, Schillers und Lessings vor allem die Kassenfüller Kotzebues sowie deutsche Opern auf die Bühne brachte. 1802 zog man in das von Carl Gotthard Langhans gebaute Königliche Schauspielhaus – ebenfalls am Gendarmenmarkt – um, das 2.000 Besuchern Platz bot. Sein Direktor August Wilhelm Iffland, der seit 1796 in Berlin inszenierte, machte die preußische Hauptstadt zu einer der führenden Theatermetropolen.[3]

Iffland hatte zuvor im Ensemble Konrad Ekhofs am Gothaer Hoftheater (dem ersten stehenden, aber kurzlebigen Hoftheater) und vor allem am Mannheimer Nationaltheater reüssiert und dabei die Erneuerungsbewegung des deutschen Theaters unmittelbar miterlebt und mitgestaltet.

Insbesondere das Mannheimer Nationaltheater wird immer wieder in einem Atemzug mit dem Weimarer Hoftheater Goethes als Reformbühne genannt. Es verdankte seine Existenz dem Kurfürsten und Theaterenthusiasten Karl Theodor, der zunächst das Schloßtheater mit einer französischen Truppe neu belebt hatte und nach deren Entlassung in den 1770er Jahren den Architekten Lorenzo Quaglio mit dem Umbau des Mannheimer Arsenals zu einem Theater für das deutsche Schauspiel beauftragte. Als Karl Theodor 1777 Kurbayern erbte und die inzwischen engagierte deutsche Schauspieltruppe mit nach München nahm, entstand als Kompensations- bzw. Infrastrukturmaßnahme für den durch den Weggang des Hofes drohenden ökonomischen Verlust das Nationaltheater. Bereits 1776 hatte der Schauspieler Johann Christian Brandes auf die Vorteile einer solchen Bühne aufmerksam gemacht: Ein gutes Nationaltheater bilde die Einwohner in der Sprache, in den Sitten, in der Denkart, vermindere den Luxus im Mittelstande, bereichere den Bürger, mache moralisch gute Menschen, sei für den Staat „Oekonomie“. Der Schauspieler sei gleichsam

Bürger, der Beitrag des Fürsten, die Einlage der bemittelten Einwohner und der Fremden gingen durch seine Hände in die Hände des Armen; das Geld erhalte Umlauf und bleibe im Lande.[4]

Im Sommer 1778 transportierte Wolfgang Heribert von Dalberg, pfälzischer Kammerherr und dilettierender Schauspieler und Bühnenautor, diese Vorschläge an die entscheidende politische Stelle. Mit einem Schauspiel würden nicht nur die adligen und gräflichen Familien im Winter vom Land in die Stadt gelockt werden, sondern gleichzeitig könnten die bisher nicht verwirklichten Pläne „zur Erhöhung der dramatischen Kunst in Teutschland" umgesetzt werden.[5] Daraufhin bewilligte die kurfürstliche Verwaltung eine Anschubfinanzierung. Als Schauspieler wurden Karoline Schulze-Kummerfeld und Iffland vom aufgelösten Gothaer Hoftheater rekrutiert, und die bereits mehrfach Bankrott gegangene Truppe von Abel Seyler erhielt ein neues Engagement. Nach der Eröffnung mit Goldonis „Geschwind, eh's jemand erfährt" suchte Dalberg als Intendant, seinem Haus mit einem neuen natürlichen Schauspielstil und einem spezifischen Uraufführungsrepertoire Profil zu geben. Neben Schillers „Die Räuber" (1782), „Fiesko" (1783), „Kabale und Liebe" (1784) und „Don Carlos" (1788) wurde Shakespeare in Dalbergschen Bearbeitungen aufgeführt. Regelmäßig wurden auch Ifflands Erfolgsstücke „Verbrechen aus Ehrsucht (1784), „Die Mündel" (1784), „Die Jäger" (1785) und „Die Hagestolzen" (1791) gegeben. Hinzu kamen Mozarts Opern „Entführung aus dem Serail" (1784), „Don Giovanni" (1789), „Le nozze di Figaro" (1790), „Cosi fan tutte" (1793) und „Die Zauberflöte" (1794).

Dalberg hatte hochgesteckte Erwartungen an sein Theater und die Schauspielkunst im besonderen, die er in der Diskussion mit seinen Schauspielern in sog. Ausschüssen zu verbessern suchte. „Was ist National-Schaubühne im eigentlichen Verstande? Wodurch kann ein Theater National-Schaubühne werden? Und gibt es wirklich solch ein deutsches Theater, welches Nationalbühne genannt zu werden verdient?", waren nur einige der erörterten Fragen, die dem Ziel „der Bühne [als] wahre Schule der Sitten" näher kommen sollten.[6]

Jedoch wich dieser Optimismus spätestens in den 1790er Jahren der Resignation, als der kurfürstliche Zuschuß mit Abonnementseinnahmen und Eintrittskartenverkauf nicht mehr zur Finanzierung des Theaters ausreichte. Da keine neuen Mittel erschlossen werden konnten und die kurfürstlichen Subventionen immer spärlicher und unregelmäßiger flossen, vegetierte das Theater am Ende 18. Jahrhunderts nur noch dahin. Erst der Übergang der rechtsrheinischen Kurpfalz an Baden (1803) und die Finanzierung des Theaters durch die badische Finanzverwaltung stellten das Mannheimer Theater im 19. Jahrhundert auf eine neue Basis.

Finanzielle Engpässe waren symptomatisch für die Nationaltheaterversuche dieser Zeit. Zuvor war schon das Nationaltheaterprojekt in Hamburg gescheitert. Hamburg nahm so etwas wie eine Vorreiterrolle im Bereich von Oper und Theater ein. Es beherbergte von 1678 an mit dem Theater am Gänsemarkt die erste städtische Opernbühne. Hier wurden deutschsprachige Opern von Reinhard Keiser und anderen Komponisten uraufgeführt, deren Thematik biblischen, antiken, mythologischen und historischen Stoffen folgte. Nach dem Zusammenbruch des Hamburger Unternehmens 1738 war in Deutschland in den darauffolgenden Jahrzehnten keine deutschsprachige ernste Oper mehr zu hören, da Oper sonst nur in italienischer oder französischer Sprache an den Hoftheatern stattfand.

Der französische Einfluß, der von Johann Christoph Gottsched und Friederike Caroline Neuber zur Reform des Schauspiels und der Schauspielerausbildung in Deutschland genutzt wurde, setzte sich dagegen über die jüngeren Schauspieler, wie Gottfried Heinrich Koch, Carl Theophil Döbbelin bzw. Johann Friedrich Schönemann, im Schauspiel fort. Sowohl Schönemann als auch Koch hatten mit den Gastspielen ihrer Truppen das Hamburger Publikum mit einem neuen Stil vertraut gemacht. Als Konrad Ernst Ackermann, der aus der Schönemannschen Truppe stammte, sich 1764 mit einem eigenen Ensemble in Hamburg niederließ und ein Privileg für die Aufführung deutscher Schauspiele in Deutschland beantragte, begann ein erneuter Aufbruch in der Hamburger Theatergeschichte. An der Stelle der inzwischen abgerissenen Oper am Gänsemarkt entstand ein neues „Commödienhaus", das aber bereits nach kurzer Zeit aufgrund seines anspruchsvollen Programms in finanziellen Schwierigkeiten steckte. So übernahmen 1767 zwölf Hamburger Bürger das „Commödienhaus" und das „Ackermannsche Ensemble" als „Hamburgisches Nationaltheater". Gotthold Ephraim Lessing wurde als Dramaturg verpflichtet. Statt Unterhaltungstheater versuchte man einen ehrgeizigen Spielplan, der neben originalen deutschen Werken vor allem aus Bearbeitungen französischer Dramen und englischer Schauspiele bestand.[7] Schon bald bekam das Nationaltheater jedoch Konkurrenz durch eine französische Schauspieltruppe, so daß es 1769 aufgelöst werden mußte. Ackermann, zu dessen Verdiensten die Formung eines neuen, weniger affektierten Darstellungsstils gehörte, übernahm die Schauspieler einmal mehr.

1771 löste Friedrich Ludwig Schröder seinen im gleichen Jahr verstorbenen Stiefvater in der Leitung des Hamburger Theaters ab. Schröders erste Direktion, die bis 1779 dauerte, war sowohl durch die Pflege Shakespeares als auch durch die Aufführung der neuen Sturm-und-Drang-Dramen gekennzeichnet. Schröder, der sich mit den prominenten Hamburger Theaterkritikern verbündete, äußerte sich in seinem offiziösen „Theatralischen Wochenblatt" darüber hinaus zu Fragen der Theaterreform. Als Gegenpol zu Gottsched und der Neuberin propagierte er die Orientierung des deutschen Theaters an englischen Vorbildern – insbesondere an Shakespeare (wie das auch Herder und Goethe in „Zum Schäkespeares Tag" 1771 artikuliert hatten). Schröder selbst, der sich bisher sowohl in der Komödie als auch als Solotänzer in Balletten profiliert hatte, gewann als Shakespeare-Darsteller Format, gleich ob es sich um Lear, Falstaff oder den Geist von Hamlets Vater handelte. 1788 brachte er auch Jakob Michael Reinhold Lenz' „Hofmeister" auf die Bühne. Dennoch ging die Schrödersche Periode 1780 vorübergehend zu Ende. In der Folgezeit gastierte Schröder auf vielen deutschen Bühnen, insbesondere am Wiener Burgtheater, bis er 1785 das Altonaer Theater und von 1786–1798 abermals das Theater am Gänsemarkt übernahm. Jetzt standen vor allem Mozarts Opern, etwa „Don Giovanni" (1789), „Die Entführung aus dem Serail" und „Die Hochzeit des Figaro" (1791) sowie „Die Zauberflöte" (1793), auf dem Programm, wodurch die enge Verbindung von Schauspiel und Oper im Repertoire der deutschen Theater im ausgehenden 18. Jahrhundert einmal mehr deutlich wird.[8]

Letzteres trifft auch auf das Weimarer Hoftheater zu, das durch Goethes Intendanz schon im 18. Jahrhundert überregionale Aufmerksamkeit gefunden hat. Zunächst traten hier die Schauspieltruppen von Döbbelin, Gottfried Heinrich und Abel Seyler auf, deren letztere Wielands Oper „Alceste" mit der Musik von Anton Schweitzer 1773 aufführte. Entsprechend ließ es sich Wieland nicht nehmen, in der März-Nummer des „Teutschen Merkur" über das geordnete Theaterleben in Weimar zu berichten, das ein deutsches Schauspiel besitze, „welches jedermann dreimal in der Woche unentgeltlich besuchen darf“.[9] Ein Jahr später schon wurden das Schloß samt Theater indessen ein Raub der Flammen und damit das Theaterleben zur Bühne von Dilettanten, denn die Seylersche Truppe mit ihrem Star Konrad Ekhof war nach Gotha abgewandert. Bei den Aufführungen wirkten Weimarer Persönlichkeiten aus dem Umkreis des Hofes mit, allen voran Friedrich Justin Bertuch, der sowohl als Stückeschreiber wie als Schauspieler auf der Bühne auf sich aufmerksam machte. Neben Stücken von Voltaire, Destouches und Lessing führte man deutsche Singspiele auf.[10] Nach Goethes Ankunft im Weimar 1775 trat er an die Spitze des Liebhaber-Ensembles, um damit in eine größere Öffentlichkeit zu wirken. Für dieses Theater verfaßte Goethe Stücke wie „Die Geschwister“ (1776), das Feenspiel mit Musik „Lila“ (1776/77) oder die komische Oper „Der Triumph der Empfindsamkeit“ (1777) – die beiden letzten zu den Geburtstagen der Herzogin Luise.[11] In den Aufführungen der „Geschwister“ (1776), der „Mitschuldigen“ (1777), des „Jahrmarktfestes zu Plunderswei-lern“ (1778), der „Iphigenie auf Tauris“ oder der „Laune des Verliebten“ (1779), trat Goethe auch als Schauspieler auf, zumeist mit der schauspielernden Kammersängerin Corona Schröter als Partnerin.

Nachdem das Weimarer Liebhabertheater verödet war, möglicherweise weil Goethe dazu keine Lust und Zeit mehr hatte, wurden zunächst die „Teutsche Schaupieler-Gesellschaft“ unter der Direktion von Joseph Bellomo verpflichtet und monatlich mit 320 Talern gefördert, die dann 1791 von der neu errichteten Weimarer Hofbühne abgelöst wurde. Unter der Intendanz Goethes engagierten die Spielleiter für die Opern (Johann Friedrich Kranz) und das Schauspiel (Franz Joseph Fischer) ein Ensemble, das bereits am 7. Mai 1791 Ifflands „Die Jäger“ aufführte.[12] In dem von Goethe konzipierten Spielplan überwogen während seiner Intendanz 1791 bis 1817 bei insgesamt 601 Inszenierungen mit 118 Inszenierungen die Stücke Kotzebues und Ifflands sowie das internationale Komödienrepertoire (Molière, Marivaux, Beaumarchais, Goldoni, Gozzi und Holberg),[13] mit denen dem Unterhaltungsbedürfnis von Herzog, Hof und Publikum Rechnung getragen wurde. Bei ca. 500 Zuschauern pro Vorstellung, von denen ein großer Teil Abonnenten waren, mußten viele verschiedene Stücke inszeniert werden, um die Theaterfreunde bei Laune zu halten.

Abb. 19 Vorbereitungen hinter der Bühne für die Zauberflöte am Weimarer Hoftheater, Aquarell von Georg Melchior Kraus.

Die Vorstellungen Schillers (dessen Werke nur 37 Mal einstudiert wurden) vom Schauspiel als einer „moralischen Anstalt" waren ebenso wenig zu verwirklichen wie die hochtrabenden Ideen eines Nationaltheaters. Entsprechend machten die aufgeführten Stücke von Goethe, Schiller und Lessing nur fünf Prozent am gesamten Weimarer Spielplan aus.

Wenn Weimar sich dennoch einen überregionalen Namen machte, lag es an dem von Goethe für einige Jahre geprägten Aufführungsstil, in dem die Schulung der Schauspieler und die sprachlich-metrische Durcharbeitung des Textes im Vordergrund standen. Dies behauptet zumindest die Goetheforschung, die möglicherweise der Selbstinszenierung der Klassiker zu sehr Glauben schenkt.[14] Im Spielplan nahmen Opern und Singspiele eine bedeutende Rolle ein. So wurden die „Die Zauberflöte" (Premiere 1794, 82 Abende), „Don Giovanni" (Premiere 1792, 68 Abende), „Die

Hochzeit des Figaro" (Premiere 1793), „Cosi fan tutte" (Premiere 1797), „Titus" (Premiere 1799) sowie „Die Entführung aus dem Serail" (Premiere 1791, 49 Abende) in der Inszenierung Goethes immer wieder aufgeführt: „Ein wahrhaft imponierender Mozart-Zyklus noch zu Lebzeiten des Komponisten und kurz nach seinem Tode!"[15] Goethes Lebensgefährtin und spätere Ehefrau Christiane, eine eifrige Theaterbesucherin, hörte „Die Zauberflöte" am 6. April 1799 bereits zum dreißigsten Male.[16]

Zuletzt muß auch die Wiener Theaterkultur erwähnt werden, die mit dem Regierungsantritt Maria Theresias einen neuen Aufschwung nahm. Die beiden Hoftheater, das Burgtheater und das Kärntnertortheater, konnten nun auch von Zuschauern außerhalb des Hofes besucht werden, sofern sie am klassischen und zeitgenössischen französischen Drama Interesse hatten. Daneben wurden das Hofballett und die Oper ausgebaut. Für letztere war seit 1755 der künstlerische Direktor der musikalischen Akademie am Burgtheater, Christoph Willibald Gluck, verantwortlich, der bereits Stationen in Mailand, London, Dresden, Kopenhagen, Prag und Neapel hinter sich hatte und in den 1770er Jahren auch Paris mit seinen Reformopern beglücken sollte. Diese entwickelte Gluck in Abgrenzung zu Pietro Metastasios barock-virtuosem Opernstil, indem er auf Schlichtheit, Natürlichkeit und einfachere Handlungsstruktur setzte.

Was das Schauspiel betraf, wurden überwiegend Übersetzungen französischer und englischer Autoren, aber auch ein kleines Repertoire originaler deutscher Dramen aufgeführt. Oftmals paßte man die Stücke den Wiener Komödien bzw. Harlekinaden an und verlegte die „Lustigen Weiber von Windsor" als „Lustige Abenteuer an der Wien" an die Donau. Als Joseph II. das Burgtheater zum „teutschen Nationaltheater" erhob, waren damit weniger programmatische Erziehungsziele verbunden, als eine Bevorzugung des deutschsprachigen Theaters im Spielplan. Man verpflichtete hierzu prominente deutschsprachige Schauspieler wie den „Hamburger Hamlet" Johann Franz Hieronymus Brockmann. Dieser wurde 1789 Regisseur und Direktor am Burgtheater, nachdem Iffland abgesagt hatte. Neben dem Schauspiel standen das deutsche Singspiel und die deutsche Oper im Zentrum des Wiener Hoftheaters, denn zum „teutschen Nationaltheater" gehörten Schauspiel- und Musiktheater gleichermaßen. In Wien erlebte das deutsche Singspiel eine solche Begeisterung, daß zunehmend neue

Stücke dieser Art auf die Bühne gebracht wurden. Auch Mozarts „Entführung aus dem Serail“, die das Burgtheater 1782 uraufführte, profitierte zunächst von der Publikumsgunst.

Dennoch ging der Trend am Burgtheater bald wieder zur italienischen Oper, die den Wienern von einem Ensemble unter Antonio Salieri geboten wurde.[17] Vor diesem Hintergrund sind auch die italienischen Mozartopern nach den Libretti von Lorenzo da Ponte zu sehen („Le Nozze di Figaro“, Uraufführung am 1. Mai 1786; „Don Giovanni“, Wiener Erstaufführung am 7. Mai 1788 und „Così fan tutte“, Uraufführung am 26. Januar 1790). Sie konnten sich aber mit Salieris Erfolgen nicht messen, da sie das Wiener Publikum teilweise überforderten. Es fehlte natürlich auch ein Intendant, der wie Goethe in Weimar den „Don Giovanni“ 68mal in das Programm des Hoftheaters nahm. So war es nur konsequent, daß Mozart seine „Zauberflöte“ zusammen mit dem Theaterprinzipal Emanuel Schikaneder auf das Publikum bzw. den Markt der Wiener Vorstadtbühnen ausrichtete und in Gestalt des Papageno auch der dort geforderten „komischen Figur“ einen Auftritt verschaffte.[18]

Repertoire

Bei der Skizzierung der Theaterentwicklung haben wir immer wieder festgestellt, daß die aufgeführten Stücke weder dem heutigen Repertoire noch den Vorstellungen von einem vermeintlich klassischen Theater-Kanon entsprachen. So wäre auch der Hamburger Bürgermeister, der vor einiger Zeit anmahnte, die Hamburger wollten ihre Klassiker im Schauspielhaus wiedererkennen und mit dieser Forderung den Intendanten stürzte, im klassischen Weimar fehl am Platze gewesen. Denn überall im Deutschland des 18. Jahrhunderts überwogen in den Spielplänen der Bühnen Übersetzungen französischer, englischer und italienischer Stücke die deutschen Originaldramen. Nationaltheater hieß mithin nicht, daß deutschsprachige Schauspieler die Werke deutscher Autoren zu Gehör brachten, sondern daß man in deutscher Sprache spielte. Dabei handelte es sich oftmals um an das Schauspielerensemble und den Publikumsgeschmack angepaßte Bearbeitungen, die die französischen oder englischen Vorlagen weitgehend verstümmelten. „Nationaltheater“ war daher zunächst eine Marketingdevise, die jedoch in den letzten beiden Jahrzehnten des 18. Jahrhunderts einen Aufschwung der deutschsprachigen Schauspiel- und Singspielproduktion einleitete. Spätestens mit der Französischen Revolution brach die Bearbeitung und Veröffentlichung französischer Stoffe in Deutschland regelrecht ein.[19]

Auch stand das Unterhaltungsbedürfnis die meiste Zeit im Mittelpunkt der Theaterproduktion. Die Theaterunternehmer, insbesondere die Prinzipale der Wandertruppen, setzten auf Abwechslung und kombinierten – ähnlich wie im beginnenden Konzertbetrieb – verschiedene Elemente: eine Komödie mit einem Feuerwerk oder eine Tragödie mit einem pantomimischen Ballett. Gleichzeitig wurden die Dramen, z. B. in Schröders Hamburger Shakespeare-Bearbeitungen, nach Opernvorbild mit einem Happy End versehen und damit den Wünschen des Publikums Rechnung getragen. Ohnehin herrschte das Lustspiel im Repertoire vor. So bestanden die 250 Vorstellungen des Ackermannschen Ensembles in Hamburg zu vier Fünfteln aus Komödien. Auch das kurzlebige Gothaer Hoftheater führte 114 Lustspiele, 13 Trauerspiele und 44 Schauspiele auf. Darüber hinaus dominierte das Musiktheater das Sprechtheater. Gottscheds Theaterreformbemühungen hatten demnach keinen durchschlagenden Erfolg. Der Leipziger Professor hatte nicht nur gegen Inszenierungsaufwand und Wollust der Oper gekämpft („das ungereimteste Wercк, so der menschliche Verstand jemahls erfunden"),[20] sondern auch durch seine Prämisse der Einheit von Ort, Zeit und Handlung und die Propagierung des Alexandriners als Standardversmaß Szenenwechsel und Improvisation als Unterhaltungselemente des Theaters weitgehend auszuschalten versucht. In den 1740er und 1750er Jahren entwickelten Johann Elias Schlegel, Christian Fürchtegott Gellert und Gotthold Ephraim Lessing Gottscheds Musterdramen fort zum „rührenden Lustspiel" und „bürgerlichen Trauerspiel". Lessings „Miß Sara Sampson" (1755) – vom Ackermannschen Ensemble in Frankfurt an der Oder uraufgeführt – kann als Paradebeispiel für diese neue Gattung gelten, die dem Publikum das Mitleiden mit dem Schicksal der Charaktere auf der Bühne anbefahl. Obwohl „Sara Sampson" durch die Kunst der Schauspieler das Publikum zu Tränenströmen rührte,[21] konnte sich von Lessings Stücken nur „Emilia Galotti" einen dauerhaften Platz in der Publikumsgunst des ausgehenden 18. Jahrhunderts und damit einen Rang unter den 30 am meisten gespielten Stücken sichern.

Fallstudien für einzelne Bühnen sollen diese Bemerkungen erhärten. Während das Gothaer Hoftheater nur wenige Jahre existierte und somit den Theatergeschmack nicht längerfristig dokumentieren kann, sind die vom Mannheimer Nationaltheater zur Zeit Dalbergs (1779–1803) aufgeführten Schauspiele bekannt. Auch hier nahm im Spielplan die deutsche bürgerliche Dramatik den größten Raum ein. Sie wurde mit von Gemmingens „Deutschem Hausvater" 1780 erstmals in das Repertoire integriert, das in Schröder, Iffland und Kotzebue seine Erfolgsdramatiker besaß. Zwar hatte Dalberg in programmatischer Absicht die Tragödien Shakespeares sowie die Dramen Schillers in das Programm genommen, aber allein „Hamlet" und Schillers „Räuber" gelangten unter die 30 am häufigsten aufgeführten Stücke. Sie wurden nicht nur von allen Stücken Kotzebues, sondern auch von Gemmingens „Deutschem Hausvater", Rautenstrauchs „Jurist und Bauer", Gotters „Mariane", Pilows „Taubem Liebhaber" oder Jüngers „Strich durch die Rechnung" in den Schatten gestellt.[22]

Schauspielaufführungen des Mannheimer Nationaltheaters, 1779–1803

Autor	**Titel**	**Gattung**	**Anzahl der Aufführungen**	**Premierenjahr**
Gotter, Friedrich Wilhelm	Der argwöhnische Ehemann	L	21	1779
Gozzi, Carlo	Juliane von Lindorak	S	20	1779
Rautenstrauch, Johann	Der Jurist und der Bauer	L	40	1779
Shakespeare, Wilhelm	Hamlet	T	27	1779
Bock, Johann Christian	Die Holländer oder was vermag ein vernünftiges Frauenzimmer nicht?	L	20	1780
Gemmingen, Otto Heinrich von	Die Familie oder der deutsche Hausvater	S	26	1780
Lessing, Gotthold Ephraim	Emilia Galotti	T	20	1780
Eckardt, Friedrich Samuel Lucas von	Wer wird sie kriegen?	L	20	1781
Gotter, Friedrich Wilhelm	Mariane	T	30	1781
Großmann, Gustav Friedrich Wilhelm	Nicht mehr als sechs Schüsseln	F.G.	21	1781

Autor	Titel	Gattung	Anzahl der Aufführungen	Premierenjahr
Shakespeare, Wilhelm	Die bezähmte Widerbellerin oder Gaßner d. Zweite	L	23	1781
Gotter, Friedrich Wilhelm	Zwei Onkel für einen	L	23	1782
Pilow	Der taube Liebhaber	L	33	1782
Richter, Joseph	Der Gläubiger	S	28	1782
Babo, Franz Marius	Die Maler	L	20	1783
Bretzner, Christoph Friedrich	Die mißtrauischen Liebhaber	L	28	1783
Murphy, Arthur	Die Eifersüchtigen oder alle irren sich	L	27	1783
Wall-Florian	Die beiden Billetts	L	32	1783
Iffland, August Wilhelm	Verbrechen aus Ehrsucht	F.G.	21	1784
Schiller, Friedrich	Die Räuber	S	20	1784
Brömel, Johann Friedrich	Die buchstäbliche Auslegung der Gesetze	L	25	1785
Iffland, August Wilhelm	Jäger	ldl. S.G.	23	1785
Jünger, Johann Friedrich	Der Strich durch die Rechnung	L	29	1785
Bretzner, Christoph Friedrich	Das Räuschchen	L	21	1786
Iffland, August Wilhelm	Der Magnetismus	L	24	1787
Dalberg, Wolfgang Heribert von	Die eheliche Probe	L	21	1788
Babo, Franz Marius	Die Strelitzen	S	20	1789
Kotzebue, August von	Menschenhaß und Reue	S	29	1789
Kotzebue, August von	Die Indianer in England	L	22	1790
Kotzebue, August von	Die Sonnenjungfrau	S	25	1790
Kotzebue, August von	Das Kind der Liebe	S	20	1790
Jünger, Johann Friedrich	Die Entführung	L	21	1791
Spieß, Christian Heinrich	Klara von Hohenreichen	R.S.	27	1791
Ziegler, Friedrich Wilhelm	Der König auf Reisen	L	20	1793

Autor	Titel	Gattung	Anzahl der Aufführungen	Premierenjahr
Kotzebue, August von	Armut und Edelsinn	L	22	1794
Kotzebue, August von	Der Graf von Burgund	S	25	1796

Abkürzungen: T = Trauerspiel, L = Lustspiel, S = Schauspiel, F.G. = Familiengemälde, ldl. S.G. = ländliches Sittengemälde, R.S. = Ritterschauspiel.

Daß dieses Repertoire kein kurpfälzischer Sonderfall war, zeigen die zeitgenössischen Nachrichten in den Journalen. So werden in einem Bericht in den „Rheinischen Musen“ (1795) „Über den Geschmack des Nordens für Musik und Theater“ die gleichen Autoren als die en vogue befindlichen hervorgehoben. Auch wenn es in der Notiz heißt, daß „die dramatischen Produkte in kaiserlichen und bairischen Staaten erzeugt, selten im Norden eine ruhige Aufnahme finden“, werden Schröder, Jünger, Iffland, Babo etc., die auch in Mannheim Kassenfüller waren, ebenso wie Kotzebue oder Gotters „Mariane“ hervorgehoben.[23] Es gab also anscheinend keine signifikanten Nord-Süd-Unterschiede im Theaterrepertoire. So hat Reinhart Meyer bei seiner Rekonstruktion von Singspiel und Oper im Repertoire deutscher Bühnen auch die anderen Werke erfaßt und festgestellt, daß das immer wieder behauptete „kulturelle Gefälle“ von Norden nach Süden nicht festzustellen ist. Wenn es Unterschiede gab, dann lagen sie in der Struktur der Städte begründet. Hierbei zeigen die großen Handels- und Messestädte ähnliche Vorlieben wie die Residenzstädte in bezug auf Oper und Schauspiel. Allein kleinere Städte sowie die Residenzen geistlicher Fürsten bevorzugten das Sprechtheater in größerem Maße. Dies lag sicher auch an den finanziellen Möglichkeiten, ein aufwendigeres Theater zu verwirklichen, begründet. Dort, wo es stattfand, illustriert es die aus den großen Städten bekannten Geschmackspräferenzen.[24]

In ähnliche Richtung deuten die regelmäßigen Berichte des „Journals des Luxus und der Moden“ von den Bühnen der deutschen Territorien. Danach standen in Hamburg, Berlin, Dresden, Frankfurt am Main, Mainz, Mannheim, München oder Graz Iffland, Schröder und Kotzebue gleichermaßen auf dem Programm, zu denen noch lokale Variationen und das Musiktheater kamen.[25] Insbesondere letzteres wurde im ausgehenden 18. Jahrhundert immer mehr nachgefragt. So konstatiert der Mannheimer Intendant Dalberg in einer Denkschrift 1790:

> „Durch die Erscheinung der Operette ‚die Entführung aus dem Serail' und d.m. fing das Publikum sowohl hier als auch anderwärts an, seine bisheriges Vergnügen an dem Schauspiel zu theilen, und die Operetten, welche bisher nur als Nebenwerk betrieben worden, mussten nun zur Abwechslung, und um sowohl dem Wunsche des Publikums Genüge zu leisten, als der Theatercasse bessere Einnahmen zu verschaffen, von allen Theaterdirectionen mit dem Schauspiele gleichgesetzt werden."[26]

Wie vielfältig das Repertoire selbst eines kleinen Hoftheaters war, zeigt die erste Saison des Dessauer Theaters 1794/95, in der die Bossansche Truppe 46 Stücke zur Aufführung brachte. Auch hier standen die Erfolgsautoren Iffland, Schröder, Kotzebue, Gotter und Babo im Mittelpunkt des Programms, das aber durch ein abwechslungsreiches Musiktheater (ca. ein Drittel der Inszenierungen) ergänzt und bereichert wurde. Dittersdorf mit seinen Rennern („Apotheker und Doktor", „Das Rothe Käppgen" etc.) war ebenso im Repertoire wie Mozarts „Zauberflöte", Paisiello, Benda, Wranitzky und Grétry.[27]

Inszenierungsverzeichnis des Dessauer Hoftheaters, 1794/95

Autor	Titel	Gattung	Premiere
Dittersdorff, Carl Ditters von	Das Rothe Käppgen	K	30.07.1794
Jünger, Johann Friedrich	Er mengt sich in alles	L	01.08.1794
Hagemeister, Johann Gottfried	Das Große Loos	S	01.08.1794
Dittersdorff, Carl Ditters von	Hieronimus Knicker	K	03.08.1794
Hagemann, Friedrich Gustav	Otto der Schüz, Prinz von Hessen	S	05.08.1794
Salieri, Antonio	Der Aufschluß	K	07.08.1794
Bossan, Friedrich-Wilhelm	Der Vorabend	P	09.08.1794
Schröder, Friedrich Ludwig	Das Blatt hat sich gewendet	L	09.08.1794
Mozart, Wolfgang Amadeus	Die Zauberflöte	O	11.08.1794
Kotzebue, August von	Die Indianer in England	L	15.08.1794

Autor	Titel	Gattung	Premiere
Dittersdorf, Carl Ditters von	Der Apotheker und Doktor	O	17.08.1794
Kotzebue, August von	Menschenhaß und Reue	F	18.08.1794
d'Alayrac, Nicolas-Marie	Die Beiden Savoyarden	K	20.08.1794
Gotter, Friedrich Wilhelm	Der Spleensüchtige Engländer	L	20.08.1794
Iffland, August Wilhelm	Die Hagestolzen	F	22.08.1794
d'Alayrac, Nicolas-Marie	Nina oder Wahnsinn aus Liebe	O	26.08.1794
Schletter, Salomon Friedrich	Getroffen! Getroffen!	S	26.08.1794
Paisiello, Giovanni	Die Schöne Müllerin	K	29.08.1794
d'Alayrac, Nicolas-Marie	Die Wilden	O	05.09.1794
Hagemann, Friedrich Gustav	Ludwig der Springer	V	07.09.1794
Ziegler, Friedrich Wilhelm	Der Seltene Onkel	L	12.09.1794
Dittersdorf, Carl Ditters von	Der Schiffspatron	K	14.09.1794
Desaides, Alexandre Nicolas	Alexis und Justine	K	16.09.1794
Schröder, Friedrich Ludwig	Heirath durch ein Wochenblatt	L	16.09.1794
Goethe, Johann Wolfgang von	Clavigo	T	19.09.1794
Schubaur, Johann Lucas	Die Dorfdeputirten	K	21.09.1794
Bossann, Friedrich-Wilhelm	Tempel des Danks	E	23.09.1794
Schröder, Friedrich Ludwig	Der Fähndrich oder Der falsche Verdacht	S	23.09.1794
Beck, Heinrich	Die Quälgeister	L	26.09.1794
Ziegler, Friedrich Wilhelm	Der König auf Reisen	L	30.09.1794
Iffland, August Wilhelm	Scheinverdienst	F	02.10.1794
Nunez de Liam, Duarte	Ignez de Castro	T	05.10.1794
d'Arien, Bernhard Christoph	Das Landmädchen	S	09.10.1794
Iffland, August Wilhelm	Die Jäger	Si	12.10.1794
Babo, Franz Marius	Bürgerglück	F	14.10.1794
Lafontaine, August Heinrich Julius	Die Tochter der Natur	S	19.10.1794
Bossann, Friedrich Wilhelm	Das Opfer der Schauspielkunst	A	19.10.1794
Wranitzky, Paul	Oberon, König der Elfen	R	19.07.1795
Iffland, August Wilhelm	Alte Zeit und neue Zeit	S	21.07.1795
Kotzebue, August von	Edelsinn und Armuth	L	23.07.1795
Iffland, August Wilhelm	Dienstpflicht	S	24.07.1795
d'Alayrac, Nicolas-Marie	Rudolph von Creki	O	26.07.1795
Benda, Georg	Romeo und Julia	O	28.07.1795

Autor	Titel	Gattung	Premiere
Iffland, August Wilhelm	Magnetismus / Macht die Augen zu und seht	L	28.07.1795
Huber, Leopold	Die Offene Fehde	S	31.07.1795
Grétry, André Ernest Modeste	Zemire und Azor	O	31.07.1795

A = Abschieds-Epilog, E = Epilog in einem Aufzug, F = Familiengemälde, K = Komische Oper, L = Lustspiel, O = Oper, P = Der Prolog mit Gesang, S = Schauspiel, Si = Sittengemälde, T = Trauerspiel, V = Vaterländisches Schauspiel.

Auch dies war, wenn wir den Berichten des „Journals des Luxus und der Moden“ Glauben schenken dürfen, charakteristisch für das Theaterleben in den deutschen Territorien. Selbst im fernen Schwedisch-Pommern ließen Wandertruppen das Stralsunder und Greifswalder Publikum an der Oper der großen weiten Welt teilhaben. Neben der populären „Jagd“ von Johann Adam Hiller und Bendas „Medea“ (nach Friedrich Wilhelm Gotter) standen in den 1780er und 1790er Jahren hier wie in Dessau Grétrys „Zemire und Azor“, Dittersdorffs „Apotheker und Doktor“ und „Das Rothe Käppgen“, Wranitzkys „Oberon“ sowie Mozarts „Zauberflöte“ und „Don Juan“ auf dem Programm.[28] Beliebte Stücke dieses Genres – „Die Jagd“, „Medea“, „Apotheker und Doktor“ oder „Die Zauberflöte“ – erreichten nahezu alle Theater zwischen Amsterdam im Westen, St. Petersburg im Osten sowie Wien, Graz oder Triest im Süden.[29] Daneben wurden sie in Klavierauszügen, Lieder- und Ariensammlungen sowie Textdrucken der Libretti in immer neuen Auflagen unter das musikliebende Publikum gebracht. Die gefragten Autoren, die wie Kotzebue oder Gotter auch als Librettisten Erfolg hatten, veröffentlichten ihre Stücke und Libretti außerdem in Sammel-Editionen.[30]

Spannende Unterhaltung – am besten in Wort und Musik – entsprach dem Geschmack des sehenden, hörenden und lesenden Publikums also am besten. Dabei konvergierten die oben genannten Gattungen, und der Trend ging hin zum unterhaltsamen „genre mixte“. Die Grenzen zwischen Trauerspiel, das ohnehin immer seltener aufgeführt wurde, Schauspiel und Lustspiel wurden durchlässiger, wenn sie von den Erfolgsautoren nicht sogar bewußt verwischt wurden, da diese auf der Gefühlsskala ihrer Klientel bewußt spielten. Sowohl bei Kotzebue als auch bei Mozart wechselten Szenen, die das Publikum zu Tränen rührten, in schneller Folge mit heiteren Sequenzen. Aber das war natürlich noch keine Garantie für Nachruhm, den der in seiner Zeit nicht ganz so erfolgreiche Mozart erlangte. Wäre Kotzebue nicht 1819 von Ludwig Sand erschossen worden und hätte diese Tat nicht die Karlsbader Beschlüsse und die sog. Demagogenverfolgungen ausgelöst, wäre der erfolgreichste Stückeschreiber seiner Zeit wohl völlig in Vergessenheit geraten.

Publikum

Wir haben bereits mehrfach von den Wünschen und dem Geschmack des Theaterpublikums gesprochen. Aber wer war dieses Publikum überhaupt bzw. wie setzte es sich zusammen? Mit Sicherheit kann man nur konstatieren, daß das Publikum außerordentlich heterogen war, wie es noch das Allgemeine Theaterlexikon von 1839 hervorhebt:

> „Welch ein Abstand von dem Studenten, der nach sorgfältiger Vorbereitung durch wiederholtes Lesen einer klassischen Dichtung mit dem Buche in der Hand der Darstellung im Parterre folgt, bis zu dem Vornehmen, der nach einem glänzenden Diner gähnend in der Loge des 1. Ranges verdaut; von dem Handwerker, der Sonntags seine Familie mit den Ersparnissen der Woche auf die Galerie führt, bis zu dem Musikkenner, der, den Klavierauszug in der Hand, die Leistung des Orchesters und der Sänger beurtheilt. Die höchste geistige Bildung neben der rohesten Vergnügungssucht, der Glanz und die Behaglichkeit der bevorrechteten Stände neben dem Mangel und der niedrigen Neigung!“[31]

Für das 18. Jahrhundert sind die Theaterbesucher neben der Hofgesellschaft vor allem unter den Wirtschafts- und Bildungsbürgern sowie den Funktionseliten zu finden. Dabei variierte das Publikum von Ort zu Ort. So suchten die Wanderensembles, wenn sie nicht exklusiv an einem Hof gastierten, zunächst die städtischen Handelszentren als Auftrittsort auf, was ihnen in Hamburg, Leipzig oder Frankfurt („Montags ist Ball, -- Freitags Concert, -- Dienstags, Donnerstags und Sonnabends ist Comedie“)[32] ein vorwiegend merkantil orientiertes Publikum bescherte. Das war hier auch noch in den 1780er und 1790er Jahren der Fall, wenn beispielsweise ein musikliebender Kaufmann wie Johann Heinrich Goßler vom September 1786 an (nach Auskunft seines Haushaltsbuches) regelmäßig mit seiner Frau Elisabeth in das Theater ging. Sonst vergnügten sich die Hamburger Kaufmannsgattinnen wie auch die Frankfurterinnen ohne die „Hausherren" im Theater und besprachen die Theaterereignisse zu Hause beim Punsch.[33] Hinzu kam der große Anteil durchreisender Gäste, die von dem Kulturangebot der Großstädte lebhaften Gebrauch machten.[34]

Abb. 20 Wien, Burgtheater, Ansicht des Zuschauerraums, anonymer kolorierter Stich.

In den Residenzstädten dagegen änderte sich das Publikum grundlegend mit der Institutionalisierung der Hoftheater und ihrer Öffnung für die Allgemeinheit gegen Eintrittsgeld. Während Hoftheater und Publikum in den großen Residenzen wie Wien oder München ihren aristokratischen Charakter beibehielten und damit (zumindest in Wien) den Zulauf der Vorstadttheater förderten, waren die Publika in den kleineren Residenzstädten stärker sozial gemischt. Dennoch wurde mit Hilfe der Theaterarchitektur eine gewisse ständische Segregation aufrecht erhalten. So war die Bühne auf die Mittelloge des ersten Rangs ausgerichtet, in welcher der Fürst mit seinem Hofstaat (letzterer gegebenenfalls in weiteren Logen) am Theatererlebnis teilhatte. Im zweiten und dritten Rang saßen wohlhabendere Bürger, Angehörige der Funktionseliten, Gelehrte und Künstler, im Parterre Militärs, Reisende und Gäste, während das „Volk“ aus Handwerkern, Gesellen und Dienstboten auf der Galerie oder den abgetrennten bürgerlichen bzw. „ordinären“ Bänken des Parketts Platz fand.[35]

In Mannheim kostete das Jahresabonnement (1779) für alle 140 Vorstellungen 16 Gulden für die preiswerten Logen des zweiten Rangs und 18 Gulden für die im Parterre, während diejenigen im ersten Rang mit 28 Gulden mit Abstand am teuersten waren. Sie wurden entsprechend von Ministern und Generälen mit ihren Familien usurpiert, obgleich sich auch der Zuckerbäcker Schäfer eine Loge im ersten Rang leisten konnte. Im dritten Rang hatten darüber hinaus zwei Bäcker- und ein Metzgermeister ihre Logen.[36]

Mit der Öffnung für das zahlende Publikum mußten die Intendanten dessen Ansprüche ebenso wie den Geschmack der Hofeliten befriedigen. Zwar färbten aristokratische Verhaltensmuster auch auf die bürgerlichen Theaterbesucher ab; aber auch der Bäkker- oder Metzgermeister, der sich eine teure Theaterloge leistete, erwartete dafür abwechslungsreiche Unterhaltung durch regelmäßige Neuinszenierungen und forderte diese gegebenenfalls auch lautstark ein. Die Tatsache, daß man für den Eintritt Geld bezahlt hatte, machte den Theaterbesucher zum selbstbewußten Kulturkonsumenten, der mit dem Adel – aber auch ohne diesen – in ein Pfeifkonzert einstimmte.

Die Heterogenität des Publikums bewirkte ganz individuelle Rezeptionserfahrungen. So besaß der höhere Adel aufgrund seiner musikalischen und tänzerischen Ausbildung ein gewisses Maß an Kennerschaft in künstlerischen wie ästhetischen Fragen. Dagegen waren im Bereich des Bürgertums und der Funktionseliten trotz dilettierender Musikausübung diese Fähigkeiten geringer ausgeprägt.[37] Hier wie bei den „einfachen Zuschauern", die im ausgehenden 18. Jahrhundert zunehmend das Theater frequentierten, standen die Übereinstimmung mit der lebensweltlichen Realität oder verallgemeinerten Normalität des auf der Bühne Gezeigten im Mittelpunkt des Interesses. Aber auch bei den Kennern unterschieden sich die Geschmäcker: Während die einen die Stücke – ähnlich wie Rezensenten und Journale – nach artistisch-ästhetischen Maßstäben beurteilten, dominierte bei den anderen ein sinnlich-emotionales Interesse an Identifikation. Diese „Theater-" oder „Operettensucht" wurde von einigen Spätaufklärern ähnlich scharf kritisiert wie das vermeintliche Vergehen der „Lesewut". Falls die Wünsche der Zuschauer in dieser Hinsicht nicht befriedigt wurden, stimmten diese mit den Füßen ab und zogen andere Unterhaltungsangebote vor. So scheiterte auch der Versuch des Mannheimer Theaterintendanten Heinrich Beck 1801, mit Schillers und anderer Dramen das „verdorbene Publikum [...] wieder herauf zu heben", daran, daß das Publikum zum Tanzen ging.[38] Daran konnte es auch der „Wein, Bier, Liqueur, Caffee, Chocolade und Theeschank, die Haltung eines oder mehreren Billards, und sonstig erlaubte Kartenspiele" in den Theaterrestaurationsräumen nicht hindern.[39]

Man hatte jedoch nicht nur durch Theaterbesuche am Unterhaltungsangebot und künstlerischen Leistungen teil. Erst die Journallektüre ermöglichte die wahre Partizipation am deutschen und sogar internationalen Theaterleben. So brachte das „Journal des Luxus und der Moden" regelmäßig Nachrichten und Anekdoten über das Londoner und Pariser Theaterleben. Im März 1786 z. B. wurde unter der Rubrik „Neuester Theater-Luxus der Engländer" über das Stück „Omai, oder die Reise um die Welt" berichtet, das Cooks Weltumseglungen aufwendig auf der Bühne des Coventgarden-Theaters darstellte.[40] Ebenfalls auf Interesse des Journallesers stieß ein Bericht über eine „Pfaffen-Cabale", welche die Aufführung des – den Klerus diskreditierenden – Trauerspiels „Charles Neuf, ou la Ste. Barthelemy" am Pariser Theatre de la Nation stören sollte, aber im Gegenteil zum Erfolg des Stückes beitrug.[41] Auch die deutschen Theaternachrichten sprachen neben den Spielplanübersichten die Ursachen für Erfolg und Mißerfolg ausgewählter Neuinszenierungen offen an. Besonders ausführlich wurde über das Berliner Theater berichtet, das man an seinen Ansprüchen, ein Nationaltheater sein zu wollen, maß. So hieß es im Dezember 1789 aus Berlin:

> „Die Indianer in England haben hier ziemliches Glück gemacht. Sie wurden so oft und schnell Nacheinander auf vieles Begehren gegeben, dass man jetzt mit dem Bootsknechte Jack vor Anker zu liegen, und davon auszuruhen scheint. Madam Unzelmann spielte die Rolle der Burley mit solcher Naivetät und Liebenswürdigkeit, dass man bloß darüber den Fehler der Unwahrscheinlichkeit oder vielmehr der moralischen Unmöglichkeit einer so weitgehenden Ignoranz vergessen konnte. Herr Fleck als Kaberdar erschien ganz in seinem Fache, und wer es vorher nicht wußte was er in Indien war, dem gab sein Ton, sein Auge, sein Alles deutlich genug zu verstehen, daß er – ein Nabob war. […] – Als Musaffery, der treue Anhänger der Religion seiner Väter, bey den zu Ende vorkommenden wunderbaren Entwicklungen des Schicksals, allemal in ein Dankerfülltes und wirklich charackteristisches: o Brama! Brama sey gelobt! ausbrach, lachte man. Wohl gemerkt; man lachte! Ein neuer Beweiß der Wahrheit, daß Teutschland noch kein National-Parterre habe, an welches man über guten Geschmack, feines und richtiges Urtheil appelliren könnte.“[42]

Auch in Mannheim gefielen „Die Indianer in England […] ausserordentlich; besonders durch das unnachahmliche Spiel der Mamsell Witthoft als Indianerin“.[43]

Mindestes ebenso wichtig wie Erfolg und Mißerfolg der aufgeführten Stücke waren dem Publikum nämlich auch die Nachrichten über die Theaterensembles, ihre personellen Fluktuationen („Demoiselle Berwald ist vom hiesigen Theater abgegangen“) und die Auftritte ihrer Lieblinge: „Am 3ten Jänner trat Mad. Beck nach ihrer Niederkunft zum erstenmale wieder auf, als Therese in Felix; man empfing sie – wie gewöhnlich; und rufte heraus! Nach Brauch und Sitte.“[44] So wie hier das Mannheimer Publikum den Wiederauftritt der Ehefrau des Mannheimer Schauspielers und späteren Schauspieldirektors Heinrich Beck feierte, pochten oder pfiffen sie bei anderer Gelegenheit ihre Lieblinge aus, wenn sie wie der Berliner Schauspieler Czechtitzky im Kaffeehaus ihren Auftritt verpaßt hatten.[45]

Schauspieler waren die Ikonen des 18. Jahrhunderts, an denen man sich reiben, mit denen man sich identifizieren konnte. Keine andere Berufsgruppe hat so viele Memoiren hinterlassen wie die der Schauspieler. Auch wenn es deutsche Schauspieler nicht gleichermaßen zu nationalem Ruhm brachten wie die Londoner Größen David Garrick, Sarah Siddons oder Mary Robinson, so erlangten Schauspieler wie Konrad Ekhof, Johann Franz Brockmann, Friedrich Ludwig Schröder, August Wilhelm Iffland, Friedrich Fleck, Ludwig Devrient, Sophie Schröder, Karoline Jagemann oder die Unzelmanns doch deutschlandweite Berühmtheit; und auch eine Sängerin wie Gertrud Elisabeth Mara wurde in vielen europäischen Ländern als Primadonna gefeiert. Obwohl die Bindung an ein Hoftheater oftmals den Gastspielwirkungskreis der Schauspieler einschränkte, war deren Mobilität vermutlich nur noch mit derjenigen der Kapellmeister zu vergleichen. Um die Gunst der Spitzenschauspieler und der Schauspielerinnen rivalisierten die Hoftheater und die Fürsten, und selbst unter den Durchschnittsschauspielern war die Fluktuation erheblich.[46]

Aber auch das Bürgertum sonnte sich im Glanz der Schauspieler. So lud Mutter Goethe, die das neue Frankfurter Komödienhaus unter Gustav Friedrich Wilhelm Großmann mit hohen Beträgen als Mäzenin unterstützte, den jungen Iffland, der die Hauptrolle in Schillers „Kabale und Liebe“ spielte, 1784 mehrfach zu sich nach Hause ein. Noch im gleichen Jahr verliebte sie sich in den jungen – aber schon berühmten – Protagonisten Carl Wilhelm Ferdinand Unzelmann, den Großmann für die Frankfurter „Comedie“ engagiert hatte. Ausgestattet mit großer komödiantischer Begabung und Improvisationstalent brillierte er nicht nur in Sprechrollen, sondern auch als Figaro, Leporello oder Papageno. Entsprechend lagen ihm in Frankfurt und Berlin die Frauen nicht nur im Theater zu Füßen. Seine Frau, die Schauspielerkollegin Friederike Auguste Caroline Unzelmann, die diese Affären aus nächster Nähe mit ansehen mußte, tröstete sich nach ihrer Scheidung von Unzelmann 1803 mit dem 14 Jahre jüngeren Schauspieler Bethmann.[47]

In einem viel stärkeren Maße als die Männer waren Schauspielerinnen einem Zusammenspiel von Kunst, Erotik und Ausnutzung ausgesetzt, was sie zu einem besonderen Objekt der Publikumsbegierde machte. Dabei unterschieden die Zuschauer oft nicht zwischen der Schauspielerin als Person und der von ihr verkörperten Rolle.[48] Beispielhaft hierfür ist Karoline Jagemann, die nach einjährigem Gesangsunterricht als Fünfzehnjährige 1792 von Iffland an das Mannheimer Theater für das Fach „junge Liebhaberinnen und Bäuerinnen" engagiert wurde. Mit dem Wechsel nach Weimar als Kammersängerin (200 Taler) und erste Sängerin am Hofe (400 Taler) zog sie das große Los. Ihre einzigartige Stellung wurde durch die offizielle Etablierung als Mätresse des Großherzogs Carl August – sie gebar ihm drei Kinder – und die Erhebung in den Adelsstand noch vergoldet. Auf diese Weise abgesichert – andere diesbezügliche Angebote konnte sie ablehnen – war sie in der Lage, ihr Künstlerleben ziemlich frei zu gestalten, während andere Schauspielerinnen den schmalen Grat zwischen Sexualobjekt und „liederlichem Lebenswandel" beschreiten mußten.[49] Letzterer faszinierte natürlich im besonderen Maße Zuschauer und Leser und befriedigte einmal mehr das Unterhaltungsbedürfnis des Theaterpublikums, dem die Schauspielerinnen auch noch mit ihren Lebenserinnerungen Rechnung trugen. Gerade die Identifikationsmöglichkeiten mit den dargestellten Personen wie mit ihren Protagonisten erklären nicht nur in Deutschland den Aufschwung eines Unterhaltungstheaters im ausgehenden 18. Jahrhundert.

Kapitel IX

Neue Genussmittel und Geselligkeit

> „Um diese Zeit kam auch ein Englisch Mann in Hamburg [an] und fing an Thee wie auch Coffee zu schenken, diesem folgte ein Holländer: daraus denn das Thee und Coffee trinken sehr gemein geworden, das jedermann, der es nur bezahlen können, es zu trinken angefangen und nunmehr eine Veranlassung worden ist vieler Zusammenkünfte.“[1]

Den Kaffeegenuß hatten die Europäer im 16. Jahrhundert in der arabischen Welt kennengelernt. Im folgenden Jahrhundert verbreitete sich der Kaffeekonsum an den europäischen Fürstenhöfen sowie in den adligen Kreisen und begann allmählich auch die großen Städte zu erfassen. Aber erst im 18. Jahrhundert erreichten das Kaffeetrinken ebenso wie der Genuß von Tee und Schokolade bürgerliche Schichten. Nicht nur wurde der Kaffeegenuß – institutionalisiert im Kaffeehaus – zu einem Medium der entstehenden Öffentlichkeit, sondern auch zu einer bürgerlichen Freizeitbeschäftigung, die innerhalb der Familie und mit Gästen stattfand. Entsprechend sind vor allem Kaffee und Tee aufs Engste mit der neuen Konsumkultur des 18. Jahrhunderts verbunden.

Abgeleitet wurde das in den verschiedenen europäischen Sprachen gebrauchte Wort Kaffee aus dem Arabischen „Kahwa“, denn seit dem 13./14. Jahrhundert verbreitete sich ein aus der äthiopischen Provinz Kaffa stammender Aufguß mit anregender Wirkung – hergestellt aus Kaffeestrauch-Samen – auf der arabischen Halbinsel. In Europa lernte man die Pflanze erstmals in dem Buch des Orientreisenden Leonhard Rauwolf (1582) sowie in italienischen Veröffentlichungen kennen. Verbreitet wurde der Kaffee einerseits über das Osmanische Reich und seine Mittelmeerhäfen, andererseits über Mokka im heutigen Jemen, das seit 1609/10 regelmäßig von den Schiffen der englischen und niederländischen Ostindienkompanien angelaufen wurde. Es war aber nur eine Frage der Zeit, bis das Kaffeemonopol Jemens (dem Erzeuger am Roten Meer) durchbrochen wurde. Nachdem Kaffeesamen von indischen Mekkapilgern in den Ghats im Hinterland der Malabarküste angebaut worden waren, folgten die Niederländer, welche die

Kaffeepflanze auf Java, Ceylon und in Surinam einführten. Im 18. Jahrhundert kam der Kaffeebaum dann in die Karibik (Haiti, Santo Domingo, Martinique) sowie von Goa aus nach Rio de Janeiro. 1789 produzierten allein Haitis Plantagen mit Sklavenarbeit 60 Millionen Pfund Kaffee, die zum größten Teil nach Frankreich und von hier aus nach Amsterdam und Hamburg reexportiert wurden.[2] Einfuhr und Verbreitung des Kaffees nach Deutschland erfolgten somit sowohl über Hamburg mit seinen Handelsverbindungen nach Amsterdam, London, Bordeaux und Nantes, als auch über Venedig und Wien mit deren Kontakten in den Mittelmeerraum und zum Osmanischem Reich.

So überrascht es auch nicht, daß das erste Kaffeehaus 1647 in Venedig entstand. Weitere Gründungen folgten ebenfalls um die Mitte des 17. Jahrhunderts in London, Oxford, Amsterdam, Paris und Marseille, wobei die Initiative meist von armenischen, jüdischen oder griechischen Unternehmern ausging. Am stürmischsten verlief die Entwicklung in England, wo London bereits um 1700 von Kaffeehäusern übersät war. 1739 zählte man 551 Kaffeehäuser neben 207 Gasthäusern (inns) und 447 Kneipen (taverns). Die Kaffeehäuser offerierten neben Kaffee auch Schokolade, Wein, Brandy (Cognac) und Punsch, die von einem Tresen in der Ecke des Raumes aus serviert wurden. Neben diesen Genüssen wurden Kaffeehäuser wegen ihrer Rolle als Konversations- und Informationszentren besonders geschätzt. Hier tauschte man sich persönlich aus, es wurden aber auch Geschäfte abgeschlossen, wobei mit Geld, Waren und Informationen gehandelt wurde. In dem Maße, wie die Zahl der Kaffeehäuser wuchs, nahm ihre Spezialisierung zu: Der Aktienmarkt und der Handel mit Staatspapieren konzentrierte sich in London in „Jonathan's Coffee House“ in der Exchange Alley. Schiffahrts- und Versicherungsdienstleistungen erhielt man in „Lloyd's Coffee House“ in der Lombard Street, das seit 1690 ein Nachrichtenblatt, seit 1734 eine Schiffsliste veröffentlichte und bis heute als Seeversicherer einen Namen hat. Anwälte trafen sich in „Alice's“ und im „Hell Coffee House“, während die Politiker der „Tories“ das „Cocoa Tree“, die „Whigs“ dagegen das „Arthur's“ bevorzugten. Auch Buchhändler („Chapter Coffee House“), Künstler („Old Slaughter's Coffee House“), Schriftsteller („Will's“), Schauspieler („Wright's“ in Covent Garden) und Sänger und Tänzer („Orange“ am Haymarket) trafen sich in ihren Kaffeehäusern.

Entsprechend rubrizierten auch Joseph Addison und Richard Steele, die mit dem „Tatler" die öffentliche Meinung beeinflußten, die darin veröffentlichten Nachrichten nach gesellschaftlichen Bereichen und den diesen entsprechenden Kaffeehäusern.[3] Addisons und Steeles Verbindung zu „Child's Coffee House" in St. Paul's Churchyard war so eng, daß sie von allen Adepten durch Besuche bei Child's imitiert wurde.[4] Die Kaffeehäuser waren jedoch nicht nur Zentren von Geselligkeit, Informationsaustausch und Geschäft, sondern Institutionen des Kulturkonsums, was von einer auf publizistische und politische Öffentlichkeit konzentrierten Forschung oft nicht wahrgenommen wird. So nutzten die Gäste die Kaffeehäuser gleichzeitig als Bibliotheken, Ausstellungsorte, Kunstauktions-, Theater- und Konzerthäuser. Von der Obrigkeit, Tories und Royalisten oft beargwöhnt, idealisierten Addison und Steele die Kaffeehäuser als Orte einer „polite conversation". Daher zogen sie sich zur höflichen Konversation in Clubs und Gesellschaften zurück, als die Kaffeehäuser für den gemeinen Mann immer populärer wurden.[5]

Den Weg in das Alte Reich, konkret zuerst nach Wien, nahm der Kaffee im 17. Jahrhundert zunächst über adlige Kaffeeliebhaber, da sich hier die Kaffeehäuser erst zum Ende des Jahrhunderts zu verbreiten begannen. Der Legende nach soll den Wienern im Zuge der türkischen Belagerung 1683 mit der Türkenbeute auch deren Kaffeelager zugefallen sein. Es war aber auch in diesem Fall wieder ein Armenier, der sich 1685 ein erstes Privileg zum Kaffeeausschank besorgte. 1697 erhielten armenische Unternehmer weitere Kaffeehausprivilegien, deren Zahl im Jahre 1700 auf vier begrenzt wurde. Das Privileg beinhaltete das „Brennen von Thee, Kaffee, Chocolade und derlei Sorbeten in öffentlichen Gewölben" und schloß damit von Anbeginn auch die anderen neuen Genußmittel mit ein.[6] 1737 war die Zahl der Wiener Kaffeehäuser trotz anfänglicher obrigkeitlicher Beschränkung auf 37 gewachsen, zu denen noch weitere in den Vorstädten hinzukamen. 1770 zählte man bereits 48 Kaffeehäuser, 1791 über 80. Obwohl sich Wien angesichts dieses Bestandes der Zahl der Kaffeehäuser nicht mit Paris und London messen konnte, bildete sich auch hier eine Kaffeehauskultur heraus. Hierzu gehörten Journale und Zeitungen sowie die typischen Kaffeehausdebatten. Eine der ergiebigsten Einnahmequellen des Wirts war darüber hinaus das Billard, das Modespiel des 18. Jahrhunderts. Während ausländische Besucher sich im beginnenden 18. Jahrhundert noch über die Offenheit der Meinungsäußerung verwundert zeigten, hatten die Kaffeehäuser am Ende des Jahrhunderts einen Teil ihres Charmes verloren und galten in den Augen protestantischer norddeutscher Intellektueller als Zufluchtsorte der Tagediebe. So konnte Friedrich Nicolai das Wiener Kaffeehaus nicht genießen, da er nirgends in Deutschland so viele Müßiggänger sah: „Man darf zu allen Zeiten des Tages in die Kaffeehäuser und im Sommer in die Kaffeegärten gehen, so findet man beständig eine Menge Menschen, die sich mit nichts beschäftigen". In ähnlichem Tenor klagte Ernst Moritz Arndt 1804, daß „in den Wiener Kaffeehäusern zwar immer Gesellschaft, aber nur selten Unterhaltung" sei.[7]

Hier liegen also Unterschiede zum englischen Kaffeehaus, jedoch nur, wenn man wie Habermas dessen emanzipatorische Rolle für den öffentlichen Diskurs in den Vordergrund stellt.[8] Der Beliebtheit und der Ausbreitung des Kaffeehauses in Österreich tat dies keinen Abbruch. Um 1800 soll es die Institution des Wiener Kaffeehauses in allen Haupt- und Kreisstädten der Monarchie gegeben haben. Mit dieser Verbreitung des Kaffeehauses differenzierte sich auch das Kaffeeangebot. So standen 1786 schon Oberskaffee (4 kr), Milchkaffee (3 kr), Schwarzer (3 kr) und Doppelkaffee mit Obers (12 kr) auf der Karte. Tee war teurer als Kaffee, noch teurer war Schokolade. Für diejenigen, die sich diese Preise nicht leisten konnten, standen die zahlreichen kleinen Kaffeeschänken oder die „fliegenden Kaffeestände" bereit, in denen man die Schale Kaffee samt Kipfel für einen Kreuzer verkaufte.[9]

In Norddeutschland setzte sich der niederländische Leibarzt Friedrich Wilhelms von Brandenburg, Cornelius Bontekoe, für den Konsum von Tee und Kaffee ein, denen er eine dem Blutkreislauf fördernde Wirkung zuschrieb und sie in großen Mengen verordnete. Mit Tee soll er das Gichtleiden des großen Kurfürsten gelindert haben.[10] Niederländischer und vor allem englischer Einfluß bewirkten dann auch die Gründung von Kaffeehäusern im Norden. Dabei ist zwischen großen städtischen Zentren mit zahlreichen Kaffeehäusern und (Residenz-)Städten mit einem zentralen multifunktionalen Kaffeehaus zu unterscheiden.

Ein Beispiel für letzteres ist die Errichtung des Großen Kaffeehauses in Braunschweig, für das Franz Heinrich Wegener 1714 ein Privileg erhielt. Aufgrund der geschäftlichen Erfolge dieses ersten Braunschweiger Cafés erreichte der Inhaber ständig eine Erweiterung seines Privilegs, so z. B. eine (soziale) Gleichstellung aller Kaffeehausbesucher während ihres Kaffeehausaufenthalts sowie die Errichtung eines Ballhauses. In diesem oder einem anderen Erweiterungsbau fanden Aufführungen von Theatergruppen, musikalische Darbietungen und auch Auktionen statt. Der Unterhaltung dienten darüber hinaus – neben dem Zeitungsangebot – die Billardtische sowie die Kegelbahn. Um die Mitte des Jahrhunderts kam ein Kaffeegarten mit Illumination und Musik hinzu. Ernsthafte Konkurrenz erhielt das Große Kaffeehaus erst in den 1770er Jahren, als neben dem bereits bestehenden Französischen Kaffeehaus ein für Standespersonen bestimmtes Hotel d'Angleterre gegründet wurde. Um sein Zeitungs- und Journalangebot aufrecht erhalten zu können, nahm der Inhaber des großen Kaffeehauses jetzt Eintrittsgelder (Jahres- oder Monatsabonnement). Nur folgerichtig war die Einrichtung eines Leseinstituts 1794 im Kaffeehaus, dessen Mitgliedschaft im Jahr vier Taler kostete. Da inzwischen aber jeder normale Wirt Kaffee ausschenken konnte, bedurfte es zusätzlicher Anreize für den Kaffeehausbesuch. Selbst in der Universitätsstadt Göttingen, wo man im Zuge der Universitätsgründung 1733 die Errichtung eines Kaffeehauses als essentiell angesehen hatte, kam es nicht mehr zur Gründung eines Großen Kaffeehauses geschweige denn eines literarischen Cafés, weil das Vorhandensein von drei bis vier Kaffeeschenken mit Billard von der kurfürstlichen Verwaltung als ausreichend angesehen wurde.

Neben diesen landstädtischen Beispielen heben sich die den Marktgesetzen gehorchenden Leipziger und Hamburger Kaffeehausbetriebe hervor. In den Kaffeehäusern Leipzigs verkehrten nicht nur Buchhändler und Studenten, sondern auch Intellektuelle wie Johann Christoph Gottsched, der in der Nachahmung des „Tatler" mit den „Vernünftigen Tadlerinnen" eine moralische Wochenschrift auf den Markt brachte und in seinem „Biedermann" das Lehmannsche Coffee-Haus in Leipzig als „genius loci" in Anspruch nahm.[11] Bekannt wurden die Leipziger Kaffeehäuser – insbesondere das Zimmermannsche Kaffeehaus – dadurch, daß hier die Aufführungen der von Johann Gottlieb Görner und später von Johann Sebastian Bach (ab 1729) geleiteten Collegia musica stattfanden. Wichtig dabei war, daß die Konzerte am Abend gegeben wurden und somit nicht in erster Linie zur Unterhaltung beim Nachmittagskaffee dienten, sondern schon als selbständige Konzertabende gedacht waren. Der Bezug zum Kaffeehaus wurde aber durch Aufführungen wie der Kaffeekantate „Ach wie ist der Kaffee süße“ von Johann Sebastian Bach hergestellt.[12]

In Hamburg wurden nach der Gründung des ersten Kaffeehauses (1677) im Jahre 1700 bereits sechs Kaffeehäuser gezählt, deren Zahl sich im Laufe des Jahrhunderts verfünffachte (1810: 32 Kaffeehäuser). Charakteristisch war für die Hamburger Kaffeehäuser auch die „Freiheit des Besuchs“, d. h. jeder konnte ohne Ansehen seines Standes darin verkehren. Davon machten zunächst vor allem Bürger, Gelehrte und Kaufleute Gebrauch, die Bildung, Genuß und Unterhaltung miteinander verbanden. Einige Kaffeehäuser wurden so zum geistigen Zentrum Hamburgs, wenn etwa im Stuartschen Kaffeehaus auf dem Ness der Ratsherr und Dichter Brockes, der Dichter von Hagedorn, der Satiriker Dreyer, der Wundarzt Carpser sowie die Pastoren Zimmermann und Wilkens verkehrten. Auch Geschäftliches wurde im Kaffeehaus erledigt.

Gleichzeitig ermöglichte das Kaffeehaus zum ersten Mal die Trennung von Arbeit und Freizeit. Da das Kaffeehaus von der Arbeitsstätte, dem Kontor, räumlich getrennt war, stellten der Kaffeehausbesuch eine Unterbrechung der Arbeitszeit dar und das Kaffeehaus damit eine der ersten Freizeitstätten, an der sich die bis dato noch nicht wahrgenommene Lebensform Freizeit entfalten konnte. Das Sitzen, Genießen und Diskutieren im Kaffeehaus bis spät in die Nacht hinein machte auch den Abend zur Wachzeit, so daß im Kaffeehaus auch die ersten Anzeichen eines Nachtlebens sichtbar werden.[13]

Historisch noch bedeutender ist vermutlich die Übernahme dieser Lebensform „Freizeit“ in den bürgerlichen Tagesablauf gewesen. Nicht nur im Kaffeehaus ging man dem Kaffee- oder Teekonsum nach, sondern auch im Kreis der Familie und Freunde. Bereits in den 1720er Jahren hatte der „Patriot“ die Gartenvergnügungen der Hamburger Bürger aufs Korn genommen, die nur aus Essen, Kaffee- und Teetrinken, Karten- und Würfelspiel beständen.[14] Die Hamburger ließen sich von solchen Verdikten aber nicht abschrekken und integrierten den Kaffee in den Familienalltag, so wie es das Gemälde des Künstlers Johann Anton Tischbein darstellt.

Viele Hamburger Ehepaare – z. B. Ferdinand und Karoline Beneke – begannen den Tag mit einem gemeinsamen Morgenkaffee, wogegen andere wie Johanna Margaretha und Georg Heinrich Sieveking morgens Tee zu sich nahmen und dabei Journale lasen. Nachmittags trank man nach englischem Vorbild („Five o’clock tea") Tee oder Kaffee in der Familie, sofern man nicht zum Kaffeehausbesuch ausging. Als sich das Mittagessen aufgrund der geänderten Börsenzeiten in den Nachmittag verschob, wurden der Kaffee nach dem Essen eingenommen und danach der Arbeitstag fortgesetzt, wozu die belebende Rolle des Kaffees sicher förderlich war.[15] Dabei hatte der Kaffee – zumindest in Hamburg – mit dem Tee einen Rivalen, wenn beispielsweise der Kameralist Christian Ludwig von Griesheim beobachtete, „dass der Thee so beliebt ist, dass ohne diesen kein Hamburger leben kann".[16] Möglicherweise aus Hamburg, wo sie lange gelebt hatte, brachte Johanna Schoppenhauer im beginnenden 19. Jahrhundert den „Teetisch" mit nach Weimar. Während in Hamburg der Teetisch der „Doktorin" Sophie Reimarus überregional ausstrahlte, wurde der Schoppenhauersche in Weimar zum Mittelpunkt der literarischen Unterhaltung, an der auch Goethe regelmäßig teilnahm, und damit zum Synonym für den literarischen Salon.

Abb. 21 Die Familie des Künstlers, Gemälde von Johann Anton Tischbein, 1779.

Was waren die Eigenschaften des Tees, die ihn in Nordwesteuropa und Hamburg so beliebt machten? Der schwarze Tee, der bereits im vierten nachchristlichen Jahrhundert in China schriftlich bezeugt ist, gelangte im 8. Jahrhundert nach Japan, wo er zunächst als Medizin geschätzt wurde, bis der grüne Tee zum Hauptgetränk avancierte. Die ersten Nachrichten über die medizinischen Wirkungen des Tees (Förderung der Verdauung, Beseitigung des Rausches) gelangten über arabische Kaufleute zusammen mit den ersten Teeblättern im ausgehenden Mittelalter nach Europa. Im 16. Jahrhundert machten China- und Japanreisende den Tee in Europa aber erst richtig bekannt. So übersetzte der Venezianer Giovanni Battista Ramusio den Bericht eines persischen Reisenden über die Teezeremonie in China, während Missionare wie Gaspar da Cruz und Matteo Ricci über den chinesischen Teekonsum, Francesco Carletti über die Teezubereitung in Japan berichteten. Es waren aber vor allem holländische Ärzte, die in ihren Schriften im 17. Jahrhundert den Teegenuß aus medizinischen Gründen propagierten.[17]

In den 1660er Jahren gelangten auch kleinere Mengen an Tee nach London, wo sie von Zeit zu Zeit in den Kaffeehäusern angeboten wurden: Jedoch war der Chinahandel der niederländischen und englischen Ostindienkompanien noch so gering und unregelmäßig, daß von einer kontinuierlichen Teeversorgung keine Rede sein konnte. Erst in den 1690er Jahren wurde der Tee in London von Krämern und Teehändlern in größeren Mengen angeboten und auch von städtischer und adliger Kundschaft nachgefragt. Tee gehörte somit bald zu den Freuden des häuslichen wie des Familienlebens. Frauen konnten die Teeläden alleine – ohne einen Skandal zu verursachen – besuchen, und die „Lady's tea party" war so verbreitet, daß sie sowohl in England als auch in den Niederlanden von Satirikern aufs Korn genommen wurde. Im London des 18. Jahrhunderts gab es mehrere berühmte Teegärten, in denen sich Paare oder Familien vergnügten, indem sie Tee und andere Erfrischungen zu sich nahmen, lustwandelten und der Musik lauschten.

Im Laufe des 18. Jahrhunderts verbilligte sich der schwarze Tee, wofür die zunehmende europäische Konkurrenz im Teehandel mit China verantwortlich war. Während die Vereinigte Ostindische Kompanie in Batavia ihren Tee indirekt über chinesische und portugiesische Kaufleute (Macao) bezog, liefen englische und französische Schiffe regelmäßig direkt Kanton in Südchina an. Hatte der niederländische Teehandel zunächst quantitativ dem englischen entsprochen, gewannen mit der Zeit die Engländer die Oberhand. Sinkende Preise für Tee und schließlich die Reduzierung der Teezölle während der 1780er Jahre ließen diesen in England und Schottland zum Grundnahrungsmittel werden, welches, zusammen mit Milch und Zucker genossen, gleichsam eine schnelle warme Nahrung darstellte. Große Popularität erreichte der Tee auch in den Niederlanden, während das übrige Europa hinsichtlich des Teekonsums zurückstand.[18]

In Deutschland zeichnete sich aufgrund seiner niederländischen und englischen Beziehungen allein Hamburg als Ort des Teegenusses aus. Tee wurde hier schon im beginnenden 18. Jahrhundert oft zusammen mit Kaffee in medizinischen Schriften propagiert, für die Stephanus Blancardus „Haustus polychresti: Oder Zuverlässige Gedancken vom Theé, Coffeé, Chocolate, u. Taback, mit welchen der grosse Nutze dieser ausländischen Wahren so wol in gesunden als krancken Tagen gründlich und umständlich gelehret wird“ ein Beispiel darstellt.[19]

Ein Indiz für die Verbreitung von Kaffee und Tee ist die Aufnahme der Getränke in den Nahrungsalltag. Die Volkskundler untersuchen die Rolle von Kaffee und Tee in den Werktagsmahlzeiten.[20] Danach war der Kaffee in Westfalen, Hessen und Sachsen um 1800 in der täglichen Kost auch des Gesindes verbreitet, während man in Ostfriesland in dieser Zeit erst allmählich den Brei der Morgenmahlzeit durch Tee und Brot ersetzte. Dabei ist noch sozial zwischen den reichen Marschbauern, die Importprodukte wie Reis, Rosinen, Zucker, Kaffee oder Tee bevorzugten, und den ärmeren Geestbauern zu unterscheiden, bei denen allerhöchstens die Hofinhaber Kaffee oder Tee tranken, das Gesinde aber noch mit Butter und Milch vorlieb nehmen mußte. Immerhin wurden Tee und Kaffee in Ostfriesland beim bäuerlichen Kaffeebesuch angeboten und scheinen über den Umweg als Sonntagsgetränk in den Ernährungsmittelalltag eingedrungen zu sein. Analogien zu städtischen Kaffeevisiten, dem „Caffé-Cräntzgen“, sind nicht zu übersehen. Unterschiede im Kaffeekonsum innerhalb einer Region ergaben sich freilich auch für Schleswig-Holstein sowie für West- und Ostpreußen, wo in den Marschgebieten an der Küste der Kaffee und Tee viel verbreiteter waren als in den Gebieten auf der Geest bzw. im Hinterland, in denen oft noch der Bierkonsum vorherrschte.

Zunächst erstaunlich gering war der Kaffeekonsum in Süddeutschland und Österreich außerhalb der großen Städte. Hierauf läßt nicht nur das Fehlen der Kaffeeverbote schließen, was nicht allein mit der Kaffeevorliebe der Herrscher, z. B. Maria Theresias, erklärt werden kann. Erst gegen Ende des 18. Jahrhunderts, als der Kaffeekonsum deutlich zunahm, wurden entsprechende Verbotsmaßnahmen diskutiert und in der Zeit der Kontinentalsperre (1810–13) auch exekutiert. Zwar konnte Josef Richter im Jahre 1800 in „Das alte und das neue Wien“ formulieren „Damals: Kaffee – das Frühstück der Damen und der vermögenden Klassen – Heute: Kaffee – das Frühstück der Obst- und Fratschelweiber“,[21] aber in den meisten ländlichen Gebieten kam der Kaffee nur bei wohlhabenden Bauern und Bürgern und in der Regel nur an Sonn- und Feiertagen auf den Tisch.

Eine Ausnahme bildeten jedoch die ländlichen Gewerberegionen, wie z. B. in Vorarlberg, wo bereits um 1780 der Kaffeekonsum Eingang unter den Baumwollspinnern gefunden hatte. Auch aus dem heimgewerblich geprägten Berchtesgadener Land wurde ähnliches vermeldet.

Verglichen mit Kaffee war der Tee im deutschen Süden noch eine quantitée negligeable. Selbst von Wien heißt es: „Thee wird sehr wenig [...] getrunken. Welchen man bekommt, ist mit Citronen-Schalen und Caneel verdorben und wird aus Caffee-Schalen eingeschenkt.“ Andere Reisende mokierten sich über die Unkultiviertheit der Wienerinnen, die sich nicht nur in der altmodischen Kleidung, sondern auch in der fehlenden Teekultur äußere: „Die Frauenzimmer vom höheren Stand nehmen noch immer den Kaffee und die Schokolade ganz ausnehmend in Schutz. Die ausländischen Theesorten wollen ihnen gar nicht, und die inländischen nur als Arzney behagen.“[22] Etwas verbreiteter war hier die Schokolade, die aus Spanien, Portugal oder Frankreich importiert werden mußte und damit vergleichsweise teuer war.

Ökonomische und soziale Voraussetzungen

Suchen wir nach statistischem Material zur Einschätzung der unterschiedlichen Rolle von Kaffee- und Teekonsum, sind wir auf Angaben zur Einfuhr dieser Produkte und zur Preisgestaltung angewiesen. Einfuhrangaben stehen für Hamburg mit der Quelle des Admiralitätszolls zur Verfügung, womit auch die Haupteinfuhr dieser Produkte nach Deutschland insgesamt erfaßt wird. Die Kaffee- und Teeeinfuhren lassen sich aber auch auf dieser Quellengrundlage nur indirekt, nämlich über die verzollten Werte, erfassen. Dennoch geben die hierfür ermittelten und im Diagramm erfaßten Werte anschaulich die Einfuhrentwicklung der beiden Produkte wieder.[22]

Die Kaffeeeinfuhr nahm im 18. Jahrhundert stetig zu, wobei der Anstieg im ausgehenden Jahrzehnt am deutlichsten war. Dagegen blieb die Teeeinfuhr gleichbleibend auf deutlich niedrigerem Niveau, das sich aber ebenfalls im letzten Jahrzehnt des 18. Jahrhunderts anhob. Für diesen Anstieg mag neben der Zunahme der eingeführten Menge auch eine Preissteigerung verantwortlich gewesen sein, die sich ebenfalls im Anstieg der verzollten Werte niederschlug. Sehen wir uns vor diesem Hintergrund die im Hamburger Preiscourant überlieferte Entwicklung im Diagramm an, ergeben sich folgende Ergebnisse:[23]

Tee war die meiste Zeit deutlich teurer als Kaffee. Auch wenn beide Warenpreise in unterschiedlicher Währung notiert wurden (Kaffee in Schilling Banco, Tee in Schilling lübisch courant) und der Kaffeepreis um ca. ein Viertel erhöht werden müßte, um völlige Vergleichbarkeit zu erzielen, war ein Pfund chinesischen braunen Tees beim Einsetzen der Überlieferung 1736 dreimal so teuer wie ein Pfund Kaffee aus Martinique. Dennoch sank der Teepreis im gesamten Zeitraum deutlich, während der Kaffeepreis bis in die 1770er Jahre nur leicht zurückging. Entsprechend näherten sich Tee- und Kaffeepreise zu Beginn des letzten Jahrzehnts des 18. Jahrhunderts an, als der Teepreis seinen Tiefststand erreichte, während der Kaffee wieder teurer wurde. Aus diesen langfristigen Entwicklungen heben sich zahlreiche abrupte Preissprünge – insbesondere beim Tee – heraus, die unschwer mit Störungen des interkontinentalen Handels in Verbindung zu bringen sind. Zu nennen wären der Österreichische Erbfolgekrieg in den 1740er Jahren, die Endphase des Siebenjährigen Krieges (1759–63), der Englisch-

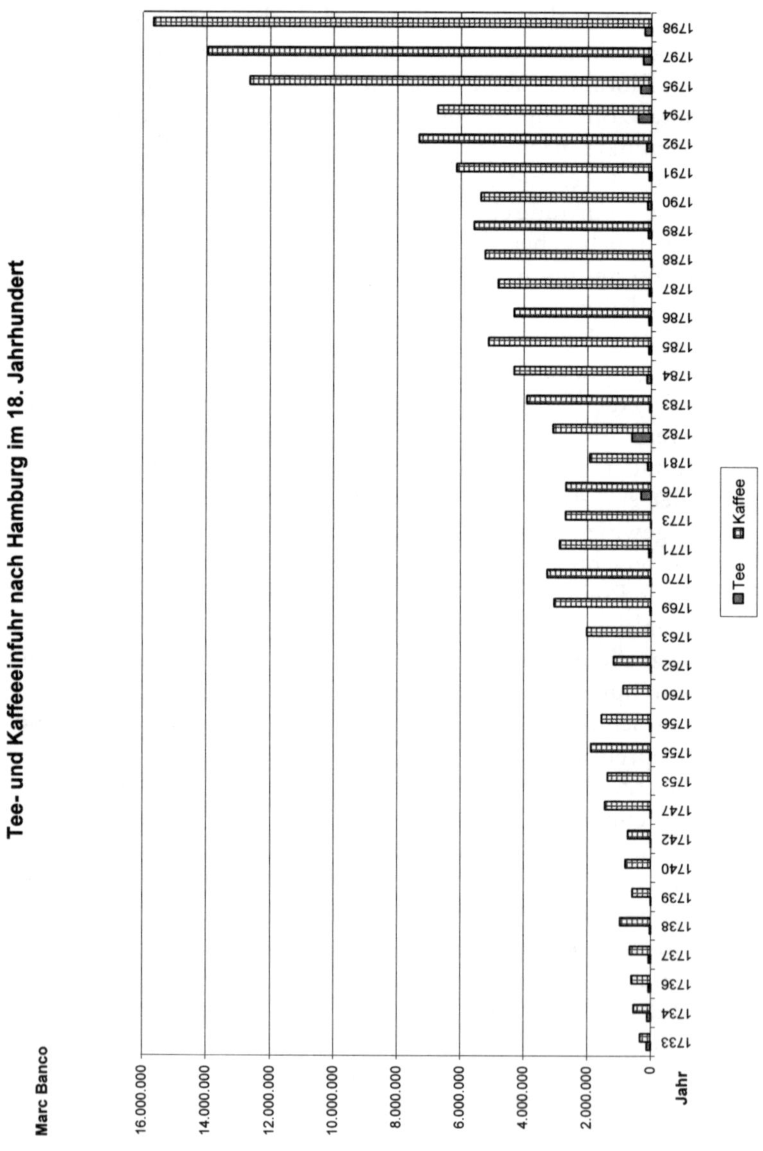
Tee- und Kaffeeeinfuhr nach Hamburg im 18. Jahrhundert
Marc Banco
16.000.000
14.000.000
12.000.000
10.000.000
8.000.000
6.000.000
4.000.000
2.000.000
0
Jahr
1733
1734
1736
1737
1738
1739
1740
1742
1747
1753
1755
1756
1760
1762
1763
1769
1770
1771
1773
1776
1781
1782
1783
1784
1785
1786
1787
1788
1789
1790
1791
1792
1794
1795
1797
1798
Tee
Kaffee

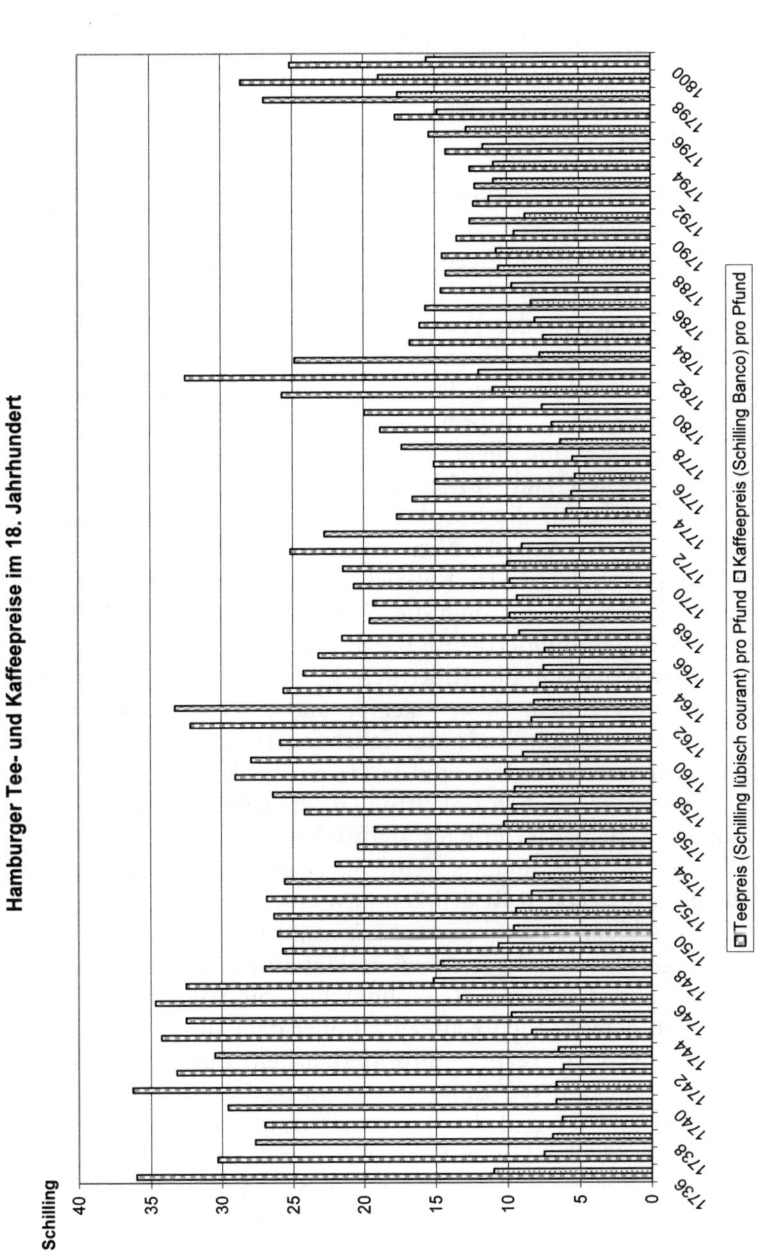
Hamburger Tee- und Kaffeepreise im 18. Jahrhundert
Schilling
40
35
30
25
20
15
10
5
0
1736
1738
1740
1742
1744
1746
1748
1750
1752
1754
1756
1758
1760
1762
1764
1766
1768
1770
1772
1774
1776
1778
1780
1782
1784
1786
1788
1790
1792
1794
1796
1798
1800
Teepreis (Schilling lübisch courant) pro Pfund
Kaffeepreis (Schilling Banco) pro Pfund

Niederländische Krieg in den 1780er Jahren bzw. die Endphase des Amerikanischen Unabhängigkeitskrieges sowie die Koalitionskriege im ausgehenden 18. Jahrhundert, die einen Anstieg beider Preise verursachten. In umgekehrter Richtung könnten Preissteigerungen für Getreide gewirkt haben, sofern sie die Nachfrage nach Kaffee einschränkten.[24] Daß der Kaffeepreis weniger stark als der Teepreis schwankte, läßt darauf schließen, daß die Kaffeeversorgung preislich weniger krisenanfällig als die Teeversorgung war. Auch wenn die Kaffeeeinfuhren in den Jahren 1760–62 sowie 1781 zurückgingen, blieben die Einfuhrmengen im Vergleich zum Tee groß genug, um den Preis stabil halten zu können.

Mindestens ebenso interessant wie diese Beobachtung einer langfristigen Verbilligung des Tees sowie einer Stabilisierung des Kaffeepreises auf niedrigem Niveau ist eine Einordnung in das Preisgefüge bzw. die allgemeine Einkommensentwicklung. Denn erst eine solche erlaubt Erkenntnisse über die Erschwinglichkeit dieser Getränke für die Bevölkerung. Schauen wir nach weiteren Preisen, z. B. von anderen Nahrungsmitteln, dann ist durchaus eine gewisse Parallelität der Entwicklung zumindest mit dem Kaffeepreis zu bemerken. Auch die Nahrungsmittelpreise blieben in der zweiten Jahrhunderthälfte relativ stabil, obgleich sich der Siebenjährige Krieg und die Mißernten der beginnenden 1770er Jahre mit Teuerungen bemerkbar machten und der allgemeine Anstieg des Preisniveaus am Ende des Jahrhunderts alle Güter erfaßte. Gehen wir einen Schritt weiter und fragen nach der Einkommensentwicklung, so machen Lokalstudien ein steigendes Nominaleinkommen z. B. der Göttinger städtischen Bediensteten bis zum Ende des 18. Jahrhunderts deutlich. Dagegen verzeichneten die ebenfalls ansteigenden Realeinkommen unter Berücksichtigung der Preisentwicklung zu Beginn der 1760er und 1770er Jahre durch die Teuerungen Einkommenseinbußen. Untere Einkommensgruppen erlitten einen deutlichen Reallohnverlust. Sie werden daher nur wenig von dem stabilen Kaffeepreis oder dem auf ein niedrigeres Niveau sinkenden Teepreis profitiert haben. Für die steigenden mittleren und höheren Einkommen wurden dagegen der Kaffee immer preiswerter und der Tee zunehmend erschwinglich. Darüber hinaus ist ohnehin zu konstatieren, daß auch in anderen europäischen Regionen die Leute (wie z. B. in England) mehr konsumierten, obwohl statistisch gesehen die Reallöhne stagnierten oder gar zurückgingen. Verzichteten sie auf die Befriedigung anderer Bedürfnisse oder blieb der Konsum doch auf bestimmte Schichten beschränkt?[25] Diese Frage können wir mit dem bisher vorliegenden Material nicht beantworten.

Alltagskultur und Propaganda

Eine Quelle, die über die neuen „Vorrichtungen" zum Kaffee- und Teekonsum im Haushalt berichtet, sind wieder die Nachlaßinventare. Wesentliche Erkenntnisse verdanken wir hier den Studien Ruth Mohrmanns für das Land Braunschweig, aber auch für Frankfurt, Hamburg und die Universitätsstadt Greifswald sind inzwischen Untersuchungen in Angriff genommen worden.[26] Aus ihnen ergeben sich erste Erwähnungen von Kaffee, aber auch von Kaffee- und Teegeschirr bereits im ausgehenden 17. Jahrhundert. Sie sind aber beispielsweise im Herzogtum Braunschweig-Wolfenbüttel alle noch im adligen Bereich oder in den Haushalten fürstlicher Amtsträger zu verorten. So fand man 1678 bei der Witwe des Abtes des Klosters Riddagshausen: „ein beutel mit türckischen bohnen, während der fürstliche Hofgerichtsassessor Conring 1695 auf seinem Gut Groß Twülpstedt bereits (u. a.) „ein zinnern theetopf, [...] ein cofféetopf, eine théebüchse [...], zwey alte hamburg. Theenäpgens, ein ehrnen theetopf [sowie] ein klein theetisch mit zwey schachteln,"[27] besaß. Exquisiter wurde das Sortiment dann beim Wolfenbüttler Geheimen Legationsrat Carl Heinrich von Bötticher 1745, einem hohen Hofbeamten. Er nannte sein eigen:

> „an silber – ein coffeekanne, eine milchkanne, ein theekännichen, eine zuckerschachtel, eine theebüchße, eine zuckerbüchße, 11 stück théelöffel, 1 coffeetopf; an meßing – 1 theemachine, 1 theetopf mit einer machine zum spiritus, an zinn – 1 choccoladentopf, 1 klein theetopf, an blech – 1 kl. theebüchse, 2 theedosen, 1 dose mit thee; an porcellain – 5½ paar weißblaue in golde echte tassen, 1 dergleichen kumpe, 1 zukkerkumpe mit einen deckel, 6 paar kleine bunte tassen, 1 theetopf, 1 weiß unechter milchtopf, 1 zuckerdose mit einen deckel, 1 choccoladenbecher, 6 braune coffeetassen, 2 choccoladenbecher, 1 theetopf von terra sigillata, 1 papieren beutel darin coffeebohnen."[28]

Einen ähnlich hohen Standard wies auch der Wolfenbüttler Hofrat Alexander 1780 auf:

> „ein coffee- und thee-service von dresdner porcellain als: eine koffeekanne mit unterschüssel, eine milchkanne, eine theetopf, ein spühlkumpen, eine zuckerdose, ein dutzend coffee-schaalen, ½ dutzend thee-schaalen, ½ dutzend chocoladen-tassen – 15 rtl 14 gr, ein kleines thee-service von gleichen porcellain; ein theetopf mit unterschaale, eine milchkanne mit dito, ein spühlkumpen, 5 paar theeschaalen – 2 rtl, ein dutzend savanische koffee-schaalen – 1 rtl 10 gr, ein kleiner kumpen mit teller von savanischen porcellain – 9 gr, fünf köpfgen blaue ostindische theeschalen, ein blaue ostinidische zuckerdose – 9 gr 6 dn, fünf dito unterschaalen, ein schälgen von dito porcellain – 2 gr 6 dn, ein theetopf mit beschlag von ostindischen porcellan – 9 gr 6 dn, ein dito von terra sigillata – 2 gr, eine kaffeekanne, ein theetopf, eine zuckerdose, eine theebüchse, ein spühlkumpen, vier unterschaalen, zwey köpfgen, von blau und weißen dresdner porcellain, fast durchgängig sehr schadhaft – 12 gr."[29]

Während die genannte Gruppe sozial relativ homogen war, zeigen sich für Frankfurt und Hamburg in sozialer wie chronologischer Hinsicht (trotz der begrenzten Zahl der ausgewerteten Inventare) deutliche Unterschiede.

Das soziale Spektrum reicht vom Kaufmann und Hofjuden Joseph Süß Oppenheimer, dessen Frankfurter Besitz 1737 beschlagnahmt wurde, bis zum Hufschmied Augustin Geißemer. Joseph Süß besaß neben einem „packgen coffee bohnen" und einer „parthie chocolade" alle Geräte zur Zubereitung von Kaffee, Tee und Schokolade, eine entsprechende Auswahl an Servicen sowie einen Kaffeetisch:

> „6. paar braune Caffee geschirr [...], 1. braun thee potgen, noch 1. dreßdner thee potgen und 2. paar dito kopgen und tassen [...], 4. leinene Caffee tücher [...], 1. Messingerne Caffee kanne, 1. dito choclad kanne [...], 1. Caffeetisch mit Wachstuch [...], 1. dito [Messing] Caffee Kessel [...], 3. große und Kleine dito [Kupfer] thee Kessel, 1. dito choclade Kanne."[30]

Erheblich vielfältiger war 40 Jahre später die dem Tee- und Kaffeekonsum dienende Einrichtung des vermögenden Ehepaares Dr. Tanner:

> „1. Thée Keßel mit Kohlpfanne, 2. Thée potgen, 2. kleine ditto [...], 2. Kupferne Théekeßel, 1. Caffée Keßelgen [...], 2. messingene Caffée Keßel [...], 1. ditto Thée Machine [...], 2. alte Theé Tische [...], 1. Caffée Keßel mit hölzern Griff [...], 1. ditto Thée Machine, 1. ditto Caffée Kann mit Kranen, 1. ditto Caffée[kann] [...], 1. Théepotgen mit hölzern Grif [Silber] [...], 5. Thée Kännger [Silber], 1. Caffeebret [Silber] [...], 2. Théeflaschen [...], 9. blau und weis leinene Caffée Tücher [...], 3. kleine cottunene Caffée Tücher [...], 1. gelbe Caffée Kanne [Porzellan] [...], 1. ditto Théepot [...], 6. detti Chocolade Becher, 6. paar detti Thée Tassen, 1. ditto Thée Flasche [...], 6. paar braune Caffée Schaalen, inwendig mit roth und blauen Blumen, 8. Caffée Schaalen und 5. Kopfgern mit blauen Blumen, 4. Schaalen und 5 Kopfgern mit grün und rothen Blumen, 6. Kopfern und 6. braune Caffée Schaalen [...], 6. blau und weise Chocolade Becher, 12. Schaalen und 12. Kopfern weis mit färbiger Blumen [...], 2. detti Thée Potgen [...], 6 paar grau und blaue Théeschaalen [...], 1. Thée Potgen mit Unterschaale [...], 2. laquirte Caffée Tisch., 1. Caffée Tisch mit Wachstuch [...], 1. damast gebildet Caffée Tuch [...], 2. Caffée Tisch mit Wachstuch [...], 1. zinnen Théebrett [...], 3. laquirte Cafféebretter, 1. nusbaumenes ditto [...], 5. Theekannen [...], 2. Cafféekeßel [...], 3. Cafféekannen [...], 1. messingern Theekeßel."[31]

Dagegen hinterließ der Hufschmied Geißemer (neben einer Barschaft und angelegten Kapitalien) in bezug auf die Kaffeekultur nur die notwendige Grundausstattung:

> „1. Caffe Tisch mit Wachstuch [...], 1. kupferne Theekanne [...], 1. Caffeékanne mit Kranen [Zinn] [...], 2. Caffee Kannen [Zinn] [...], 1. Thee Potgen [Zinn], 1. kleines ditto [...], 1. Caffeé Kann [Kupfer] [...], 1. Caffeé Keßel [Messing] [...], 12. Chocolade Schalen in 1. Körbgen [...], 1. meßingene Caffee Kanne [...], 1. Caffeé Kanne [Zinn], 1. Thee =kannen [Zinn]."[32]

Allein „12. Chocolade Schalen in 1. Körbgen" heben sich heraus. Sonst spielte Schokolade, das Getränk des Adels und der Reichen, in den durchschnittlichen Haushalten nur eine geringere Rolle. Dies bestätigt auch der Haushalt der Hamburgerin Anna Plaehn, die trotz ihres Vermögens – sie hinterließ allein 12.000 Mark an „belegten Capitalien" – nur Tee und Kaffee trank. Neben verschiedenen Teesorten (Tee Bohea, grüner Tee, Congou Tee), mit denen möglicherweise gehandelt worden war, fallen auf:

> „Ein Thée=Brett [Silber], Fünf Thée=löffel [...], Zwey Thée-Keßel und 1. d°=deckel [Kupfer] [...], Ein Thee-Pott mit Spriet-Lampe [Kupfer] [...], Eine Coffée-Kanne, mit drey Hähne [Messing], Eine d° mit einem Hahn, Ein Thée-Keßel, mit Spriet-Lampe [Messing] [...], Ein Coffée=Brenner, mit Fuß [Eisen] [...], Eine Coffée=Kanne [Blech] [...], Ein roth mit Gold laquirter Thée-Tisch [...], Ein kleiner Thée-Tisch, mit Wachstuch beschlagen [...], Sieben paar bunte porcellaine Thée-Taßen, Sechs paar dito Coffée-Taßen, Ein Thée-Topf [Porzellan] [...], Eine Thée-Dose [Porzellan] [...], Zwey metallen Thée-Löffel [...], Ein hölzern Thée-bock [...], Eine alte Thée-Kiste [...], Ein feuern Coffee-Stuhl [...], Etliche kleine alte Thée-Kisten.“[33]

Deutlich einfacher wird das Sortiment in der Provinz und der Kleinstadt. Selbst in der Universitätsstadt Greifswald besaßen die Bürger in der Regel nur die Geräte für die Zubereitung der neuen Getränke, wobei sich einige durchaus ausgewählte Services für Kaffee und Tee leisten konnten. So tauchten bereits 1749 ein erster Teetisch sowie Teetassen aus Porzellan in Greifswald auf, und der Magister Zienssen besaß 1777 schon vier verschiedene Teetische und in seiner Löffelsammlung zwölf Teelöffel sowie einen vergoldeten und einen unvergoldeten Zuckerlöffel.[34] Ohnehin lag hier das Schwergewicht beim Kaffeekonsum, was wohl für das flache Land und die weniger begüterten Schichten insgesamt in Deutschland festzustellen ist.

Mehrere verschiedene Porzellanservices, möglichst aus der Fürstenberger oder der Dresdner (Meißener) Manufaktur, zusammen mit einigen gediegenen Silberkannen, wie wir sie im Haushalt von Dr. Tanner antreffen, waren das Nonplusultra der Tischkultur und daher auf adelige Funktionseliten und reiche Bürger beschränkt.[35] Dennoch fanden auch englische Importe – sei es in massivem Silber, sei es in preiswerterem Steingut – sowie die zahlreichen Imitate immer mehr Anhänger. Hierauf weisen auch die vermehrt auftretenden Teemaschinen und das umfangreiche Importsortiment eines Friedrich Justin Bertuch hin. Ein Beispiel, wie geschickt Bertuch die neue Teemode vermarktete, findet sich im Jahrgang 1788 des „Journals des Luxus und der Moden“. Hier läßt er zunächst einen Autor gegen den übermäßigen Teekonsum wettern und nutzt dann geschickt diese Attacke zur Werbung für den neuen Tee-Stil und die dazugehörigen Accessoires, insbesondere für die mit abgebildete Teemaschine:

„Das jetzt so sehr beliebte Thee=Trinken ist ein schädlicher Luxus, der wie andern Bequemlichkeiten und Genußen aus England zu uns herübergeschlichen, und beynahe schon, sonderlich in der höheren Claße der schönen Welt, allgemein eingeführt ist. Man besucht sich einander gegen Abend zum Thee; es ist den Damen so angenehm sich richtig um 6 Uhr einander beym Thee=Tische zu finden, sich traulich herum zu setzen, zu plaudern und zu scherzen. Dieß ist Englische Sitte, nun leider schon nach Teutschland verpflanzt. England ist das erste Land in der Welt daß jährlich eine ungeheure Menge, und gewiß mehr als China selbst, Thee verbraucht, weil fast jedermann täglich in England Thee trinckt, und zwar ohne daß man eben so auffallend verwüstende Folgen für die Gesundheit davon bemerkte, als in andern Ländern. Allein in England wird das Thee=Trinken für die Gesundheit dadurch etwas weniger nachtheilig, weil man dort sehr spät zu Mittag, und Abends oft gar nicht ißt, und viele starcke Speißen und Getränke genießt, die durch den Thee verdünnt und gemildert werden. Dazu kommt auch die viele und starke Bewegung, welche sich der Engländer giebt; und daß in England faßt gar kein Caffee getrunken wird. Lauter Umstände die bey uns, und sonderlich bey unseren Damen nicht so sind. Unsere vornehmere schöne Welt führt meistens ein sitzendes, ruhiges, ja ich darf beynahe sagen träges Leben, trinckt weniger starcke Weine und Biere, aber dafür auch zweymal des Tags Caffee, ist zwar weichere aber dafür auch weit fetter bereitete Speißen und Backwerk als die Engländer; lauter Umstände die für sie den nun noch dazu kommenden täglichen Gebrauch des Thees nachtheilig machen müßen.“[36] [...] „So gern wir auch zugeben daß der sparsame Gebrauch des Thees, als ein hautöffnendes und Transpiration beförderndes Mittel allerdings wohlthätig sey, und der Thee=Tisch etwas zu den Annehmlichkeiten des Lebens beytragen könne, so sehr sind wir doch mit dem Herrn Verfaßer des vorstehenden Aufsatzes sowohl darinn einverstanden daß der übertriebene und tägliche Genuß des Thees bey unserer übrigen Lebens=Art schädlich sey; als auch, daß wir diesen Luxus hauptsächlich von England gelernt haben. Dieß beweißt der ganze geschmackvolle Apparat eines Englischen Thee=Tisches, und die schöne Form und Materie eines Engl. Thee=Zeugs [...].“[37]

Während Bertuch für den Teekonsum warb und dabei eine neue Trinkkultur und Geselligkeit propagierte, machten die spätabsolutistischen Staaten mit Mandaten Front gegen die neuen Genußmittel: Der Kaffe- und Teekonsum sei verantwortlich für den Geldabfluß aus den Territorien, die Schädigung der einheimischen Gewerbe und die Verarmung der Untertanen. Entsprechend finden wir solche Verordnungen vor allem in den Territorien West- und Norddeutschlands, in denen der Kaffeekonsum weit verbreitet war. Zu nennen wären hier die welfischen Gebiete, die Bistümer Hildesheim und Paderborn, die Grafschaft Lippe, Hessen-Kassel sowie die zu Brandenburg-Preußen gehörenden Gebiete Minden und Ravensberg. Hier wendete sich z. B. ein Edikt Friedrichs II. 1768 „wider das zu weit gehende Thee- und Coffee-Trinken, der gemeinen Bürger, Handwerker, Tagelöhner und Tagelöhnerinnen, Gesinde, auch Bauern, Cossäthen, Einlieger, Müller und dergleichen [...]".[38]

Abb. 22 Teemaschine und -geschirr aus England, „Journal des Luxus und der Moden", August 1788.

Wenn auch die Warnungen vor täglichem bzw. mehrmaligem Kaffeegenuß am Tag uns heute übertrieben erscheinen, zeigen die Preisfragen von Akademien und Gesellschaften, daß man sich um die ökonomischen und sozialen Folgen des Kaffeekonsums durchaus Gedanken machte. Der Versammlung der königlichen und kurfürstlichen Landwirtschaftsgesellschaft zu Celle wurden 1777 fünf Fragen zu diesem Thema gestellt, die der Archidiakon Johann Heinrich Reß aus Wolfenbüttel – vermutlich selbst ein großer Kaffee- und Teetrinker – wie folgt unter dem Stichwort „neuer Aufwand" beantwortete:

> „[...] manchen neuen Aufwand veranlaßt, nähmlich: 1. den Ankauf des Porzellanes. [...] Man muß, die Mode befiehlt es, nicht allein zum

eigenen täglichen Gebrauch, sondern auch für Fremde besondere Tassen haben. [...] 2. Die auch ganz neue Vermehrung des Hausrathes durch das übrige Kaffeegeschirr. Man hat jetzt Brenner, Mühlen, Töpfe, Kannen und mehrere Kleinigkeiten nöthig, die unsere Vorfahren nicht brauchten. [...] 3. Die Anlegung der Besuchszimmer, die unstreitig in den meisten Häusern ihren Ursprung dem Kaffe zu danken haben, da alle alte Leute wissen, daß sie zu Anfange dieses Jahrhundertes noch in den wenigsten Häusern vorhanden waren, weil man sie durchaus nicht eher brauchte, als bis es anfing zur guten Lebensart zu gehören, daß wenigstens die Hausfrau Kaffebesuch annahm. [...] 4. Die Ausgabe endlich für den Kaffe und dessen Zubehör selbst [...] die Nahrung vom Bierbrauen [fiel] an den meisten Orten so [...], wie der Gebrauch des Kaffees gestiegen ist [...]".[39]

Mit dem Kaffee- und Teegenuß hat eine neue Form von Geselligkeit in die deutschen Haushalte Einzug gehalten und dabei auch Wohn- und Alltagskultur nachhaltig verändert. Hieran prallten alle Verbote ab, die deshalb in den 1780er Jahren nicht mehr erneuert wurden. Der Kaffeeverbrauch stieg weiter und wurde durch preiswertere Kaffeesurrogate sogar noch gefördert. Das wichtigste Surrogat war der vom preußischen Staat propagierte und privilegierte Zichorienkaffee, der als sog. „preußischer Kaffee" in blauen Zylinderverpackungen vermarktet wurde und bereits zahlreiche Konsumenten gewann, bevor ihn die Kontinentalsperre endgültig populär machte.

Schlußbetrachtung

Kulturkonsum und Identität

Dieses Buch hat deutlich gemacht, daß Deutschland im 18. Jahrhundert in den europäischen Prozeß kultureller Kommerzialisierung und damit in die internationale Kulturkonsumgemeinschaft einbezogen worden ist. Obwohl die deutschen Staaten von den großen Zentren des kulturellen Austausches wie London und Paris einige Tagesreisen entfernt waren, wurden Bilder, Bücher und Objekte der Alltagskultur ebenso wie Modetrends, Theateraufführungen und Konzerte real und virtuell durch Kaufleute und Journale einer wachsenden Zahl von Kulturkonsumenten vermittelt. Kunsthändler und Kunstkenner stimulierten einen internationalen Kunstgeschmack, indem sie Fürsten und Bürger zum Sammeln niederländischer Landschaften anregten. Impressarios und Dilettanten bereiteten – neben gelehrten und musikalischen Journalen – den Markt für deutsche Komponisten, die in Deutschland wie in Westeuropa die bis dahin vorherrschenden italienischen und französischen Traditionen ergänzten. Darüber hinaus rivalisierten französische und englische Moden in den Luxusjournalen um Heim und Garten der deutschen Bürger und adligen Funktionseliten.

Durch den Kulturkonsum überwanden Kenner und Liebhaber „die Langeweile der Vernunft“ (Martina Kessel).[1] Dabei nivellierten sich die Geschmackspräferenzen, denn Aristokraten und Bürger partizipierten gleichermaßen an dem neuen Kulturangebot. So versuchten sich dilettierende Fürsten und vor allem Fürstinnen an den Musenhöfen in Weimar oder Karlsruhe ebenso in den Kunstgattungen Literatur, Malerei, Musik oder Gartengestaltung wie wohlhabende Bürger, mit denen sie deshalb in nicht zu unterschätzendem Maße kommunizierten. Ohne daß der eine Stand den anderen explizit imitierte, bildete sich im Austausch zwischen bürgerlichen und aristokratischen Sammlern, musikalischen Dilettanten und Komponisten Geschmack als Ergebnis eines gesellschaftlichen Kommunikationsprozesses.

Daneben verband das Unterhaltungsbedürfnis; denn obwohl man getrennt saß, verfolgten Aristokraten und Bürger die gleichen

Stücke im Theater, klatschten und pfiffen gemeinsam oft genug an den „falschen Stellen", lasen die gleichen Räuberromane und verschlangen allmonatlich die Modeneuigkeiten und den Klatsch aus den europäischen Hauptstädten im „Journal des Luxus und der Moden". Das kulturelle Marktangebot hatte Kultur für den Zahlenden zugänglich gemacht, ohne daß dies von Aristokraten oder Bürgern bedauert wurde. Immer seltener setzten die Höfe eigene Geschmacksstandards, obwohl sie ihre kulturelle Förder- bzw. Vermittlungsrolle durchaus ernst nahmen. Entsprechend begegnet uns – anders als immer wieder behauptet wird – kein vom Hof abgegrenzter, emanzipatorischer bürgerlicher Geschmack. Erst im 19. Jahrhundert eignete sich das Bildungsbürgertum die Kultur als exklusives Betätigungsfeld an und transformierte sie gleichsam in eine bürgerlichen Ersatzreligion, aus der es Elemente von Unterhaltung, Vergnügen und Abwechslung weitgehend verbannte.[2]

Die bürgerlichen Kulturkonsumenten des 18. Jahrhunderts dagegen rekrutierten sich aus dem traditionellen Stadtbürgertum, aus dem sich nach Lothar Gall später auch das moderne Bürgertum formierte.[3] Es war die städtische Lebenswelt in Hamburg, Frankfurt oder Offenbach, in der ein Konditormeister Prehn als Kunstliebhaber und ein Schnupftabakfabrikant wie Peter Bernard als dilettierender Geigenvirtuose und Orchestergründer auf sich aufmerksam machten. Daneben fragten aber auch neue bürgerliche Gruppen im Sinne Hans-Ulrich Wehlers das neue Kulturangebot nach.[4] Hier wären als Wirtschaftsbürger z. B. in Berlin die Bankiers Ephraim, Itzig, Daum oder Splitgerber zu nennen. Eine größere Bedeutung kam aber vermutlich in Berlin wie in den anderen zahlreichen Residenzstädten den Funktionseliten zu, den eng mit den Höfen verbundenen Beamten. Diese, die meist adliger Herkunft waren, finden wir an der Spree mehrheitlich unter den Gartenbesitzern sowie unter den Gemäldesammlern. Darüber hinaus frequentierten die Hofbeamten auch die Lesegesellschaften in Residenzstädten wie Bonn, Trier oder Detmold, und spielten eine Vorreiterrolle bei den Innovationen der Wohnkultur.

Fragen wir nach der regionalen Verbreitung des Kulturkonsums, dann ist diese aufgrund vielfach noch fehlender einschlägiger Untersuchungen nur impressionistisch zu greifen. Dennoch relativiert sich das (Vor-)Urteil von der Dominanz der norddeutsch-protestantischen Aufklärung in Deutschland, wenn man nicht nur beschriebenes und bedrucktes Papier, sondern auch

Kunst, Musik, Theater und materielle Kultur einbezieht. Zwar waren die Zeitschriftenproduktion und damit auch die Kunstkritik durchweg norddeutsch beherrscht, aber die unterhaltenden Journale wie dasjenige „des Luxus und der Moden“ wurden in Süddeutschland ebenfalls in größerer Zahl abonniert. Auch scheinen sich Lektürevorlieben und Unterhaltungsbedürfnis (wenn wir an die Leihbüchereien denken) nicht signifikant unterschieden zu haben. Die Theaterspielpläne mit ihrem großen Unterhaltungsangebot zeigten sogar große Gemeinsamkeiten an allen Bühnen des Alten Reiches. Auch der Kunstgeschmack mit der Vorliebe für Niederländer und Flamen wurde homogen. Es handelt sich bei ihm aber um einen gesamteuropäischen Trend, den wir in England oder in Frankreich für die zweite Hälfte des 18. Jahrhunderts gleichfalls konstatieren können.

Ein solcher Befund weist auf europäische Kultureinflüsse und ihre Rezeption in Deutschland hin. Diese wurden nicht nur auf dem Gebiet der Kunst, sondern auch im Bereich des Theaters, der Moden der Reiseziele und der Alltagskultur wirksam. Daß sich hierbei eine gewisse Nord-Süd-Teilung hinsichtlich englischer und französischer Vorbilder, aber auch kulturelle Risse innerhalb von Familien abzeichneten, hat das Modekapitel deutlich werden lassen. Aber auch der deutsche Süden konnte sich bestimmten englischen Einflüssen, wie der Gartenkunst oder dem Teetisch, keineswegs dauerhaft entziehen.

Aus diesen Beobachtungen ergibt sich die Frage, ob sich Identitäten auch anders konstituierten als in der Geschichtswissenschaft bislang gemeinhin behauptet. So nehmen die Historiker traditionell an, daß sich kollektive Identitäten – oder „imagined communities“ (Benedict Anderson) – vor allem an geographisch-politischen Einheiten wie dem Staat, dem Territorium oder der Stadt festmachen lassen. Allenfalls gestehen sie der Nation oder der Sprache als abstraktere Integrationsmodelle eine vergleichbare Funktion zu.[5]

Unsere Betrachtung des Kulturkonsums im 18. Jahrhundert hat nun gezeigt, daß auch die Partizipation an der internationalen Kulturkonsumgemeinschaft Gruppenidentitäten schuf. Durch die dilettierende musische Betätigung, das unmittelbare Kunsterlebnis oder den virtuellen Kulturkonsum im Journal hatten kulturell Interessierte in allen deutschen Territorien an dem neuen europäischen Kulturangebot teil. Dabei stifteten die musische Betätigung und der Konsum von Kultur verschiedene Identitäten: man fühlte sich ungeachtet seiner sozialen Zugehörigkeit als Kunstkenner; man hörte gemeinsam die Musik der Komponisten, die „in“ waren oder die man spielen konnte; man besuchte die Antike in Italien oder genoß das Landschaftserlebnis der Schweiz; man kleidete sich wie in Paris oder London; man war ebenso stolz auf die deutschen Komponisten wie auf seine aus London stammenden „cameo buttons“. National dominierte Identitäten traten in Austausch mit einem Weltbürgertum, also mit der „ganze[n] gebildete[n] Welt“.[6]

Anmerkungen

EINLEITUNG

1 Jürgen Habermas, Strukturwandel der Öffentlichkeit. Untersuchungen zu einer Kategorie der bürgerlichen Gesellschaft, 5. Aufl., Frankfurt 1996. Sowohl die Literatur zur Aufklärung als auch zur Habermas-Rezeption ist unübersehbar. Als Überblick siehe Barbara Stollberg-Rilinger, Europa im Jahrhundert der Aufklärung, Stuttgart 2000, sowie Winfried Müller, Die Aufklärung, München 2002.

2 Prägnant hierzu Carsten Zelle, Kunstmarkt, Kennerschaft und Geschmack. Zu Theorie und Praxis in der Zeit zwischen Barthold Heinrich Brockes und Christian Ludwig von Hagedorn, in: Michael North (Hg.), Kunstsammeln und Geschmack im 18. Jahrhundert, Berlin 2002, S. 217–238, hier S. 217f. Das Bertuch-Zitat befindet sich im einleitenden Text zum ersten Heft des „Journals des Luxus und der Moden“ (Januar 1786), S. 4f. In voller Länge abgedruckt ist es ebenfalls unten S. 57.

3 Vgl. Joachim Berger, Geselligkeit, Mäzenatentum und Kunstliebhaberei am ‚Musenhof‘ Anna Amalias – Neue Ergebnisse, neue Fragen, in: Ders. (Hg.), Der Musenhof Anna Amalias. Geselligkeit, Mäzenatentum und Kunstliebhaberei im klassischen Weimar, Köln–Weimar–Wien 2001, S. 1–17. Ute Daniel, Höfe und Aufklärung in Deutschland – Plädoyer für eine Begegnung der dritten Art, in: Marcus Ventzke (Hg.), Hofkultur und aufklärerische Reformen in Thüringen. Die Bedeutung des Hofes im späten 18. Jahrhundert, Köln-Weimar-Wien 2002, S. 11–31.

4 John Brewer, „The most polite age and the most vicious“. Attitudes towards Culture as a Commodity, 1660–1800, in: Ann Bermingham und John Brewer (Hgg.), The Consumption of Culture 1600–1800. Image, Object, Text, London–New York 1995, S. 348f.

5 John Brewer, The Pleasures of the Imagination: English Culture in the Eighteenth Century, New York 1997, S. XVIII (übersetzt aus dem Englischen).

6 Immanuel Kant, Anthropologie in pragmatischer Hinsicht (Werkausgabe, hrsg. von Wilhelm Weischedel, Bd. 12), 7. Aufl., Frankfurt 1988, S. 565. Weiter unten auf dieser Seite folgert Kant dann: „Geschmack [...] ist also ein Vermögen der gesellschaftlichen Beurteilung äußerer Gegenstände in der Einbildungskraft.“

KAPITEL I: BUCH UND LEKTÜRE

1 Heinrich Mack und Johannes Lochner (Hgg.), Johann Anton Leisewitzens Tagebücher, 2 Bde., Weimar 1920, Bd. 2, S. 104.
2 Ebd., Bd. 1, S. 216.
3 Ebd., Bd. 1, S. 162.
4 Martina Graf, Buch- und Lesekultur in der Residenzstadt Braunschweig zur Zeit der Spätaufklärung unter Herzog Karl Wilhelm Ferdinand (1770–1806), Frankfurt 1994, S. 228–230.
5 Rolf Engelsing, Die Perioden der Lesegeschichte in der Neuzeit. Das statistische Ausmaß und die soziokulturelle Bedeutung der Lektüre, in: Archiv für Geschichte des Buchwesens X (1970), Sp. 945–1002. Vgl. auch Helmut Zedelmaier, Lesetechniken. Die Praktiken der Lektüre in der Neuzeit, in: Helmut Zedelmaier und Martin Mulsow (Hgg.), Die Praktiken der Gelehrsamkeit in der Frühen Neuzeit, Tübingen 2001, S. 11–30.
6 Rolf Engelsing, Der Bürger als Leser. Lesegeschichte in Deutschland 1500–1800, Stuttgart 1974, S. 198. Differenzierter als bei Engelsing werden die Lesepraktiken analysiert von Roger Chartier, Lesewelten. Buch und Lektüre in der Frühen Neuzeit, Frankfurt-New York 1990, S. 130–145.
7 Holger Böning, Das Intelligenzblatt. Dokumentation zu einer literarisch-publizistischen Gattung der deutschen Aufklärung, Bremen 1991. Ders., Das Intelligenzblatt, in: Ernst Tischer, Wilhelm Haefs und York-Gothart Mix (Hgg.), Von Almanach bis Zeitung. Ein Handbuch der Medien in Deutschland 1700–1800, München 1999, S. 89–104. Vgl. auch Sabine Doering-Manteuffel, Josef Mančal und Wolfgang Wüst (Hgg.), Pressewesen der Aufklärung. Periodische Schriften im Alten Reich, Berlin 2001.
8 Wolfgang Martens, Die Botschaft der Tugend. Die Aufklärung im Spiegel der deutschen Moralischen Wochenschriften, Stuttgart 1968. Jörg Scheibe, Der „Patriot" (1724–1726) und sein Publikum. Untersuchungen über die Verfasserschaft und die Leserschaft einer Zeitschrift der frühen Aufklärung, Göppingen 1973. Martin Krieger, Patriotismus-Diskurs und die Konstruktion kollektiver Identitäten in Hamburg in der ersten Hälfte des 18. Jahrhunderts, Habil.-Schrift Greifswald 2001.
9 Martin Welke, Gemeinsame Lektüre und frühe Formen von Gruppenbildung im 17. und 18. Jahrhundert: Zeitungslesen in Deutschland, in: Otto Dann (Hg.), Lesegesellschaften und bürgerliche Emanzipation – Ein europäischer Vergleich, München 1981, S. 29–53, hier S. 30. Vgl. auch Holger Böning, Aufklärung und Presse im 18. Jahrhundert, in: Hans-Wolf Jäger (Hg.), „Öffentlichkeit" im 18. Jahrhundert, Göttingen 1997, S. 151–163.

10 Ernst Tischer, Wilhelm Haefs und York-Gothart Mix, Aufklärung, Öffentlichkeit und Medienkultur in Deutschland im 18. Jahrhundert, in: Dies. (Hgg.), Von Almanach bis Zeitung. Ein Handbuch der Medien in Deutschland 1700–1800, München 1999, S. 18–21. Ähnliche Größenordnungen schätzt Carsten Zelle, Auf dem Spielfeld der Autorschaft. Der Schriftsteller des 18. Jahrhunderts im Kräftefeld von Rhetorik, Medienentwicklung und Literatursystem, in: Klaus Städtke und Ralph Kray (Hgg.), Spielräume des auktorialen Diskurses, Berlin 2003, S. 1–37, hier S. 17. Siegfried J. Schmidt hat auf dieser Grundlage ein neues „Sozialsystem-Literatur" konstruiert. Vgl. Ders., Die Selbstorganisation des Sozialsystems Literatur im 18. Jahrhundert, Frankfurt 1989, S. 254–272.

11 Zelle, Autorschaft, S. 18. Auf die „Zwitterstellung" des Autors auch noch in der zweiten Hälfte des 18. Jahrhunderts zwischen einem ständisch-gelehrten und verbeamteten Literatentum und der Produktion für den Markt weist vor allem hin: Herbert Jaumann, Emanzipation als Positionsverlust. Ein sozialgeschichtlicher Versuch über die Situation des Autors im 18. Jahrhundert, in: Zeitschrift für Literaturwissenschaft und Linguistik 11 (1981), S. 46–72.

12 „Wollen Sie beitragen, daß ich Leserinnen bekomme? Sie tun Gutes an meinen Söhnen, denn ich schreibe „Pomona" für meinen Carl und meinen Wilhelm, um in etwa zu ersetzen, was ihnen die Feinde ihres Vaters raubten. Gott segne Sie. Segnen Sie mein Vorhaben und bieten Sie mir die Hand dazu". Sophie von La Roche an Johann Caspar Lavater, Speyer, 27. Oktober 1782; zitiert nach Michael Maurer (Hg.), Ich bin mehr Herz als Kopf. Sophie von La Roche. Ein Lebensbild in Briefen, Leipzig-Weimar 1985, S. 245.

13 Sigrid Damm, Christiane und Goethe. Eine Recherche, Frankfurt u. a. 2001, S. 102, 174, 212–216.

14 Roberto Simanowski, Die Verwaltung des Abenteuers. Massenkultur um 1800 am Beispiel Christian August Vulpius, Göttingen 1998.

15 Gustav Schwetschke, Codex nundinarius Germaniae literatae bisecularis. Meß-Jahrbücher des Deutschen Buchhandels, Bd. 1: Von dem Erscheinen des ersten Meß-Katalogs im Jahre 1564 bis zu der Gründung des ersten Buchhändlervereins im Jahre 1765, Halle 1850, S. 178, 188, 198, 208, 218, 228, 238, 253, 273, 293, 313. Danach zusammengestellt von Maud Antonia Viehberg, Vom Tauschhandel zum modernen Buchmarkt. Die Etappen des deutschen Buchhandels im 18. Jahrhundert, Magisterarbeit Greifswald 2001, S. 121.

16 Reinhard Wittmann, Die frühen Buchhändlerzeitschriften als Spiegel des literarischen Lebens, in: Archiv für Geschichte des Buchwesens 13 (1973), Sp. 614–931, hier 828f.

17 Viehberg, Buchhandel, S. 123f.

18 Tabelle zusammengestellt von Robert Riemer nach Rudolf Jentzsch, Der deutsch-lateinische Büchermarkt nach den Leipziger Ostermeß-Katalogen von 1740, 1770 und 1800 in seiner Gliederung und Wandlung, Leipzig 1912, Tafeln I–III.

19 Jentzsch, Büchermarkt, S. 315–316. Ebenso Helmuth Kiesel und Paul Münch, Gesellschaft und Literatur im 18. Jahrhundert. Voraussetzungen und Entstehung des literarischen Marktes in Deutschland, München 1977, S. 198–200. Johann Goldfriedrich, Geschichte des deutschen Buchhandels, Bd. 2, Leipzig 1908, S. 16ff.

20 Eine Ausnahme stellt allein die Rubrik „Allgemeine Gelehrsamkeit" dar.

21 Reinhard Wittmann, Geschichte des deutschen Buchhandels. Ein Überblick, München 1991, S. 115–120. Helga Schultz, Der Verleger Friedrich Justin Bertuch als Kaufmann und Literaturpolitiker, in: Gerhard R. Kaiser und Siegfried Seifert (Hgg.), Friedrich Justin Bertuch (1747–1822). Verleger, Schriftsteller und Unternehmer im klassischen Weimar, Tübingen 2000, S. 331–350, hier S. 332–34. Zu Reich vergleiche auch Hazel Rosenstrauch, Buchhandelsmanufaktur und Aufklärung. Die Reformen des Buchhändlers und Verlegers Ph. E. Reich (1717–1787), Frankfurt 1986.

22 Horst Möller, Aufklärung in Preußen. Der Verleger, Publizist und Geschichtsschreiber Friedrich Nicolai, Berlin 1974, S. 80, 99–114.

23 Friedrich Nicolai, Das Leben und die Meinungen des Herrn Magister Sebaldus Nothanker, Bd. 1, Berlin-Stettin 1774, S. 97.

24 Ebd., S. 122f. Die Erwähnung der „Inseln Felsenburg" spielt an auf den Fortsetzungsroman von Johann Gottfried Schnabel, Wunderliche Fata einiger See-Fahrer, absonderlich Alberti Julii, eines gebohrnen Sachsens, und seiner auf der Insel Felsenburg errichteten in vollkommenen Stand gebrachten Colonien, Nordhausen 1737ff.

25 Möller, Aufklärung, S. 198–208. Siehe ebenfalls Pamela E. Selwyn, Everyday Life in the German Book Trade. Friedrich Nicolai as Bookseller and Publisher in the Age of Enlightenment 1750–1810, University Park Pennsylvania 2000.

26 Goethe an Göschen, 27. Oktober 1787; zitiert nach Karl Otto Conrady, Goethe. Leben und Werk, Düsseldorf–Zürich 1999, S. 626.

27 Conrady, Goethe, S. 612. Nach dem Erscheinen von sechs Bänden erstellte Göschen eine Zwischenabrechnung für Bertuch, die ausgewertet ist bei Stephan Füssel, Studien zur Verlagsgeschichte und zur Verlegertypologie der Goethe-Zeit. Bd. 1: Georg Joachim Göschen. Ein Verleger der Spätaufklärung und der deutschen Klassik, Berlin–New York 1999, S. 114. Zur Goethe-Gesamtausgabe siehe ebd., S. 106–125.

28 Göschen an Goethe, 4. Juli 1791; zitiert nach Conrady, Goethe, S. 612; siehe ebd. S. 624–27 sowie Nicholas Boyle, Goethe. Der Dich-

ter in seiner Zeit, Bd. 1: 1749–1790, München 1999, S. 454f. Noch immer anregend ist Siegfried Unseld, Goethe und seine Verleger, Frankfurt–Leipzig 1993.

29 Füssel, Verlagsgeschichte, S. 91–104.

30 Conrady, Goethe, S. 626–627.

31 Zu Bertuchs Konzept eines Weimarer Buchverlagsunternehmens siehe: Siegfried Seifert, „Genie und Lumpen" – Programmatische Entwürfe Bertuchs zur Reform des deutschen Verlagsbuchhandels vor 1800. Überlegungen zu einem Forschungsansatz, in: Gerhard R. Kaiser und Siegfried Seifert (Hgg.), Friedrich Justin Bertuch (1747–1822). Verleger, Schriftsteller und Unternehmer im klassischen Weimar, Tübingen 2000, S. 291–299.

32 Siehe auch unten im Kapitel „Mode".

33 Vgl. Walter Steiner und Uta Kühn-Stillmark, Friedrich Justin Bertuch. Ein Leben im klassischen Weimar zwischen Kultur und Kommerz, Köln–Weimar–Wien 2001, S. 42–120.

34 Freundlicher Hinweis von Reiner Flik (Tübingen), dem ich auch die Daten für die von Robert Riemer konzipierte Karte verdanke. Siehe auch Reiner Flik, Das Journal des Luxus und der Moden: Produktion, Vertrieb, Geschäftsergebnisse und Leserkreis, in: Klaus Manger und Gerhard R. Kaiser (Hgg.), Das Journal des Luxus und der Moden. Kultur um 1800, Heidelberg 2003 (im Druck).

35 Schultz, Bertuch, S. 336–347. Zum Unternehmer Bertuch vergleiche auch Reiner Flik, Statt Hofpoet Kulturunternehmer. Der Werdegang Friedrich Justin Bertuchs (1747–1822) und sein Beitrag zur Weimarer Klassik, in: Marcus Ventzke (Hg.), Hofkultur und aufklärerische Reformen in Thüringen. Die Bedeutung des Hofes im späten 18. Jahrhundert, Köln-Weimar-Wien 2002, S. 197–222.

36 Engelsing, Bürger als Leser.

37 Reinhard Wittmann (Hg.), Bücherkataloge als buchgeschichtliche Quellen in der frühen Neuzeit, Wiesbaden 1984. Roland Folter, Deutsche Dichter- und Germanistenbibliotheken. Eine kritische Bibliographie ihrer Kataloge, Stuttgart 1975.

38 Mechthild Raabe, Leser und Lektüre im 18. Jahrhundert. Die Ausleihbücher der Herzog August Bibliothek Wolfenbüttel 1714–1799, 4 Bde., München-London-New York 1989.

39 Ebd., Bd. 1: I–IXXX.

40 Ebd., Bd. 4: Systematisches Verzeichnis der entliehenen Bücher, S. 577.

41 Ebd., Bd. 1: IXXX–IXXXI.

42 Engelsing, Bürger als Leser, S. 94–100.

43 Grundlegend zu Brockes siehe Hans-Georg Kemper, Uwe-K. Ketelsen und Carsten Zelle (Hgg.), Barthold Heinrich Brockes (1680–

1747) im Spiegel seiner Bibliothek und Bildergalerie, 2 Bde., Wiesbaden 1998.

44 Zusammengestellt von Martin Krieger und Robert Riemer. Krieger, Patriotismus-Diskurs, S. 125. Franklin Kopitzsch, Grundzüge einer Sozialgeschichte der Aufklärung in Hamburg und Altona, 2. Aufl., Hamburg 1990, S. 431ff.

45 Kopitzsch, Sozialgeschichte, S. 428–445.

46 Walter Wittmann, Beruf und Buch im 18. Jahrhundert. Ein Beitrag zur Erfassung und Gliederung der Leserschaft im 18. Jahrhundert, insbesondere unter Berücksichtigung des Einflusses auf die Buchproduktion (Nachlaßinventare 1695–1705, 1746–1755 und 1795–1805), Hannover 1934, S. 46–59, hier S. 51: In acht Fällen ist die Art der Bücher nicht zu rekonstruieren.

47 Ebd., S. 68–83.

48 Institut für Stadtgeschichte Frankfurt, Reichskammergerichtsakte 453, Aktennummer: 810, Quad. 15: Inventarium des Nachlasses von Augustin Geißemer, aufgenommen in seinem Haus auf der Zeil (1777).

49 Hildegard Neumann, Der Bücherbesitz der Tübinger Bürger von 1750–1850, München 1978, S. 36. Etienne François, Buch, Konfession und städtische Gesellschaft im 18. Jahrhundert. Das Beispiel Speyer, in: Mentalitäten und Lebensverhältnisse. Beispiele aus der Sozialgeschichte der Neuzeit. Rudolf Vierhaus zum 60. Geburtstag, Göttingen 1982, S. 34–91, hier S. 45.

50 Neumann, Bücherbesitz, S. 35a.

51 François, Speyer, S. 37.

52 Neumann, Bücherbesitz, S. 6–10. Die Zahlen für die Handwerker lauten: Schuhmacher (1750–60 = 9,5; 1800–10 = 4), Bäcker (1750–60 = 7; 1800–10 = 7), Schneider (1750–60 = 12; 1800–10 = 7) und Metzger (1750–60 = 5; 1800–10 = 5).

53 Ebd., S. 142-144.

54 Hans Medick, Ein Volk „mit" Büchern. Buchbesitz und Buchkultur auf dem Lande am Ende der Frühen Neuzeit: Laichingen 1748–1820, in: Hans-Erich Bödeker (Hg.), Lesekulturen im 18. Jahrhundert, Hamburg 1992, S. 59–94, hier S. 68. Ein Rückgang des Buchbesitzes wird ebenfalls von François für Speyer auf den S. 39–42 festgestellt, wobei die Zahl der geistlichen Bücher je Nachlaßinventar doppelt so stark abnahm wie die der weltlichen Bücher. Dies könnte für Veränderungen in der religiösen Praxis sprechen.

55 Medick, Volk „mit" Büchern, S. 90–93.

56 Vgl. François, Speyer, S. 53f.

57 Otto Dann, Die Lesegesellschaften und die Herausbildung einer modernen bürgerlichen Gesellschaft in Europa, in: Ders. (Hg.), Lesege-

sellschaften und bürgerliche Emanzipation – Ein europäischer Vergleich, München 1981, S. 9–28.

58 Engelsing, Bürger als Leser, S. 224.

59 Marlies Stützel-Prüsener, Die deutschen Lesegesellschaften im Zeitalter der Aufklärung, in: Otto Dann (Hg.), Lesegesellschaften und bürgerliche Emanzipation – Ein europäischer Vergleich, München 1981, S. 71–86, hier S. 74.

60 Dann, Lesegesellschaften, S. 18.

61 Otto Dann, Eine höfische Gesellschaft als Lesegesellschaft, in: Hans-Erich Bödeker (Hg.), Lesekulturen im 18. Jahrhundert, Hamburg 1992, S. 43–57.

62 Rolf Engelsing, Analphabetentum und Lektüre. Zur Sozialgeschichte des Lesens in Deutschland zwischen feudaler und industrieller Gesellschaft, Stuttgart 1973. Ute Daniel, How Bourgeois was the Public Sphere of the Eighteenth Century? or: Why it is Important to Historicize „Strukturwandel der Öffentlichkeit", in: Das Achtzehnte Jahrhundert 26, Wolfenbüttel 2002, S. 9–17, hier S. 14. Stefanie Kripsin, „bei seinem Vergnügen in müßigen Stunden unterhalten seyn". Lesegesellschaften in Detmold um 1800, Bielefeld 1999.

63 Kopitzsch, Sozialgeschichte, S. 573f.

64 Der geheime Ausrufer 11 (1808), S. 189; zitiert nach Engelsing, Bürger als Leser, S. 235ff.

65 Stützel-Prüsener, Lesegesellschaften, S. 80.

66 Engelsing, Bürger als Leser, S. 238–240.

67 Carl Haase, Der Bildungshorizont der norddeutschen Kleinstadt am Ende des 18. Jahrhunderts. Zwei Bücherverzeichnisse der Lesegesellschaften in Wunstorf aus dem Jahre 1794, in: Otto Brunner, Hermann Kellenbenz, Erich Maschke und Wolfgang Zorn (Hgg)., Festschrift Hermann Aubin zum 80. Geburtstag, 2 Bde., Wiesbaden 1965, S. 518–525.

68 Carl Haase, Die Buchbestände einiger Lesegesellschaften im Elbe-Weser-Winkel im Jahre 1794, in: Stader Jahrbuch 1977, S. 56–80, hier S. 65–73.

69 Wittmann, Buchhandel, S. 193–197. Ders., Gibt es eine Leserevolution am Ende des 18. Jahrhunderts?, in: Roger Chartier und Guglielmo Cavallo (Hgg.), Die Welt des Lesens. Von der Schriftrolle zum Bildschirm, Frankfurt 1999, S. 419–454.

70 Engelsing, Bürger als Leser, S. 271f.

71 Jean Paul, Brief und bevorstehender Lebenslauf. Konjektural-Biographie, sechste poetische Epistel, in: Ders., Werke, hg. von Norbert Miller, Bd. 4, München 1962, S. 1070; zitiert nach Wittmann, Buchhandel, S. 199. Deutlich pessimistischer war noch Thomas Abbt, Vom Verdienste, Frankfurt-Leipzig 1783, S. 270. Hier schätzt er im dritten Arti-

kel: „Vom Verdienste des Schriftstellers, des Künstlers und des Predigers" das lesende Publikum Deutschlands auf 80.000 Personen.

72 Goethe an Reichardt, Weimar, 28. Februar 1790; zitiert nach Volkmar Braunbehrens, Gabriele Busch-Salmen und Walter Salmen (Hgg.), J. F. Reichardt – J. W. Goethe. Briefwechsel, Weimar 2002, S. 107–108.

Kapitel II: Reisen und Reisekultur

1 Der Teutsche Merkur, November 1784, S. 151, zitiert nach Uli Kutter, Reisen – Reisehandbücher – Wissenschaft: Materialien zur Reisekultur im 18. Jahrhundert, Neuried 1996, S. 13f.

2 Christoph Wolff, Johann Sebastian Bach, Frankfurt 2000, S. 227f. Nur nachgewiesene Reisen – Familienreisen und Kurzreisen in die unmittelbare Umgebung Leipzigs sind nicht aufgeführt.

3 Ebd., S. 227–232.

4 Thomas Stamm-Kuhlmann (Hg.), Karl August von Hardenberg 1750–1822. Tagebücher und autobiographische Aufzeichnungen, München 2000, S. 25f., 109–112.

5 Joachim Rees, Vom Fürst und Bürgerfreund. Zum Funktionswandel der Prinzenreise in der zweiten Hälfte des 18. Jahrhunderts – ein Generationsvergleich aus Schwarzburg-Rudolstadt, in: Marcus Ventzke (Hg.), Hofkultur und aufklärerische Reformen in Thüringen. Die Bedeutung des Hofes im späten 18. Jahrhundert, Köln–Weimar–Wien 2002, S. 100–137.

6 Vgl. hierzu Joachim Rees, Winfried Siebers und Hilmar Tilgner, Reisen im Erfahrungsraum Europa. Forschungsperspektiven zur Reisetätigkeit politisch-sozialer Eliten des Alten Reiches (1750–1800), in: Das Achtzehnte Jahrhundert 26 (2002), S. 35–62.

7 Kutter, Reisen, S. 274–283.

8 Albert Meier, Als Moralist durch Italien. Johann Caspar Goethes „Viaggio per l'Italia fatto nel anno MDCCXL", in: Hans-Wolf Jäger (Hg.), Europäisches Reisen im Zeitalter der Aufklärung, Heidelberg 1992, S. 71–85.

9 Franz Posselt, Apodemik oder die Kunst zu reisen. Ein systematischer Versuch zum Gebrauch junger Reisenden aus den Gebildeten Ständen überhaupt und angehender Gelehrten und Künstler, 2 Bde., Leipzig 1795, 1. Bd., S. 28f.

10 Martin Krieger, Patriotismus-Diskurs und die Konstruktion kollektiver Identitäten in Hamburg in der ersten Hälfte des 18. Jahrhunderts, Habil-Schrift Greifswald 2001, S. 96–102.

11 Carsten Niebuhr, Reisebeschreibung nach Arabien und andern umliegenden Ländern, 2 Bde., Kopenhagen 1774–1778, 3. Bd., Hamburg 1837.

12 Josef Wiesehöfer und Stephan Conermann (Hgg.), Carsten Niebuhr (1733-1815) und seine Zeit, Stuttgart 2002.

13 Gottfried Korff, Museumsreisen, in: Hermann Bausinger, Klaus Beyrer und Gottfried Korff (Hgg.), Reisekultur. Von der Pilgerfahrt zum modernen Tourismus, München 1991, S. 311–319.

14 Wilhelm Treue, Zum Thema der Auslandsreisen im 17. Jahrhundert, in: Archiv für Kulturgeschichte 35 (1953), S. 199–212. Ders., Zum Thema der Auslandsreisen im 18. und 19. Jahrhundert, in: Archiv für Kulturgeschichte 35 (1953), S. 328–333.

15 Wolfgang Behringer, „Die Welt in einen anderen Model gegossen". Der Strukturwandel des frühneuzeitlichen Kommunikationswesens am Beispiel der Reichspost, Habil.-Schrift Bonn 1996.

16 Behringer, Strukturwandel, S. 440–446.

17 Klaus Beyrer (Hg.), Zeit der Postkutschen. Drei Jahrhunderte Reisen 1600-1900, Karlsruhe 1992, S. 16f.

18 Gottfried North, Eine Revolution im Reiseverkehr – Die Schnellpost, in: Hermann Bausinger, Klaus Beyrer und Gottfried Korff (Hgg.), Reisekultur. Von der Pilgerfahrt zum modernen Tourismus, München 1991, S. 291–297.

19 Friedrich Nicolai, Beschreibung einer Reise durch Deutschland und die Schweiz, im Jahre 1781. Nebst Bemerkungen über Gelehrsamkeit, Industrie, Religion und Sitten, Bd. 1, Berlin-Stettin 1783, S. 6.

20 Johann Kaspar Riesbeck, Briefe eines reisenden Franzosen über Deutschland. An seinen Bruder in Paris, Bd. 1, o.O. 1783, S. 2f.; zitiert nach Klaus Beyrer, Des Reisebeschreibers „Kutsche". Aufklärerisches Bewußtsein im Postreiseverkehr des 18. Jahrhunderts, in: Wolfgang Griep und Hans-Wolf Jäger (Hgg.), Reisen im 18. Jahrhundert. Neue Untersuchungen, Heidelberg 1986, S. 50–90, hier S. 70–71.

21 Behringer, Strukturwandel, S. 385.

22 Vgl. hierzu die materialreiche, noch immer grundlegende Arbeit von Friedrich Rauers, Kulturgeschichte der Gaststätte, 2 Bde., Berlin 1942.

23 August Ludwig Schlözer, Vorlesungen über Land- und Seereisen (1795/96), Ndr. Göttingen u. a. 1962, S. 40f.

24 Walter Weber, Von Wirtshäusern, Reisenden und Literaten. Eine kleine Chronique scandaleuse des Wirtshauslebens, in: Hermann Bausinger, Klaus Beyrer und Gottfried Korff (Hgg.), Reisekultur. Von der Pilgerfahrt zum modernen Tourismus, München 1991, S. 82–90.

25 Theodor Berger, Vor-Urtheile der Deutschen bey Antretung ihrer Reisen in auswärtige Lande, u. bes. nach Franckreich, nebst Anhang von Deutschlands Macht gegen angräntzende Königreiche u. Länder, Frankfurt 1734, S. 22; zitiert nach Thomas Grosser, Tour de France –

Frankreich als Ziel deutscher Reisender, in: Hermann Bausinger, Klaus Beyrer und Gottfried Korff (Hgg.), Reisekultur. Von der Pilgerfahrt zum modernen Tourismus, München 1991, S. 229–235, hier S. 230.

26 Zitiert nach Michael Maurer, Italienreisen – Kunst und Konfession, in: Hermann Bausinger, Klaus Beyrer und Gottfried Korff (Hgg.), Reisekultur. Von der Pilgerfahrt zum modernen Tourismus, München 1991, S. 222.

27 Zitiert nach Barbara Wolbring, Auch ich in Arkadien! Die bürgerliche Kunst- und Bildungsreise im 19. Jahrhundert, in: Dieter Hein und Andreas Schulz (Hgg.), Bürgerkultur im 19. Jahrhundert. Bildung, Kunst und Lebenswelt, München 1996, S. 82–101, hier S. 85.

28 Heide Hollmer, „Ohne Künstler kann man nicht leben weder in Süden noch Norden" – Herzogin Anna Amalias Kunstwahrnehmung und Kunstförderung während der Italienreise (1788–1790), in: Joachim Berger (Hg.), Der Musenhof Anna Amalias. Geselligkeit, Mäzenatentum und Kunstliebhaberei im klassischen Weimar, Köln-Weimar-Wien 2001, S. 107–124.

29 Ingrid Kuczynski, Ins gelobte Land der Freiheit und des Wohlstands: Reisen nach England, in: Hermann Bausinger, Klaus Beyrer und Gottfried Korff (Hgg.), Reisekultur. Von der Pilgerfahrt zum modernen Tourismus, München 1991, S. 237–243. Vgl. auch Michael Maurer, Aufklärung und Anglophilie in Deutschland, Göttingen u. a. 1987.

30 Gert Robel, Reisen und Kulturbeziehungen im Zeitalter der Aufklärung, in: B. I. Krasnobaev, Gert Robel und Herbert Zeman (Hgg.), Reisen und Reisebeschreibungen im 18. und 19. Jahrhundert als Quellen der Kulturbeziehungsforschung, Essen 1987, S. 9–37, hier S. 18. Wolbring, Auch ich in Arkadien!, S. 89. Peter Faessler, Reiseziel Schweiz: Freiheit zwischen Idylle und „großer" Natur, in: Hermann Bausinger, Klaus Beyrer und Gottfried Korff (Hgg.), Reisekultur. Von der Pilgerfahrt zum modernen Tourismus, München 1991, S. 243–248. Grundlegend zum Mythos Schweiz im 18. Jahrhundert ist der Sammelband von Hellmut Thomke, Martin Bircher und Wolfgang Proß (Hgg.), Helvetien und Deutschland. Kulturelle Beziehungen zwischen der Schweiz und Deutschland in der Zeit von 1770–1830, Amsterdam-Atlanta 1994.

31 Johann Wolfgang von Goethe, Der deutsche Gil Blas; zitiert nach Johann Christoph Sachse, Der deutsche Gil Blas, München 1964, S. 5f.

32 Z. B. Gottlieb Heinrich Stuck's Verzeichnis von älteren und neueren Land- und Reisebeschreibungen, Th. 1. 2, Halle 1783–1787 (ein „Nachtrag" zu Th. 1 erschien Halle 1785). Johann Beckmann, Literatur der älteren Reisebeschreibungen. Nachrichten von ihren Verfas-

sern, von ihrem Inhalte, von ihren Ausgaben, 2 Bde., Göttingen 1807–1810.

33 Neue Bibliothek der wichtigsten Reisebeschreibungen [...]. Hrsg. v. Friedrich Justin Bertuch, 65 Bde., Weimar 1815–1832.

34 Albert Meier, Textsorten-Dialektik. Überlegungen zur Gattungsgeschichte des Reiseberichts im späten 18. Jahrhundert, in: Michael Maurer (Hg.), Neue Impulse der Reiseforschung, Berlin 1999, S. 243–245.

35 Thomas Grosser, Der mediengeschichtliche Funktionswandel der Reiseliteratur in den Berichten deutscher Reisender aus dem Frankreich des 18. Jahrhunderts, in: Hans-Wolf Jäger (Hg.), Europäisches Reisen im Zeitalter der Aufklärung, Heidelberg 1992, S. 275–310.

36 Johann David Köhler, Anweisung zur Reiseklugheit für junge Gelehrte, um Bibliotheken, Münzkabinette, Antiquitätenzimmer, Bildergalerien, Naturalienkabinette und Kunstkammern mit Nutzen zu besehen. Neu überarbeitet von Johann Friedrich August Kinderling, T. 1. 2, Magdeburg 1788.

37 Justin Stagl, Der wohl unterwiesene Passagier. Reisekunst und Gesellschaftsbeschreibung vom 16. bis zum 18. Jahrhundert, in: B. I Krasnobaev, Gert Robel und Herbert Zeman (Hgg.), Reisen und Reisebeschreibungen im 18. und 19. Jahrhundert als Quellen der Kulturbeziehungsforschung, Essen 1987, S. 353–384.

38 Johann Peter Willebrandt, Historische Berichte und practische Anmerkungen auf Reisen in Deutschland, in die Niederlande, in Frankreich, England, Dännemark, Böhmen und Ungarn, Hamburg 1758, S. 18–20.

39 Willebrandt, Historische Berichte, S. 18f.

40 Ebd., S. 431f.

41 Peter Ambrosius Lehmann, Die vornehmsten Europäischen Reisen, Hamburg 1729, Vorrede (A4).

42 Posselt, Apodemik, 1. Bd., Leipzig 1795: IIIff.

43 Ebd., S. Vff., Zitat: S. VI.

44 Ebd., S. 5.

45 Joachim Christoph Friedrich Schulz, Reise eines Liefländers von Riga nach Warschau, durch Südpreußen, über Breslau, Dresden, Karlsbad, Bayreuth, Nürnberg, Regensburg, München, Salzburg, Linz, Wien und Klagenfurt, nach Botzen in Tyrol, Th. 1, Berlin 1795, S. 60, 66–67; zitiert nach Rainer S. Elkar, Reisen bildet, in: B. I. Krasnobaev, Gert Robel und Herbert Zeman (Hgg.), Reisen und Reisebeschreibungen im 18. und 19. Jahrhundert als Quellen der Kulturbeziehungsforschung, Essen 1987, S. 51–82, hier S. 61f.

46 Vgl. Justin Stagl, Eine Geschichte der Neugier. Die Kunst des Reisens 1550–1800, Wien–Köln–Weimar 2002, S. 317.

47 Winfried Siebers, Bildung auf Reisen. Bemerkungen zur Peregrinatio academica, Gelehrten- und Gebildetenreise, in: Michael Maurer (Hg.), Neue Impulse der Reiseforschung, Berlin 1999, S. 177–188.

48 Christian August Clodius, Neue vermischte Schriften, Th. 3: Dinokrates, Leipzig 1780, S. 14–17; zu Clodius (1737–784) vgl. den Artikel von Ernst Fischer „Clodius, Christian August", in: Literaturlexikon. Autoren und Werke deutscher Sprache, hrsg. von Walther Killy, Bd. 2, Gütersloh-München 1989, S. 431f.

Kapitel III: Mode und Luxus

1 Jacob und Wilhelm Grimm, Deutsches Wörterbuch, Bd. 12, L-Myth, München 1991.

2 Johann Heinrich Zedler, Großes Vollständiges Universal-Lexikon, Bd. 21, Mi-Mt, Leipzig–Halle 1739, Ndr. Graz 1995, S. 700f.

3 Johann Christoph Adelung, Grammatisch-kritisches Wörterbuch der Hochdeutschen Mundart, mit beständiger Vergleichung der übrigen Mundarten, besonders aber der Oberdeutschen, 3. Theil, 2. Aufl., Leipzig 1798, Sp. 253f.; zitiert nach Doris Kuhles, Das „Journal des Luxus und der Moden" (1786–1827). Zur Entstehung seines inhaltlichen Profils und seiner journalistischen Struktur, in: Gerhard R. Kaiser und Siegfried Seifert (Hgg.), Friedrich Justin Bertuch (1747–1822). Verleger, Schriftsteller und Unternehmer im klassischen Weimar, Tübingen 2000, S. 489–499, hier. S. 494. Dies., Journal des Luxus und der Moden 1786–1827. Analytische Bibliographie mit sämtlichen 517 schwarzweißen und 976 farbigen Abbildungen der Originalzeitschrift, München 2003. Wichtig ist noch immer Ruth Wies, Das Journal des Luxus und der Moden (1786–1827), ein Spiegel kultureller Strömungen der Goethezeit, Diss. phil. München 1953. Zum Modeaspekt siehe: Gisela Jaacks, Modechronik, Modekritik oder Modediktat? Zu Funktion, Thematik und Berichtstil früher deutscher Modejournale am Beispiel des „Journal des Luxus und der Moden", in: Waffen- und Kostümkunde 24 (1982), S. 58–61.

4 Journal des Luxus und der Moden, April 1794, S. 193.

5 Journal des Luxus und der Moden, in der Einbandinnenseite eines jeden Heftes, Nachdruck Leipzig 1967, S. 29–30.

6 Journal des Luxus und der Moden, aus dem einleitenden Text zu Heft 1, Januar 1786, S. 4f.

7 Annemarie Kleinert, Die frühen Modejournale in Frankreich. Studien zur Literatur der Mode von den Anfängen bis 1848, Berlin 1980, S. 37. Dies., Le „Journal des Dames et des Modes" ou la conquête de l'Europe féminine (1797–1839), Stuttgart 2001.

8 Daniel Roche, The Culture of Clothing. Dress and Fashion in the Ancien Regime, Cambridge 1994, S. 13–15.
9 Kleinert, Modejournale, S. 45.
10 Roche, Culture of Clothing, S. 481f.
11 Kleinert, Modejournale, S. 60f.
12 „Essay on Dress", in: Lady's Magazine or Entertaining Companion for the Fair Sex, London 1801, S. 635–638, hier S. 365. Übersetzung aus dem Englischen: „There have been at all times violent declaimers against an attention to dress, which has also had, from time immemorial, illustrious defenders. In fact, it is averred, that the most polished and enlightened nations have been precisely those that have been most addicted to the cultivation of the arts of dress. It seems as if there were an immutable analogy between a taste for the arts and a taste for dress, in such a manner that the latter may almost be considered as a certain thermometer of the degree of the former." Ich verdanke das Zitat Astrid Ackermann (Jena), die z. Z. an einer Dissertation „Geschmacksbildung und nationaler Blick: die frühen europäischen Modejournale" arbeitet.
13 Kleinert, Modejournal, S. 84.
14 Zitiert nach Wiebke Koch-Mertens, Der Mensch und seine Kleider, Teil 1: Die Kulturgeschichte der Mode bis 1900, Düsseldorf 2000, S. 339.
15 Journal des Luxus und der Moden, September 1787, S. 301.
16 Journal des Luxus und der Moden, August 1793, S. 410. Ähnliche Gedanken finden sich auch bei Justus Möser, der die Einführung von Modejournalen empfiehlt, um die kostspielige Informationsbeschaffung aus Frankreich zu verringern und die einheimische Industrie mit Frankreich konkurrieren zu lassen. Wolfgang Cilleßen, Modezeitschriften, in: Ernst Fischer, Wilhelm Haefs und York-Gothart Mix (Hgg.), Von Almanach bis Zeitung. Ein Handbuch der Medien in Deutschland 1700–1800, München 1999, S. 207–224, hier S. 219f.
17 Journal des Luxus und der Moden, August 1793, S. 410.
18 Maxine Berg, French Fancy and Cool Britannia. The Fashion Markets of Early Modern Europe, in: Simonetta Cavaciocchi (Hg.), Fiere e mercati nella integrazione delle economie Europe secc. XIII–XVIII, Prato 2001, S. 519–556, hier S. 540–546.
19 Journal des Luxus und der Moden, August 1786, S. 295f.
20 Vgl. Daniel L. Purdy, The Tyranny of Elegance. Consumer Cosmopolitanism in the Era of Goethe, Baltimore 1998, S. 1–21.
21 Koch-Mertens, Der Mensch, S. 291f.
22 Paul Ludolf Berckenmeyer, Vermehrter Curieuser Antiquarius, Das ist: Allerhand auserlesene Geographische und Historische Merckwürdigkeiten/ So in denen Europæischen Ländern zu finden/ Aus Berühmter Männer Reisen zusammengetragen/ und mit einem zwey-

fachen Register versehen/ – Nunmehr zum Vierdten mahl aufgeleget und mit neuen Sachen und Anmerckungen duchgehends vermehret und verbessert, Hamburg 1712; zitiert nach Koch-Mertens, Der Mensch, S. 296.

23 Journal des Luxus und der Moden, April 1786, S. 141.

24 Bringemeier, Wandel der Mode, S. 17–19.

25 Journal des Luxus und der Moden, Februar 1787, S. 56.

26 Ulfhardt Stoewer, Der „Kulturunternehmer“ Friedrich Justin Bertuch im Spiegel seines „Journals des Luxus und der Moden“, Hausarbeit im Rahmen der Ersten Staatsprüfung für das Lehramt an Gymnasien, Greifswald 2001.

27 Journal des Luxus und der Moden, Juni 1802, S. 353.

28 Journal des Luxus und der Moden, Dezember 1791, S. 687.

29 Kleinert, Vermarktung.

30 Journal des Luxus und der Moden, März 1798, S. 204f.

31 Caroline de LaMotte Fouqué, Geschichte der Moden 1785–1829, Ndr. Hanau 1988, S. 47.

32 Journal des Luxus und der Moden, Februar 1786, S. 72ff.

33 Journal des Luxus und der Moden, Februar 1786, S. 79ff.

34 Justus Möser, Patriotische Phantasien, Bd. 2, Berlin 1776, S. 60–70. Vgl. Peter Albrecht, Die Nationaltrachtsdebatte im letzten Viertel des 18. Jahrhunderts, in: Jahrbuch für Volkskunde 1987, S. 43–66; Purdy, Tyranny of Elegance, S. 180–85.

35 Journal des Luxus und der Moden, August 1786, S. 293f. Vgl. auch Martha Bringemeier, Wandel der Mode im Zeitalter der Aufklärung, in: Rheinisch-Westfälische Zeitschrift für Volkskunde 13 (1966), S. 5–59, hier S. 24.

36 Journal des Luxus und der Moden, April 1791, S. 178. Vgl. Purdy, Tyranny of Elegance, S. 147–179. Zum Werther-Diskurs siehe Walter Erhart, Beziehungsexperimente: Goethes „Werther“ und Wielands „Musarion“, in: Deutsche Vierteljahrschrift für Literaturwissenschaft und Geistesgeschichte 66 (1992), S. 333–360.

37 Gut beobachtet von Astrid Ackermann, Eine nationale Aufgabe – Mode und Kommerz, in: Andreas Klinger und Gonthier-Louis Fink (Hgg.), Identitäten und Fiktion um 1800, Frankfurt 2003 (im Druck).

38 Staatsarchiv Hamburg, Erbschaftsamt D 71.

39 Uwe Meiners, Stufen des Wandels. Aspekte der Periodisierung der bürgerlichen und bäuerlichen Kultur im Münsterland (1500–1800), in: Günter Wiegelmann (Hg.), Wandel der Alltagskultur seit dem Mittelalter. Phasen – Epochen – Zäsuren, Münster 1987, S. 275–308, hier S. 300f.

40 Meiners, Wandel, S. 302.

41 Institut für Stadtgeschichte Frankfurt, Reichskammergerichtsakte 802: Auszug Inventariums über entseelten Bürgers und Handelsmannes Friederich Maximilian Beer, Nachlaß vom 4. und 6. May 1795.

42 Journal des Luxus und der Moden, März 1802, S. 162.

43 Journal des Luxus und der Moden, Juni 1814, S. 388ff.

44 Journal des Luxus und der Moden, Juni 1814, S. 387ff. und Tafel 16. Sowie Wies, Journal, S. 153f.

Kapitel IV: Wohnkultur

1 Zitiert nach Birgit Panke-Kochinke, Göttinger Professorenfamilien. Strukturmerkmale weiblichen Lebenszusammenhangs im 18. und 19. Jahrhundert, Pfaffenweiler 1993, S. 90.

2 Vgl. auch Adelheid von Saldern, Im Hause, zu Hause. Wohnen im Spannungsfeld von Gegebenheiten und Aneignungen, in: Jürgen Reulecke (Hg.), Geschichte des Wohnens, Bd 3: 1800–1918. Das bürgerliche Zeitalter, Stuttgart 1997, S. 155–156.

3 Leonhard Christoph Sturm, Vollständige Anweisung alle Arten von Bürgerlichen Wohn-Häusern wohl anzugeben, Augspurg 1721, fol. B 1a, fol. C 1b; zitiert nach Jens Friedhoff, „Magnificence" und „Utilité". Bauen und Wohnen 1600–1800, in: Ulf Dirlmeier (Hg.), Geschichte des Wohnens, Bd. 2: 500–1800: Hausen, Wohnen, Residieren, Stuttgart 1998, S. 503–815, hier S. 646–647.

4 Uwe Meiners, Stufen des Wandels. Aspekte der Periodisierung der bürgerlichen und bäuerlichen Kultur im Münsterland (1550–1800), in: Günter Wiegelmann (Hg.), Wandel der Alltagskultur seit dem Mittelalter, Münster 1987, S. 275–308, hier S. 307.

5 Friedhoff, „Magnificence" und „Utilité", S. 620–633.

6 Johann Jacob Sell, Brief über Stettin und die umliegende Gegend auf einer Reise dahin im Sommer 1797 geschrieben, Berlin 1800; zitiert nach Volker Gläntzer, Nord-Süd-Unterschiede städtischen Wohnens um 1800 im Spiegel der zeitgenössischen Literatur, in: Günter Wiegelmann (Hg.), Nord-Süd-Unterschiede in der städtischen und ländlichen Kultur Mitteleuropas, Münster 1985, S. 83.

7 Zur Inventarisation von Nachlässen im Zuge der Vormundschaftsbestellung siehe Uwe Meiners, Zur Wohnkultur der münsterschen Bevölkerung in der zweiten Hälfte des 18. Jahrhundert. Eine Fallstudie anhand von Nachlaßverzeichnissen, in: Rheinisch-westfälische Zeitschrift für Volkskunde 25 (1979/80), S. 80–103, hier 82f. Bei Städten mit geringer Inventardichte wie Frankfurt und Hamburg sind wir auf die Nachlaßüberlieferung in den Akten der Reichskammergerichtsprozesse angewiesen.

8 Grundlegend Lorna Weatherill, Consumer Behaviour and Material Culture in Britain, 1660–1760, London–New York 1988. Ad van der Woude und Anton Schuurmann (Hgg.), Probate Inventories. A New Source for the Historical Study of Wealth, Material Culture and Agricultural Development, Utrecht 1980. Jaume Torras und Bartolomé Yun (Hgg.), Consumo, Condiciones de vida y comercialización. Cataluña y Castilla, siglos XVII–XIX, Valladolid 1999.

9 Ruth-Elisabeth Mohrmann, Alltagswelt im Land Braunschweig: Städtische und ländliche Wohnkultur vom 16. bis zum frühen 20. Jahrhundert, 2 Bde., Münster 1990. Dies., Städtische Wohnkultur in Norddeutschland vom 17. bis zum 19. Jahrhundert (aufgrund von Inventaren), in: Günter Wiegelmann (Hg.), Nord-Süd-Unterschiede in der städtischen und ländlichen Kultur Mitteleuropas, Münster 1985, S. 90–96. Meiners, Zur Wohnkultur, S. 80–103.

10 Mohrmann, Städtische Wohnkultur, S. 90–96.

11 Ebd., S. 101ff.

12 Ebd., S. 104–108.

13 Institut für Stadtgeschichte Frankfurt, Reichskammergerichtsakten (künftig RKG Frankfurt) 453 (G16/736, 810–811, 1780–1788), Maria Catharina Geißemer, geb. Schmidt, 2. Ehefrau bzw. Witwe des Hofschmieds Augustin Geißemer, jetzt verehelichte Damm, Aktennummer: 810: Quad. 15: Inventarium des Nachlasses von Augustin Geißemer, aufgenommen in seinem Haus auf der Zeil 1777.

14 RKG Frankfurt 37 (A36/1654, 76–78, [1585–] 1776-1781), Peter Aull, Eisenhändler, Frankfurt, Aktennummer 77: Quad 44: Inventar des Nachlasses der Margaretha Barbara Tanner.

15 Jörg Driesner, Materielle Kultur in Greifswald im 17. und 18. Jahrhundert, Magisterarbeit Greifswald 2002, S. 55f.

16 Mohrmann, Alltagswelt, Bd. 1, S. 56.

17 Ebd., Bd. 2, S. 490–92.

18 Ebd., Bd. 1, S. 78–83.

19 RKG Frankfurt 756 (J 149/1832, 1200–1205, 1738–1766), Johann Georg und Johann Carl Wahler, Handelsleute und Beer Hertz Oppenheimer als Vertreter des Frankfurter Kreditorenausschuß des Juden [Joseph] Süß [Oppenheimer], Württemberg. Hoffaktors und, ab 1734, Residenten zu Frankfurt, hingerichtet 1738 Febr. 4 in Stuttgart, Aktennummer 1203: diverse Inventare etc. über die Süß Oppenheimer'sche Verlassenschaft in Frankfurt, z. B. Hausrat aus dem Posthaus Bll. 34–40.

20 RKG Frankfurt 578 (H 62/5202, 982–983, 1750–1766), Franz Adam Baron von Holbach, Bankier, Paris (geb. Edesheim i. d. Pfalz) darin: Aktennummer 982, Inventar über den Nachlaß der Eheleute Gogel 1753 (Bll. 346–373), Auflistung des Status massae von Johann Noe Gogel (Bll. 381–384). RKG Frankfurt 455 (G 18/797, 814–816 [1749]

1762–1766) [Maria ?] Eva Gelhaar, geb. Mergenbaum, Witwe des Rotgerbermeisters Johann David Gelhaar, Schwester des Georg Daniel Mergenbaum, Frankfurt, Aktennummer 816: Inventar der Verlassenschaft des Georg Daniel Mergenbau im Haus im Rebstock (Bll. 36–73). Staatsarchiv Hamburg, Erbschaftsamt, D 74.

21 Meiners, Münster, S. 97. Mohrmann, Alltagswelt, Bd. 2, S. 497.

22 Peter Höher, Konstanz und Wandel in Wohnausstattung und Hauswirtschaft (1630–1899). Das Beispiel Nürtingen am Neckar, in: Günter Wiegelmann (Hg.), Wandel der Alltagskultur seit dem Mittelalter, Münster 1987, S. 309–331, hier S. 318, 320.

23 Staatsarchiv Hamburg, Erbschaftsamt, D 74.

24 Mohrmann, Alltagswelt, Bd. 2, S. 501.

25 Ebd., Bd. 2, S. 503 sowie Bd. 1, S. 95–100.

26 Staatsarchiv Hamburg, Erbschaftsamt, D 71.

27 Driesner, Materielle Kultur, S. 30–31.

28 Meiners, Süddeutschland, S. 179, 187.

29 Mohrmann, Städtische Wohnkultur, S. 103. Auch im niederösterrerischen Gobelsburg besaß der Amtsschreiber Joahnn Baptist Meixner 1797 ein Sofa, während der Pfarrhofsinhaber Schredl seine umfangreiche Bildersammlung bereits 1761 von einem Kanapee aus betrachten konnte; Edith Eckhart, Die Verlassenschaften von Gobelsburg und Hadersdorf am Kamp als Quelle für die Kultur von Bürgern und Inwohnern im 18. Jahrhundert, Diss. Wien 1977, S. 292.

30 Meiners, Münster, S. 89.

31 RKG Frankfurt 578.

32 Driesner, Materielle Kultur, S. 16–23.

33 Höher, Nürtingen, S. 322.

34 Norbert Elias, Über den Prozeß der Zivilisation, 2. Aufl., Bern-München 1969, Bd. 1, S. 14.

35 Mohrmann, Alltagswelt, Bd. 1, S. 201.

36 Ebd., S. 203–206.

37 Ebd., S. 222f., Bd. 2, S. 565. Vgl. auch unten Kapitel IX.

38 RKG Frankfurt 37.

39 RKG Frankfurt 455.

40 RKG Frankfurt 578.

41 RKG Frankfurt 453.

42 Staatsarchiv Hamburg, Erbschaftsamt, D 71.

43 Staatsarchiv Hamburg, Erbschaftsamt, D 74.

44 Driesner, Materielle Kultur, S. 72–75. Thomas Spohn, Veränderungen der Tischsitten im Spiegel bürgerlicher Inventare des 17. und 18. Jahrhunderts, in: Rheinisch-westfälische Zeitschrift für Volkskunde 30/31 (1954), S. 167–181.

45 Irmgard Gierl, Die Einrichtung der Weilheimer Bürgerhäuser von 1650–1724, in: Bayerisches Jahrbuch für Volkskunde (1969), S. 120–124, hier S. 122. Mohrmann, Alltagswelt, Bd. 2, S. 545.
46 Meiners, Süddeutschland, S. 169f.
47 Staatsarchiv Hamburg, Erbschaftsamt, D 71, D 74.
48 RKG Frankfurt 37, 756, 1302, S 18/1838, 1946, 1699–1732 (1777-1781) Johann Philipp Sparr, Handelsmann, Frankfurt darin: Quad. 25: Aufstellung der Verlassenschaft des Dr. Caspar Sparr mit Erbschaftsanteil seiner Großmutter; Quad. 127: Inventar bei Verehelichung der Anna Margaretha verwitwete Sparr mit Peter Petschmann 1702.
49 Zu letzteren siehe auch das Kapitel Kunst.
50 RKG Frankfurt 1302.
51 RKG Frankfurt 578.
52 RKG Frankfurt 578.
53 Thomas Ketelsen und Tilmann von Stockhausen, Verzeichnis der verkauften Gemälde im deutschsprachigen Raum vor 1800, Bd. 1: A-Hi, München 2002, S. 107f., Nr. 146 (1782/09/30). Siehe auch unten im Kunstkapitel, S. 136.
54 RKG Hamburg, O17 und S116.
55 Mohrmann, Alltagswelt, Bd. 2, S. 539f.
56 Ebd., S. 535.
57 RKG Frankfurt 578, 37.
58 Staatsarchiv Hamburg, Erbschaftsamt, D 71. Angaben zu den Uhrmachern finden sich bei Granville Hugh Baillie, Watchmakers and Clockmakers of the World, 3. Aufl., London 1951 (Ndr. London 1972). Freundlicher Hinweis von PD Dr. Günther Oestmann, Bremen.
59 Mohrmann, Städtische Wohnkultur, S. 108.
60 Journal des Luxus und der Moden, November 1797, S. 578f.; zitiert nach Angelika Emmerich und Susanne Schroeder, Weimarer historische Interieurs. Zum Ameublement im „Journal des Luxus und der Moden", in: Gerhard R. Kaiser und Siegfried Seifert (Hgg.), Friedrich Justin Bertuch (1747–1822), Verleger, Schriftsteller und Unternehmer im klassischen Weimar, Tübingen 2000, S. 512.
61 Einen guten Überblick über die Roentgen-Werkstätten bietet Friedhoff, „Magnificence" und „Utilité", S. 723–735. Grundlegend für den höfischen Kontext im 18. Jahrhundert ist noch immer Michael Stürmer, Handwerk und höfische Kultur. Europäische Möbelkunst im 18. Jahrhundert, München 1982. Gloria Ehret, Deutsche Möbel des 18. Jahrhunderts. Barock – Rokoko – Klassizismus, München 1986, S. 160.

62 Zitiert nach Rosemarie Schütz, David Roentgen (1743–1807). Der „Königliche Kabinettmacher" aus Neuwied, in: Möbel von Abraham und David Roentgen. Sammlung Kreismuseum Neuwied, Neuwied 1990, S. 17–38, hier S. 17.

Kapitel V: Gärten und Landhäuser

1 Christian Cay Lorenz Hirschfeld, Theorie der Gartenkunst, 5 Bde., Leipzig 1779–1785, hier Bd. 1, S. 154. Teilabdruck in: Hansjörg und Ulf Küster (Hgg.), Garten und Wildnis. Landschaft im 18. Jahrhundert, S. 90–98.

2 Monique Mosser und Georges Teyssot, Die Gartenkunst des Abendlandes. Von der Renaissance bis zur Gegenwart, Stuttgart 1993, S. 105–198, 289–300. Mark Laird, Der formale Garten. Architektonische Landschaftskunst aus fünf Jahrhunderten, Stuttgart 1994, S. 41–90, 123–130.

3 Erhard Hirsch, Hortus Oeconomicus: Nutzen, Schönheit, Bildung. Das Dessau-Wörlitzer Gartenreich als Landschaftsgestaltung der europäischen Aufklärung, in: Heinke Wunderlich (Hg.), „Landschaft" und Landschaften im achtzehnten Jahrhundert, Heidelberg 1995, S. 179–207. Adrian von Buttlar, Der Landschaftsgarten, München 1980. Helmut Reinhardt, Gartenkunst in Deutschland im 18. Jahrhundert: Klassik, Rokoko und Neoklassizismus, in: Monique Mosser und Georges Teyssot, Die Gartenkunst des Abendlandes. Von der Renaissance bis zur Gegenwart, Stuttgart 1993, S. 289–300. Zu den Reminiszenzen an das Alte Reich bzw. die deutsche Geschichte siehe Maiken Umbach, Federalism and Enlightenment in Germany 1740–1806, London-Rio Grande 2000, Kap. 3 und 5 sowie Michael Niedermeier, Germanen in den Gärten. „Altdeutsche Heldengräber", „gotische" Denkmäler und die patriotische Gedächtniskultur, in: Jost Hermand und Michael Niedermeier (Hgg.), Revolutio germanica. Die Sehnsucht nach der „alten Freiheit" der Germanen 1750–1820, Frankfurt 2002, S. 21–116.

4 Peter Gabrielsson, Zur Entwicklung des bürgerlichen Garten- und Landhausbesitzes bis zum Beginn des 19. Jahrhunderts, in: Gärten, Landhäuser und Villen des hamburgischen Bürgertums: Kunst, Kultur und gesellschaftliches Leben in 4 Jahrhunderten (1975), S. 11–18.

5 Zitiert nach Gabrielsson, Entwicklung, S. 16.

6 Barthold Heinrich Brockes, Irdisches Vergnügen in Gott bestehend in verschiedenen aus der Natur und Sitten=Lehre hergenommenen Gedichten, nebst einem Anhange etlicher hieher gehörigen Uebersetzungen von des Hrn. de La Motte Französis. Fabeln mit Genehmhal-

tung des Herrn Verfassers nebst einer Vorrede herausgegeben von C. F. Weichmann, Hamburg 1721, S. 91.

7 Zitiert nach Wolfgang Kehn, Ästhetische Landschaftserfahrung und Landschaftsgestaltung in der Spätaufklärung: Der Beitrag von Christian Cay Lorenz Hirschfelds Gartentheorie, in: Heinke Wunderlich (Hg.), „Landschaft" und Landschaften im achtzehnten Jahrhundert, Heidelberg 1995, S. 1–23, hier S. 4.

8 Zitiert nach Hansjörg und Ulf Küster (Hgg.), Garten und Wildnis. Landschaft im 18. Jahrhundert, München 1997, S. 66f.

9 Ralph-Jürgen Reipsch, Telemanns „Bluhmen-Liebe", in: Telemann-Beiträge: Abhandlungen und Berichte, 2. Folge: Günter Fleischhauer zum 60. Geburtstag am 8. Juli 1988, Zentrum für Telemann-Pflege und -Forschung (1989), S. 34–46.

10 Zitiert nach Ulrich Bauche, Von bürgerlicher Gartenkunst, in: Gärten, Landhäuser und Villen des hamburgischen Bürgertums (1975), S. 19–25, hier S. 24.

11 Johann Prokop Mayer, Pomona Franconia: Description des arbres fruitiers les plus connus et les plus éstimés en Europe, qui se cultivent maintenent au Jardin de La Cour de Wurzbourg, Bd. 1, Nürnberg 1776, S. XLIV; zitiert nach Jens Friedhoff, „Magnificence" und „Utilité". Bauen und Wohnen 1600–1800, in: Ulf Dirlmeier (Hg.), Geschichte des Wohnens, Bd. 2, 500–1800: Hausen, Wohnen, Residieren, Stuttgart 1998, S. 747.

12 Überblick bei Hugo Koch, Sächsische Gartenkunst, Berlin 1910, Ndr. Beucha 1999, S. 71–84.

13 Christoph Wolff, Johann Sebastian Bach, Frankfurt 2000, S. 429.

14 Dagmar von Gersdorff, Goethes Mutter. Eine Biographie, Frankfurt-Leipzig 2001, S. 45, 75; danach zitiert, S. 375–376, 392.

15 Inventar der Akten des Reichskammergerichts 1495–1806. Frankfurter Bestand, bearb. von Inge Kaltwasser, Frankfurt 2000, S. 648–649, RKG Frankfurt 902, Quad. 23: Taxation des von Barckhaus'schen Gartens vor dem Allerheiligentor, am Hanauer Weg gelegen.

16 Zitiert nach E. Merck, Johann Heinrich Merck (1741–1791). Ein Leben für Freiheit und Toleranz – Zeitdokumente, Darmstadt 1991, S. 108.

17 Niedermeier, Germanen in den Gärten, S. 99f.

18 Angelika Schneider, Friedrich Justin Bertuch – ein Beförderer der Gartenkunst, in: Gerhard R. Kaiser und Siegfried Seifert (Hgg.), Friedrich Justin Bertuch (1747–1822). Verleger, Schriftsteller und Unternehmer im klassischen Weimar, Tübingen 2000, S. 629–657, hier S. 632–633.

19 Goethe an Auguste Stolberg, Weimar 17.–24. Mai 1776, in: Johann Wolfgang von Goethe, Briefe an Auguste Gräfin zu Stolberg, hrsg. von

Jürgen Behrens, Frankfurt 1982, S. 43; zitiert nach Gabriele Busch-Salmen, Walter Salmen und Christoph Michel, Der Weimarer Musenhof. Dichtung, Musik und Tanz, Gartenkunst, Geselligkeit, Malerei, Stuttgart–Weimar 1998, S. 33.

20 Wieland an Merck, 27. August 1778, Wielands Briefwechsel, Bd. 7 (Januar 1778–Juni 1782), bearb. von Waltraud Hagen, Berlin 1992, S. 113f.

21 Busch-Salmen, Salmen und Michel, Weimarer Musenhof, S. 34–36.

22 Friedrich Nicolai, Beschreibung der Königlichen Residenzstädte Berlin und Potsdam, Berlin 1769, Nachdruck Hildesheim–Zürich–New York 1988, S. 50f., 119. Ders., Beschreibung der Königlichen Residenzstädte Berlin und Potsdam, aller daselbst befindlicher Merkwürdigkeiten, und der umliegenden Gegend, 2 Bde., Berlin 1786, S. 569f., 929–935, 937ff.

23 Nicolai, Beschreibung, S. 929–933.

24 Ebd., Beschreibung, S. 938f.

25 Ebd., Beschreibung, S. 940f.

26 Friedhoff, „Magnificence", S. 751f.

27 Joseph Furttenbach, Architectura civilis, Ulm 1628. Ders., Architectura universalis, Ulm 1635. Ders., Architectura recreationis, Ulm 1640. Ders., Architectura privata, Ulm 1641.

28 Dorothee Nehring, Die Gartenentwürfe Joseph Furttenbachs d. Ä., in: Monique Mosser und Georges Teyssot (Hgg.), Die Gartenkunst des Abendlandes. Von der Renaissance bis zur Gegenwart, Stuttgart 1993, S. 156–158. Vgl. auch Dieter Hennebo und Alfred Hoffmann, Geschichte der deutschen Gartenkunst, Bd. II: Der Architektonische Garten. Renaissance und Barock, Hamburg 1965, S. 96–103. Friedhoff, „Magnificence", S. 740–746.

29 Frantz Antoni Danreitter, Die Gärtnerey, so wohl in ihrer Theorie oder Betrachtung als Praxi oder Übung: allwo von denen schönen Gärten, welche man nur insgemein die Lust- und Zierd-Gärten zu nennen pflegt [...], Augsburg 1731.

30 Christian Cay Lorenz Hirschfeld, Theorie der Gartenkunst [in 1 Bd.], Leipzig 1775. Johann Georg Krünitz, Oeconomische Encyclopädie, 16. Th., Berlin 1779.

31 Johann Georg Sulzer, Allgemeine Theorie der schönen Künste, Leipzig 1771–74, Bd. I, S. 421; zitiert nach Dieter Hennebo und Alfred Hoffmann, Geschichte der deutschen Gartenkunst in drei Bänden, Bd. III: Der Landschaftsgarten, Hamburg 1981, S. 111–112.

32 Hirschfeld, Theorie der Gartenkunst, Bd. I, S. 209–211. Zur Interpretation vgl. Kehn, Ästhetische Landschaftserfahrung, S. 6.

33 Kehn, Ästhetische Landschaftserfahrung, S. 8.

34 Hirschfeld, Theorie der Gartenkunst [in 1 Bd.], S. 83f.; zitiert nach Kehn, Ästhetische Landschaftserfahrung, S. 11.
35 Hirschfeld, Theorie der Gartenkunst, Bd. II, S. 154.
36 Zitiert nach Ulrich Müller, Friedrich Justin Bertuch und die landschaftliche Gartenkunst, in: Gerhard R. Kaiser und Siegfried Seifert (Hgg.), Friedrich Justin Bertuch (1747–1822). Verleger, Schriftsteller und Unternehmer im klassischen Weimar, Tübingen 2000, S. 613.
37 Müller, Bertuch, S. 622f.
38 Angelika Schneider, Friedrich Justin Bertuch – ein Beförderer der Gartenkunst, in: Gerhard R. Kaiser und Siegfried Seifert (Hgg.), Friedrich Justin Bertuch (1747–1822). Verleger, Schriftsteller und Unternehmer im klassischen Weimar, Tübingen 2000, S. 652f.
39 Schneider, Bertuch, S. 643.
40 Helmut Engel, Villen und Landhäuser, Berlin 2001, S. 7–16.
41 Friedrich Johann Lorenz Meyer, Skizzen zu einem Gemälde von Hamburg, 1. H. 4., Hamburg 1802, S. 59f.
42 Gisela Jaacks, Landhausleben, in: Gärten, Landhäuser und Villen des hamburgischen Bürgertums. Kunst, Kultur und gesellschaftliches Leben in vier Jahrhunderten, Hamburg 1975, S. 45–52, hier S. 46.
43 Bärbel Hedinger, C. F. Hansen in Hamburg, Altona und den Elbvororten. Ein dänischer Architekt des Klassizismus, München-Berlin 2000. Gerhard Wietek, C. F. Hansen 1756–1845 und seine Bauten in Schleswig-Holstein, Neumünster 1982.
44 Kai Mathieu und Manfred F. Fischer, Baukunst und Architekten, in: Gärten, Landhäuser und Villen des hamburgischen Bürgertums. Kunst, Kultur und gesellschaftliches Leben in vier Jahrhunderten, Hamburg 1975, S. 26–44, hier S. 38–41.
45 Anne-Charlott Trepp, Sanfte Männlichkeit und selbständige Weiblichkeit. Frauen und Männer im Hamburger Bürgertum zwischen 1770 und 1840, Göttingen 1996, S. 203–208.
46 Ebd., S. 235–237, 388f.
47 Zitiert nach Jaacks, Landhausleben, S. 47. Nach Percy Ernst Schramm, Neun Generationen. Dreihundert Jahre deutscher „Kulturgeschichte“ im Lichte der Schicksale einer Hamburger Bürgerfamilie (1648–1948), Bd. 1, Hamburg 1963, S. 344.
48 Jaacks, Landhausleben, S. 48. Vgl. auch Claudia Susannah Cremer, Hagedorns Geschmack. Studien zur Kunstkennerschaft in Deutschland im 18. Jahrhundert, Diss. phil. Bonn 1989, S. 273–275.

Kapitel VI: Kunst und Geschmack

1 Goethes Werke, hrsg. von Reinhard Buchwald, Bd. 1: Dichtung und Wahrheit, Weimar 1958, S. 32.

2 Brian Cowan, Areas of Connoisseurship: Auctioning Art in Later Stuart England, in: Michael North und David Ormrod (Hgg.), Art Markets in Europe, 1400–1800, Aldershot 1998, S. 153–166. H. T. Mount, The Reception of Dutch Genre Painting in England, 1695–1829, PhD-Thesis Cambridge 1991.

3 David H. Solkin, Painting for Money: The Visual Arts and the Public Sphere in Eighteenth-Century England, New Haven-London 1993, S. 48–77.

4 Louise Lippincott, Selling Art in Georgian London: The Rise of Arthur Pond, New Haven–London 1983. David Ormrod, Dealers, Collectors and Connoisseurship in Seventeenth & Eighteenth-Century London 1660–1760, in: Michael North (Hg.), Kunstsammeln und Geschmack im 18. Jahrhundert, Berlin 2002, S. 15–23.

5 Andrew McClellan, Watteau's Dealer: Gersaint and the Marketing of Art in Eighteenth-Century Paris, in: Art Bulletin 78 (1996), S. 439–453.

6 Patrick Michel, Quelques aspects du marché de l'art à Paris dans la 2e moitié du XVIIIe siècle: collectionneurs, ventes publiques et marchands, in: Michael North (Hg.), Kunstsammeln und Geschmack im 18. Jahrhundert, Berlin 2002, S. 25–46. Zu den Pariser Sammlungen des 18. Jahrhunderts siehe Oliver Bonfait, Les collections de parlementaires parisiens de XVIIIe siècle, in: Revue de l'art 73 (1986), S. 28–42. Krzysztof Pomian, Collectors and Curiosities. Paris and Venice, 1500–1800, Cambridge 1990.

7 100 Jahre Staatliches Museum Schwerin 1882–1982. Holländische und flämische Malerei des 17. Jahrhunderts, Schwerin 1982.

8 Schloß Wilhelmshöhe Kassel, München-London-New York 2000, S. 61–71.

9 Jan Lauts, Karoline Luise von Baden. Ein Lebensbild aus der Zeit der Aufklärung, Karlsruhe 1990, S. 155–212.

10 Claudia Susannah Cremer, Hagedorns Geschmack. Studien zur Kunstkennerschaft in Deutschland im 18. Jahrhundert, Diss. phil. Bonn 1989, S. 120–126.

11 Ich folge hier meinem Aufsatz „Kunstsammeln und Geschmack im ausgehenden 18. Jahrhundert: Frankfurt und Hamburg im Vergleich", in: Michael North (Hg.), Kunstsammeln und Geschmack im 18. Jahrhundert, Berlin 2002, S. 85–103. Siehe ebenso: Ulrich Schmidt, Die privaten Kunstsammlungen in Frankfurt am Main von ihren Anfängen bis zur Ausbildung der reinen Kunstsammlung, Diss. phil. Göttingen 1960. Viktoria Schmidt-Linsenhoff und Kurt Wettengl, Bürgerliche Sammlungen in Frankfurt 1700–1830, Frankfurt 1988. Thomas Ketelsen, Art Auctions in Germany during the Eighteenth Century, in: Michael North und David Ormrod (Hgg.), Art Markets in Europe, 1400–1800, Aldershot 1998, S. 143–52. Rudolf Schlögl, Geschmack und In-

teresse. Privater Bildbesitz in rheinisch-westfälischen Städten vom 18. bis zum beginnenden 19. Jahrhundert, in: Hans-Ulrich Thamer (Hg.), Bürgertum und Kunst in der Neuzeit, Köln 2002, S. 125–157.

12 Ausgewertet wurden folgende Kataloge: Catalogue d'un fameux Cabinet de tableaux des meilleurs maîtres, recueilli, avec beaucoup de choix et d'exactitude pendant plusieurs années et délaisse par feu monsieur le baron de Haeckel dont la vente se fera publiquement a Francfort sur le Mein, dans un terme qu'on annoncera par les Gazettes, 1762 (Frankfurt: Städelsches Kunstinstitut). Verzeichnis einer betraechtlichen Sammlung von Gemaelden der besten und beruehmtesten Teutschen, Italiaenischen und Niederlaendischen Meißter, nebst einem Anhang von einigen Kupferstichen. Welche die Jacob Bernusische Beneficial-Erben in ihrem Haus zum großen Saalhof allhier in Frankfurt am Mayn, gleich nach hiesiger Ostermeß, Montag den [7. May] 1781 und die folgende Tage, durch oeffentliche Versteigerung zu den Meistbietenden zu überlassen gesonnen sind, Frankfurt 1780 (Frankfurt: Städelsches Kunstinstitut). Verzeichnis von Gemaelden der beruehmtesten Niederlaendischen, Franzoesischen, Italiaenischen und Deutschen Meister, welche von den Freyherrl. Von Berberich-schen Erben zu Frankfurt am Mayn in dem Senkenbergischen Stiftungs-Hause nach der naechstbevorstehenden Herbst-Messe, Montags, den 27. September und die darauf folgenden Tage, oeffentlich an den Meistbietenden gegen baare Bezahlung ueberlassen werden sollen, Frankfurt 1784 (Frankfurt: Städelsches Kunstinstitut). Verzeichnis einer betraechtlichen Gemaeldesammlung von den beruehmtesten Italiaenischen, Deutschen und Niederlaendischen Meistern, welche von den Eigenthümern Kaller und Michael in dem allhiesigen Bildersaal im Creuzgange, Mittwochs den 25ten August durch die Geschwornen Herrn Ausruefer an die Meistbietende gegen baare Bezahlung im 24 fl. Fuß losgeschlagen und ueberlassen werden sollen, Frankfurt 1790 (Frankfurt: Städelsches Kunstinstitut). Verzeichnis der Gemälde, Handzeichnungen, Kupferstiche und Bücher, welche zur Hinterlassenschaft von Herrn Johann Valentin Prehn gehören, und zu Ende nächster Herbstmesse versteigert werden sollen, Frankfurt 1829, abgedruckt in Viktoria Schmidt-Linsenhoff und Kurt Wettengl, Bürgerliche Sammlungen in Frankfurt 1700–1830, S. 45–107. Dort findet sich auch ein Verzeichnis des Morgensternschen Kabinetts.

13 Staatsarchiv Hamburg, Reichskammergerichtsakten, O 17, S. 785–787: Johann Outgersen in Othmarschen, für sich und als Bevollmächtigter des Johann Simons, Bürger zu Glückstadt, und des Johann van de Wouwer in Othmarschen.

14 Thomas Ketelsen, Barthold Heinrich Brockes' „irdisches Vergnügen" in Gemälden und Zeichnungen. Ein Beitrag zum Sammlungs- und Auktionswesen im frühen 18. Jahrhundert, in: Das Achtzehnte Jahr-

hundert. Mitteilungen der Deutschen Gesellschaft für die Erforschung des achtzehnten Jahrhunderts (1997), Heft 2, S. 153–160.

15 Verzeichnis einiger Schildereyen und auserlesener Zeichnungen von den beruehmtesten Meistern, so von dem seel. Herrn Raths-Herrn Brockes gesamlet worden, und allhier im April dieses Jahres oeffentliche an den Meistbietenden verkaufet werden sollen, Hamburg 1747 (Schleswig: Schleswig-Holsteinisches Landesarchiv); Nachdruck in: Hans-Georg Kemper, Uwe-K. Ketelsen und Carsten Zelle (Hgg.), Barthold Heinrich Brockes (1680–1747) im Spiegel seiner Bibliothek und Bildergalerie, Wiesbaden 1998, S. 309–315. Catalogus einer Sammlung auserlesener Kunst-Malereyen, welche am Donnerstage, den 31 Julii, vormittags um 10 Uhr, im Dennerischen Hause am Gaensemarkt oeffentlich an die Meistbietende verkauft werden sollen, Hamburg 1749 (Schwerin: Landeshauptarchiv). Verzeichnis einer schoenen Gemaelde-Sammlung von Italienischen, hollaendischen und Deutschen Meistern, groeßtenteils in sehr saubern Raehmen, aus einer hiesigen bekannten Verlassenschaft entstehend, welche den 7ten Juny 1793 auf dem Boersen-Saal oeffentlich an den Meistbietenden verkauft werden soll, durch die Mackler: Bostelmann & Pakischefski (Hamburg: Hamburger Kunsthalle).

16 Michael North, Kunstsammeln in Hamburg im 18. Jahrhundert, in: Olaf Matthes und Arne Steinert (Hgg.), Museum – Musen – Meer (Festschrift Bracker), Hamburg 2001, S. 53-65.

17 Eine weitere traditionell strukturierte Sammlung mit Historien, aber auch Genrestücken an der Spitze kam 1775 anonym in Hamburg unter den Hammer: Catalogus einer schönen Sammlung auserlesener Cabinet=Mahlereyen und Portraits, welche in einem bekannten Sterbehause in der Neustädter Fuhlentwiete, an der Ecke der Neustraße, den 12ten April 1775 an die Meistbietenden verkauft werden sollen durch den Makler Johann Hinrich Neumann (Hamburg: Hamburger Kunsthalle).

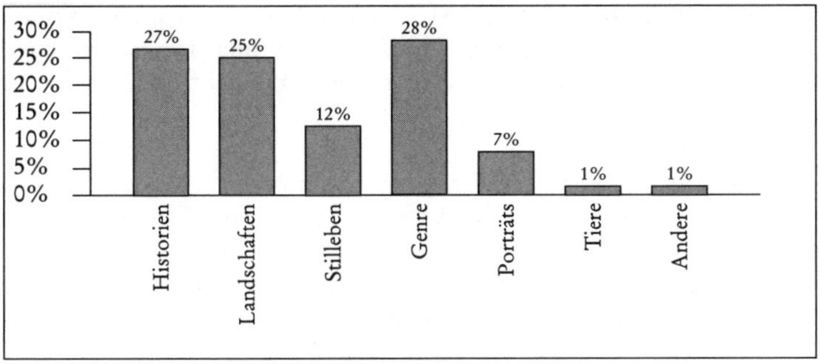

18 Niels von Holst, Beiträge zur Geschichte des Sammlertums und des Kunsthandels in Hamburg von 1700 bis 1840, in: Zeitschrift des Vereins für Hamburgische Geschichte, Bd. 38 (1939), S. 253–88, hier S. 256. Cremer, Hagedorns Geschmack, S. 131.

19 Catalogue d'un magnifique cabinet de tableaux des plus grands maîtres, flamands hollandois etc. Rassemblés avec beaucoup de soin & grande dépense par un fameux connoisseur & amateur Monsieur ***, Frankfurt 1762 (Frankfurt: Städelsches Kunstinstitut). Catalogue d'un magnifique cabinet de tableaux des plusieurs grands maîtres, Italiens, Flammands, Allemands & Hollandois. Recueillis avec beaucoup de foins & de frais par Monsieur ***, Frankfurt 1763 (Frankfurt: Städelsches Kunstinstitut). Die erste Auktion wurde am 19. Januar 1763 abgehalten, der Katalog erschien im Jahre 1762; die zweite Auktion erfolgte am 9. November 1763, beide organisiert vom Händler Johann Christian Kaller und vom Maler Justus Juncker.

20 Thomas Ketelsen und Tilmann von Stockhausen, Verzeichnis der verkauften Gemälde im deutschsprachigen Raum vor 1800, Bd. 1: A-Hi, München 2002, S. 21.

21 Tilmann von Stockhausen, Kunstauktionen im 18. Jahrhundert. Ein Überblick über das „Verzeichnis der verkauften Gemälde im deutschsprachigen Raum vor 1800“, in: Das Achtzehnte Jahrhundert. Zeitschrift der Deutschen Gesellschaft für die Erforschung des Achtzehnten Jahrhunderts 26 (2002), S. 63–78.

22 Staatsarchiv Schwerin, Hofstaatssachen – Kunstsammlungen – Angebote und Erwerbungen: 101, Gemäldehändler Morell 1745, f. 14v–15.

23 Ketelsen, Art Auctions, S. 145ff.

24 Gerhard Kölsch, Die Gemäldesammlung der Prinzessin Henriette Amalie von Anhalt-Dessau sowie ihre weiteren Sammlungen im Überblick, in: Manfred Großkinsky und Norbert Michels (Hgg.), Die verstoßene Prinzessin. Kunst, Karriere und Vermächtnis der Henriette Amalie von Anhalt-Dessau, Frankfurt 2002, S. 71–90.

25 Catalogus der Sammlung eines großen Herrns verschiedener ausnehmender Schildereyen von den grösten Italienischen, Französischen, Niederländischen, Holländischen und Deutschen meistern, welche aus den Niederlanden nacher Frankfurt am Mayn gebracht worden, Frankfurt 1765, S. 15.

26 Ebd., S. 35.

27 Catalogus einer vortrefflichen Sammlung Cabinet=Mahlereyen, welche vor funfzig und mehreren Jahren mit vielem Gusto und Kenntniß gesammelt worden und sich unter dem Nachlaß des seel. Herrn Joachim Hinrich Thielcke befinden, in dessen Sterbehause auf den großen Bleichen selbige auch den 18 Merz, 1782, und folgende Tage durch Mackler Peter Texier an den Meistbiethenden, gegen baare Bezahlung,

grob Courant, öffentlich verkauft werden sollen. Acht Tage vorher können solche in beliebigen Augenschein genommen werden.

28 Zitiert nach Cremer, Hagedorns Geschmack, S. 28.

29 Hans Peter Thurn, Der Kunsthändler. Die Wandlungen eines Berufes, München 1994, S. 88–93.

30 Cremer, Hagedorns Geschmack, S. 20–25.

31 Schmidt, Die privaten Kunstsammlungen, Anhang.

32 Einrichtung der Schildereyen=Lotterie, die mit Einwilligung der hohen Obrigkeit in Hamburg ehestens soll gezogen werden (Landeshauptarchiv Schwerin, Akten Denner).

33 Lauts, Karoline Luise von Baden, S. 165.

34 Goethe, Dichtung und Wahrheit, Bd. I, S. 81.

35 Ebd., S. 96f.

36 Heinrich Sebastian Hüsgen, Verrätherische Briefe von Historie und Kunst, Frankfurt 1776.

37 Heinrich Sebastian Hüsgen, Nachrichten von Frankfurter Künstlern und Kunst-Sachen enthaltend das Leben und die Werke aller hiesigen Mahler, Frankfurt 1780.

38 Carsten Zelle, Kunstmarkt, Kennerschaft und Geschmack. Zu Theorie und Praxis in der Zeit zwischen Barthold Heinrich Brockes und Christian Ludwig von Hagedorn, in: Michael North (Hg.), Kunstsammeln und Geschmack im 18. Jahrhundert, Berlin 2002, S. 217–238. Cremer, Hagedorns Geschmack, S. 103, 129.

39 Immanuel Kant, Anthropologie in pragmatischer Hinsicht (Werkausgabe, hrsg. von Wilhelm Weischedel, Bd. 12), 7. Aufl., Frankfurt 1988, S. 565.

40 Jean Baptiste Descamps, La vie des peintres flamands, allemands et hollandois: avec des portraits gravés en taille-douce, une indication de leurs principaux ouvrages, [et] des réflexions sur leurs differentes manieres, Paris 1753–1763.

41 Lauts, Karoline Luise von Baden, S. 157f.

42 Christoph Frank, Die Gemäldesammlungen Gotzkowsky, Eimbke und Stein: Zur Berliner Sammlungsgeschichte während des Siebenjährigen Krieges, in: Michael North (Hg.), Kunstsammeln und Geschmack im 18. Jahrhundert, Berlin 2002, S. 117–194.

43 Kölsch, Gemäldesammlung, S. 79.

44 Goethe, Dichtung und Wahrheit, S. 353.

45 In Frauenholz' Verkaufskatalog von 1808 schwankten die Preise für die Mehrheit der Reproduktionen zwischen 1 Gulden 12 Kreuzer und 5 Gulden 30 Kreuzer. Vgl. auch Edith Luther, Johann Friedrich Frauenholz 1758–1822: Kunsthändler und Verleger in Nürnberg, Nürnberg 1988.

46 Sibylle Badstübner-Gröger, Einige Bemerkungen zur geschmacksbildenden Rolle der Berliner Akademie-Ausstellungen im späten 18. Jahr-

hundert, in: Michael North (Hg.), Kunstsammeln und Geschmack im 18. Jahrhundert, Berlin 2002, S. 195–215.

47 Karl Otto Conrady, Goethe – Leben und Werk, Düsseldorf–Zürich 1994, S. 706–710.

Kapitel VII: Musikkultur

1 Carl Friedrich Cramer, Magazin der Musik, Hamburg 1784, II/I, S. 2: „Aus einem Briefe aus Hamburg, den 10ten Februar 1784".

2 Christoph Wolff, Johann Sebastian Bach, Frankfurt 2000, S. 379-391.

3 Johannes Forner (Hg.), Die Gewandhauskonzerte zu Leipzig. Mit einem zusammenfassenden Rückblick von den Anfängen bis 1781, 2. Aufl., Leipzig 1983, S. 19.

4 Ebd., S. 39, Abb. 22.

5 Zitiert nach Peter Schleuning, Der Bürger erhebt sich. Geschichte der deutschen Musik im 18. Jahrhundert, Stuttgart 2000, S. 79f.

6 Es gab aber auch positive Stimmen – etwa wenn der Zeitgenosse Ernst Ludwig Gerber dem Großen Konzert „die Würckung der geübtesten Fürstlichen Kapelle" attestiert; Schleuning, Der Bürger, S. 91.

7 Zitiert nach Alfred Dörffel, Geschichte der Gewandhausconcerte zu Leipzig vom 25. November 1781 bis 25. November 1881, Leipzig 1884, S. 16.

8 Zitiert nach Heinrich W. Schwab, Konzert. Öffentliche Musikdarbietungen vom 17. bis 19. Jahrhundert, Leipzig 1971, S. 11.

9 Cramer, Magazin der Musik, II/2 (1787), S. 1274, Kassel, 21. März.

10 Arnold Hauser, Sozialgeschichte der Kunst und Literatur, München 1972, S. 236 behauptet z. B., die Musik sei „Besitz des Bürgertums" geworden; „nicht nur die Orchester übersiedeln aus den Festsälen der Schlösser und Palais in die vom Bürgertum erfüllten Konzertsäle, auch die Kammermusik findet ihre Heimat statt in den aristokratischen Salons in den bürgerlichen Häusern". Als klassische Studie zu diesem Thema siehe Leo Balet und E. Gerhard, Die Verbürgerlichung der deutschen Kunst, Literatur und Musik im 18. Jahrhundert, hrsg. von Gert Mattenklott, Frankfurt u. a. 1973.

11 Zitiert nach Schleuning, Der Bürger, S. 93.

12 Cramer, Magazin der Musik, II/2 (1786), S. 965f., Greifswald, 12. Mai.

13 Andreas Schulz, Der Künstler im Bürger. Dilettanten im 19. Jahrhundert, in: Dieter Hein und Andreas Schulz (Hgg.), Bürgerkultur im 19. Jahrhundert, München 1996, S. 34–52, hier S. 36f.

14 Dörffel, Leipzig, S. 15–18.

15 Cramer, Magazin der Musik, II/I, S. 2ff.: „Aus einem Briefe aus Hamburg, den 10ten Februar 1784".

16 Klaus Blum, Musikfreunde und Musici. Musikleben in Bremen seit der Aufklärung, Tutzing 1975, S. 44.
17 Axel Beer, Musik zwischen Komponist, Verlag und Publikum. Die Rahmenbedingungen des Musikschaffens in Deutschland im ersten Drittel des 19. Jahrhunderts, Tutzing 2000, S. 47–50.
18 Wolff, Bach, S. 450.
19 Schleuning, Der Bürger, S. 394–401. Ausführlich Ders., Die Freie Fantasie. Ein Beitrag zur Erforschung der klassischen Klaviermusik, Göppingen 1973, S. 234–270.

Sechs Sammlungen zu je 1.000 Stück Auflage

Nr.	**Jahr**	**Pränumeranden (Kenner)**
1	1779	519
2	1780	330
3	1781	307
4	1783	388
5	1785	308
6	1787	288

20 Zitiert nach Beer, Musik, S. 251.
21 Ebd., S. 252.
22 Ebd., S. 255.
23 Ein Wort zu seiner Zeit über das Modeinstrument der Ghitarre, Journal des Luxus und der Moden, August 1803, S. 429–433.
24 Vgl. Ueber die neueste Favorit=Musik in großen Concerten, sonderlich in Rücksicht auf Damen=Gunst, in Clavier=Liebhaberey, Journal des Luxus und der Moden, Juni 1788, S. 230–235.
25 Beer, Musik, S. 259.
26 Ebd., S. 262f.
27 Journal für Literatur, Kunst, Luxus und Mode, Weimar, 28. August 1823, S. 635.
28 Beer, Musik, S. 268.
29 Ebd., S. 272.
30 Ebd., S. 273–279.
31 Mary Sue Morrow, German Music Criticism in the Late Eighteenth Century. Aesthetic Issues in Instrumental Music, Cambridge 1997, S. 31–35.
32 Bibliothek der schönen Wissenschaften IV/2 (1762), S. 822; zitiert nach Morrow, German Music, S. 177.
33 Hamburgischer Correspondent 102, 26. Juni 1773; zitiert nach Morrow, German Music, S. 177f.

34 Hamburgische neue Zeitung 61, 18. April 1775; zitiert nach Morrow, German Music, S. 179.
35 Allgemeine deutsche Bibliothek VIII/1 (1768), S. 272f.; zitiert nach Morrow, German Music, S. 181.
36 Wöchentliche Nachrichten I:50, 8. Juni 1767, S. 390f.; zitiert nach Morrow, German Music, S. 181.
37 Magazin der Musik I/2, 7. Dezember 1783, S. 1314f.; zitiert nach Morrow, German Music, S. 184.
38 Zitiert nach Schleuning, Der Bürger, S. 232.
39 Musikalisches Kunstmagazin I/4 (1782), S. 205; zitiert nach Morrow, German Music, S. 187.
40 Berlinische Nachrichten 29, 9. März 1773, S. 144; zitiert nach Morrow, German Music, S. 182.
41 Johann Nicolaus Forkel, Musikalischer Almanach, Bd. IV (1789), S. 36.
42 Ebd., Über die Theorie der Musik, insofern sie Liebhabern und Kennern nothwendig und nützlich ist, Göttingen 1777, S. 32/9; zitiert nach Schleuning, Der Bürger, S. 131.
43 Hans Adolf Freiherr von Eschstruth, Musikalische Bibliothek, 2 Stükke, 1784/1785; Nachdruck, Hildesheim–New York 1977.
44 Journal des Luxus und der Moden, September 1787, S. 307–310.
45 Beer, Musik, S. 126–129.
46 Gut gesehen von Ulfhardt Stoewer, Der „Kulturunternehmer" Friedrich Justin Bertuch im Spiegel seines „Journals des Luxus und der Moden", Hausarbeit im Rahmen der Ersten Staatsprüfung für das Lehramt an Gymnasien, Greifswald 2001, S. 61–62.
47 Vgl. Kapitel II.
48 Josef Mančal, Zu Musik und Aspekten des Musikmarkts des 18. Jahrhunderts, in: Sabine Doering-Manteuffel, Josef Mančal und Wolfgang Wüst (Hgg.), Pressewesen der Aufklärung. Periodische Schriften im Alten Reich, Berlin 2001, S. 412–415.
49 „Durch ein besonderes Circulare haben sich bereits von hoher Noblesse und andern angesehenen Musikliebhabern, eine Anzahl zu dem in den Sommermonaten Mai, Juni, Juli, August veranstalteten Konzerten in dem von Stahlischen Garten, zwischem dem rothen und gegginger Thor, wo schon ehemals dergleichen gehalten worden, und vor einem Anwetter in Zimmern und Saal geschüzet sein kann, schriftlich zu Aboniren die Gnade und Gute gehabt; weil aber solches Vorhaben mehr andern unbekannten Liebhabern nicht wissend wäre, so habe die Ehre solches hiemit zu benachrichtigen, daß das Abonement für 17 Konzerten mit Einschluß der eigenen Hausfamilien fl. 5 kostet, wozu die Entree Billet bei unten benannten am Judenberg Lit. E. Nro. 303. gegen baaren Erlag zu bekommen sind, die nicht abonirte Perso-

nen bezahlen jedesmal beim Eintritt extra 36 kr. Das erste Konzert ist Mittwoch den 6ten Mai Abends um 5 Uhr, und wird damit an diesem Tag alle 17 Wochen continuirt. Augsburg den 4th Mai. 1789 Gottfried Valentin (AIZ 19/1789)" und „Liebhabern der Musik dienet zur Nachricht, daß von nächstem Mittwoch den 12. Okt. an; alle 14. Tag am Mittwoch Abends um 6 Uhr ein vollstimmiges Konzert im Gasthaus bei Hr. Aibel gehalten werden wird, wozu man sich à 4 fl. überhaupts aboniret, oder auch beim Eingang 30 kr. bezahlen kann. Gottfried Valentin, Stadt-Trompeter (AIZ 40/1791)"; zitiert nach Mančal, Musikmarkt, S. 430.

50 Eschstruth, Musicalische Bibliothek, 1. Stück, 1784, S. 152. Das Originalzitat stammt aus einer Besprechung von „Klopstock's Morgengesang am Schöpfungsfeste, in Musik gesezt von C. P. E. Bach in Hamburg". Das Zitat lautet vollständig: „Wer ein solches Werk unsrer beiden ersten Classiker der Dichtkunst und Tonkunst angekündigt findet, one auf di Ere unter den Beförderern desselben zu stehen eifrigst Anspruch zu machen, der rüme sich nicht Kenner oder Libhaber zu seyn".

Kapitel VIII: Theater und Oper

1 Friedrich Ludwig Schmidt, Denkwürdigkeiten des Schauspielers, Schauspieldichters und Schauspieldirectors Friedrich Ludwig Schmidt (1772–1841). Nach hinterlassenen Entwürfen zusammengestellt und hg. von Hermann Uhde, 2 Teile, 2. Aufl., Stuttgart 1878, Teil 2: S. 365; zitiert nach Ute Daniel, Hoftheater. Zur Geschichte des Theaters und der Höfe im 18. und 19. Jahrhundert, Stuttgart 1995, S. 146.

2 Die Einsicht, daß eine solche Interpretation die Theaterentwicklung nur unzureichend erfaßt, war der Anlaß für eine Tagung der Deutschen Gesellschaft für die Erforschung des 18. Jahrhunderts und den daraus folgenden Sammelband: vgl. Erika Fischer-Lichte, Zur Einleitung, in: Dies. und Jörg Schönert (Hgg.), Theater im Kulturwandel des 18. Jahrhunderts. Inszenierung und Wahrnehmung von Körper – Musik – Sprache, Göttingen 1999, S. 11–20.

3 Manfred Brauneck, Die Welt als Bühne. Geschichte des europäischen Theaters, Bd. 2, Stuttgart 1996, S. 707–718.

4 Ebd., S. 737.

5 Daniel, Hoftheater, S. 188.

6 Protokolle der Ausschußsitzung vom 2. April 1784; zitiert nach Daniel, Hoftheater, S. 196. In dieser Sitzung kommentierte Dalberg Ifflands Erfolgsstück „Verbrechen aus Ehrsucht": „Dieses Stück macht seinem Verfasser und unsrer Bühne viel Ehre. Als Stück ist es wahre,

große Freskomalerei; herrlich gewählte Situationen; edle Simplicität im Plan; Wahrheit in Sprache und Ausdruck: reine Moral, fern von Lokal-Anspielungen, Satyre und bitterer Kritik. Ein fürtreffliches Schauspiel! Würden alle die vorzüglichen Pflichten dem Menschen unter diesem Gesichtspunkt, und mit so lebhaften Bildern einzeln auf der Bühne dargestellt werden, so könnte die Bühne wahre Schule der Sitten werden; und das Theater, für welches solche Stücke nach diesem Pan geschrieben wären, würde eine neue Epoche machen."

7 So wurden im Nationaltheater zwischen 1767 und 1769 insgesamt 237 französische (59,8 %), 121 deutsche (30,6 %), 17 englische (4,3 %) und 21 verschiedene Stücke (5,3 %) gespielt. Zusammengestellt bei Roland Krebs, L'Idée de «Théâtre National» dans L'Allemagne des Lumières. Théorie et Réalisations, Wiesbaden 1985, S. 634f. Herbert Eichhorn, Konrad Ernst Ackermann. Ein deutscher Theaterprinzipal. Ein Beitrag zur Theatergeschichte im deutschen Sprachraum, Emsdetten 1965. Darin findet sich auch ein Verzeichnis der von Ackermann gespielten Autoren mit Aufführungsziffern 1754–1771, S. 263–274.

8 Zu Hamburg allgemein siehe Eichhorn, Ackermann. Paul Möhring, Von Ackermann bis Ziegel. Theater in Hamburg, Hamburg 1970.

9 Zitiert nach Karl Otto Conrady, Goethe: Leben und Werk, Düsseldorf-Zürich 1999, S. 339.

10 Heide Eilert, Bertuch und das zeitgenössische Theater, in: Gerhard R. Kaiser und Siegfried Seifert (Hgg.), Friedrich Justin Bertuch (1747–1822). Verleger, Schriftsteller und Unternehmer im klassischen Weimar, Tübingen 2000, S. 113–131.

11 Die Musik zu beiden Stücken schrieb Karl Siegmund von Seckendorff; vgl. Jörg Krämer, Deutschsprachiges Musiktheater im späten 18. Jahrhundert. Typologie, Dramaturgie und Anthropologie einer populären Gattung, Tübingen 1998, S. 522–537.

12 Conrady, Goethe, S. 369–376, 550–558; vgl. auch Jutta Linder, Ästhetische Erziehung: Goethe und das Weimarer Hoftheater, Bonn 1991. Ulrike Müller-Harang, Das Weimarer Theater zur Zeit Goethes, Weimar 1991.

13 Müller-Harang, Weimarer Theater, S. 21–43.

14 Linder, Ästhetische Erziehung, S. 101–117. Zur Selbstinszenierung vgl. Georg Schmidt, Das Jahr 1783: Goethe, Herder und die Zukunft Weimars, in: Marcus Ventzke (Hg.), Hofkultur und aufklärerische Reformen in Thüringen. Die Bedeutung des Hofes im späten 18. Jahrhundert, Köln–Weimar–Wien 2002, S. 138–168.

15 Zitiert nach Conrady, Goethe, S. 735.

16 Müller-Harang, Weimarer Theater, S. 32–38.

17 Volkmar Braunbehrens, Salieri. Ein Musiker im Schatten Mozarts? Eine Biographie, München 1989, Kapitel 4 und 5.

18 Brauneck, Welt als Bühne, S. 883–899. Franz Hadamowsky, Die Josefinische Theaterreform und das Spieljahr 1776/77 des Burgtheaters. Eine Dokumentation, Wien 1978. Ders., Wiener Theatergeschichte. Von den Anfängen bis zum Ende des Ersten Weltkriegs, Wien 1988. Krämer, Deutschsprachiges Musiktheater, S. 396–464.

19 Reinhart Meyer, Das deutsche Trauerspiel des 18. Jahrhunderts. Eine Bibliographie, München 1977, S. 20–24.

20 Johann Christoph Gottsched, Versuch einer Critischen Dichtkunst vor die Deutschen: darinnen erstlich die allgemeinen Regeln der Poesie, hernach alle besondere Gattungen der Gedichte abgehandelt und mit Exempeln erläutert werden, überall aber gezeiget wird, daß das inner Wesen der Poesie in einer Nachahmung der Natur besteht, Leipzig 1730, S. 604; zitiert nach Gloria Flaherty, Opera in the Development of German Critical Thought, Princeton 1978, S. 95.

21 Vgl. Erika Fischer-Lichte, Der Körper als Zeichen und als Erfahrung. Über die Wirkung von Theateraufführungen, in: Dies. und Jörg Schönert (Hgg.), Theater im Kulturwandel des 18. Jahrhunderts. Inszenierung und Wahrnehmung von Körper – Musik – Sprache, Göttingen 1999, S. 53–68. Dies., Entwicklung einer neuen Schauspielkunst, in: Wolfgang F. Bender (Hg.), Schauspielkunst im 18. Jahrhundert, Stuttgart 1992, S. 51–70.

22 Armas Sten Fühler, Das Schauspielrepertoire des Mannheimer Hof- und Nationaltheaters im Geschmackswandel des 18. und 19. Jahrhunderts (1779–1870), Diss. Phil. Heidelberg 1935, S. 68f.

23 Rheinische Musen 1795, III. Bd., III. Heft, 9. Stück, S. 108ff.

24 Reinhart Meyer, Der Anteil des Singspiels und der Oper am Repertoire der deutschen Bühnen in der zweiten Hälfte des 18. Jahrhunderts, in: Das deutsche Singspiel im 18. Jahrhundert, Heidelberg 1981, S. 27–76.

25 Journal des Luxus und der Moden, Januar 1790, S. 47–55; März 1790, S. 141–156; Februar 1794, S. 72–78.

26 Zitiert nach Daniel, Hoftheater, S. 243.

27 Hartmut Runge, Dessauer Theaterbilder. Zur 200-jährigen Geschichte des Theaters in Dessau, Dessau 1994, S. 122–124.

28 Lutz Winkler, Musiktheater in der 2. Hälfte des 18. Jahrhunderts in Stralsund und Greifswald, in: Ekkard Ochs, Nico Schüler und Lutz Winkler (Hgg.), Musica Baltica. Interregionale musikalische Beziehungen im Ostseeraum, Frankfurt-Berlin-Bern 1995, S. 212–225, hier S. 221f.

29 Krämer, Deutschsprachiges Musiktheater, S. 859–868.

30 Ebd., S. 113–118.

31 Allgemeines Theater-Lexikon oder Encyklopädie alles Wissenswerthen für Bühnenkünstler, Dilettanten und Theaterfreunde. Hrsg. von Robert Blum, Karl Herloßsohn und Herrmann Marggraff, Altenburg–Leipzig 1839; zitiert nach Sybille Maurer-Schmoock, Deutsches Theater im 18. Jahrhundert, Tübingen 1982, S. 119f., Anm. 2.

32 Dagmar von Gersdorff, Goethes Mutter. Eine Biographie, Frankfurt-Leipzig 2001, S. 312.

33 Anne-Charlott Trepp, Sanfte Männlichkeit und selbständige Weiblichkeit. Frauen und Männer im Hamburger Bürgertum zwischen 1770 und 1840, Göttingen 1996, S. 394–396.

34 Ein Beispiel ist der Aufenthalt Goethes und seiner Lebensgefährtin Christiane in Leipzig vom 10. bis 14. Mai 1800, der dem Luxuseinkauf und dem Kulturkonsum gleichermaßen diente. Sigrid Damm, Christiane und Goethe: eine Recherche, Frankfurt am Main u. a. 2001, S. 258.

35 Maurer-Schmoock, Deutsches Theater, S. 75-86.

36 Daniel, Hoftheater, S. 240f.

37 Jörg Krämer, Auge und Ohr. Rezeptionsweisen im deutschen Musiktheater des späten 18. Jahrhunderts, in: Erika Fischer-Lichte und Jörg Schönert (Hgg.), Theater im Kulturwandel des 18. Jahrhunderts. Inszenierung und Wahrnehmung von Körper – Musik – Sprache, Göttingen 1999, S. 109–132, hier S. 121–129.

38 Krämer, Musiktheater, S. 11–113, Zitat auf S. 113.

39 Daniel, Hoftheater, S. 237.

40 Journal des Luxus und der Moden, März 1786, S. 121f.

41 Journal des Luxus und der Moden, Januar 1790, S. 53.

42 Ebd., S. 55.

43 Journal des Luxus und der Moden, März 1790, S. 147.

44 Ebd., S. 146f.

45 Ebd., S. 143.

46 Peter Schmitt, Schauspieler und Theaterbetrieb. Studien zur Sozialgeschichte des Schauspielerstandes im deutschsprachigen Raum 1700–1900, Tübingen 1900, S. 190–194.

47 Gersdorff, Goethes Mutter, S. 283–310.

48 Ruth B. Emde, Schauspielerinnen im Europa des 18. Jahrhunderts. Ihr Leben, ihre Schriften und ihr Publikum, Amsterdam-Atlanta 1997, S. 268–300.

49 Barbara Becker-Cantarino, Der lange Weg zur Mündigkeit. Frau und Literatur (1500–1800), Stuttgart 1987, S. 333–339; vgl. auch ihre Autobiographie: Eduard v. Bamberg (Hg.), Die Erinnerungen der Karoline Jagemann nebst zahlreichen unveröffentlichten Dokumenten aus der Goethezeit, Dresden 1926.

KAPITEL IX: NEUE GENUSSMITTEL UND GESELLIGKEIT

1 Zitiert nach Wolfgang Jünger, Herr Ober, ein' Kaffee! Illustrierte Kulturgeschichte des Kaffeehauses, München 1955, S. 32.
2 Jürgen Schneider, Die neuen Getränke: Schokolade, Kaffee und Tee (16.–18. Jahrhundert), in: Simonetta Cavaciocchi (Hg.), Prodotti e tecniche d'oltremare nelle economie europee secc. XIII–XVIII, Prato 1998, S. 541–590, hier S. 556.
3 Ulla Heise, Kaffee und Kaffeehaus. Eine Kulturgeschichte, Leipzig 1987, S. 131.
4 John Brewer, The Pleasures of the Imagination: English Culture in the Eighteenth Century, New York 1997, S. 33f.
5 Ebd., S. 34–40.
6 Robert Riemer, Exotische Genußmittel: Kaffee, Tabak, Tee, Zucker. Mit Schwerpunkt beim Kaffee und seiner Sozialgeschichte in Form der Kaffeehäuser – von ihrem Aufkommen bis in die Mitte des 19. Jahrhunderts, Hauptseminararbeit Greifswald 1999, S. 32. Roman Sandgruber, Die Anfänge der Konsumgesellschaft. Konsumgüterverbrauch, Lebensstandard und Alltagskultur in Österreich im 18. und 19. Jahrhundert, Wien 1982, S. 193f.
7 Zitiert nach Riemer, Exotische Genußmittel, S. 34.
8 Jürgen Habermas, Strukturwandel der Öffentlichkeit. Untersuchungen zu einer Kategorie der bürgerlichen Gesellschaft, 5. Aufl., Frankfurt 1996.
9 Friedrich Nicolai, Beschreibung einer Reise durch Deutschland und die Schweiz im Jahre 1781, 12 Bde., Berlin 1783–1785, hier Bd. 5., S. 236; zitiert nach Sandgruber, Konsumgesellschaft, S. 195.
10 Cornelius Bontekoe, Drei neue curieuse Tractätgen von dem Brand Cafe, chinesischen The und der Chocolata, in: Ders., Kurze Abhandlung von dem menschlichen Leben, Gesundheit, Krankheit und Tod, Rudolstadt 1692.
11 Heise, Kaffee, S. 333.
12 Johannes Forner (Hg.), Die Gewandhauskonzerte zu Leipzig. Mit einem zusammenfassenden Rückblick von den Anfängen bis 1781, 2. Aufl., Leipzig 1983, S. 18f.
13 Wolfgang Nahrstedt, Die Entstehung der Freizeit. Dargestellt am Beispiel Hamburgs. Ein Beitrag zur Strukturgeschichte und zur strukturgeschichtlichen Grundlegung der Freizeitpädagogik, Bielefeld 1998, S. 177f.
14 Nach Gisela Jaacks, Landhausleben, in: Gärten, Landhäuser und Villen des hamburgischen Bürgertums. Kunst, Kultur und gesellschaftliches Leben in vier Jahrhunderten, Hamburg 1975, S. 45–52, hier S. 46.

15 Anne-Charlott Trepp, Sanfte Männlichkeit und selbständige Weiblichkeit. Frauen und Männer im Hamburger Bürgertum zwischen 1770 und 1840, Göttingen 1996, S. 226–231.

16 Zitiert nach Eckart Klessmann, Geschichte der Stadt Hamburg, Hamburg 1981, S. 297.

17 Schneider, Getränke, S. 564f.

18 John E. Wills, European Consumption and Asian Production in the Seventeenth and Eighteenth Centuries, in: John Brewer und Roy Porter (Hgg.), Consumption and the World of Goods, London–New York 1993, S. 141f., 144.

19 Stephanus Blancardus, Haustus polychresti: Oder Zuverlässige Gedancken vom Theé, Coffeé, Chocolate, u. Taback, mit welchen der grosse Nutze dieser ausländischen Wahren so wol in gesunden als krancken Tagen gründlich und umständlich gelehret wird, Hamburg 1705.

20 Günter Wiegelmann, Alltags- und Festspeisen. Wandel und gegenwärtige Stellung, Marburg 1967, S. 171ff.

21 Zitiert nach Sandgruber, Konsumgesellschaft, S. 196.

22 Johann Peter Willebrandt, Historische Berichte und praktische Anmerkungen auf Reisen in Deutschland, in die Niederlande, in Frankreich, England, Dänemark, Böhmen und Ungarn, 3. Aufl., Hamburg 1761, S. 306. Neueste Gemälde von Wien, Hamburg 1797, S. 167; zitiert nach Sandgruber, Konsumgesellschaft, S. 195f.

23 Ich danke Herrn Frank Schulenburg für die Überlassung der Daten. Vgl. Jürgen Schneider, Otto-Ernst Krawehl und Markus A. Denzel (Hgg.), Statistik des Hamburger seewärtigen Einfuhrhandels im 18. Jahrhundert. Nach den Admiralitäts- und Convoygeld-Einnahmebüchern, St. Katharinen 2001, S. 391–396, 541f.

24 Hans-Jürgen Gerhard und Karl Heinrich Kaufhold, Preise im vor- und frühindustriellen Deutschland. Bd. 2: Nahrungsmittel, Getränke, Gewürze, Rohstoffe und Gewerbeprodukte, Stuttgart 2001, S. 112f., 126f.

25 Hans-Jürgen Gerhard, Entwicklungen auf europäischen Kaffeemärkten 1735-1810. Eine preishistorische Studie zur Geschichte eines Welthandelsgutes, in: Rainer Gömmel und Markus A. Denzel (Hgg.), Weltwirtschaft und Wirtschaftsordnung (Festschrift Jürgen Schneider), Stuttgart 2002, S. 151–168.

26 Hans-Jürgen Gerhard, Diensteinkommen der Göttinger Officianten 1750–1850, Göttingen 1978, S. 156–183. John Brewer, Was können wir aus der Geschichte der frühen Neuzeit für die moderne Konsumgeschichte lernen?, in: Hannes Siegrist, Hartmut Kaelble und Jürgen Kocka (Hgg.), Europäische Konsumgeschichte. Zur Gesellschafts- und Kulturgeschichte des Konsums (18. bis 20. Jahrhundert), Frankfurt–New York 1997, S. 51–74, hier S. 63f.

27 Vergleiche die Literatur im Kapitel „Wohnkultur".
28 Mohrmann, Alltagswelt, Bd. 2, S. 562.
29 Ebd., S. 562.
30 Ebd., S. 564.
31 RKG Frankfurt 756.
32 RKG Frankfurt 37.
33 RKG Frankfurt 453.
34 Staatsarchiv Hamburg, Erbschaftsamt, D 71.
35 Jörg Driesner, Materielle Kultur in Greifswald im 17. und 18. Jahrhundert, Magisterarbeit Greifswald 2002, S. 18, 73.
36 Ruth-Elisabeth Mohrmann, Leben und Wohnen in der alten Stadt – Osnabrück im hansestädtischen Vergleich, in: Hansische Geschichtsblätter 106 (1988), S. 109–126, hier S. 124f.
37 VI. Ueber den modernen Luxus des Thee=Trinkens, in: Journal des Luxus und der Moden, August 1788, S. 336–337.
38 VII. Tisch= und Trink=Geschirr. Englisches Thee=Zeug, in: Journal des Luxus und der Moden, August 1788, S. 340–341. Bertuch fährt in seiner Werbung fort, indem er die neuen Produkte beschreibt und erklärt: „Wir liefern hier eins dergl. vom neuesten Geschmacke auf Taf. 24; zwar nicht als etwas unsern Lesern Neues und Unbekanntes, sondern vielmehr weil es zum Plane unsers Journals (als Chronick und Repertorium des Luxus und der Moden unserer Zeit) und zur Vollständigkeit deselben gehört. Fig. 1 ist eine engl. Thee=Maschiene von braunen Glanz=Kupfer mit silbernen oder plattirten Verzierungen; und Fig. 6 ist der dazugehörige Hahn, welcher der Deutlichkeit wegen besonders gezeichnet ist. Die Engländer erhalten das Waßer darinnen gewöhnlich mit einem glühenden Stahle heiß, welches aber etwas mühsam ist, und doch die gehörige Würckung nicht thut. Unser Hr. Hofkupferschmied Pflug in Jena, deßen Geschicklichkeit wir schon mehrmals hier gerühmt haben, verfertigt dergl. Thee=Maschienen die an schöner Form Farbe und Politur den Englischen vollkommen gleichen, mit einer drinn angebrachten Kohlen=Pfanne; welches weit bequemer und würcksamer ist. Fig 2, 3, 4, ist eine Engl. Theekanne, Milchtopf, und Zuckerdose, von schwarzer sogenannter Basalt=Waare, blau und weiß in Hetrurischem Geschmacke gemahlt, aus Wedgwoods berühmter Hetruria=Fabrick. Fig. 6 ist eine Englische schöngeschliffene gläserne Thee=Flasche, dergleichen man gewöhlich zwey, zu Heysang und Bohea=Thee, in einem schön gearbeiteten Kästgen hat. Nimmt man nun noch dazu einen geschmackvoll gearbeiteten Tisch, mit Bronze decorirt, und einem lackirten und schön gemählten Blatte, so hat man den ganzen Apparat eines modernen Engl. Thee=Tisches ziemlich vollständig."
39 Schneider, Getränke, S. 563.

40 Johann Georg Krünitz, Oekonomische Encyclopädie, Bd. XXXII, Berlin 1784, S. 195–199.

SCHLUSSBETRACHTUNG

1 Martina Kessel, Langeweile. Zum Umgang mit Zeit und Gefühlen in Deutschland vom späten 18. bis zum frühen 20. Jahrhundert, Göttingen 2001, S. 40.

2 Thomas Nipperdey, Deutsche Geschichte 1800–1866. Bürgerwelt und starker Staat, München 1983, S. 539–542.

3 Lothar Gall, „... Ich wünschte ein Bürger zu sein." Zum Selbstverständnis des deutschen Bürgertums im 19. Jahrhundert, in: Historische Zeitschrift 245 (1987), S. 601–623.

4 Hans-Ulrich Wehler, Deutsche Gesellschaftsgeschichte 1700–1815, München 1987, S. 202–210. Vgl. auch die Einleitung von Dieter Hein und Andreas Schulz (Hgg.), Bürgerkultur im 19. Jahrhundert. Bildung, Kunst und Lebenswelt, München 1996, S. 9–16.

5 Benedict Anderson, Die Erfindung der Nation. Zur Karriere eines folgenreichen Konzepts, Berlin 1998. Bernhard Giesen (Hg.), Nationale und kulturelle Identität. Studien zur Entwicklung des kollektiven Bewußtseins in der Neuzeit, Frankfurt 1991. Martin Krieger, Patriotismus-Diskurs und die Konstruktion kollektiver Identitäten in Hamburg in der ersten Hälfte des 18. Jahrhunderts, Habil.-Schrift Greifswald 2001.

6 Friedrich Schiller an den Inspektor der Dresdner Antikengalerie Wilhelm Gottlieb Becker, 10. Oktober 1802, in: Stefan Ormanns (Hg.), Schillers Werke. Nationalausgabe, Bd. 31, Weimar 1985, S. 164f., hier S. 165.

Anhang

Münzen und Währungen im 18. Jahrhundert

1 Taler (Reichstaler) = 24 Groschen
1 Gulden (fl) = 2/3 Taler = 18 Groschen = 60 Kreuzer (kr)
1 Mark Banco (Hamburg) = ca. 1 ½ Mark Courant = 1/3 Taler
1 Schilling Banco = ca. 1 ½ Schilling Courant = 1/16 Mark Banco
1 Karolin (Goldmünze) = 8 ½ Gulden

Quellen- und Literaturverzeichnis

Abbt, Thomas, Vom Verdienste, Frankfurt-Leipzig 1783.

Ackermann, Astrid, Eine nationale Aufgabe – Mode und Kommerz, in: Andreas Klinger und Gonthier-Louis Fink (Hgg.), Identitäten und Fiktion um 1800, Frankfurt 2003 (im Druck).

Adelung, Johann Christoph, Grammatisch-kritisches Wörterbuch der Hochdeutschen Mundart, mit beständiger Vergleichung der übrigen Mundarten, besonders aber der Oberdeutschen, 3. Theil, 2. Aufl., Leipzig 1798.

Albrecht, Peter, Kaffee. Zur Sozialgeschichte eines Getränks, Braunschweig 1980.

Ders., Die Nationaltracht im letzten Viertel des 18. Jahrhunderts, in: Jahrbuch für Volkskunde 1987, S. 43–66.

Allgemeine deutsche Bibliothek VIII/1 (1768).

Allgemeine Musikalische Zeitung, 1799/1800.

Anderson, Benedict, Die Erfindung der Nation. Zur Karriere eines folgenreichen Konzepts, Berlin 1998.

Badstübner-Gröger, Sibylle, Einige Bemerkungen zur geschmacksbildenden Rolle der Berliner Akademie-Ausstellungen im späten 18. Jahrhundert, in: Michael North (Hg.), Kunstsammeln und Geschmack im 18. Jahrhundert, Berlin 2002, S. 195–215.

Balet, Leo und Gerhard, E., Die Verbürgerlichung der deutschen Kunst, Literatur und Musik im 18. Jahrhundert, hrsg. von Gert Mattenklott, Frankfurt u.a. 1973.

Bamberg, Eduard von (Hg.), Die Erinnerungen der Karoline Jagemann nebst zahlreichen unveröffentlichten Dokumenten aus der Goethezeit, Dresden 1926.

Bauche, Ulrich, Von bürgerlicher Gartenkunst, in: Gärten, Landhäuser und Villen des hamburgischen Bürgertums (1975), S. 19–25.

Bausinger, Hermann, Beyrer, Klaus und Korff, Gottfried (Hgg.), Reisekultur. Von der Pilgerfahrt zum modernen Tourismus, München 1991.

Becker-Cantarino, Barbara, Der lange Weg zur Mündigkeit. Frau und Literatur (1500–1800), Stuttgart 1987.

Beckmann, Johann, Literatur der älteren Reisebeschreibungen. Nachrichten von ihren Verfassern, von ihrem Inhalte, von ihren Ausgaben, 2 Bde., Göttingen 1807–1810.

Beer, Axel, Musik zwischen Komponist, Verlag und Publikum. Die Rahmenbedingungen des Musikschaffens in Deutschland im ersten Drittel des 19. Jahrhunderts, Tutzing 2000.

Behringer, Wolfgang, „Die Welt in einen anderen Model gegossen". Der Strukturwandel des frühneuzeitlichen Kommunikationswesens am Beispiel der Reichspost, Habil.-Schrift Bonn 1996.

Berckenmeyer, Paul Ludolf, Vermehrter Curieuser Antiquarius, Das ist: Allerhand auserlesene Geographische und Historische Merckwürdigkeiten/ So in denen Europæischen Ländern zu finden/ Aus Berühmter Männer Reisen zusammengetragen/ und mit einem zweyfachen Register versehen/ – Nunmehr zum Vierdten mahl aufgeleget und mit neuen Sachen und Anmerckungen duchgehends vermehret und verbessert, Hamburg 1712.

Berg, Maxine, French Fancy and Cool Britannia. The Fashion Markets of Early Modern Europe, in: Simonetta Cavaciocchi (Hg.), Fiere e mercati nella integrazione delle economie Europe secc. XIII–XVIII, Prato 2001, S. 519–556.

Berger, Joachim, Geselligkeit, Mäzenatentum und Kunstliebhaberei am ‚Musenhof' Anna Amalias – Neue Ergebnisse, neue Fragen, in: Ders. (Hg.), Der Musenhof Anna Amalias. Geselligkeit, Mäzenatentum und Kunstliebhaberei im klassischen Weimar, Köln–Weimar–Wien 2001, S. 1–17.

Berger, Theodor, Vor-Urtheile der Deutschen bey Antretung ihrer Reisen in auswärtige Lande, u. bes. nach Franckreich, nebst Anhang von Deutschlands Macht gegen angräntzende Königreiche u. Länder, Frankfurt 1734.

Berlinische Nachrichten 29, 9. März 1773.

Bermingham, Ann und Brewer, John, The Consumption of Culture 1600–1800. Image, Object, Text, London–New York 1995.

Beyrer, Klaus, Des Reisebeschreibers „Kutsche". Aufklärerisches Bewußtsein im Postreiseverkehr des 18. Jahrhunderts, in: Wolfgang Griep und Hans-Wolf Jäger (Hgg.), Reisen im 18. Jahrhundert. Neue Untersuchungen, Heidelberg 1986, S. 50–90.

Ders., (Hg.), Zeit der Postkutschen. Drei Jahrhunderte Reisen 1600–1900, Karlsruhe 1992.

Bibliothek der schönen Wissenschaften IV/2 (1762).

Blancardus, Stephanus, Haustus polychresti: Oder Zuverlässige Gedancken vom Theé, Coffeé, Chocolate, u. Taback, mit welchen der grosse Nutze dieser ausländischen Wahren so wol in gesunden als krancken Tagen gründlich und umständlich gelehret wird, Hamburg 1705.

Blum, Klaus, Musikfreunde und Musici. Musikleben in Bremen seit der Aufklärung, Tutzing 1975.

Bödeker, Hans-Erich, Reisen: Bedeutung und Funktion für die deutsche Aufklärungsgesellschaft, in: Wolfgang Griep und Hans-Wolf Jäger (Hgg.), Reisen im 18. Jahrhundert. Neue Untersuchungen, Heidelberg 1986, S. 91–110.

Bonfait, Oliver, Les collections de parlementaires parisiens de XVIIIe siècle, in: Revue de l'art 73 (1986), S. 28–42.

Böning, Holger, Das Intelligenzblatt. Dokumentation zu einer literarisch-publizistischen Gattung der deutschen Aufklärung, Bremen 1991.

Ders., Aufklärung und Presse im 18. Jahrhundert, in: Hans-Wolf Jäger (Hg.), „Öffentlichkeit" im 18. Jahrhundert, Göttingen 1997, S. 151–163.

Ders., Das Intelligenzblatt, in: Ernst Tischer, Wilhelm Haefs und York-Gothart Mix (Hgg.), Von Almanach bis Zeitung. Ein Handbuch der Medien in Deutschland 1700–1800, München 1999, S. 89–104.

Bontekoe, Cornelius, Drei neue curieuse Tractätgen von dem Brand Cafe, chinesischen The und der Chocolata, in: Ders., Kurze Abhandlung von dem menschlichen Leben, Gesundheit, Krankheit und Tod, Rudolstadt 1692.

Boyle, Nicholas, Goethe. Der Dichter in seiner Zeit, Bd. 1: 1749–1790, München 1999.

Braunbehrens, Volkmar, Salieri. Ein Musiker im Schatten Mozarts? Eine Biographie, München 1989.

Ders., Mozart in Wien, 5. Aufl., München-Zürich 1997.

Ders., Busch-Salmen, Gabriele und Salmen, Walter (Hgg.), J. F. Reichardt – J. W. Goethe. Briefwechsel, Weimar 2002.

Brauneck, Manfred, Die Welt als Bühne. Geschichte des europäischen Theaters, Bd. 2, Stuttgart 1996.

Brewer, John und Porter, Roy (Hgg.), Consumption and the World of Goods, London 1993.

Brewer, John, „The most polite age and the most vicious". Attitudes towards Culture as a Commodity, 1660–1800, in: Ann Bermingham und John Brewer (Hgg.), The Consumption of Culture 1600–1800. Image, Object, Text, London-New York 1995, S. 348f.

Ders., The Pleasures of the Imagination: English Culture in the Eighteenth Century, New York 1997.

Ders., Was können wir aus der Geschichte der frühen Neuzeit für die moderne Konsumgeschichte lernen?, in: Hannes Siegrist, Hartmut Kaelble und Jürgen Kocka (Hgg.), Europäische Konsumgeschichte. Zur Gesellschafts- und Kulturgeschichte des Konsums (18. bis 20. Jahrhundert), Frankfurt–New York 1997, S. 51–74.

Bringemeier, Martha, Wandel der Mode im Zeitalter der Aufklärung, in: Rheinisch-Westfälische Zeitschrift für Volkskunde 13 (1966), S. 5–59.

Brockes, Barthold Heinrich, Irdisches Vergnügen in Gott bestehend in verschiedenen aus der Natur und Sitten=Lehre hergenommenen Gedichten, nebst einem Anhange etlicher hieher gehörigen Uebersetzungen von des Hrn. de La Motte Französis. Fabeln mit Genehmhaltung des Herrn Verfassers nebst einer Vorrede herausgegeben von C. F. Weichmann, Hamburg 1721.

Busch-Salmen, Gabriele, Salmen, Walter und Michel, Christoph, Der Weimarer Musenhof. Dichtung, Musik und Tanz, Gartenkunst, Geselligkeit, Malerei, Stuttgart–Weimar 1998.

Buttlar, Adrian von, Der Landschaftsgarten, München 1980.

Catalogus einer Sammlung auserlesener Kunst-Malereyen, welche am Donnerstage, den 31 Julii, vormittags um 10 Uhr, im Dennerischen Hause am Gaensemarkt oeffentlich an die Meistbietende verkauft werden sollen, Hamburg 1749 (Schwerin: Landeshauptarchiv).

Catalogue d'un fameux Cabinet de tableaux des meilleurs maîtres, recueilli, avec beaucoup de choix et d'exactitude pendant plusieurs années et délaisse par feu monsieur le baron de Haeckel dont la vente se fera publiquement a Francfort sur le Mein, dans un terme qu'on annoncera par les Gazettes, 1762 (Frankfurt: Städelsches Kunstinstitut).

Catalogue d'un magnifique cabinet de tableaux des plus grands maîtres, flamands hollandois etc. Rassemblés avec beaucoup de soin & grande dépense par un fameux connoisseur & amateur Monsieur ***, Frankfurt 1762 (Frankfurt: Städelsches Kunstinstitut).

Catalogue d'un magnifique cabinet de tableaux des plusieurs grands maîtres, Italiens, Flammands, Allemands & Hollandois. Recueillis avec beaucoup de foins & de frais par Monsieur ***, Frankfurt 1763 (Frankfurt: Städelsches Kunstinstitut).

Catalogus der Sammlung eines großen Herrns verschiedener ausnehmender Schildereyen von den grösten Italienischen, Französischen, Niederländischen, Holländischen und Deutschen meistern, welche aus den Niederlanden nacher Frankfurt am Mayn gebracht worden, Frankfurt 1765.

Catalogus einer schönen Sammlung auserlesener Cabinet=Mahlereyen und Portraits, welche in einem bekannten Sterbehause in der Neustädter Fuhlentwiete, an der Ecke der Neustraße, den 12ten April 1775 an die Meistbietenden verkauft werden sollen durch den Makler Johann Hinrich Neumann (Hamburg: Hamburger Kunsthalle).

Catalogus einer vortrefflichen Sammlung Cabinet=Mahlereyen, welche vor funfzig und mehreren Jahren mit vielem Gusto und Kenntniß gesammelt worden und sich unter dem Nachlaß des seel. Herrn Joachim Hinrich Thielcke befinden, in dessen Sterbehause auf den großen Bleichen selbige auch den 18 Merz, 1782, und folgende Tage durch Mackler Peter Texier an den Meistbiethenden, gegen baare Bezahlung, grob Courant, öffentlich verkauft werden sollen. Acht Tage vorher können solche in beliebigen Augenschein genommen werden (Hamburg: Hamburger Kunsthalle).

Chartier, Roger, Lesewelten. Buch und Lektüre in der Frühen Neuzeit, Frankfurt–New York 1990.

Cilleßen, Wolfgang, Modezeitschriften, in: Ernst Fischer, Wilhelm Haefs und York-Gothart Mix (Hgg.), Von Almanach bis Zeitung. Ein Handbuch der Medien in Deutschland 1700–1800, München 1999, S. 207–224.

Clodius, Christian August, Neue vermischte Schriften, Th. 3: Dinokrates, Leipzig 1780.

Conrady, Karl Otto, Goethe: Leben und Werk, Düsseldorf-Zürich 1999.

Cowan, Brian, Areas of Connoisseurship: Auctioning Art in Later Stuart England, in: Michael North und David Ormrod (Hgg.), Art Markets in Europe, 1400–1800, Aldershot 1998, S. 153–166.

Cramer, Carl Friedrich, Magazin der Musik, Hamburg 1784–1787.

Cremer, Claudia Susannah, Hagedorns Geschmack. Studien zur Kunstkennerschaft in Deutschland im 18. Jahrhundert, Diss. phil. Bonn 1989.

Damm, Sigrid, Christiane und Goethe. Eine Recherche, Frankfurt u. a. 2001.

Daniel, Ute, Hoftheater. Zur Geschichte des Theaters und der Höfe im 18. und 19. Jahrhundert, Stuttgart 1995.

Dies., Höfe und Aufklärung in Deutschland – Plädoyer für eine Begegnung der dritten Art, in: Marcus Ventzke (Hg.), Hofkultur und aufklärerische Reformen in Thüringen. Die Bedeutung des Hofes im späten 18. Jahrhundert, Köln-Weimar-Wien 2002, S. 11–31.

Dies., How Bourgeois was the Public Sphere of the Eighteenth Century? or: Why it is Important to Historicize „Strukturwandel der Öffentlichkeit“, in: Das Achtzehnte Jahrhundert 26, Wolfenbüttel 2002, S. 9–17.

Dann, Otto (Hg.), Lesegesellschaften und bürgerliche Emanzipation – Ein europäischer Vergleich, München 1981.

Ders., Die Lesegesellschaften und die Herausbildung einer modernen bürgerlichen Gesellschaft in Europa, in: Ders. (Hg.), Lesegesellschaften und bürgerliche Emanzipation – Ein europäischer Vergleich, München 1981, S. 9–28.

Ders., Eine höfische Gesellschaft als Lesegesellschaft, in: Hans-Erich Bödeker (Hg.), Lesekulturen im 18. Jahrhundert, Hamburg 1992, S. 43–57.

Danreitter, Frantz Antoni, Die Gärtnerey, so wohl in ihrer Theorie oder Betrachtung als Praxi oder Übung: allwo von denen schönen Gärten, welche man nur insgemein die Lust- und Zierd-Gärten zu nennen pflegt [...], Augsburg 1731.

Der geheime Ausrufer 11 (1808).

Der Teutsche Merkur, November 1784.

Descamps, Jean Baptis, La vie des peintres flamands, allemands et hollandois: avec des portraits gravés en taille-douce, une indication de leurs principaux ouvrages, [et] des réflexions sur leurs differentes manieres, Paris 1753–1763.

Doering-Manteuffel, Sabine, Mančal, Josef und Wüst, Wolfgang (Hgg.), Pressewesen der Aufklärung. Periodische Schriften im Alten Reich, Berlin 2001.

Dörffel, Alfred, Geschichte der Gewandhausconcerte zu Leipzig vom 25. November 1781 bis 25. November 1881, Leipzig 1884.

Driesner, Jörg, Materielle Kultur in Greifswald im 17. und 18. Jahrhundert, Magisterarbeit Greifswald 2002.

Eckhart, Edith, Die Verlassenschaften von Gobelsburg und Hadersdorf am Kamp als Quelle für die Kultur von Bürgern und Inwohnern im 18. Jahrhundert, Diss. phil. Wien 1977.

Ehret, Gloria, Deutsche Möbel des 18. Jahrhunderts. Barock – Rokoko – Klassizismus, München 1986, S. 160.

Eichhorn, Herbert, Konrad Ernst Ackermann. Ein deutscher Theaterprinzipal. Ein Beitrag zur Theatergeschichte im deutschen Sprachraum, Emsdetten 1965.

Eilert, Heide, Bertuch und das zeitgenössische Theater, in: Gerhard R. Kaiser und Siegfried Seifert (Hgg.), Friedrich Justin Bertuch (1747–1822). Verleger, Schriftsteller und Unternehmer im klassischen Weimar, Tübingen 2000, S. 113–131.

Elias, Norbert, Über den Prozeß der Zivilisation, 2. Aufl., Bern–München 1969.

Elkar, Rainer S., Reisen bildet, in: B. I. Krasnobaev, Gert Robel und Herbert Zeman (Hgg.), Reisen und Reisebeschreibungen im 18. und 19. Jahrhundert als Quellen der Kulturbeziehungsforschung, Essen 1987, S. 51–82.

Emde, Ruth B., Schauspielerinnen im Europa des 18. Jahrhunderts. Ihr Leben, ihre Schriften und ihr Publikum, Amsterdam-Atlanta 1997.

Emmerich, Angelika und Schroeder, Susanne, Weimarer historische Interieurs. Zum Ameublement im „Journal des Luxus und der Moden“, in: Gerhard R. Kaiser und Siegfried Seifert (Hgg.), Friedrich Justin Bertuch (1747–1822), Verleger, Schriftsteller und Unternehmer im klassischen Weimar, Tübingen 2000, S. 501–518.

Engel, Helmut, Villen und Landhäuser, Berlin 2001.

Engelsing, Rolf, Die Perioden der Lesegeschichte in der Neuzeit. Das statistische Ausmaß und die soziokulturelle Bedeutung der Lektüre, in: Archiv für Geschichte des Buchwesens X (1970), Sp. 945–1002.

Ders., Analphabetentum und Lektüre. Zur Sozialgeschichte des Lesens in Deutschland zwischen feudaler und industrieller Gesellschaft, Stuttgart 1973.

Ders., Der Bürger als Leser. Lesegeschichte in Deutschland 1500–1800, Stuttgart 1974.

Erhart, Walter, Beziehungsexperimente: Goethes „Werther“ und Wielands „Musarion“, in: Deutsche Vierteljahrschrift für Literaturwissenschaft und Geistesgeschichte 66 (1992), S. 333–360.

Eschstruth, Hans Adolf Freiherr von, Musikalische Bibliothek, 2 Stücke, 1784/1785; Nachdruck, Hildesheim–New York 1977.

Faessler, Peter, Reiseziel Schweiz: Freiheit zwischen Idylle und „großer“ Natur, in: Hermann Bausinger, Klaus Beyrer und Gottfried Korff (Hgg.), Reisekultur. Von der Pilgerfahrt zum modernen Tourismus, München 1991, S. 243–248.

Faulstich, Werner, Die bürgerliche Mediengesellschaft (1700–1830), Göttingen 2002.

Fischer-Lichte, Erika, Entwicklung einer neuen Schauspielkunst, in: Wolfgang F. Bender (Hg.), Schauspielkunst im 18. Jahrhundert, Stuttgart 1992, S. 51–70.

Dies., Der Körper als Zeichen und als Erfahrung. Über die Wirkung von Theateraufführungen, in: Dies. und Jörg Schönert (Hgg.), Theater im Kulturwandel des 18. Jahrhunderts. Inszenierung und Wahrnehmung von Körper – Musik – Sprache, Göttingen 1999, S. 53–68.

Dies., Zur Einleitung, in: Dies. und Jörg Schönert (Hgg.), Theater im Kulturwandel des 18. Jahrhunderts. Inszenierung und Wahrnehmung von Körper – Musik – Sprache, Göttingen 1999, S. 11–20.

Flaherty, Gloria, Opera in the Development of German Critical Thought, Princeton 1978.

Flik, Reiner, Statt Hofpoet Kulturunternehmer. Der Werdegang Friedrich Justin Bertuchs (1747–1822) und sein Beitrag zur Weimarer Klassik, in: Marcus Ventzke (Hg.), Hofkultur und aufklärerische Reformen in Thüringen. Die Bedeutung des Hofes im späten 18. Jahrhundert, Köln–Weimar–Wien 2002, S. 197–222.

Ders., Das Journal des Luxus und der Moden: Produktion, Vertrieb, Geschäftsergebnisse und Leserkreis, in: Klaus Manger und Gerhard R. Kaiser (Hgg.), Das Journal des Luxus und der Moden. Kultur um 1800, Heidelberg 2003 (im Druck).

Folter, Roland, Deutsche Dichter- und Germanistenbibliotheken. Eine kritische Bibliographie ihrer Kataloge, Stuttgart 1975.

Forkel, Johann Nicolaus, Über die Theorie der Musik, insofern sie Liebhabern und Kennern nothwendig und nützlich ist, Göttingen 1777.

Ders., Musikalischer Almanach, IV (1789).

Forner, Johannes (Hg.), Die Gewandhauskonzerte zu Leipzig. Mit einem zusammenfassenden Rückblick von den Anfängen bis 1781, 2. Aufl., Leipzig 1983.

Fouqué, Caroline de LaMotte, Geschichte der Moden 1785–1829, Ndr. Hanau 1988.

François, Etienne, Buch, Konfession und städtische Gesellschaft im 18. Jahrhundert. Das Beispiel Speyer, in: Mentalitäten und Lebensverhältnisse. Beispiele aus der Sozialgeschichte der Neuzeit. Rudolf Vierhaus zum 60. Geburtstag, Göttingen 1982, S. 34–91.

Frank, Christoph, Die Gemäldesammlungen Gotzkowsky, Eimbke und Stein: Zur Berliner Sammlungsgeschichte während des Siebenjährigen Krieges, in: Michael North (Hg.), Kunstsammeln und Geschmack im 18. Jahrhundert, Berlin 2002, S. 117–194.

Frankfurter Modespiegel. Katalog hrsg. vom Historischen Museum der Stadt Frankfurt am Main 1962.

Friedhoff, Jens, „Magnificence" und „Utilité". Bauen und Wohnen 1600–1800, in: Ulf Dirlmeier (Hg.), Geschichte des Wohnens, Bd. 2: 500–1800: Hausen, Wohnen, Residieren, Stuttgart 1998, S. 503–815.

Fühler, Armas Sten, Das Schauspielrepertoire des Mannheimer Hof- und Nationaltheaters im Geschmackswandel des 18. und 19. Jahrhunderts (1779–1870), Diss. Phil. Heidelberg 1935.

Furttenbach, Joseph, Architectura civilis, Ulm 1628.

Ders., Architectura universalis, Ulm 1635.

Ders., Architectura recreationis, Ulm 1640.

Ders., Architectura privata, Ulm 1641.

Füssel, Stephan, Studien zur Verlagsgeschichte und zur Verlegertypologie der Goethe-Zeit. Bd. 1: Georg Joachim Göschen. Ein Verleger der Spätaufklärung und der deutschen Klassik, Berlin–New York 1999.

Gabrielsson, Peter, Zur Entwicklung des bürgerlichen Garten- und Landhausbesitzes bis zum Beginn des 19. Jahrhunderts, in: Gärten, Landhäuser und Villen des hamburgischen Bürgertums: Kunst, Kultur und gesellschaftliches Leben in 4 Jahrhunderten (1975), S. 11–18.

Gall, Lothar, „... Ich wünschte ein Bürger zu sein." Zum Selbstverständnis des deutschen Bürgertums im 19. Jahrhundert, in: Historische Zeitschrift 245 (1987), S. 601–623.

Gerhard, Hans-Jürgen, Diensteinkommen der Göttinger Officianten 1750–1850, Göttingen 1978.

Ders. und Kaufhold, Karl Heinrich, Preise im vor- und frühindustriellen Deutschland. Bd. 2: Nahrungsmittel, Getränke, Gewürze, Rohstoffe und Gewerbeprodukte, Stuttgart 2001.

Ders., Entwicklungen auf europäischen Kaffeemärkten 1735–1810. Eine preishistorische Studie zur Geschichte eines Welthandelsgutes, in: Rainer Gömmel und Markus A. Denzel (Hgg.), Weltwirtschaft und Wirtschaftsordnung (Festschrift Jürgen Schneider), Stuttgart 2002, S. 151–168.

Gersdorff, Dagmar von, Goethes Mutter. Eine Biographie, Frankfurt-Leipzig 2001.

Gierl, Irmgard, Die Einrichtung der Weilheimer Bürgerhäuser von 1650–1724, in: Bayerisches Jahrbuch für Volkskunde (1969), S. 120–124.

Giesen, Bernhard (Hg.), Nationale und kulturelle Identität. Studien zur Entwicklung des kollektiven Bewußtseins in der Neuzeit, Frankfurt 1991.

Gläntzer, Volker, Nord-Süd-Unterschiede städtischen Wohnens um 1800 im Spiegel der zeitgenössischen Literatur, in: Günter Wiegelmann (Hg.), Nord-Süd-Unterschiede in der städtischen und ländlichen Kultur Mitteleuropas, Münster 1985, S. 73–88.

Goethes Werke in zehn Bänden, Bd. 2: Dichtung und Wahrheit, hrsg. von Reinhard Buchwald, Weimar 1958.

Goldfriedrich, Johann, Geschichte des deutschen Buchhandels, Bd. 2, Leipzig 1908.

Gottsched, Johann Christoph, Versuch einer Critischen Dichtkunst vor die Deutschen: darinnen erstlich die allgemeinen Regeln der Poesie, hernach alle besondere Gattungen der Gedichte abgehandelt und mit Exempeln erläutert werden, überall aber gezeiget wird, daß das inner Wesen der Poesie in einer Nachahmung der Natur besteht, Leipzig 1730.

Graf, Martina, Buch- und Lesekultur in der Residenzstadt Braunschweig zur Zeit der Spätaufklärung unter Herzog Karl Wilhelm Ferdinand (1770–1806), Frankfurt 1994.

Griep, Wolfgang und Jäger, Hans-Wolf (Hgg.), Reisen im 18. Jahrhundert. Neue Untersuchungen, Heidelberg 1986.

Grimm, Jacob und Wilhelm, Deutsches Wörterbuch, Bd. 12, L-Myth, München 1991.

Grosser, Thomas, Tour de France – Frankreich als Ziel deutscher Reisender, in: Hermann Bausinger, Klaus Beyrer und Gottfried Korff (Hgg.), Reisekultur. Von der Pilgerfahrt zum modernen Tourismus, München 1991, S. 229–235.

Ders., Der mediengeschichtliche Funktionswandel der Reiseliteratur in den Berichten deutscher Reisender aus dem Frankreich des 18. Jahrhunderts, in: Hans-Wolf Jäger (Hg.), Europäisches Reisen im Zeitalter der Aufklärung, Heidelberg 1992, S. 275–310.

Haase, Carl, Der Bildungshorizont der norddeutschen Kleinstadt am Ende des 18. Jahrhunderts. Zwei Bücherverzeichnisse der Lesegesellschaften in Wunstorf aus dem Jahre 1794, in: Otto Brunner, Hermann Kellenbenz, Erich Maschke und Wolfgang Zorn (Hgg.), Festschrift Hermann Aubin zum 80. Geburtstag, Bd. 2, Wiesbaden 1965, S. 518–525.

Ders., Die Buchbestände einiger Lesegesellschaften im Elbe-Weser-Winkel im Jahre 1794, in: Stader Jahrbuch 1977, S. 56–80.

Habermas, Jürgen, Strukturwandel der Öffentlichkeit. Untersuchungen zu einer Kategorie der bürgerlichen Gesellschaft, 5. Aufl., Frankfurt 1996.

Hadamowsky, Franz, Die Josefinische Theaterreform und das Spieljahr 1776/77 des Burgtheaters. Eine Dokumentation, Wien 1978.

Ders., Wiener Theatergeschichte. Von den Anfängen bis zum Ende des Ersten Weltkriegs, Wien 1988.

Haider-Pregler, Hilde, Der wienerische Weg zur K.K.-Hof- und Nationalbühne, in: Roger Bauer und Jürgen Wertheimer (Hgg.), Das Ende des Stegreifspiels. Die Geburt des Nationaltheaters. Ein Wendepunkt in der Geschichte des europäischen Dramas, München 1983, S. 24–37.

Hamburgische neue Zeitung 61, 18. April 1775.

Hamburgischer Correspondent 102, 26. Juni 1773.

Hartmann, Peter C., Kulturgeschichte des Heiligen Römischen Reiches 1648 bis 1806. Verfassung, Religion und Kultur, Wien–Köln–Graz 2001.

Hauser, Arnold, Sozialgeschichte der Kunst und Literatur, München 1972.

Hedinger, Bärbel, C. F. Hansen in Hamburg, Altona und den Elbvororten. Ein dänischer Architekt des Klassizismus, München–Berlin 2000.

Hein, Dieter und Schulz, Andreas (Hgg.), Bürgerkultur im 19. Jahrhundert. Bildung, Kunst und Lebenswelt, München 1996.

Heise, Ulla, Kaffee und Kaffeehaus. Eine Kulturgeschichte, Leipzig 1987.

Hennebo, Dieter und Hoffmann, Alfred, Geschichte der deutschen Gartenkunst, 3 Bde., Hamburg 1962–65.

Hirsch, Erhard, Hortus Oeconomicus: Nutzen, Schönheit, Bildung. Das Dessau-Wörlitzer Gartenreich als Landschaftsgestaltung der europäischen Aufklärung, in: Heinke Wunderlich (Hg.), „Landschaft“ und Landschaften im achtzehnten Jahrhundert, Heidelberg 1995, S. 179–207.

Hirschfeld, Christian Cay Lorenz, Theorie der Gartenkunst [in 1 Bd.], Leipzig 1775.

Ders., Theorie der Gartenkunst, 5 Bde., Leipzig 1779–1785.

Höher, Peter, Konstanz und Wandel in Wohnausstattung und Hauswirtschaft (1630–1899). Das Beispiel Nürtingen am Neckar, in: Günter Wiegelmann (Hg.), Wandel der Alltagskultur seit dem Mittelalter, Münster 1987, S. 309–331.

Hollmer, Heide, „Ohne Künstler kann man nicht leben weder in Süden noch Norden“ – Herzogin Anna Amalias Kunstwahrnehmung und Kunstförderung während der Italienreise (1788–1790), in: Joachim Berger (Hg.), Der Musenhof Anna Amalias. Geselligkeit, Mäzenatentum und Kunstliebhaberei im klassischen Weimar, Köln-Weimar-Wien 2001, S. 107–124.

Holst, Niels von, Beiträge zur Geschichte des Sammlertums und des Kunsthandels in Hamburg von 1700 bis 1840, in: Zeitschrift des Vereins für Hamburgische Geschichte, Bd. 38 (1939), S. 253–88.

Hundert Jahre Staatliches Museum Schwerin 1882–1982. Holländische und flämische Malerei des 17. Jahrhunderts, Schwerin 1982.

Hüsgen, Heinrich Sebastian, Verrätherische Briefe von Historie und Kunst, Frankfurt 1776.

Ders., Nachrichten von Frankfurter Künstlern und Kunst-Sachen enthaltend das Leben und die Werke aller hiesigen Mahler, Frankfurt 1780.

Institut für Stadtgeschichte Frankfurt, Reichskammergerichtsakten.

Jaacks, Gisela, Landhausleben, in: Gärten, Landhäuser und Villen des hamburgischen Bürgertums. Kunst, Kultur und gesellschaftliches Leben in vier Jahrhunderten, Hamburg 1975, S. 45–52.

Dies., Modechronik, Modekritik oder Modediktat? Zu Funktion, Thematik und Berichtstil früher deutscher Modejournale am Beispiel des „Journal des Luxus und der Moden", in: Waffen- und Kostümkunde 24 (1982), S. 58–61.

Jaumann, Herbert, Emanzipation als Positionsverlust. Ein sozialgeschichtlicher Versuch über die Situation des Autors im 18. Jahrhundert, in: Zeitschrift für Literaturwissenschaft und Linguistik 11 (1981), S. 46–72.

Jentzsch, Rudolf, Der deutsch-lateinische Büchermarkt nach den Leipziger Ostermeß-Katalogen von 1740, 1770 und 1800 in seiner Gliederung und Wandlung, Leipzig 1912.

Journal des Luxus und der Moden.

Jünger, Wolfgang, Herr Ober, ein' Kaffee! Illustrierte Kulturgeschichte des Kaffeehauses, München 1955.

Kaiser, Gerhard R. und Seifert, Siegfried (Hgg.), Friedrich Justin Bertuch (1747–1822). Verleger, Schriftsteller und Unternehmer im klassischen Weimar, Tübingen 2000,

Kaltwasser, Inge (Bearb.), Inventar der Akten des Reichskammergerichts 1495–1806: Frankfurter Bestand, Frankfurt 2000.

Kant, Immanuel, Anthropologie in pragmatischer Hinsicht (Werkausgabe, hrsg. von Wilhelm Weischedel, Bd. 12), 7. Aufl., Frankfurt 1988.

Kehn, Wolfgang, Ästhetische Landschaftserfahrung und Landschaftsgestaltung in der Spätaufklärung: Der Beitrag von Christian Cay Lorenz Hirschfelds Gartentheorie, in: Heinke Wunderlich (Hg.), „Landschaft" und Landschaften im achtzehnten Jahrhundert, Heidelberg 1995, S. 1–23.

Kemper, Hans-Georg, Ketelsen, Uwe-K. und Zelle, Carsten (Hgg.), Barthold Heinrich Brockes (1680–1747) im Spiegel seiner Bibliothek und Bildergalerie, 2 Bde., Wiesbaden 1998.

Kessel, Martina, Langeweile. Zum Umgang mit Zeit und Gefühlen in Deutschland vom späten 18. bis zum frühen 20. Jahrhundert, Göttingen 2001.

Ketelsen, Thomas, Barthold Heinrich Brockes' „irdisches Vergnügen“ in Gemälden und Zeichnungen. Ein Beitrag zum Sammlungs- und Auktionswesen im frühen 18. Jahrhundert, in: Das Achtzehnte Jahrhundert. Mitteilungen der Deutschen Gesellschaft für die Erforschung des achtzehnten Jahrhunderts (1997), Heft 2, S. 153–160.

Ders., Art Auctions in Germany during the Eighteenth Century, in: Michael North und David Ormrod (Hgg.), Art Markets in Europe, 1400–1800, Aldershot 1998, S. 143–52.

Ders. und Stockhausen, Tilmann von, Verzeichnis der verkauften Gemälde im deutschsprachigen Raum vor 1800, 3 Bde., München 2002 .

Kiesel, Helmuth und Münch, Paul, Gesellschaft und Literatur im 18. Jahrhundert. Voraussetzungen und Entstehung des literarischen Marktes in Deutschland, München 1977.

Kleinert, Annemarie, Die frühen Modejournale in Frankreich. Studien zur Literatur der Mode von den Anfängen bis 1848, Berlin 1980.

Dies., Le „Journal des Dames et des Modes“ ou la conquête de l'Europe féminine (1797–1839), Stuttgart 2001.

Klessmann, Eckart, Geschichte der Stadt Hamburg, Hamburg 1981.

Koch, Hugo, Sächsische Gartenkunst, Berlin 1910, Ndr. Beucha 1999.

Koch-Mertens, Wiebke, Der Mensch und seine Kleider, Teil 1: Die Kulturgeschichte der Mode bis 1900, Düsseldorf 2000.

Köhler, Johann David, Anweisung zur Reiseklugheit für junge Gelehrte, um Bibliotheken, Münzkabinette, Antiquitätenzimmer, Bildergalerien, Naturalienkabinette und Kunstkammern mit Nutzen zu besehen. Neu überarbeitet von Johann Friedrich August Kinderling, T. 1. 2, Magdeburg 1788.

Kölsch, Gerhard, Die Gemäldesammlung der Prinzessin Henriette Amalie von Anhalt-Dessau sowie ihre weiteren Sammlungen im Überblick, in: Manfred Großkinsky und Norbert Michels (Hgg.), Die verstoßene Prinzessin. Kunst, Karriere und Vermächtnis der Henriette Amalie von Anhalt-Dessau, Frankfurt 2002, S. 71–90.

Kopitzsch, Franklin, Grundzüge einer Sozialgeschichte der Aufklärung in Hamburg und Altona, 2. Aufl., Hamburg 1990.

Korff, Gottfried, Museumsreisen, in: Hermann Bausinger, Klaus Beyrer und Gottfried Korff (Hgg.), Reisekultur. Von der Pilgerfahrt zum modernen Tourismus, München 1991, S. 311–319.

Krämer, Jörg, Deutschsprachiges Musiktheater im späten 18. Jahrhundert. Typologie, Dramaturgie und Anthropologie einer populären Gattung, Tübingen 1998.

Ders., Auge und Ohr. Rezeptionsweisen im deutschen Musiktheater des späten 18. Jahrhunderts, in: Erika Fischer-Lichte und Jörg Schönert (Hgg.), Theater im Kulturwandel des 18. Jahrhunderts. Inszenierung und Wahrnehmung von Körper – Musik – Sprache, Göttingen 1999, S. 109–132.

Krasnobaev, B. I., Robel, Gert und Zeman, Herbert (Hgg.), Reisen und Reisebeschreibungen im 18. und 19. Jahrhundert als Quellen der Kulturbeziehungsforschung, Essen 1987.

Krebs, Roland, L'Idée de «Théâtre National» dans L'Allemagne des Lumières. Théorie et Réalisations, Wiesbaden 1985.

Krieger, Martin, Patriotismus-Diskurs und die Konstruktion kollektiver Identitäten in Hamburg in der ersten Hälfte des 18. Jahrhunderts, Habil.-Schrift Greifswald 2001.

Kripsin, Stefanie, „bei seinem Vergnügen in müßigen Stunden unterhalten seyn". Lesegesellschaften in Detmold um 1800, Bielefeld 1999.

Krünitz, Johann Georg, Oekonomische Encyclopädie, Bd. XXXII, Berlin 1784.

Kuczynski, Ingrid, Ins gelobte Land der Freiheit und des Wohlstands: Reisen nach England, in: Hermann Bausinger, Klaus Beyrer und Gottfried Korff (Hgg.), Reisekultur. Von der Pilgerfahrt zum modernen Tourismus, München 1991, S. 237–243.

Kuhles, Doris, Das „Journal des Luxus und der Moden" (1786–1827). Zur Entstehung seines inhaltlichen Profils und seiner journalistischen Struktur, in: Gerhard R. Kaiser und Siegfried Seifert (Hgg.), Friedrich Justin Bertuch (1747–1822). Verleger, Schriftsteller und Unternehmer im klassischen Weimar, Tübingen 2000, S. 489–499.

Dies., Journal des Luxus und der Moden 1786–1827. Analytische Bibliographie mit sämtlichen 517 schwarzweißen und 976 farbigen Abbildungen der Originalzeitschrift, München 2003.

Küster, Hansjörg und Ulf (Hgg.), Garten und Wildnis. Landschaft im 18. Jahrhundert, München 1997.

Kutter, Uli, Reisen – Reisehandbücher – Wissenschaft: Materialien zur Reisekultur im 18. Jahrhundert, Neuried 1996.

Lady's Magazine or Entertaining Companion for the Fair Sex, London 1801.

Laird, Mark, Der formale Garten. Architektonische Landschaftskunst aus fünf Jahrhunderten, Stuttgart 1994.

Lauts, Jan, Karoline Luise von Baden. Ein Lebensbild aus der Zeit der Aufklärung, Karlsruhe 1990.

Lehmann, Peter Ambrosius, Die vornehmsten Europäischen Reisen, Hamburg 1729.

Linder, Jutta, Ästhetische Erziehung: Goethe und das Weimarer Hoftheater, Bonn 1991.

Lippincott, Louise, Selling Art in Georgian London: The Rise of Arthur Pond, New Haven-London 1983.

Luther, Edith, Johann Friedrich Frauenholz 1758–1822: Kunsthändler und Verleger in Nürnberg, Nürnberg 1988.

Mack, Heinrich und Lochner, Johannes (Hgg.), Johann Anton Leisewitzens Tagebücher, 2 Bde., Weimar 1920.

Mančal, Josef, Zu Musik und Aspekten des Musikmarkts des 18. Jahrhunderts, in: Sabine Doering-Manteuffel, Josef Mančal und Wolfgang Wüst (Hgg.), Pressewesen der Aufklärung. Periodische Schriften im Alten Reich, Berlin 2001, S. 391–432.

Martens, Wolfgang, Die Botschaft der Tugend. Die Aufklärung im Spiegel der deutschen Moralischen Wochenschriften, Stuttgart 1968.

Mathieu, Kai und Fischer, Manfred, Baukunst und Architekten, in: Gärten, Landhäuser und Villen des hamburgischen Bürgertums. Kunst, Kultur und gesellschaftliches Leben in vier Jahrhunderten, Hamburg 1975, S. 26–44.

Maurer, Michael (Hg.), Ich bin mehr Herz als Kopf. Sophie von La Roche. Ein Lebensbild in Briefen, Leipzig-Weimar 1985.

Ders., Aufklärung und Anglophilie in Deutschland, Göttingen u. a. 1987.

Ders., Italienreisen – Kunst und Konfession, in: Hermann Bausinger, Klaus Beyrer und Gottfried Korff (Hgg.), Reisekultur. Von der Pilgerfahrt zum modernen Tourismus, München 1991, S. 221–229.

Maurer-Schmoock, Sybille, Deutsches Theater im 18. Jahrhundert, Tübingen 1982.

Mayer, Johann Prokop, Pomona Franconia: Description des arbres fruitiers les plus connus et les plus éstimés en Europe, qui se cultivent maintenent au Jardin de La Cour de Wurzbourg, Bd. 1, Nürnberg 1776.

McClellan, A., Watteau's Dealer: Gersaint and the Marketing of Art in Eighteenth-Century Paris, in: Art Bulletin 78 (1996), S. 439–453.

Medick, Hans, Ein Volk „mit" Büchern. Buchbesitz und Buchkultur auf dem Lande am Ende der Frühen Neuzeit: Laichingen 1748-1820, in: Hans-Erich Bödeker (Hg.), Lesekulturen im 18. Jahrhundert, Hamburg 1992, S. 59–94.

Meier, Albert, Als Moralist durch Italien. Johann Caspar Goethes „Viaggio per l'Italia fatto nel anno MDCCXL", in: Hans-Wolf Jäger (Hg.), Europäisches Reisen im Zeitalter der Aufklärung, Heidelberg 1992, S. 71–85.

Ders., Textsorten-Dialektik. Überlegungen zur Gattungsgeschichte des Reiseberichts im späten 18. Jahrhundert, in: Michael Maurer (Hg.), Neue Impulse der Reiseforschung, Berlin 1999, S. 237–245.

Meiners, Uwe, Zur Wohnkultur der münsterschen Bevölkerung in der zweiten Hälfte des 18. Jahrhundert. Eine Fallstudie anhand von Nachlaßverzeichnissen, in: Rheinisch-westfälische Zeitschrift für Volkskunde, 25 (1979/80), S. 80–103.

Ders., Stufen des Wandels. Aspekte der Periodisierung der bürgerlichen und bäuerlichen Kultur im Münsterland (1500–1800), in: Günter Wiegelmann (Hg.), Wandel der Alltagskultur seit dem Mittelalter. Phasen – Epochen – Zäsuren, Münster 1987, S. 275–308.

Merck, E., Johann Heinrich Merck (1741–1791). Ein Leben für Freiheit und Toleranz – Zeitdokumente, Darmstadt 1991.

Meyer, Friedrich Johann Lorenz, Skizzen zu einem Gemälde von Hamburg, 1. H. 4., Hamburg 1802.

Meyer, Reinhart, Das deutsche Trauerspiel des 18. Jahrhunderts. Eine Bibliographie, München 1977.

Ders., Der Anteil des Singspiels und der Oper am Repertoire der deutschen Bühnen in der zweiten Hälfte des 18. Jahrhunderts, in: Das deutsche Singspiel im 18. Jahrhundert, Heidelberg 1981, S. 27–76.

Michel, Patrick, Quelques aspects du marché de l'art à Paris dans la 2e moitié du XVIIIe siècle: collectionneurs, ventes publiques et marchands, in: Michael North (Hg.), Kunstsammeln und Geschmack im 18. Jahrhundert, Berlin 2002, S. 25–46.

Möhring, Paul, Von Ackermann bis Ziegel. Theater in Hamburg, Hamburg 1970.

Mohrmann, Ruth-Elisabeth, Leben und Wohnen in der alten Stadt – Osnabrück im hansestädtischen Vergleich, in: Hansische Geschichtsblätter 106 (1988), S. 109–126.

Dies., Städtische Wohnkultur in Norddeutschland vom 17. bis zum 19. Jahrhundert (aufgrund von Inventaren), in: Günter Wiegelmann (Hg.), Nord-Süd-Unterschiede in der städtischen und ländlichen Kultur Mitteleuropas, Münster 1985, S. 90–96.

Dies., Alltagswelt im Land Braunschweig: Städtische und ländliche Wohnkultur vom 16. bis zum frühen 20. Jahrhundert, 2 Bde., Münster 1990.

Möller, Horst, Aufklärung in Preußen. Der Verleger, Publizist und Geschichtsschreiber Friedrich Nicolai, Berlin 1974.

Morrow, Mary Sue, German Music Criticism in the Late Eighteenth Century. Aesthetic Issues in Instrumental Music, Cambridge 1997.

Mosser, Monique und Teyssot, Georges, Die Gartenkunst des Abendlandes. Von der Renaissance bis zur Gegenwart, Stuttgart 1993.

Mount, H. T., The Reception of Dutch Genre Painting in England, 1695–1829, PhD-Thesis Cambridge 1991.

Müller, Ulrich, Friedrich Justin Bertuch und die landschaftliche Gartenkunst, in: Gerhard R. Kaiser und Siegfried Seifert (Hgg.), Friedrich Justin Bertuch (1747–1822). Verleger, Schriftsteller und Unternehmer im klassischen Weimar, Tübingen 2000, S. 607–627.

Müller, Winfried, Die Aufklärung, München 2002.

Müller-Harang, Ulrike, Das Weimarer Theater zur Zeit Goethes, Weimar 1991.

Musikalisches Kunstmagazin I/4 (1782).

Nahrstedt, Wolfgang, Die Entstehung der Freizeit. Dargestellt am Beispiel Hamburgs. Ein Beitrag zur Strukturgeschichte und zur strukturgeschichtlichen Grundlegung der Freizeitpädagogik, Bielefeld 1998.

Nehring, Dorothee, Die Gartenentwürfe Joseph Furttenbachs d. Ä., in: Monique Mosser und Georges Teyssot (Hgg.), Die Gartenkunst des Abendlandes. Von der Renaissance bis zur Gegenwart, Stuttgart 1993, S. 156–158.

Neue Bibliothek der wichtigsten Reisebeschreibungen [...] hrsg. v. Friedrich Justin Bertuch, 65 Bde., Weimar 1815–1832.

Neueste Gemälde von Wien, Hamburg 1797.

Neumann, Hildegard, Der Bücherbesitz der Tübinger Bürger von 1750–1850, München 1978.

Nicolai, Friedrich, Beschreibung der Königlichen Residenzstädte Berlin und Potsdam, Berlin 1769, Nachdruck Hildesheim–Zürich–New York 1988.

Ders., Das Leben und die Meinungen des Herrn Magister Sebaldus Nothanker, 1. Bd., Berlin-Stettin 1774.

Ders., Beschreibung einer Reise durch Deutschland und die Schweiz im Jahre 1781, 12 Bde., Berlin 1783–1785.

Ders., Beschreibung der Königlichen Residenzstädte Berlin und Potsdam, aller daselbst befindlicher Merkwürdigkeiten, und der umliegenden Gegend, 2 Bde., Berlin 1786.

Niebuhr, Carsten, Reisebeschreibung nach Arabien und andern umliegenden Ländern, 2 Bde., Kopenhagen 1774–1778, Bd. 3, Hamburg 1837.

Niedermeier, Michael, Germanen in den Gärten. „Altdeutsche Heldengräber", „gotische" Denkmäler und die patriotische Gedächtniskultur, in: Jost Hermand und Michael Niedermeier, Revolutio germanica. Die Sehnsucht nach der „alten Freiheit" der Germanen 1750–1820, Frankfurt 2002, S. 21–116.

Nipperdey, Thomas, Deutsche Geschichte 1800–1866. Bürgerwelt und starker Staat, München 1983.

North, Gottfried, Eine Revolution im Reiseverkehr – Die Schnellpost, in: Hermann Bausinger, Klaus Beyrer und Gottfried Korff (Hgg.), Reisekultur. Von der Pilgerfahrt zum modernen Tourismus, München 1991, S. 291–297.

North, Michael und Ormrod, David (Hgg.), Markets for Art, 1400–1800, Aldershot 1998.

North, Michael, Kommunikation, Handel, Geld und Banken in der Frühen Neuzeit (Enzyklopädie Deutscher Geschichte, Bd. 59), München 2000.

Ders., Das Goldene Zeitalter. Kunst und Kommerz in der niederländischen Malerei des 17. Jahrhunderts, Köln–Weimar–Wien 2001.

Ders., Kunstsammeln in Hamburg im 18. Jahrhundert, in: Olaf Matthes und Arne Steinert (Hgg.), Museum – Musen – Meer (Festschrift Brakker), Hamburg 2001, S. 53–65.

Ders. (Hg.), Kunstsammeln und Geschmack im 18. Jahrhundert, Berlin 2002.

Ders., Kunstsammeln und Geschmack im ausgehenden 18. Jahrhundert: Frankfurt und Hamburg im Vergleich, in: Ders. (Hg.), Kunstsammeln und Geschmack im 18. Jahrhundert, Berlin 2002, S. 85–103.

Ormrod, David, Dealers, Collectors and Connoisseurship in Seventeenth & Eighteenth-Century London 1660–1760, in: Michael North (Hg.), Kunstsammeln und Geschmack im 18. Jahrhundert, Berlin 2002, S. 15–23.

Pallach, Ulrich-Christian, Materielle Kultur und Mentalitäten im 18. Jahrhundert, München 1987.

Panke-Kochinke, Birgit, Göttinger Professorenfamilien. Strukturmerkmale weiblichen Lebenszusammenhangs im 18. und 19. Jahrhundert, Pfaffenweiler 1993.

Paul, Jean, Brief und bevorstehender Lebenslauf. Konjektural-Biographie, sechste poetische Epistel, in: Ders., Werke, hrsg. von Norbert Miller, Bd. 4, München 1962.

Pomian, Krzysztof, Collectors and Curiosities. Paris and Venice, 1500–1800, Cambridge 1990.

Posselt, Franz, Apodemik oder die Kunst zu reisen. Ein systematischer Versuch zum Gebrauch junger Reisenden aus den Gebildeten Ständen überhaupt und angehender Gelehrten und Künstler, 2 Bde., Leipzig 1795.

Purdy, Daniel L., The Tyranny of Elegance. Consumer Cosmopolitanism in the Era of Goethe, Baltimore 1998.

Raabe, Mechthild, Leser und Lektüre im 18. Jahrhundert. Die Ausleihbücher der Herzog August Bibliothek Wolfenbüttel 1714–1799, 4 Bde., München-London-New York 1989.

Rauers, Friedrich, Kulturgeschichte der Gaststätte, 2 Bde., Berlin 1942.

Rees, Joachim, Vom Fürst und Bürgerfreund. Zum Funktionswandel der Prinzenreise in der zweiten Hälfte des 18. Jahrhunderts – ein Generationsvergleich aus Schwarzburg-Rudolstadt, in: Marcus Ventzke (Hg.), Hofkultur und aufklärerische Reformen in Thüringen. Die Bedeutung des Hofes im späten 18. Jahrhundert, Köln–Weimar–Wien 2002, S. 100–137.

Ders., Siebers, Winfried und Tilgner, Hilmar, Reisen im Erfahrungsraum Europa. Forschungsperspektiven zur Reisetätigkeit politisch-sozialer Eliten des Alten Reiches (1750–1800), in: Das Achtzehnte Jahrhundert 26 (2002), S. 35–62.

Reinhardt, Helmut, Gartenkunst in Deutschland im 18. Jahrhundert: Klassik, Rokoko und Neoklassizismus, in: Monique Mosser und

Georges Teyssot (Hgg.), Die Gartenkunst des Abendlandes. Von der Renaissance bis zur Gegenwart, Stuttgart 1993, S. 289–300.

Reipsch, Ralph-Jürgen, Telemanns „Bluhmen-Liebe“, in: Telemann-Beiträge: Abhandlungen und Berichte, 2. Folge: Günter Fleischhauer zum 60. Geburtstag am 8. Juli 1988, Zentrum für Telemann-Pflege und -Forschung (1989), S. 34–46.

Rheinische Musen 1795, III. Bd., III. Heft, 9. Stück.

Riemer, Robert, Exotische Genußmittel: Kaffee, Tabak, Tee, Zucker. Mit Schwerpunkt beim Kaffee und seiner Sozialgeschichte in Form der Kaffeehäuser – von ihrem Aufkommen bis in die Mitte des 19. Jahrhunderts, Hauptseminararbeit Greifswald 1999.

Riesbeck, Johann Kaspar, Briefe eines reisenden Franzosen über Deutschland. An seinen Bruder in Paris, Bd. 1, o.O. 1783.

Robel, Gert, Reisen und Kulturbeziehungen im Zeitalter der Aufklärung, in: B. I. Krasnobaev, Gert Robel und Herbert Zeman (Hgg.), Reisen und Reisebeschreibungen im 18. und 19. Jahrhundert als Quellen der Kulturbeziehungsforschung, Essen 1987, S. 9–37.

Roche, Daniel, The Culture of Clothing. Dress and Fashion in the Ancien Regime, Cambridge 1994.

Roeck, Bernd, Musik und Alltag im 18. Jahrhundert. Die Kunst der Mozarts und die Entstehung der Freizeit, in: Josef Mančal und Wolfgang Plath (Hgg.), Beiträge des Internationalen Leopold-Mozart-Kolloquiums Augsburg 1994, Augsburg 1997, S. 175–190.

Rosenstrauch, Hazel, Buchhandelsmanufaktur und Aufklärung. Die Reformen des Buchhändlers und Verlegers Ph. E. Reich (1717–1787), Frankfurt 1986.

Runge, Hartmut, Dessauer Theaterbilder. Zur 200-jährigen Geschichte des Theaters in Dessau, Dessau 1994, S. 122–124.

Saldern, Adelheid von, Im Hause, zu Hause. Wohnen im Spannungsfeld von Gegebenheiten und Aneignungen, in: Jürgen Reulecke (Hg.), Geschichte des Wohnens, Bd 3: 1800–1918. Das bürgerliche Zeitalter, Stuttgart 1997, S. 145–332.

Sandgruber, Roman, Die Anfänge der Konsumgesellschaft. Konsumgüterverbrauch, Lebensstandard und Alltagskultur in Österreich im 18. und 19. Jahrhundert, Wien 1982.

Scheibe, Jörg, Der „Patriot“ (1724–1726) und sein Publikum. Untersuchungen über die Verfasserschaft und die Leserschaft einer Zeitschrift der frühen Aufklärung, Göppingen 1973.

Schleuning, Peter, Die Freie Fantasie. Ein Beitrag zur Erforschung der klassischen Klaviermusik, Göppingen 1973.

Ders., Der Bürger erhebt sich. Geschichte der deutschen Musik im 18. Jahrhundert, Stuttgart 2000.

Schlögl, Rudolf, Geschmack und Interesse. Privater Bildbesitz in rheinisch-westfälischen Städten vom 18. bis zum beginnenden 19. Jahrhundert, in: Hans-Ulrich Thamer (Hg.), Bürgertum und Kunst in der Neuzeit, Köln 2002, S. 125–157.

Schloß Wilhelmshöhe Kassel, München–London–New York 2000.

Schlözer, August Ludwig, Vorlesungen über Land- und Seereisen (1795/96), Ndr. Göttingen u. a. 1962.

Schmidt, Friedrich Ludwig, Denkwürdigkeiten des Schauspielers, Schauspieldichters und Schauspieldirectors Friedrich Ludwig Schmidt (1772–1841). Nach hinterlassenen Entwürfen zusammengestellt und hg. von Hermann Uhde, 2 Teile, 2. Aufl., Stuttgart 1878.

Schmidt, Georg, Das Jahr 1783: Goethe, Herder und die Zukunft Weimars, in: Marcus Ventzke (Hg.), Hofkultur und aufklärerische Reformen in Thüringen. Die Bedeutung des Hofes im späten 18. Jahrhundert, Köln–Weimar–Wien 2002, S. 138–168.

Schmidt, Siegfried J., Die Selbstorganisation des Sozialsystems Literatur im 18. Jahrhundert, Frankfurt 1989.

Schmidt, Ulrich, Die privaten Kunstsammlungen in Frankfurt am Main von ihren Anfängen bis zur Ausbildung der reinen Kunstsammlung, Diss. phil. Göttingen 1960.

Schmidt-Linsenhoff, Viktoria und Wettengl, Kurt, Bürgerliche Sammlungen in Frankfurt 1700–1830, Frankfurt 1988.

Schmitt, Peter, Schauspieler und Theaterbetrieb. Studien zur Sozialgeschichte des Schauspielerstandes im deutschsprachigen Raum 1700–1900, Tübingen 1900.

Schnabel, Johann Gottfried, Wunderliche Fata einiger See-Fahrer, absonderlich Alberti Julii, eines gebohrnen Sachsens, und seiner auf der Insel Felsenburg errichteten in vollkommenen Stand gebrachten Colonien, Nordhausen 1737ff.

Schneider, Angelika, Friedrich Justin Bertuch – ein Beförderer der Gartenkunst, in: Gerhard R. Kaiser und Siegfried Seifert (Hgg.), Friedrich Justin Bertuch (1747–1822). Verleger, Schriftsteller und Unternehmer im klassischen Weimar, Tübingen 2000, S. 629–657.

Schneider, Jürgen, Die neuen Getränke: Schokolade, Kaffee und Tee (16.–18. Jahrhundert), in: Simonetta Cavaciocchi (Hg.), Prodotti e tecniche d'oltremare nelle economie europee secc. XIII–XVIII, Prato 1998, S. 541–590.

Ders., Krawehl, Otto-Ernst und Denzel, Markus A. (Hgg.), Statistik des Hamburger seewärtigen Einfuhrhandels im 18. Jahrhundert. Nach den Admiralitäts- und Convoygeld-Einnahmebüchern, St. Katharinen 2001.

Schramm, Percy Ernst, Neun Generationen. Dreihundert Jahre deutscher „Kulturgeschichte" im Lichte der Schicksale einer Hamburger Bürgerfamilie (1648–1948), Bd. 1, Hamburg 1963.

Schultz, Helga, Der Verleger Friedrich Justin Bertuch als Kaufmann und Literaturpolitiker, in: Gerhard R. Kaiser und Siegfried Seifert (Hgg.), Friedrich Justin Bertuch (1747–1822). Verleger, Schriftsteller und Unternehmer im klassischen Weimar, Tübingen 2000, S. 331–350.

Schulz, Andreas, Der Künstler im Bürger. Dilettanten im 19. Jahrhundert, in: Dieter Hein und Andreas Schulz (Hgg.), Bürgerkultur im 19. Jahrhundert, München 1996, S. 34–52.

Schulz, Joachim Christoph Friedrich, Reise eines Liefländers von Riga nach Warschau, durch Südpreußen, über Breslau, Dresden, Karlsbad, Bayreuth, Nürnberg, Regensburg, München, Salzburg, Linz, Wien und Klagenfurt, nach Botzen in Tyrol, Th. 1, Berlin 1795.

Schütz, Rosemarie, David Roentgen (1743–1807). Der „Königliche Kabinettmacher" aus Neuwied, in: Möbel von Abraham und David Roentgen. Sammlung Kreismuseum Neuwied, Neuwied 1990, S. 17–38.

Schwab, Heinrich W., Konzert. Öffentliche Musikdarbietungen vom 17. bis 19. Jahrhundert, Leipzig 1971.

Schwetschke, Gustav, Codex nundinarius Germaniae literatae bisecularis. Meß-Jahrbücher des Deutschen Buchhandels, Bd. 1: Von dem Erscheinen des ersten Meß-Katalogs im Jahre 1564 bis zu der Gründung des ersten Buchhändlervereins im Jahre 1765, Halle 1850.

Seibert, Peter, Der literarische Salon. Literatur und Geselligkeit zwischen Aufklärung und Vormärz, Stuttgart–Weimar 1993.

Seifert, Siegfried, „Genie und Lumpen" – Programmatische Entwürfe Bertuchs zur Reform des deutschen Verlagsbuchhandels vor 1800. Überlegungen zu einem Forschungsansatz, in: Gerhard R. Kaiser und Siegfried Seifert (Hgg.), Friedrich Justin Bertuch (1747–1822). Verleger, Schriftsteller und Unternehmer im klassischen Weimar, Tübingen 2000, S. 291–299.

Selwyn, Pamela E., Everyday Life in the German Book Trade. Friedrich Nicolai as Bookseller and Publisher in the Age of Enlightenment 1750–1810, University Park, Pennsylvania 2000.

Siebers, Winfried, Bildung auf Reisen. Bemerkungen zur Peregrinatio academica, Gelehrten- und Gebildetenreise, in: Michael Maurer (Hg.), Neue Impulse der Reiseforschung, Berlin 1999, S. 177–188.

Simanowski, Roberto, Die Verwaltung des Abenteuers. Massenkultur um 1800 am Beispiel Christian August Vulpius, Göttingen 1998.

Solkin, David H., Painting for Money: The Visual Arts and the Public Sphere in Eighteenth-Century England, New Haven–London 1993.

Spohn, Thomas, Veränderungen der Tischsitten im Spiegel bürgerlicher Inventare des 17. und 18. Jahrhunderts, in: Rheinisch-westfälische Zeitschrift für Volkskunde 30/31 (1954), S. 167–181.

Staatsarchiv Hamburg, Erbschaftsamt, Reichskammergerichtsakten.

Staatsarchiv Schwerin, Hofstaatssachen – Kunstsammlungen – Angebote und Erwerbungen: 101, Gemäldehändler Morell 1745.

Stagl, Justin, Der wohl unterwiesene Passagier. Reisekunst und Gesellschaftsbeschreibung vom 16. bis zum 18. Jahrhundert, in: B. I Krasnobaev, Gert Robel und Herbert Zeman (Hgg.), Reisen und Reisebeschreibungen im 18. und 19. Jahrhundert als Quellen der Kulturbeziehungsforschung, Essen 1987, S. 353–384.

Ders., Eine Geschichte der Neugier. Die Kunst des Reisens 1550–1800, Wien-Köln-Weimar 2002, S. 317.

Stamm-Kuhlmann, Thomas (Hg.), Karl August von Hardenberg 1750–1822. Tagebücher und autobiographische Aufzeichnungen, München 2000.

Steiner, Walter und Kühn-Stillmark, Uta, Friedrich Justin Bertuch. Ein Leben im klassischen Weimar zwischen Kultur und Kommerz, Köln–Weimar–Wien 2001.

Stockhausen, Tilmann von, Kunstauktionen im 18. Jahrhundert. Ein Überblick über das „Verzeichnis der verkauften Gemälde im deutschsprachigen Raum vor 1800“, in: Das Achtzehnte Jahrhundert 26 (2002), S. 63–78.

Stoewer, Ulfhardt, Der „Kulturunternehmer“ Friedrich Justin Bertuch im Spiegel seines „Journals des Luxus und der Moden“, Hausarbeit im Rahmen der Ersten Staatsprüfung für das Lehramt an Gymnasien, Greifswald 2001.

Stollberg-Rilinger, Barbara, Europa im Jahrhundert der Aufklärung, Stuttgart 2000.

Stuck, Gottlieb Heinrich, Gottlieb Heinrich Stuck's Verzeichnis von älteren und neueren Land- und Reisebeschreibungen, Th. 1. 2, Halle 1783–1787.

Sturm, Leonhard Christoph, Vollständige Anweisung alle Arten von Bürgerlichen Wohn-Häusern wohl anzugeben, Augspurg 1721.

Stürmer, Michael, Handwerk und höfische Kultur. Europäische Möbelkunst im 18. Jahrhundert, München 1982.

Stützel-Prüsener, Marlies, Die deutschen Lesegesellschaften im Zeitalter der Aufklärung, in: Otto Dann (Hg.), Lesegesellschaften und bürgerliche Emanzipation – Ein europäischer Vergleich, München 1981, S. 71–86.

Sulzer, Johann Georg, Allgemeine Theorie der schönen Künste, Leipzig 1771–74.

Thomke, Hellmut, Martin Bircher und Wolfgang Proß (Hgg.), Helvetien und Deutschland. Kulturelle Beziehungen zwischen der Schweiz und Deutschland in der Zeit von 1770–1830, Amsterdam-Atlanta 1994.

Thurn, Hans Peter, Der Kunsthändler. Die Wandlungen eines Berufes, München 1994.

Tischer, Ernst, Haefs, Wilhelm und Mix, York-Gothart, (Hgg.), Von Almanach bis Zeitung. Ein Handbuch der Medien in Deutschland 1700–1800, München 1999.

Torras, Jaume und Yun, Bartolomé (Hgg.), Consumo, Condiciones de vida y comercialización. Cataluña y Castilla, siglos XVII–XIX, Valladolid 1999.

Trepp, Anne-Charlott, Sanfte Männlichkeit und selbständige Weiblichkeit. Frauen und Männer im Hamburger Bürgertum zwischen 1770 und 1840, Göttingen 1996.

Treue, Wilhelm, Zum Thema der Auslandsreisen im 17. Jahrhundert, in: Archiv für Kulturgeschichte 35 (1953), S. 199–212.

Ders., Zum Thema der Auslandsreisen im 18. und 19. Jahrhundert, in: Archiv für Kulturgeschichte 35 (1953), S. 328–333.

Umbach, Maiken, Federalism and Enlightenment in Germany 1740–1806, London-Rio Grande 2000.

Unseld, Siegfried, Goethe und seine Verleger, Frankfurt-Leipzig 1993.

Ventzke, Marcus (Hg.), Hofkultur und aufklärerische Reformen in Thüringen. Die Bedeutung des Hofes im späten 18. Jahrhundert, Köln–Weimar–Wien 2002.

Verzeichnis einiger Schildereyen und auserlesener Zeichnungen von den beruehmtesten Meistern, so von dem seel. Herrn Raths-Herrn Brockes gesamlet worden, und allhier im April dieses Jahres oeffentliche an den Meistbietenden verkaufet werden sollen, Hamburg 1747 (Schleswig: Schleswig-Holsteinisches Landesarchiv).

Verzeichnis einer betraechtlichen Sammlung von Gemaelden der besten und beruehmtesten Teutschen, Italiaenischen und Niederlaendischen Meißter, nebst einem Anhang von einigen Kupferstichen. Welche die Jacob Bernusische Beneficial-Erben in ihrem Haus zum großen Saalhof allhier in Frankfurt am Mayn, gleich nach hiesiger Ostermeß, Montag den [7 May] 1781 und die folgende Tage, durch oeffentliche Versteigerung zu den Meistbietenden zu überlassen gesonnen sind, Frankfurt 1780 (Frankfurt: Städelsches Kunstinstitut).

Verzeichnis von Gemaelden der beruehmtesten Niederlaendischen, Franzoesischen, Italiaenischen und Deutschen Meister, welche von den Freyherrl. Von Berberichschen Erben zu Frankfurt am Mayn in dem Senkenbergischen Stiftungs-Hause nach der naechstbevorstehenden Herbst-Messe, Montags, den 27. September und die darauf folgenden Tage, oeffentlich an den Meistbietenden gegen baare Bezahlung ueberlassen werden sollen, Frankfurt 1784 (Frankfurt: Städelsches Kunstinstitut).

Verzeichnis einer betraechtlichen Gemaeldesammlung von den beruehmtesten Italiaenischen, Deutschen und Niederlaendischen Meistern, welche von den Eigenthümern Kaller und Michael in dem allhiesigen Bildersaal im Creuzgange, Mittwochs den 25ten August durch die Geschwornen Herrn Ausruefer an die Meistbietende gegen baare Bezahlung im 24 fl. Fuß losgeschlagen und ueberlassen werden sollen, Frankfurt 1790 (Frankfurt: Städelsches Kunstinstitut).

Verzeichnis einer schoenen Gemaelde-Sammlung von Italienischen, hollaendischen und Deutschen Meistern, groeßtenteils in sehr saubern Raehmen, aus einer hiesigen bekannten Verlassenschaft entstehend, welche den 7ten Juny 1793 auf dem Boersen-Saal oeffentlich an den Meistbietenden verkauft werden soll, durch die Mackler: Bostelmann & Pakischefski (Hamburg: Hamburger Kunsthalle).

Verzeichnis der Gemälde, Handzeichnungen, Kupferstiche und Bücher, welche zur Hinterlassenschaft von Herrn Johann Valentin Prehn gehören, und zu Ende nächster Herbstmesse versteigert werden sollen, Frankfurt 1829.

Viehberg, Maud Antonia, Vom Tauschhandel zum modernen Buchmarkt. Die Etappen des deutschen Buchhandels im 18. Jahrhundert, Magisterarbeit Greifswald 2001.

Weatherill, Lorna, Consumer Behaviour and Material Culture in Britain, 1660–1760, London–New York 1988.

Weber, Walter, Von Wirtshäusern, Reisenden und Literaten. Eine kleine Chronique scandaleuse des Wirtshauslebens, in: Hermann Bausinger, Klaus Beyrer und Gottfried Korff (Hgg.), Reisekultur. Von der Pilgerfahrt zum modernen Tourismus, München 1991, S. 82–90.

Wehler, Hans-Ulrich, Deutsche Gesellschaftsgeschichte 1700–1815, München 1987.

Welke, Martin, Gemeinsame Lektüre und frühe Formen von Gruppenbildung im 17. und 18. Jahrhundert: Zeitungslesen in Deutschland, in: Otto Dann (Hg.), Lesegesellschaften und bürgerliche Emanzipation – Ein europäischer Vergleich, München 1981, S. 29–53.

Wiegelmann, Günter, Alltags- und Festspeisen. Wandel und gegenwärtige Stellung, Marburg 1967.

Ders. (Hg.), Nord-Süd-Unterschiede in der städtischen und ländlichen Kultur Mitteleuropas, Münster 1985.

Ders. (Hg.), Wandel der Alltagskultur seit dem Mittelalter. Phasen – Epochen – Zäsuren, Münster 1987.

Wies, Ruth, Das Journal des Luxus und der Moden (1786–1827), ein Spiegel kultureller Strömungen der Goethezeit, Diss. phil. München 1953.

Wiesehöfer, Josef und Conermann, Stephan (Hgg.), Carsten Niebuhr (1733–1815) und seine Zeit, Stuttgart 2002.

Wietek, Gerhard, C. F. Hansen 1756–1845 und seine Bauten in Schleswig-Holstein, Neumünster 1982.

Willebrandt, Johann Peter, Historische Berichte und practische Anmerkungen auf Reisen in Deutschland, in die Niederlande, in Frankreich, England, Dännemark, Böhmen und Ungarn, Hamburg 1758.

Ders., Historische Berichte und praktische Anmerkungen auf Reisen in Deutschland, in die Niederlande, in Frankreich, England, Dänemark, Böhmen und Ungarn, 3. Aufl., Hamburg 1761.

Wills, John E., European Consumption and Asian Production in the Seventeenth and Eighteenth Centuries, in: John Brewer und Roy Porter (Hgg.), Consumption and the World of Goods, London 1993, S. 133–147.

Winkler, Lutz, Musiktheater in der 2. Hälfte des 18. Jahrhunderts in Stralsund und Greifswald, in: Ekkard Ochs, Nico Schüler und Lutz Winkler (Hgg.), Musica Baltica. Interregionale musikalische Beziehungen im Ostseeraum, Frankfurt-Berlin-Bern 1995, S. 212–225.

Wittmann, Reinhard, Die frühen Buchhändlerzeitschriften als Spiegel des literarischen Lebens, in: Archiv für Geschichte des Buchwesens 13 (1973), Sp. 614–931.

Ders. (Hg.), Bücherkataloge als buchgeschichtliche Quellen in der frühen Neuzeit, Wiesbaden 1984.

Ders., Geschichte des deutschen Buchhandels. Ein Überblick, München 1991.

Ders., Gibt es eine Leserevolution am Ende des 18. Jahrhunderts?, in: Roger Chartier und Guglielmo Cavallo (Hgg.), Die Welt des Lesens. Von der Schriftrolle zum Bildschirm, Frankfurt 1999, S. 419–454.

Wittmann, Walter, Beruf und Buch im 18. Jahrhundert. Ein Beitrag zur Erfassung und Gliederung der Leserschaft im 18. Jahrhundert, insbesondere unter Berücksichtigung des Einflusses auf die Buchproduktion, Hannover 1934.

Wöchentliche Nachrichten, 8. Juni 1767.

Wolbring, Barbara, Auch ich in Arkadien! Die bürgerliche Kunst- und Bildungsreise im 19. Jahrhundert, in: Dieter Hein und Andreas Schulz (Hgg.), Bürgerkultur im 19. Jahrhundert. Bildung, Kunst und Lebenswelt, München 1996, S. 82–101.

Wolff, Christoph, Johann Sebastian Bach, Frankfurt 2000.

Woude, Ad van der und Schuurmann, Anton (Hgg.), Probate Inventories. A New Source for the Historical Study of Wealth, Material Culture and Agricultural Development, Utrecht 1980.

Zedelmaier, Helmut, Lesetechniken. Die Praktiken der Lektüre in der Neuzeit, in: Helmut Zedelmaier und Martin Mulsow (Hgg.), Die Praktiken der Gelehrsamkeit in der Frühen Neuzeit, Tübingen 2001, S. 11–30.

Zedler, Johann Heinrich, Großes Vollständiges Universal-Lexikon, Bd. 21, Mi-Mt, Leipzig-Halle 1739, Ndr. Graz 1995.

Zelle, Carsten, Kunstmarkt, Kennerschaft und Geschmack. Zu Theorie und Praxis in der Zeit zwischen Barthold Heinrich Brockes und Christian Ludwig von Hagedorn, in: Michael North (Hg.), Kunstsammeln und Geschmack im 18. Jahrhundert, Berlin 2002, S. 217–238.

Ders., Auf dem Spielfeld der Autorschaft. Der Schriftsteller des 18. Jahrhunderts im Kräftefeld von Rhetorik, Medienentwicklung und Literatursystem, in: Klaus Städtke und Ralph Kray (Hgg.), Spielräume des auktorialen Diskurses, Berlin 2003, S. 1–37.

Abbildungsverzeichnis

Umschlagabbildung:
Die Familie des Künstlers, Gemälde von Johann Anton Tischbein, 1779, Öl auf Leinwand, Museum für Hamburgische Geschichte.

Abb. 1:
Friedrich Justin Bertuch, Punktierstich von Carl August Schwerdgeburth, 1808, Stiftung Weimarer Klassik und Kunstsammlungen.

Abb. 2:
Abendgesellschaft (Tafelrunde) bei Herzogin Anna Amalia, Federzeichnung von Georg Melchior Kraus, aquarelliert, um 1795, Stiftung Weimarer Klassik und Kunstsammlungen.

Abb. 3:
Engländer fahren mit der Extrapost in Deutschland, Radierung, zweite Hälfte des 18. Jahrhunderts, Museum für Kommunikation Frankfurt am Main.

Abb. 4:
Die Beatushöhle am Thunersee mit einer Reisegesellschaft, Gemälde von Caspar Wolf, 1776, Öl auf Leinwand, Aargauer Kunsthaus Aarau.

Abb. 5:
Titelkupfer und Titelblatt der Apodemik „Die vornehmsten Europäischen Reisen“ von Peter Ambrosius Lehmann, Hamburg 1729.

Abb. 6:
Moden des Jahres 1701 und 1801, Titelkupfer des „Journals des Luxus und der Moden“, Januar 1801.

Abb. 7:
Eine junge Dame en grande parure, Abbildung aus dem „Journal des Luxus und der Moden“, Januar 1804.

Abb. 8:
Fünf verschiedene Kopf-Aufsätze für Damen, von neuester Mode und Geschmack, Abbildung aus dem „Journal des Luxus und der Moden“, Januar 1795.

Abb. 9:
Ein Londoner Buck, oder Stutzer, von neuester Form, Mode und Schnitt, Abbildung aus dem „Journal des Luxus und der Moden“, November 1791.

Abb. 10:
Kommode, norddeutsche oder skandinavische Arbeit, um 1760, Kulturhistorisches Museum Stralsund.

Abb. 11:
Garnitur aus Kanapee, zwei Fauteuils und Tisch mit Marmorplatte, um 1750, Kulturhistorisches Museum Stralsund.

Abb. 12:
Bürgermeister Peter Lütkens Haus und Garten in der Nähe des Dammtors, Radierung von D. Philbert nach F. v. Amama, 1716, Museum für Hamburgische Geschichte.

Abb. 13:
Darmstädter Gesellschaft im Freien, Gemälde von Johann Christian Fiedler und Christian Georg Schütz d. Ä., um 1750, Öl auf Leinwand, Hessisches Landesmuseum Darmstadt.

Abb. 14:
Das Gemäldekabinett des Johann Valentin Prehn, Aquarell von Carl Morgenstern, 1829, Historisches Museum Frankfurt am Main.

Abb. 15:
Titelseite eines Hamburger Auktionskataloges, 6. Oktober 1787, Hamburger Kunsthalle. Quelle: M. North und David Ormrod (Hgg.), Art Markets in Europe 1400–1800, Ashgate 1999, hier S. 148.

Abb. 16:
Kammermusik im Hause des Malers, Gemälde von Balthasar Denner, um 1730, Öl auf Leinwand, Statens Museum for Kunst Kopenhagen.

Abb. 17:
Das Gewandhaus, Umrißstich, Anfang des 19. Jahrhunderts, Kupferstich-Kabinett, Staatliche Kunstsammlungen Dresden.

Abb. 18:
Komponisten-Sonne, Stich nach Zeichnung von August Friedrich Christoph Kollman, Allgemeine Musikalische Zeitung, Oktober 1799.

Abb. 19:
Vorbereitungen hinter der Bühne für die Zauberflöte am Weimarer Hoftheater, Aquarell von Georg Melchior Kraus, Stiftung Weimarer Klassik und Kunstsammlungen.

Abb. 20:
Wien, Burgtheater, Ansicht des Zuschauerraums, anonymer kolorierter Stich, Bildarchiv der Österreichischen Nationalbibliothek Wien.

Abb. 21:
Die Familie des Künstlers, Gemälde von Johann Anton Tischbein, 1779, Öl auf Leinwand, Museum für Hamburgische Geschichte.

Abb. 22:
Teemaschine und -geschirr aus England, Abbildung aus dem „Journal des Luxus und der Moden“, August 1788.

Ortsregister

Personenregister